4444=10

¿Y TÚ?

Spanish 1

Gilbert A. Jarvis
Thérèse M. Bonin

Diane W. Birckbichler
Linita C. Shih

HOLT, RINEHART AND WINSTON

AUSTIN NEW YORK SAN DIEGO CHICAGO TORONTO MONTREAL

Acknowledgments

For permission to reprint copyrighted material, grateful acknowledgment is made to the following sources:

CAPÍTULO 1: p. 40; *Marian Reiner for Joan Daves:* From "I Have A Dream" by Martin Luther King, Jr. Copyright © 1963 by Martin Luther King, Jr.

GACETA 1: p. 138; *Joaquín S. Lavado, Quino:* Advertisement, "Mafalda..." Copyright © 1987 by Joaquín S. Lavado, Quino. Published by Editorial "La Oveja Negra."

p. 139; *edizioni LANCIO s.p.a.:* From "Amarse perdidamente" in *Gran Color: Lunela*, año XII, no. 130, p. 81. Copyright © 1986 by edizioni LANCIO s.p.a.

CAPÍTULO 5: p. 195; *Colegio San Ignacio:* Colegio San Ignacio authorizes Holt, Rinehart and Winston, Inc. to publish a facsimile of the student's identification card in *¿Y tú?* on the condition that Colegio San Ignacio neither be responsible for the content nor be liable for any other material contained therein.

CAPÍTULO 6: p. 222; *Editorial América, S.A.:* "Menú básico de 1200 calorías" from "La dieta de pollo" in *Buenhogar*, año 21, no. 4, p. 31, February 12, 1986. Copyright © 1986 by A. de Armas Publications Co.

GACETA 2: p. 246 (top left); *Hotel Doral:* Advertisement, "Hotel Doral...," from *Colombia 85: Anuario Turístico y Comercial*, July 1985–July 1986, p. 273. Copyright © 1985 by Hotel Doral. Published by Publicaciones Periódicas Ltda.

p. 246 (bottom); *CAFAM:* Advertisement, "Vacaciones felices...," from *Colombia 85: Anuario Turístico y Comercial*, July 1985–July 1986, p. 41. Copyright © 1985 by CAFAM. Published by Publicaciones Periódicas Ltda.

p. 247 (top left); *Guía Publicaciones Limitada:* Adapted from "Juanillo" in *La Guía de Bogotá*, año 13, no. 77, p. 72. Copyright © 1986 by Guía Publicaciones Limitada.

p. 247 (bottom left); *Guía Publicaciones Limitada:* Adapted from "Chalet Suizo" in *La Guía de Bogotá*, año 13, no. 77, p. 73. Copyright © 1986 by Guía Publicaciones Limitada.

p. 247 (right); *Pizzerías D'omo:* Adapted from advertisement, "Pizzerías D'omo...," in *Colombia 85: Anuario Turístico y Comercial*, July 1985–July 1986, p. 63. Copyright © 1985 by Pizzerías D'omo. Published by Publicaciones Periódicas Ltda.

p. 249; *Publicaciones Periódicas Ltda.:* From "Guía y servicios de caldas" in *Colombia 85: Anuario Turístico y Comercial*, July 1985–July 1986, p. 188. Copyright © 1985 by Publicaciones Periódicas Ltda.

ISBN 0-03-014938-X

123   040   987

Table of Contents

Rincones Culturales

Topics

CONSULTANTS

We would like to thank the teachers and administrators who reviewed the manuscript. Their enthusiastic reception of the materials was very encouraging, and their suggestions for improvements were most helpful. We are very pleased to acknowledge the important contributions of the consultants whose names appear below.

Joe Harris
Poudre School District R-1
Fort Collins, Colorado

Robert Hawkins
Upper Arlington High School
Columbus, Ohio

Pam Kaatz
Haltom High School
Fort Worth, Texas

Stephen Levy
Roslyn Public Schools
Roslyn, New York

James Memoli
Columbia High School
Maplewood, New Jersey

Victor Nazario
Pingry School
Martinsville, New Jersey

Laura Nesrala
Haltom High School
Fort Worth, Texas

Lorraine Paszkeicz
Mount Pleasant High School
San Jose, California

Albert Rubio
Greensboro Public Schools
Greensboro, North Carolina

Gloria Salinas
Austin Independent School District
Austin, Texas

Richard Siebert
San Mateo High School
San Mateo, California

Art Credits

Penny Carter: pp. 16, 29, 33, 35, 65, 117, 118, 131, 261, 300, 306, 320, 415

Felipe Galindo: pp. 9, 11, 34, 36, 39, 46, 51, 58, 59, 68, 72, 78, 85, 102, 107, 112, 114, 121, 148, 154, 160, 163, 165, 181, 184, 189, 192, 201, 202, 219, 224, 225, 233, 258, 263, 272, 289, 290, 299, 305, 323, 325, 329, 338, 364, 368, 369, 374, 380, 398, 403, 408, 412, 431, 436, 442, 449

David Griffin: pp. 12, 13, 14, 15, 16, 18, 29, 32, 33, 35, 40, 41, 52, 53, 58, 59, 65, 69, 70, 79, 80, 87, 90, 91, 94, 99, 103, 108, 115, 116, 118, 122, 127, 130, 131, 146, 149, 150, 193, 199, 204, 224, 229, 237, 259, 264, 269, 270, 271, 273, 281, 294, 326, 349, 345, 370, 371, 434

Pam Ford Johnson: pp. 30, 36, 40, 59, 102, 104, 121, 395

Kathy Kelleher: pp. 301, 303, 372, 377

Mike Krone: pp. 73, 120, 128, 153, 156, 161, 173, 194, 207, 212, 213, 214, 215, 216, 225, 238, 239, 241, 259, 276, 288, 295, 296, 300, 301, 311, 314, 334, 335, 362, 371, 376, 387, 405, 409, 418, 421, 437, 438, 458

Dale Minor: pp. 12, 20, 48, 103, 105, 130, 145, 146, 148, 149, 166, 168, 172, 185, 206, 282, 287, 361

Hillary Newby: pp. 183, 184, 226

Photo Credits

Abbreviations used: (t)top; (c)center; (b)bottom; (l)left; (r)right; (i)inset.

Table of Contents: Page **iv**(t), Robert Fried / D. Donne Bryant; **iv**(tc), HRW Photo by Robert Royal; **iv**(bc), Ellis Herwig / The Picture Cube; **iv**(b), Mark Antman / The Image Works; **v**(t), Chip and Rosa María de la Cueva Peterson; **v**(tc), HRW Photo by Russell Dian; **v**(bc), Walter R. Aguiar; **v**(b), Cameramann International, Ltd.; **vi**(t), Three Lions; **vi**(c), Robert Fried; **vi**(b), HRW Photo by Russell Dian; **vii**(t), Malcolm S. Kirk / Peter Arnold, Inc.; **vii**(b), Four By Five.

Capítulo Preliminar: Page **xii**(tl), Robert Fried / D. Donne Bryant; **xii**(tr), Robert Frerck / Odyssey Productions; **xii**(bl), HRW Photo by Russell Dian; **xii**(br), J. Messerschmidt / Bruce Coleman, Inc.; **1**, Cameramann International, Ltd.; **2**(tl), **2**(tr), HRW Photo by Russell Dian; **2**(br), **3**(t), HRW Photo by Rodney Jones Studios; **3**(b), **4**(t), **4**(b), **5**(t), **5**(c), **5**(b), **6**, HRW Photo by Russell Dian; **8**, Morton Beebe, **17**(t), **17**(b), HRW Photo by Russell Dian.

Capítulo 1: Page **26**(tl), **26**(tr), HRW Photo by Russell Dian; **26**(b), Cameramann International, Ltd.; **27**, HRW Photo by Robert Royal; **28**(t), HRW Photo by Russell Dian; **28**(b), Owen Franken; **30**, HRW Photo by Robert Royal; **31**, Carl Purcell / Words and Pictures; **32**(l), Cameramann International, Ltd.; **32**(r), HRW Photo by Russell Dian; **37**(tl), Irv Glaser / Gamma-Liaison; **37**(tr), Andrew Rakoczy; **37**(bl), Mitchell B. Reibel / Sports Photo File; **37**(br), Henry Grossman; **41**, Diane Walker / Gamma-Liaison Agency; **42**, Andrew Rakoczy / Bruce Coleman, Inc.; **43**, Katherine A. Lambert; **48**(l), Susan Van Etten / The Picture Cube; **48**(r), Chip and Rosa María de la Cueva Peterson; **49**, HRW Photo by Russell Dian; **50**(l), **50**(r), **51**(tl), **51**(tr), HRW Photo by Ruben Guzman; **53**, Stephanie Maze / Woodfin Camp & Associates; **54**, HRW Photo by Russell Dian; **56**, Robert Frerck / Woodfin Camp & Associates; **57**, Robert Frerck / Click / Chicago; **60**, Cameramann International, Ltd.

Capítulo 2: Page **62**(tl), Ellis Herwig / The Picture Cube; **62**(tr), Nick Pavloff / The Image Bank; **62**(b), M. Solomon / The Image Bank; **63**, Comstock Inc. / Comstock-Dewitt; **64**, Cindy Karp / Black Star; **70**, Jesus Carlos / Peter Arnold, Inc.; **71**, Courtesy CBS Records, **71**(i), HRW Photo by Russell Dian; **75**(l), Joe Viesti; **75**(r), HRW Photo by Russell Dian; **75**(tl), Roberto Redondo / Fotolaminados de P.R. Inc.; **76**(cr), HRW Photo by Russell Dian; **76**(bl), Roberto Redondo / Fotolaminados de P.R., Inc.; **76**(br), HRW Photo by Roberto Redondo; **77**(tl), Susan McCartney / Photo Researchers; **77**(r), HRW Photo by

Russell Dian; 77(bl), John Kimmach / Gartman Agency; **81,** Chip and Rosa María de la Cueva Peterson; **82,** Tor Eigeland; **83,** HRW Photo by Russell Dian; **88, 89,** HRW Photo by Russell Dian; **90,** Cameramann International, Ltd.; **93,** HRW Photo by Robert Royal.

Capítulo 3: Page 96(tl), Joel Gordon; 96(tr), Mark Antman / The Image Works; 96(b), Larry Dale Gordon / The Image Bank; **97,** HRW Photo by Robert Royal; **98, 105**(l), HRW Photo by Russell Dian; **105**(r), **109,** HRW Photo by Robert Royal; **111**(tl), **111**(tr), **111**(cr), Antonio Suarez / Wheeler Pictures; **111**(bl), Robert Royal; **111**(br), Antonio Suarez / Wheeler Pictures; **123,** Francois Grohier / Photo Researchers; **124,** HRW Photo by Russell Dian; **125,** Owen Franken; **133,** Chip and Rosa María de la Cueva Peterson.

Gaceta 1: Page 135, Robert Frerck / Odyssey Productions; **139,** Lancio Film / Rome, Italy; **140,** Myles E. Baker.

Capítulo 4: Page 142(tl), Chip and Rosa María de la Cueva Peterson; 142(r), HRW Photo by Russell Dian; 142(b), Janice Fullman / The Picture Cube; **143,** Zao / The Image Bank; **144, 151,** HRW Photo by Alejandro Betancourt M.; **155**(l), Chip and Rosa María de la Cueva Peterson; **155**(r), Kennedy / TexaStock; **157,** HRW Photo by Robert Royal; **158,** Kennedy / TexaStock; **160,** Bettmann Newsphotos; **167,** Marilyn Perez-Abreu; **169**(t), **169**(bl), **169**(br), **170**(l), **170**(r), HRW Photo by Russell Dian; **171**(l), Mieke Maas / The Image Bank; **171**(r), John Coletti / Stock Boston; **175,** Victor Englebert; **176,** Kennedy / TexaStock.

Capítulo 5: Page 178(tl), HRW Photo by Russell Dian; 178(tr), 178(bl), Cameramann International, Ltd.; **178**(br), **179, 180, 182,** HRW Photo by Russell Dian; **189**(b), Kathy Kayser; **195,** Courtesy Colegio San Ignacio, San Juan, Puerto Rico; **197**(l), Owen Franken; **197**(tr), Chip and Rosa María de la Cueva Peterson; **197**(br), Cameramann International, Ltd.; **200,** HRW Photo by Russell Dian; **203,** Cameramann International, Ltd.; **208,** Sybil Shelton / Peter Arnold, Inc.

Capítulo 6: Page 210(tl), David R. Frazier; 210(tr), Cary Wolinsky / Stock Boston; 210(bl), Richard Steedman / The Stock Market; 210(br), D. Donne Bryant; **211,** Walter R. Aguiar; **223**(t), HRW Photo by Russell Dian; **223**(bl), Robert Royal; **223**(br), Tor Eigeland; **227**(t), HRW Photo by Russell Dian; **227**(c), Lee Boltin; **227**(b), Lucy Barber; **231**(tl), Cameramann International, Ltd.; **231**(tr), **231**(bl), **231**(bc), **231**(br), Tor Eigeland; **235,** Robert Frerck / Odyssey Productions; **236,** HRW Photo by Robert Royal; **240,** HRW Photo by Ruben Guzman; **242,** Mark Antman / The Image Works.

Gaceta 2: Page 244, Cameramann International, Ltd.; **245**(l), Tom Grill / Comstock, Inc.; **245**(r), David W. Hamilton / The Image Bank; **250,** Transworld; **251,** NASA.

Capítulo 7: Page 252(tl), John Curtis / Taurus Photo; 252(tr), Cameramann International, Ltd.; 252(b) George Elich; **253,** Kevin P. Gale / Taurus Photos; **254,** HRW Photo by David Phillips; **261**(l), Loren A. McIntyre; **261**(r), Victor Englebert; **263,** UPI / Bettmann Newsphotos; **265,** Loren A. McIntyre; **266,** RKO / Kobal Collection; **267**(tl), Kevin Galvin / Bruce Coleman, Inc.; **267**(tr), ABC TV / Kobal Collection; **267**(bl), Kobal Collection; **267**(br), Paramount / Kobal Collection; **271**(bl), HRW Photo by Russell Dian; **271**(br), Allan Price / Taurus Photos; **274,** Focus on Sports; **277**(t), **277**(b), **278**(t), **278**(b), Columbia Pictures.

Capítulo 8: Page 284(tl), Chip and Rosa María de la Cueva Peterson; 284(tr), Three Lions; 284(bl), Charles Leavitt / The Picture Cube; 284(br), Chip and Rosa María de la Cueva Peterson; **285,** Walter R. Aguiar; **286**(t), Luis Villota / The Stock Market; **286**(b), HRW Photo by Russell Dian; **287,** Nick Nicholson; **292,** Joachim Messerschmidt / Bruce Coleman, Inc.; **297**(r), Carl Frank / Photo Researchers; **299,** HRW Photo by Russell Dian; **306,** Chip and Rosa María de la Cueva Peterson; **307**(l), Cameramann International, Ltd.; **307**(r), Vince Streano / The Stock Market; **308**(tr), Robert Frerck / Odyssey Productions; **308**(c), Morton Beebe; **308**(bl), Andrew Rakoczy; **310,** Dirk Gallian / Focus on Sports.

Capítulo 9: Page 316(tl), Spencer Grant / Gartman Agency; 316(tr), Chip and Rosa María de la Cueva Peterson; 316(bl), Joe Viesti; 316(br), Robert Fried; **317,** Robert Brenner; **318**(t), HRW Photo by Yoav Levy; **318**(b), **319**(t), HRW Photo by Russell Dian; **319**(b), HRW Photo by Henry Friedman; **321,** John Aldridge and Sons / The Picture Cube; **325,** Focus on Sports; **330,** Chip and Rosa María de la Cueva Peterson; **331**(tl), Robert Rattner; **331**(tr), David Phillips; **331**(bl), Loren A. McIntyre; **331**(br), John Dominis / Wheeler Pictures; **336,** Chip and Rosa María de la Cueva Peterson; **339,** Ministerio de Transportes y Turismo, España; **341,** HRW Photo by Russell Dian; **342,** HRW Photo by Alejandro Betancourt M.; **343**(l), Joe Viesti; **343**(tc), HRW Photo by Alejandro Betancourt M.; **343**(tr), Joe Viesti; **343**(br), Asociación de Scouts de México, Courtesy World Scout Organization; **344,** Joe Viesti; **347,** Chip and Rosa María de la Cueva Peterson; **349,** Dr. William Calvert.

Gaceta 3: Page 351, Robert Frerck / Odyssey Productions; **352,** RCA Records; **353, 354**(t), HRW Photo by David Phillips; **354**(b), HRW Photo by Richard Haynes; **355,** HRW Photo by David Phillips; **356,** Wide World Photo; **357,** Julio "Paud" Valdes.

Capítulo 10: Page 358(l), Robert Royal; 358(tr), HRW Photo by Russell Dian; 358(br), Don and Pat Valenti / DRK Photo; **359,** HRW Photo by Russell Dian; **358**(br), Don and Pat Valenti / DKR Photo; **359,** HRW by Russell Dian; **360,** HRW Photo by Russell Dian; **366,** Ines Casassa; **367**(l), Norman Prince; **367**(r), HRW Photo by Russell Dian; **378**(tl), Carmen Cavazos; **378**(tc), HRW Photo by Russell Dian; **378**(tr), Norman Prince; **378**(bl), **378**(bc), **378**(br), HRW Photo by Russell Dian; **382**(t), Robert Frerck / Odyssey Productions; **382**(c), Vince Streano / The Stock Market; **382**(b), Andrew Rakoczy; **383,** Robert Frerck / Odyssey Productions; **386,** Victor Englebert.

Capítulo 11: Page 392(tl), Four by Five; 392(tr), 392(bl), HRW Photo by Russell Dian; 392(br), Malcolm S. Kirk / Peter Arnold, Inc.; **393,** Joe Viesti; **394,** HRW Photo by Russell Dian; **396**(t), **396**(b), HRW Photo by Russell Dian; **400,** Bettina Cirone / Photo Researchers; **401**(l), Bernard Pierre Wolff / Photo Researchers; **401**(r), David Woo / Stock Boston; **404**(t), HRW Photo by Russell Dian; **404**(b), Peter Menzel; **409,** Joachim Messerschmidt / Bruce Coleman, Inc., **413,** Four By Five; **414,** Richard Steedman / The Stock Market; **416,** HRW Photo by Russell Dian; **417**(t), Felipe Andrade / Aeroperu Airways; **417**(b), HRW Photo by Russell Dian; **422,** HRW Photo by David Phillips.

Capítulo 12: Page 424(tl), Joe Viesti; 424(tr), Jeffrey L. Rotman; 424(bl), 424(br), Four By Five; **425,** Linita Shih; **426,** Loren A. McIntyre; **427**(l), **427**(c), **427**(r), HRW Photo by Russell Dian; **432,** Animals, Animals; **439,** Enrico Ferorelli / Dot; **440**(tl), Loren A. McIntyre; **440**(lc), Venezuelan Tourist Office, NY; **440**(tc), Loren A. McIntyre; **440**(bc), Miriam Austerman/Venezuelan Tourist Office, NY; **440**(tr), Cameramann International, Ltd.; **440**(rc), Loren A. McIntyre; **440**(br), Venezuelan Government Tourist Office; **444, 446,** NASA; **447**(tl), **447**(tr), **447**(bl), New York Public Library; **447**(br), Culver Pictures; Warren Bolster / Sports Illustrated / Time, Inc.; **451,** Loren A. McIntyre / Woodfin Camp; **453,** Theodore DeBry, ca. 1590. Rare Books and Manuscript Division, N.Y. Public Library, Astor, Lenox, and Tilden Foundation; **456,** Eric Horan / Bruce Coleman, Inc.; **457,** Chip and Rosa María de la Cueva Peterson; **461,** Fulvio Eccardi / Bruce Coleman, Inc.

Gaceta 4: Page 463, HRW Photo by Russell Dian; **464,** Compix; **465, 466,** Stuntarama; **467**(l), **467**(r), **468**(l), **468**(r), **469**(l), **469**(r), Lancio Film / Rome, Italy.

Getting Started

Capítulo preliminar

This chapter introduces you to the study of Spanish. In it, you will find opportunities to

- greet people and introduce yourself, using Spanish names

- tell what you like and dislike

- spell words, using the Spanish alphabet

- count from 0 to 15

- understand and use common classroom expressions

- use strategies that will make learning Spanish easier

- become aware of the Spanish-speaking world and of the importance of learning Spanish

GETTING ACQUAINTED

Meeting Your Teacher and Other Adults

To Say Hello to an Adult

Buenos días, señor López.
Good morning, Mr. López.

Buenas tardes, señora Martínez.
Good afternoon, Mrs. Martínez.

Buenas noches, señorita González. *Good evening, Miss González.*

Señor, señora, and **señorita** can be abbreviated **Sr.**, **Sra.**, and **Srta.** when they precede a name.

A. **Buenos días.** It is your first day of class in an intensive Spanish program in Guadalajara. As you enter each class, greet your new teacher appropriately.

> EJEMPLO Mr. Torres / 2 P.M. class
> **Buenas tardes, señor Torres.**

1. Miss Martínez / 9 A.M. class
2. Mrs. Torres / 7 P.M. class
3. Miss López / 8 A.M. class
4. Mr. Chávez / 4 P.M. class
5. Mrs. Esparza / 8 P.M. class
6. Mr. Robles / 3 P.M. class

To Introduce Yourself and Ask an Adult's Name

Me llamo Marcela Fuente.
 ¿Cómo se llama usted?
Me llamo Rosa Gómez.
Mucho gusto.
Igualmente.
My name is Marcela Fuente.
 What is your name?
My name is Rosa Gómez.
Pleased to meet you.
Likewise.

A. Mucho gusto. Greet your teacher and introduce yourself. Ask his or her name. When you hear it, respond politely. Use the dialogue you just read as a guide.

What to Say After Meeting an Adult

After saying hello, people usually ask each other how they are feeling or how things are going. Here are some expressions you will want to know.

¿Cómo está usted, señor?
Muy bien, gracias. ¿Y usted?
Pues, bastante bien.
How are you, sir?
Very well, thank you. And you?
Oh, pretty well.

A. ¿Cómo está usted? Look back at the activity **Buenos días**. Greet your teachers again, but this time, also ask how they are. Choose another student to respond as each teacher would.

Meeting Your Classmates and Other Young People

To Say Hello to a Young Person

Hola, Leonor. Hola, Mateo.
Hi, Leonor. Hi, Mateo.

To Introduce Yourself and Ask a Young Person's Name

Me llamo Marcela. Y tú,
    ¿cómo te llamas?
Me llamo Eduardo.
Mucho gusto.
Igualmente.
*My name is Marcela.
    And you? What's your
    name?*
My name is Eduardo.
Pleased to meet you.
Likewise.

A. ¡Hola!   Say hello to other students in your class, and tell them your name. When other students introduce themselves, respond politely and give your name.

> EJEMPLO   **Hola. Me llamo Vicente. ¿Cómo te llamas?**
> **Me llamo Juan Pablo.**
> **Mucho gusto.**
> **Igualmente.**

What to Say After Meeting a Young Person

Here are some expressions you can use to ask young people how they are or how things are going.

Hola, Isabel. ¿Cómo estás?
Bien, gracias. ¿Y tú?
Regular.
Hi, Isabel. How are you?
Fine, thanks. And you?
OK.

¡Oye, Diego!
Hola. ¿Qué tal?
Así, así.
Hey, Diego.
Hi. How's everything?
So-so.

A. ¿Qué tal?   Greet your classmates and ask how they are. Alternate using **¿Qué tal?** and **¿Cómo estás?**

Saying Good-bye

Adiós.
Hasta luego.
Hasta mañana.
Good-bye.
See you later.
See you tomorrow.

A. Hasta luego.   You are at a party with your classmates and are ready to leave. Say good-bye to the four students sitting closest to you.

Spanish Names

When you begin to ask Spanish speakers their names, you will find that a number of the names will be new to you. Learn to recognize the following Spanish names when you hear them. You may also want to choose one to use in class or find one that is equivalent or similar to your own.

Nombres masculinos

Alberto	Hugo
Alejandro	Humberto
Alfonso	Javier
Alfredo	Joaquín
Andrés	Jorge
Antonio	José María
Arturo	Juan
Bernardo	Luis
Camilo	Marcos
Carlos	Mario
Cristóbal	Miguel
Daniel	Nicolás
David	Pablo
Edmundo	Pedro
Eduardo	Ramón
Ernesto	Raúl
Esteban	Ricardo
Eugenio	Roberto
Felipe	Simón
Fernando	Teodoro
Gerardo	Tomás
Gregorio	Vicente
Guillermo	Víctor

Nombres femeninos

Alicia	Gloria
Amalia	Graciela
Ana	Inés
Andrea	Isabel
Bárbara	Lucía
Beatriz	Luisa
Caridad	Manuela
Carlota	Margarita
Carolina	María Cristina
Catalina	Mariana
Cecilia	Marta
Cristina	Micaela
Daniela	Mónica
Diana	Pilar
Dorotea	Raquel
Elena	Rosalía
Elisa	Rosario
Elsa	Silvia
Esperanza	Teresa
Estela	Verónica
Eva	Victoria
Francisca	Virginia
Gabriela	Yolanda

Notice that some names can be either girls' names or boys' names, depending on the ending: **Mario–María, Antonio–Antonia, Luis–Luisa, Marcelo–Marcela, Víctor–Victoria, Eugenio–Eugenia.**

Double names such as **José María** are very common. The first name usually shows you whether it is a girl's name or a boy's name.

Just as in English, *nicknames*, or **apodos,** are common in Spanish. For example, someone named **Francisco** might be called **Paco** or **Paquito** by his friends and family. Similarly **José** might be called **Pepe. Isabel** would be known as **Belita,** and **Graciela** or **Marcela** as **Chela.**

Another very common way to form nicknames in Spanish is to add a diminutive ending to the name. A common diminutive ending is **-ito** for boys or **-ita** for girls. **Juan,** for example, might be called **Juanito** or **Juanín** (*Johnny*), and **Eva** would probably be called **Evita** (*Evie*) by friends and family.

A. ¿Cómo te llamas? Choose a Spanish name and use it to introduce yourself to your neighbor. Be sure to ask your neighbor's name too!

Actividades adicionales

A. Saludos. You are spending your vacation in Mexico City. When these things are said to you, how will you respond?

> EJEMPLO   ¿Cómo estás?
> **Bien, gracias. ¿Y tú?**

1. Hola.
2. Buenos días.
3. Me llamo Sergio Campos.
4. ¿Cómo estás?
5. ¿Qué tal?
6. ¿Cómo está usted?
7. Hasta mañana.
8. Mucho gusto.
9. ¿Cómo te llamas?
10. Buenas tardes.

B. ¿Cómo estás? Practice greeting others and asking how they are. First greet other students in your class. Then greet your teacher.

> EJEMPLO   Hola. ¿Cómo estás?   Buenos días, señora. ¿Cómo
> **Bastante bien. ¿Y tú?**   está usted?
> **Bien, gracias.**   **Regular. ¿Y tú?**
> **Bastante bien, gracias.**

C. De vacaciones. You meet some people while on vacation in the Yucatan. What would you say to them in the following situations?

EJEMPLO at breakfast in the hotel
Buenos días.

after a movie in the evening
Hasta mañana.

1. at the beach in the morning
2. at a gift shop in the afternoon
3. at dinner in the evening
4. when you want to ask someone's name
5. saying good-bye to someone after dinner
6. upon leaving the group after a night tour of some Mayan ruins
7. when you want to know how a new friend is doing
8. after lunch when you expect to see the person later that day

D. Una familia cubana. A Cuban student in your school has invited you to visit his family. How do you greet each person?

EJEMPLO your friend, José
Hola, José.
¿Cómo estás?

his uncle, Mr. Torres
Buenas tardes, señor Torres.
¿Cómo está usted?

1. his brother, Paco
2. his mother, Mrs. de Silva
3. his cousin, Miss Torres
4. his father, Mr. Silva
5. his sister, Teresa
6. his grandmother, Mrs. de Ugarte
7. his sister, Rosita
8. his grandfather, Mr. Ugarte

E. Diálogos. You are attending summer school in Cuernavaca. Write two short dialogues, the first between you and your Mexican roommate and the second between you and your teacher. Practice your dialogues with another student.

> *Yo: ¡ Hola...*

Talking About What You Like

A. Me gusta... People all over the world like to talk about their likes and dislikes. Say whether or not you like the following.

Me gusta...

No me gusta . . .

el fútbol americano   el fútbol   la televisión   la música   el tenis

la lucha libre   el volibol   el béisbol   el baloncesto   la tarea

B. Me llamo. Introduce yourself to the class, and tell the other students something you like.

> EJEMPLO   **Hola. Me llamo Teresa Martínez.**
> **Me gusta la música.**

C. No me gusta. Introduce yourself to another student, and tell that student something you do not like.

> EJEMPLO   **Buenos días. Me llamo Guillermo Walsh.**
> **No me gusta la lucha libre.**

Communicating in Spanish

The Alphabet

Knowing the Spanish alphabet will help you learn more quickly to pronounce Spanish words. Spanish uses the same 26 letters as English plus four more. See if you can locate these four letters in the Spanish alphabet. Which letter does each of the new letters follow?

a	a	j	jota	r	ere
b	be (be grande)	k	ka	rr	erre
c	ce	l	ele	s	ese
ch	che	ll	elle	t	te
d	de	m	eme	u	u
e	e	n	ene	v	ve (uve, ve chica)
f	efe	ñ	eñe	w	doble ve
g	ge	o	o	x	equis
h	hache	p	pe	y	yé (i griega)
i	i	q	cu	z	zeta

The four letters found in Spanish and not in English are **ch** (**che**), **ll** (**elle**), **ñ** (**eñe**), and **rr** (**erre**). In a Spanish dictionary, **ch, ll,** and **ñ** are alphabetized as single letters, but **rr** is not. If you are unable to find a Spanish word in the dictionary, double-check that you have correctly considered the alphabetizaion of **ch, ll,** or **ñ**.

A. **El alfabeto.** Note how the Spanish words in the first column are alphabetized, then alphabetize the second column.

calma	carrera
calle	cartera
correr	calle
corto	calor
chico	chica
luz	llegar
llamar	loco
manzana	año
mañana	anuncio

> **moción,** *n.f.* motion
> **mochila,** *n.f.* knapsack
> **molusco,** *n.m.* mollusc
> **molleta,** *n.f.* biscuit
> **montanero,** *n.m.* forester
> **montaña,** *n.f.* mountain
> **morrillo,** *n.m.* pebble
> **morsa,** *n.f.* walrus

B. **El oculista.** You are on vacation in Mexico and have to go to the eye doctor. How would you read the letters on his chart?

C. Estudiantes bilingües. Help the following students in a bilingual class in Los Angeles spell their names aloud using the Spanish alphabet.

David	Xavier	Yolanda
Raquel	**Chabela**	Beatriz
Vicente	Alejandro	Francisca
Guillermo	Julio	Suzie
Walter	Kelly	Philip

D. Visado. You are applying for a visa. Spell your first and last names and the name of the town and the state in which you were born.

E. Autores. A library in Spain just acquired works by the following authors. Tell how the librarian would arrange them in alphabetical order.

I	II	III
Alfredo Chavero	José Alfredo Llerena	Ramón Pacheco
Rosario Castellanos	Jesús Lara	Manuel Puig
Julio Cortázar	Violeta López	Violeta Parra
Isaura Calderón	Mariano José Larra	Cecilia Pérez

Numbers 0–15

Numbers will also be useful to you in class. Practice counting from 0 to 15.

0 cero	4 cuatro	8 ocho	12 doce
1 uno	5 cinco	9 nueve	13 trece
2 dos	6 seis	10 diez	14 catorce
3 tres	7 siete	11 once	15 quince

A. En el aeropuerto. Tell from what gate (**puerta**) the flights will be leaving.

EJEMPLO   México: la puerta número siete

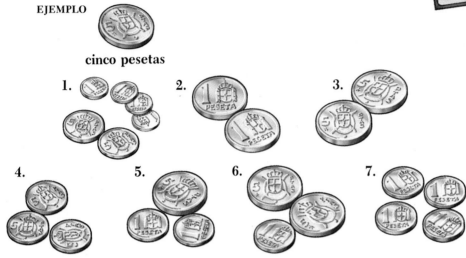

SALIDAS

puerta	destino	hora
7	México	6:50
12	Madrid	7:10
8	Buenos Aires	9:05
3	Caracas	11:25
6	La Paz	15:30
15	Bogotá	16:35
4	Montevideo	18:40
9	Quito	22:10

B. Pesetas. The **peseta** is the name of the currency used in Spain. How many **pesetas** do you see?

EJEMPLO

cinco pesetas

1.   2.   3.

4.   5.   6.   7.

C. Pesos. You are shopping in one of New York's Spanish neighborhoods where the dollar is referred to as a **peso.** Read the price tags on the following items.

EJEMPLO $4.00 / cuatro pesos

1. $4.00

2. $9.00

3. $11.00

4. $7.00

5. $14.00

6. $1.00

7. $12.00

8. $10.00

D. ¿Cuánto cuesta? You are at **el Mercado Merced,** the open-air market in Santo Domingo, the capital of the **República Dominicana.** As you hear the price of various items, write the numbers on a sheet of paper.

EJEMPLO

Useful Classroom Expressions

The more you practice Spanish, the better you will be able to communicate. Common classroom expressions can be used immediately in Spanish.

Learn to understand the following expressions your teacher will probably use often, and learn to say those that you will want to use.

El profesor o la profesora dice (*The teacher says*):

1. Escuchen, por favor.   *Please listen.*
2. Repitan, por favor.   *Please repeat.*
3. Contesten, por favor.   *Please answer.*
4. Abran el libro.   *Open your book.*
5. Cierren el libro.   *Close your book.*
6. Vayan al pizarrón, por favor.   *Go to the board, please.*
7. ¿Entienden?   *Do you understand?*
8. Saquen papel y lápiz, por favor.   *Take out paper and pencil, please.*
9. Saquen la tarea.   *Take out your homework.*
10. Levántense, por favor.   *Stand up, please.*
11. Siéntense, por favor.   *Sit down, please.*

Learn to say the following expressions.

Los estudiantes dicen (*The students say*):

1. Sí, señora.   *Yes.*
2. No, señor.   *No.*
3. No sé, señorita.   *I don't know.*
4. Repita, por favor.   *Repeat, please.*
5. ¿Cómo?   *What?*
6. ¿Cómo se dice...en español?   *How do you say...in Spanish?*
7. ¿Qué quiere decir...?   *What does...mean?*
8. No entiendo.   *I don't understand.*
9. Gracias.   *Thank you.*
10. De nada.   *You're welcome.*

A. ¿Sí o no? Mr. Gálvez is giving instructions to the new students in his Spanish class. Listen to what he says, and look at what they do in the pictures. If they are correctly following his instructions, say **sí**; if not, say **no**.

1. "Me llamo..." 2. 3. 4. 5. "Buenos días."
6. 7. 8. 9. 10.

B. Instrucciones. Look again at the pictures, and listen to Mr. Gálvez's commands. On a sheet of paper, write the number of the picture in which the students are following each command.

> EJEMPLO   Levántense, por favor.
> **7**

C. Mandatos. You will hear several commands. Follow them.

> EJEMPLO   You hear: Levántense, por favor.
> You stand up.

D. ¿Qué dicen los estudiantes? Using these Spanish expressions, tell what you say at school in the situations described below.

Sí, señora (señor, señorita).   No, señor (señorita, señora).
No sé, señorita (señor, señora).   Repita, por favor.
¿Cómo?   ¿Cómo se dice... en español?
¿Qué quiere decir...?   No entiendo.
Gracias.   De nada.

1. You do not know the answer to the question the teacher asked you.
2. You want to know what the word **chico** means.
3. Your teacher thanks you for helping.
4. Your principal asks you if you are taking Spanish.
5. Your teacher asks you if you want to take a pop test.
6. You need to have something repeated.
7. You do not understand what your teacher just said.
8. You are hungry and a friend shares a sandwich with you.
9. You want to know how to say *banana* in Spanish.

LEARNING SPANISH

Tips for Success

A new language is different from other subjects. In fact, you may need to find some new ways to learn. Here are some suggestions to help you study and practice Spanish.

1. **Study daily.** Practice Spanish whenever you can—with classmates, friends, and family. Memorizing new words and grammar rules can help, but nothing can take the place of practice, so speak and listen to Spanish over and over until it becomes familiar.

2. **Do not be afraid to make mistakes.** Mistakes are a normal part of learning. The mistakes you make can help you and your teacher identify problems. Mistakes often lead native speakers to give you helpful hints, and they can also lead to insights about how language works.

3. **Build on what you already know.** Learning a language involves building on words and grammar already learned. Learning to use the material in Chapter 2 requires knowing Chapter 1. The words and sentence patterns learned during the first days of Spanish will continue to be important every day.

4. **Take your best guess.** Sometimes you will see or hear a word or phrase you do not understand. Think about what word you believe should be in that place and then guess the meaning. At other times you will be unsure about how to say something. Go ahead and try! You may be right, and you will certainly learn faster.

Using Your Knowledge of English

One of the nice things about learning Spanish is that it has many similarities to English. What you already know will help you learn more easily.

For example, how many of the following Spanish words can you already recognize? Words like these, which are similar or identical in Spanish and English, are called cognates. Guess the meaning of these cognates.

rodeo	fiesta	república
patio	biología	taco
vainilla	persona	parasol
café	radio	restaurante

Look at the photo and caption that follow. You will notice several similarities between Spanish and English—the alphabet, the word order, and cognates. Try to guess the English translation of the caption.

*Silvia estudia biología, álgebra y
la historia de México.*

You probably guessed the meaning of **estudia** and also that **y** means *and* because you expect history, biology, and algebra to be linked together. Your natural tendency to read past words like **la** and **de** was right because no two languages are exactly alike. (You might even have guessed the meaning of **de** because of names and expressions that are used in English.)

Try to figure out the meaning of the next caption.

Mi profesor es simpático, ¿no?

Here you see the need to be flexible in order to understand another language. The subject-verb word order is the same as in English. You might recognize **mi** as similar to *my* and **es** as similar to *is*. Although **profesor** can mean *professor*, here it means *teacher*.

Not all Spanish words and sentence patterns will be familiar to you. New words must be learned, and new grammar is always important. **Simpático** looks like *sympathetic*, but it means *nice*. And you would probably translate **¿no?** as *isn't he?* The sentence then would read: *My teacher is nice, isn't he?* Thus, rigid word-for-word translation, though it may help you understand, does not always give you the words you would use in English. Be flexible. Think of other ways to express the meaning.

Distinctive Differences

Punctuation Marks

Look at the following sentences. What do you notice about Spanish punctuation, especially exclamation points and question marks?

¿Habla usted español?
Sí, soy bilingüe. Hablo
    inglés y español.
¡Qué bueno!

The initial punctuation marks can be very helpful when reading.

A. **La puntuación.** Mrs. Sánchez is correcting the homework written by a new student in her Spanish class. Copy his work on paper and supply the missing Spanish punctuation marks that she has marked.

Buenos días, señor◖Cómo
    está usted?
Bien, gracias◖Y tú?
Así, así◖Habla usted
    inglés?
Sí, y español también. Soy
    bilingüe.
◖Qué magnífico!

Accents and Other Special Marks

Look at the Spanish sentences you just read in "Punctuation Marks." In addition to the initial punctuation marks, you should be able to find three other types of special marks. Point them out.

These marks—the accent (**inglés**), the tilde (**español**), and the diaeresis (**bilingüe**)—are part of Spanish spelling and are often a clue to pronunciation. Be sure to learn them when you learn the spelling of a word.

A. Acentos. In the conversation you copied in **La puntuación,** circle all the accents and special marks. How many are there? In the following conversation, the new student has left off all the accents and special marks. Copy it on paper and supply the missing accents and special marks. Use the preceding conversation to guide you.

> Buenos dias, senorita
>   Robles. ¿Como esta
>   usted?
> Bien, gracias, Jorge. ¿Y tu?
> Bien. ¿Habla usted ingles y
>   espanol?
> Si. Soy bilingue.
> ¡Que bueno!

Spanish Sounds

Listen to your teacher read the model sentences from "Punctuation Marks." You will hear sounds that may be different from what you expect. Some of the sounds in Spanish are different from sounds in English. At first, these new sounds may seem strange, but as you use them, they will become very familiar, and you will become accustomed to pronouncing them. Even if your pronunciation of Spanish sounds is not perfect, keep practicing. Listen to your teacher read the captions to the photos you saw earlier, then repeat them. Try to imitate what you hear.

A. ¿Español o inglés? Listen to these words that exist in both Spanish and English. If a word is pronounced in English, say **inglés**. If it is pronounced in Spanish, say **español**. Then repeat the words in Spanish.

patio	cafetería	burro	chocolate
California	Florida	Los Ángeles	San Francisco

WHY STUDY SPANISH?

There are many reasons for studying Spanish. What are yours? Here are some possible reasons. On a piece of paper, rank them in order of importance for you. Add your own if you wish.

For	Knowing Spanish Can
business	be the key to a rewarding career as American businesses increasingly recognize the importance of Spanish at home and abroad
culture	open the doors to an appreciation of art, music, literature, and culture in the Spanish-speaking world, an important part of our Western civilization
travel	help you to travel with greater ease and enjoyment
college	increase your potential to do well in your studies
communication	enable you to communicate with the peoples of 21 countries and with Spanish-speaking people here in the United States

The Hispanic World

One reason to choose Spanish as your second language is its importance in today's world. Look at the following statements, and guess whether each is true or false. Guess on your own before you look at the answers.

1. Spanish is spoken by over 300 million people.
2. The United States has the fourth-largest Spanish-speaking population in the world.
3. Spanish is spoken in fewer than 20 countries.
4. Spanish is not one of the official languages of the United Nations.
5. Spanish is important for international commerce.
6. The United States has a common boundary with a Spanish-speaking nation.
7. There are over 20 million Spanish speakers in the United States.
8. There are four cities in the United States that have over one million Spanish speakers—New York, Los Angeles, Miami, and Des Moines.

1. True. 2. True. 3. False. It is spoken in more than 20 countries. 4. False. It is one of the U.N. official languages. 5. True. 6. True. The United States shares a common boundary and continent with Spanish-speaking nations. 7. True. 8. False. The four U.S. cities with over one million Spanish speakers are New York, Los Angeles, Miami, and Chicago.

A. El mundo hispánico. Look at the three maps of the Hispanic world, and answer these questions.

1. What three continents have Spanish-speaking countries?
2. In what country did Spanish originate?
3. What country has the largest Spanish-speaking population? (Hint: It is not in South America.)
4. What large country in South America is not Spanish speaking?
5. If you could choose, which three Spanish-speaking countries would you visit? Why?
6. Look at the map of Spain. What is the capital? List the names of any Spanish cities you have already heard of.
7. You are in Surinam and are going to tour the Spanish-speaking nations of South America. If you head from north to south, in what order would you probably visit them?
8. You are going to visit two Central American countries. Which will you choose? Which will you omit? Give your reasons.
9. You are in Florida. What Spanish-speaking islands are nearby?
10. You are in Spain and want to go to the coast. What bodies of water can you choose from?

España

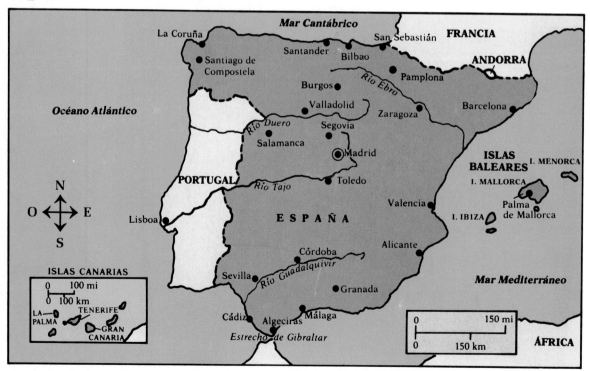

México, Centroamérica y el Caribe

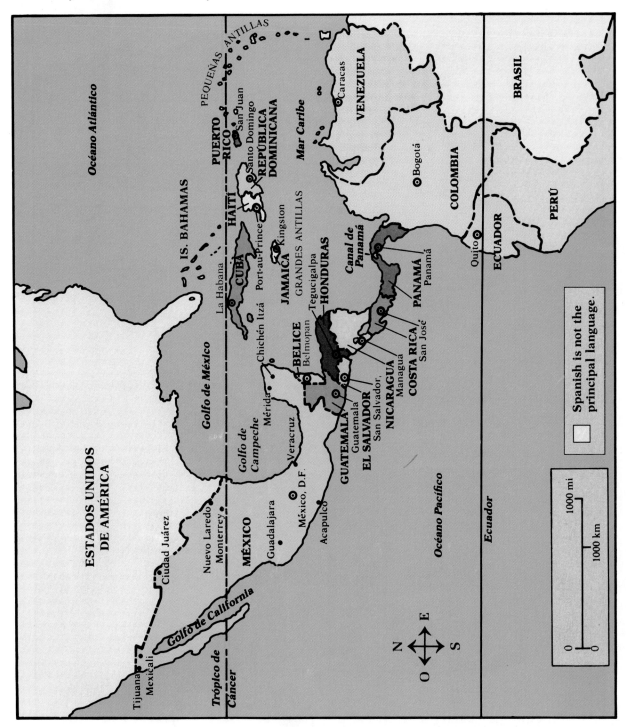

Océano Atlántico

ESTADOS UNIDOS DE AMÉRICA

Tijuana
Mexicali
Ciudad Juárez
Nuevo Laredo
Monterrey

MÉXICO

Guadalajara
México, D.F.
Acapulco
Veracruz
Mérida

Golfo de California
Trópico de Cáncer
Golfo de México
Golfo de Campeche

IS. BAHAMAS

La Habana
CUBA
Chichén Itzá

JAMAICA
Kingston
GRANDES ANTILLAS

HAITÍ
Port-au-Prince
PUERTO RICO
San Juan
Santo Domingo
REPÚBLICA DOMINICANA

PEQUEÑAS ANTILLAS

Mar Caribe

BELICE
Belmopán
GUATEMALA
Guatemala
EL SALVADOR
San Salvador
HONDURAS
Tegucigalpa
NICARAGUA
Managua
COSTA RICA
San José
PANAMÁ
Panamá
Canal de Panamá

Caracas
VENEZUELA

Bogotá
COLOMBIA

BRASIL

PERÚ

ECUADOR
Quito

Océano Pacífico

Ecuador

N
O — E
S

Spanish is not the principal language.

1000 mi
1000 km
0

América del Sur

VOCABULARIO

NOUNS REFERRING TO ACTIVITIES

el baloncesto basketball
el béisbol baseball
el fútbol soccer
el fútbol americano football
la lucha libre wrestling
la música music
la tarea homework
la televisión television
el tenis tennis
el volibol volleyball

NUMBERS

cero zero
uno one
dos two
tres three
cuatro four
cinco five
seis six
siete seven
ocho eight
nueve nine
diez ten
once eleven
doce twelve
trece thirteen
catorce fourteen
quince fifteen

COMMON GREETINGS

Buenas noches, señora ____. Good evening (Good night), Mrs. ____.
Buenas tardes, señorita ____. Good afternoon, Miss ____.
Buenos días, señor ____. Good morning, Mr. ____.
¿Cómo está usted? How are you? (*formal*)
¿Cómo estás? How are you? (*informal*)
¿Cómo se llama usted? What's your name? (*formal*)
¿Cómo te llamas? What's your name? (*informal*)
¡Hola! Hi!
¡Oye! Hey!, Listen! (*informal*)
¿Qué tal? How are you?
¿Y tú? And you? (*informal*)
¿Y usted? And you? (*formal*)

COMMON RESPONSES

Adiós. Good-bye.
Así, así. So-so.
Bien, gracias. Fine, thank you.
Hasta luego. See you later.
Hasta mañana. See you tomorrow.
Igualmente. Likewise.
Me llamo ____. My name is ____.
Mucho gusto. Pleased to meet you.
Muy bien, gracias. Very well, thank you.
Pues, bastante bien. Oh, pretty well.
Regular. OK.

USEFUL CLASSROOM EXPRESSIONS

Abran el libro. Open your book.
¿Cómo? What?
¿Cómo se dice...? How do you say...?
Cierren el libro. Close your book.
Contesten. Answer.
De nada. You're welcome.
Escuchen. Listen.
Gracias. Thank you.
Levántense. Stand up.
No entiendo. I don't understand.
No sé. I don't know.
Por favor. Please.
¿Qué quiere decir...? What does... mean?
Repitan, por favor. Repeat, please.
Saquen la tarea. Take out your homework.
Saquen papel y lápiz. Take out paper and pencil.
Sí. Yes.
Siéntense, por favor. Please sit down.
Vayan al pizarrón. Go to the chalkboard.

OTHER EXPRESSIONS

Me gusta... I like....
No me gusta... I don't like....

Getting to Know Others

In this chapter, you will describe yourself briefly to someone you have just met. You will also learn about the following functions and structures.

Functions	Structures
● talking about likes and dislikes	**me gusta, me gustan, te gusta, te gustan**
● naming things you like or dislike	the definite articles **el, la, los, las**
● identifying people and telling where someone is from	the verb **ser** and the subject pronouns **yo, tú, usted, él, ella, nosotros, ustedes, ellos, ellas**
● describing people and things	adjectives that agree with nouns in gender and number
● counting from 16 to 100	the cardinal numbers **16–100**

1 NTRODUCCIÓN

EN CONTEXTO

¡Hola!

¡Hola! Me llamo Luisa Sánchez y <u>soy de</u> Colombia. Me gusta el tenis y me gusta <u>mucho</u> el béisbol <u>pero</u> no me gusta <u>esquiar</u>.

I am / from
a lot / but / to ski

Me llamo Felipe Martínez García. <u>También</u> soy de Colombia. Me gusta <u>hablar</u>, <u>escuchar</u> la radio y <u>ver</u> televisión. <u>Prefiero las telenovelas</u>. Me gusta la música también pero no me gusta <u>nada</u> <u>bailar</u>.

also
to talk / to listen to /
to watch / I prefer
soap operas
(not) at all / to dance

Comprensión

A. Who would have made the following statements—Luisa, Felipe, or both of them?

1. Me gusta el béisbol.
2. Me gusta la televisión.
3. No me gusta bailar.
4. Soy de Colombia.
5. No me gusta esquiar.
6. Me gusta escuchar la radio.

ASÍ SE DICE

A. Me gusta... Ana María does not like to be still and quiet. She is happiest doing vocal, active things. What does she say about the following activities?

MODELO **Me gusta (mucho) bailar.**
No me gusta (nada) estudiar.

nadar   esquiar   estudiar

trabajar   bailar   cantar

hablar español   escuchar la radio   ver televisión   mirar las estrellas

B. Me gustan... Felipe is not a very serious person. He only likes parties and having fun. What would he say about the following? Note that when you talk about one of something, you say **me gusta**, but when you talk about more than one of something, you say **me gustan**.

> MODELO   **Me gustan los animales.**
>   **No me gustan los exámenes.**

los animales   los discos

las vacaciones

los exámenes

los libros   las fiestas   los deportes

COMUNICACIÓN

A. ¿Te gusta...?   Ask another student if she or he likes to do the following activities. Begin your questions with **¿Te gusta...?**

> EJEMPLO   **¿Te gusta esquiar?**
> **Sí, me gusta esquiar.**
> **No, no me gusta esquiar.**

ver televisión	trabajar
mirar las estrellas	hablar español
esquiar	escuchar la radio
bailar	escuchar discos

B. ¿Te gusta(n)...?   Find out the likes and dislikes of other students by asking them questions about some of the things below.

> EJEMPLO   **¿Te gusta cantar?**
> **¿Te gusta el tenis?**
> **¿Te gustan los libros?**

el béisbol	los exámenes	nadar
la música	los deportes	estudiar
el fútbol	las vacaciones	bailar
la televisión	los animales	cantar

C. Los gustos de Felipe.   Look at the drawing of Felipe's room. Tell how he might identify the things he likes and dislikes.

EJEMPLO   **Me gusta el béisbol.**

D. Tu amiga argentina.   You want to find out what your new pen pal from Argentina is like and, at the same time, tell her about yourself. Write at least five questions asking about her likes and dislikes and five statements telling about your own.

EJEMPLO

¿Te gusta el béisbol?
Me gusta el béisbol pero
no me gusta el baloncesto.

EXPLORACIÓN 1

Function: *Naming things you like and do not like*
Structure: *The definite article and nouns*

PRESENTACIÓN

We use nouns to name things and people. In English we do not use an
article before nouns when we talk about what we like, but in Spanish
we do.

Me gusta **la** música.   *I like music.*
Me gustan **los** animales.   *I like animals.*

A. In Spanish all nouns, even the names of things, are either masculine
or feminine: **animal** is masculine and **música** is feminine. The definite
article *the* must agree in gender (masculine or feminine) and in number (singular or plural) with the noun. Nouns that end in **o** are usually
masculine, while those that end in **a** are usually feminine.

	SINGULAR	**PLURAL**
MASCULINE	**el** disco	**los** discos
FEMININE	**la** fiesta	**las** fiestas

B. The definite article is always used when you talk about things in
general, such as likes and dislikes. It also means *the.* Here are some
things you may like or dislike.

la escuela

el dinero

la gimnasia

los juegos electrónicos

las telenovelas

los carros

los conciertos

C. Nouns that end in a vowel form their plural by adding **-s**. Those that end in a consonant add **-es**. If a noun ends in **z**, such as **lápiz** (*pencil*), change the **z** to **c**, then add **-es**.

la escuela
las escuelas

el animal
los animales

el lápiz
los lápices

PREPARACIÓN

A. **¡Me gusta! ¡No me gusta!**   Listen as Luisa's friend Elena talks about her likes and dislikes. Write each of the items listed below under "Likes" or "Dislikes" according to what she says. Be sure to include the definite article. Would you say that Elena is the athletic type?

MODELO   Me gusta la música.

Likes	Dislikes
la música	

el español   la televisión
la lucha libre   el volibol
el béisbol   la gimnasia
la escuela   el dinero

B. **¡No!**   A classmate asks Martín about his likes and dislikes. Martín is in a bad mood and does not seem to like anything. Play the roles of Martín and his friend.

MODELO   **¿Te gusta el tenis?**
          No, no me gusta el tenis.

          ¿Te gustan las fiestas?
          No, no me gustan las fiestas.

1. exámenes   5. vacaciones
2. gimnasia   6. fútbol americano
3. libros   7. escuela
4. español   8. carros

C. Me gusta...pero... Martín's younger brother Vicente likes some things but not others. What does he say?

> MODELO la radio (sí) / los juegos electrónicos (no)
> **Me gusta la radio pero no me gustan los juegos electrónicos.**

1. la televisión (sí) / las telenovelas (no)
2. las fiestas (sí) / bailar (no)
3. la escuela (sí) / los exámenes (no)
4. los deportes (sí) / la gimnasia (no)
5. el español (sí) / la tarea (no)

D. Gustos. Elena is soon going to college and is looking for a roommate. She wants to be sure that she and her roommate are well matched, so she is quite specific about her likes and dislikes on the application. (Remember that she is not the outdoor type!) Write six to eight sentences that you think she might use to describe herself. Use the following pictures as a guide.

> MODELO
> **No me gusta la gimnasia.**

COMUNICACIÓN

A. Saludos. Stand up and greet the class. Introduce yourself, name one activity you like, and then ask your neighbor's name.

> EJEMPLO **Buenos días. Me llamo Julio y me gusta escuchar la radio. Y tú, ¿cómo te llamas?**

B. Entrevista. Ask a classmate if he or she likes these items or activities, and listen to the answers.

> EJEMPLO

¿Te gustan los animales?
Sí, me gustan los animales.
No, no me gustan los animales.

C. Una encuesta. Conduct a survey to show how well your class likes these items. Each student should give every item a rating between 0 and 10, where 10 is the best. Calculate the average rating for each item, and report the results to the class.

1. las fiestas
2. la gimnasia
3. los juegos electrónicos
4. la escuela
5. el baloncesto
6. las vacaciones
7. el tenis
8. los libros
9. la música
10. los animales

RINCÓN CULTURAL

How many of the following famous people of Hispanic background do you recognize? Match the names with the activity that made them famous. Can you think of other famous people of Hispanic background?

1. José Feliciano
2. Plácido Domingo
3. Geraldo Rivera
4. Nancy López

5. Guillermo Vilas
6. Joan Báez
7. Dave Concepción
8. Erik Estrada

a. el béisbol
b. el tenis
c. la música
d. la televisión
e. el golf

8.

6.

4.

2.

EXPLORACIÓN 2

Function: *Asking and telling where people are from*
Structure: *The verb* **ser**

PRESENTACIÓN

To ask and tell where you are from, you must use the verb **ser,** which means *to be*. Just as we use different verb forms (*am, is, are*) with different subjects in English, we also use different forms of **ser** with different subjects.

ser

SINGULAR			PLURAL		
I am	(yo)	soy	(nosotros) (nosotras)	somos	we are
you are	(tú)	eres	(vosotros)	sois	you are
you are he is she is	(usted) (él) (ella)	es	(ustedes) (ellos) (ellas)	son	you are they are

Because Spanish verb forms show who or what the subject is, the subject pronouns in parentheses in the chart are usually omitted.

Soy de Venezuela.	*I'm from Venezuela.*
Somos de Nevada.	*We're from Nevada.*
Luisa y Felipe **son** de Colombia.	*Luisa and Felipe **are** from Colombia.*

A. The choice of the form of *you* depends on your relationship with the person to whom you are talking.

   1. The **tú** form is usually used when talking to friends, family members, children, or pets. It is called the "familiar" form. Teenagers and students always address each other in the **tú** form, even if they have just met.

2. **Usted** is used when you talk to someone you are not very close to. It shows respect and is used, for example, with adults, especially with those you have just met. It is called the "polite" or "formal" form. Students address their teachers in the **usted** form. **Usted** is abbreviated **Ud.**
3. **Ustedes** is used for talking to more than one person. It can be either familiar or formal. **Ustedes** is abbreviated **Uds.**

B. To find out who a person is or who people are, you can ask these questions.

¿Quién es?   *Who is it (he, she)?*
¿Quiénes son?   *Who are they?*

C. To find out if a person is from a particular place, you can ask questions like these. Raise the pitch of your voice at the end of the sentence to show that you are asking a question.

¿Eres de Arizona?   ¿Luisa y Elena son de Colombia?

If you have no idea where a person is from, you can ask

¿De dónde eres, Luisa?   ¿De dónde es usted, profesora?

D. To make a question or a statement negative, put **no** before the verb.

¿No eres de Buenos Aires?

Aren't you from Buenos Aires?

Carmen y Teresa no son de Nueva York.

Carmen and Teresa are not from New York.

PREPARACIÓN

A. ¿Quién es? Guillermo is asking his older sister to help him identify some famous figures. What does he ask, and what does she answer?

MODELO

¿Quién es?
Es Uncle Sam.

1. Abraham Lincoln y George Washington
2. Betsy Ross
3. Bill Cosby
4. Amelia Earhart
5. Groucho, Harpo y Chico Marx
6. Martin Luther King, Jr.

B. ¿De dónde es? Many of our states have Spanish names. Tell where each of these teens is from. Try to pronounce the names of the states in Spanish.

MODELO **Marilín es de Montana.**

C. Orígenes. What would these people answer when asked where they are from?

MODELO

los Estados Unidos
Somos de los Estados Unidos.

1. **2.** **3.**

4. **5.** **6.**

a. Holanda
b. China
c. Francia
d. España
e. Texas
f. la Unión Soviética

D. Ciudades. A tour group is signing the register at an inn in Granada. Where are the following people from?

MODELO **Pablo Moreno es de Madrid.**

NOMBRE Y APELLIDO — CIUDAD DE PROCEDENCIA

Pablo Moreno – Madrid
1. María y Ramona Ayala – Vigo
2. Natalia y Luis Sánchez – Santander
3. Pilar Casas – Barcelona
4. Octavio y Raúl Montesinos – Toledo
5. Clara, Marta y Ana Robles – Madrid
6. Jorge Arce – Burgos

E. O.E.A. Marta and Elena have set up a model **Organización de Estados Americanos (O.E.A.)** meeting. Listen to their classmates' comments, and write the missing words.

1. Nosotras ===== de Centroamérica.
2. Sí, Elena, ===== de Guatemala. Y tú, ¿===== de Costa Rica?
3. Y Julio, ¿de dónde =====?
   Mmm, ===== de Uruguay.
4. Bárbara y Mario ===== de Chile.
5. ¿ ===== Adriana de Argentina?
   No, ===== de Colombia.
6. Alejandro y Pilar ===== de Bolivia.

F. En Yucatán. Marta's cousin Pedro, a university student, is working at the Mayan ruins in Chichen Itza, Mexico, and wants to know where other students and counselors are from. What does he ask?

MODELO Amalia / México
¿De dónde eres, Amalia? ¿Eres de México?

señor Moreno / Bolivia
¿De dónde es usted, señor Moreno? ¿Es de Bolivia?

1. Yolanda / Honduras
2. señor Ramos / Panamá
3. Ángel / España
4. señora Díaz / Paraguay
5. señor Bonilla / Costa Rica
6. David / los Estados Unidos

COMUNICACIÓN

A. Soy de... Greet a classmate, introduce yourself, and ask how your classmate is. Say where you are from, and ask where he or she is from.

    EJEMPLO   **Hola. Me llamo Jorge...**

B. ¿Eres de...? Imagine you are an exchange student from a Spanish-speaking country. Secretly write the name of your country on a card. Other students will try to guess where you are from. Show your card when they guess correctly.

    EJEMPLO   **¿Eres de Colombia?**
                No, no soy de Colombia.

                ¿Eres de Bolivia?
                Sí, soy de Bolivia.

C. Personas famosas. Make a list of famous personalities, and tell where they are from. Share your list with other students.

    EJEMPLO   *Johnny Carson es de Nebraska.*

Spanish explorers in the New World gave many of our states and cities Spanish names. Since Spain is a Catholic country, the explorers sometimes named the town or region after the saint whose feast was celebrated on the day they arrived. Other names tell us the explorers' impressions of the physical characteristics of the land or its formation. Here are some examples.

San Francisco was named after St. Francis because it was founded on his day.

Colorado, which means *red*, was given its name because of the reddish color of the earth.

El Paso, which means *the pass*, was named by Juan de Oñate for its strategic location at a narrow pass on the Rio Grande.

Florida was named for Easter Sunday, or **Pascua Florida,** by Ponce de León, who arrived there on that day.

Match the cities with the states in which they are found. Note that both the cities and the states have Spanish names.

1. San Agustín	7. Albuquerque	a. Texas
2. San Francisco	8. Santa Fe	b. Nuevo México
3. El Paso	9. San Antonio	c. Florida
4. Los Ángeles	10. Amarillo	d. California
5. Boca Ratón	11. Las Vegas	e. Nevada
6. San Diego	12. Pueblo	f. Colorado

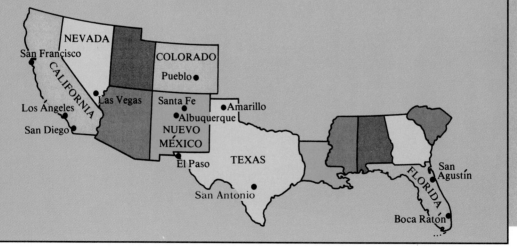

EXPLORACIÓN 3

Function: *Describing people and things*
Structure: *Agreement of nouns and adjectives*

PRESENTACIÓN

You have already seen that nouns in Spanish are masculine or feminine, singular or plural. Like nouns, adjectives also show gender (masculine or feminine) and number (singular or plural).

A. Adjectives are words that describe people and things. They agree in gender and number with the nouns they modify. Generally, adjectives ending in **o** are masculine. The feminine is formed by changing the **o** to **a.**

Felipe es alt**o**.   Luisa es alt**a**.

alto(a) *tall*	bonito(a) *pretty, nice*
bajo(a) *short*	guapo(a) *good-looking*
bueno(a) *good*	feo(a) *ugly*
malo(a) *bad*	divertido(a) *fun, amusing*
simpático(a) *friendly, nice, likable*	aburrido(a) *boring*
	nuevo(a) *new*
antipático(a) *unpleasant*	viejo(a) *old*

B. Adjectives ending in **e** or a consonant do not change to match the gender of the noun.

El fútbol es popular.   La música es popular.
El profesor es inteligente.   La profesora es inteligente.

agradable *pleasant, likable, nice*	interesante *interesting*
	paciente *patient*
desagradable *disagreeable*	impaciente *impatient*
emocionante *exciting*	responsable *responsible*
excelente *excellent*	irresponsable *irresponsible*
formidable *great, wonderful*	fácil *easy*
importante *important*	difícil *difficult*
independiente *independent*	popular *popular*
inteligente *intelligent*	joven *young*

C. As with nouns, to form the plural of adjectives ending in a vowel, add
-s. For adjectives ending in a consonant, add **-es.** Adjectives referring
to mixed masculine and feminine nouns are considered masculine
plural.

The adjective generally comes after the noun.

el deporte popular   los deportes populares
el libro nuevo   los libros nuevos
la fiesta divertida   las fiestas divertidas

D. You can also use the adverbs **muy** (*very*) and **bastante** (*quite*) to
qualify what you think about someone or something.

    Mario es **bastante** inteligente.   Lilia es **muy** inteligente.

PREPARACIÓN

A. **¿Sí?**   Arturo attended a saint's day dinner at a friend's house. Later,
he asks his friend questions about the family members he met. What
does he say? Be sure to use the correct form of the adjective given.

> MODELO   Ángela / paciente
> **¿Ángela es paciente?**
> Mario y Pablo / paciente
> **¿Mario y Pablo son pacientes?**

1. Diana / inteligente
2. Esteban y Diego / independiente
3. Javier / popular
4. Miguel y Rafael / interesante
5. María Socorro y Benito / responsable
6. Luisita / paciente

MAYO	
1	San José Obrero
2	San Atanasio
3	San Felipe
4	San Silvano
5	San Eulogio
6	Sto Domingo
7	Sta Flavia
8	San Víctor
9	Sta Catalina
10	San Mamerto
11	San Ignacio
12	San Emilio
13	San Pedro
14	San Matías
15	Sta Berta
16	Sta Margarita
17	San Pascual
18	San Félix
19	San Teófilo
20	San Bernardino
21	San Timoteo
22	Sta Rita
23	San Miguel
24	San Gerardo
25	San Bede
26	San Felipe
27	San Agustín
28	Sta María Ana
29	Beato Ricardo
30	Beato Bautista
31	Sta Ángela

B. ¡Yo también!   Víctor is bragging about himself, but his sister is not to be outdone. What does she say?

> MODELO   Soy alto.
> **Yo también soy alta.**

1. Soy simpático.
2. Soy inteligente.
3. Soy divertido.
4. Soy bueno.
5. Soy guapo.
6. Soy interesante.

C. Al contrario.   Sometimes Víctor's sister is argumentative. Whatever Víctor says, she has a contrary opinion. What does she say?

> MODELO   Soy alto.
> **No eres muy alto, eres bajo.**

1. Paquita es agradable.
2. Los juegos electrónicos son divertidos.
3. La tarea es fácil.
4. Eres bastante mala.
5. Las estudiantes son guapas.
6. Soy muy paciente.

D. Opiniones.   Julia is talking to Carlos about some of their mutual friends, and Carlos is quick to agree with her opinions. How does Carlos respond to her statements?

> MODELO   Pepe es responsable. (bastante)
> **Sí, es bastante responsable.**

1. Estela y Carmen son bonitas. (muy)
2. Sergio es antipático. (bastante)
3. Beatriz es paciente. (muy)
4. Roberto y Jorge son guapos. (muy)
5. Eva es independiente. (bastante)
6. Francisco es viejo. (muy)

E. La escuela. Complete Luisa's statements about school life by writing the words you hear.

1. El libro es ==== interesante.
2. Los ==== son inteligentes.
3. Los profesores son ==== .
4. ==== tareas son ==== .
5. La ==== es ==== .
6. Los deportes son ==== .

COMUNICACIÓN

A. Entrevista. You are being interviewed for the school paper about your opinions on school life. What are your comments on the following?

  EJEMPLO   ¿Los exámenes?
       Los exámenes son difíciles.

1. ¿La tarea?
2. ¿Los libros?
3. ¿Los deportes?
4. ¿Las fiestas?
5. ¿La escuela?
6. ¿Los profesores?

B. Actividades. Not everyone enjoys the same things. Using these suggestions, write how you feel about each of the activities. Compare your list with a classmate's to see if you like the same things.

  EJEMPLO   **La lucha libre no es interesante.**

1. la televisión		formidable
2. el fútbol americano	es	interesante
3. el baloncesto	no es	popular
4. el tenis	es bastante	emocionante
5. el volibol	es muy	importante
6. la gimnasia	no es muy	divertido(a)
7. la lucha libre		aburrido(a)

C. Descripción. Write five adjectives describing yourself. Compare your description with those of other students, and find the person most similar to yourself. Be sure to use the appropriate masculine or feminine forms.

> EJEMPLO   You write: **Soy simpático(a), inteligente, alto(a) y bastante guapo(a).**
> You ask: **¿Eres simpático(a) también?**

simpático	antipático	bueno	malo
joven	viejo	paciente	impaciente
alto	bajo	responsable	irresponsable
divertido	aburrido	¿...?	¿...?

D. ¿Cómo eres? A classmate of yours is preparing for an interview with a parent for a babysitting job. Make up questions the parent might ask, and ask them of your classmate.

> EJEMPLO   **¿Eres divertido(a)?**
> **Sí, soy bastante divertido(a).**

paciente	independiente	simpático	bueno
inteligente	responsable	divertido	¿ . . . ?

RINCÓN
CULTURAL

In general, North Americans have a different concept of time than do Latin Americans. In Latin American countries, it is acceptable to arrive at social events well after the appointed time. When invited to dinner, people from Spanish-speaking countries might ask if the time is **hora americana** or **hora latina** in order to know whether or not to be punctual. In contrast, Spanish speakers are generally punctual when they go to work or to school.

Which attitude toward time—the North American or the Latin American— makes you feel more comfortable?

EXPLORACIÓN 4

Function: *Asking and telling how many there are*
Structure: *Hay, ¿Cuántos hay?, and numbers from 16 to 100*

PRESENTACIÓN

To talk about quantity (how many), you need numbers. Use the following tables to learn to count to 100.

A. Here is how you count by 10s.

10	diez	60	sesenta
20	veinte	70	setenta
30	treinta	80	ochenta
40	cuarenta	90	noventa
50	cincuenta	100	cien (ciento)

Cien is used before a noun or when counting. **Ciento** is used when another number follows, as in **ciento dos** (*102*).

B. Look at the numbers from 16 to 29, and see if you can find a pattern for how these numbers are formed.

10	diez
16	dieciséis
17	diecisiete
18	dieciocho
19	diecinueve

20	veinte	25	veinticinco
21	veintiuno (veintiuna, veintiún)	26	veintiséis
22	veintidós	27	veintisiete
23	veintitrés	28	veintiocho
24	veinticuatro	29	veintinueve

C. Look at the numbers from 30 to 39, and see if you can find a pattern.

30	treinta	35	treinta y cinco
31	treinta y uno	36	treinta y seis
32	treinta y dos	37	treinta y siete
33	treinta y tres	38	treinta y ocho
34	treinta y cuatro	39	treinta y nueve

The numbers 41 (**cuarenta y uno**) through 99 (**noventa y nueve**) are formed like the 30s.

D. When numbers ending in **uno** (**veintiuno, treinta y uno,** etc.) are followed by a noun, they must agree in gender with the noun. **Uno** becomes **un** before a masculine noun and **una** before a feminine noun.

¿Hay veintiún libros? *There are 21 books?*
Sí, hay veintiuno. *Yes, there are 21.*
¡Ay, no! Hay treinta y una *Oh, no! There are 31 people.*
   personas.

E. When we talk about quantities, we frequently say *there is* or *there are.* In Spanish the single word **hay** is used.

Hay veintiséis estudiantes. *There are 26 students.*
Hay una profesora. *There is one teacher.*

F. To ask how many there are of something, the questions **¿Cuántos hay?** and **¿Cuántas hay?** are used.

¿Cuántos señores hay? *How many men are there?*
¿Cuántas señoras hay? *How many women are there?*

Here are some things found in your school that you can count.

los lápices   los bolígrafos   los cuadernos   las chicas

los chicos   las clases   los/las estudiantes

hora	curso
8:00	biología
9:00	español
10:00	inglés
11:00	álgebra

PREPARACIÓN

A. En Madrid. Students in a summer program in Madrid are exchanging addresses. What do they say?

MODELO   Goya 55 **Goya cincuenta y cinco**

1. Fernando el Católico 38
2. Goya 16
3. Ronda de Toledo 22
4. Paseo del Prado 75
5. Alcalá 97
6. José Antonio 44

B. Una lista. The students are helping their teacher take an inventory of items found in various classrooms (**salas**). What do they report?

MODELO   32 libros / sala 20
Hay treinta y dos libros en la sala veinte.

1. 15 libros de español / sala 28
2. 97 lápices / sala 32
3. 29 cuadernos / sala 14
4. 61 bolígrafos / sala 52
5. 43 libros de español / sala 13
6. 95 libros / sala 18
7. 37 cuadernos / sala 66
8. 50 libros de inglés / sala 79

C. Resuelve los problemas. Complete the equation, then write the word for the missing numeral.

MODELO $20 - ? = 2$ **dieciocho**

1. $31 + 30 = ?$
2. $? - 40 = 60$
3. $55 + 20 = ?$
4. $70 + ? = 85$
5. $? + 55 = 100$
6. $30 - ? = 4$
7. $60 + 37 = ?$
8. $60 - ? = 27$
9. $40 + 44 = ?$

COMUNICACIÓN

A. Un mercado. You are learning the art of bargaining at an open-air market in Mexico City. When the vendor offers you a price, respond with a price that is 10 pesos less.

> EJEMPLO   veintidós pesos
> **doce pesos**

B. Números de teléfono. Most Spanish speakers divide their telephone numbers into two-digit numbers. Ask four of your classmates their telephone numbers, and write them on a sheet of paper. Be sure to give your telephone number in the Spanish form.

> EJEMPLO   **Tu número de teléfono, por favor.**
> **(254-6193) Dos, cincuenta y cuatro, sesenta y uno, noventa y tres.**

CONTRERAS-MENDOZA Eduardo	28-74-93
COPADO Gilberto	35-56-87
CORBIN-MOLINA Arturo	48-12-72
CORDARO Leticia	45-33-11
CORDOBA Alejandro	64-13-21
CORDON Juan	37-90-46
CORDOVA Ana Laura	25-50-79

C. ¿Sabes tu número de teléfono? Write your name and telephone number on a sheet of paper. Give the paper to your teacher. Listen for your telephone number, and when you hear it, raise your hand and say **Es mi número** (*It's my number*).

D. ¿Cuántos hay? Take turns asking and answering how many people or classroom objects are in your class now. If you have an item pictured below, hold it up to be counted when you hear it named.

> EJEMPLO   **¿Cuántos lápices hay?**
> **Hay treinta y cinco lápices.**

PERSPECTIVAS

LECTURA

Querido Felipe

Felipe has received his first letter from a new pen pal in Uruguay.

Querido Felipe,

Hola. Me llamo Miguel Carrera Marín y soy de Montevideo. Me gusta mucho la música — todo tipo de música: rock, clásica, jazz. Me gusta escuchar música en la radio y en la televisión. Por cierto, estudio guitarra clásica pero no me gusta practicar. Practico también muchos deportes, sobre todo el fútbol y el tenis, y en las vacaciones me gusta nadar y esquiar. En general, me gusta la escuela pero no me gustan nada los exámenes. Soy una persona alegre. Prefiero las fiestas. ¿Te gusta la música, Felipe? ¿Hay muchos conciertos en tu ciudad? ¿Qué deportes te gustan? ¿Te gusta estudiar?

Hasta pronto,
Miguel

Expansión de vocabulario

alegre cheerful, lively	**prefiero** I prefer
la ciudad city	**pronto** soon
en in, on	**¿Qué?** What?
estudiar to study	**querido** dear
Hasta pronto. See you soon.	**sobre todo** above all
por cierto as a matter of fact	**todo tipo de** all kinds of
practicar to practice, play	**tu** your

Comprensión

Which of the following statements might Miguel make? If it is something he might say, answer **sí**, and if it is something he probably would not say, answer **no**.

1. Me gusta mucho la música.
2. Me gusta practicar la guitarra.
3. Me gustan los conciertos.
4. No me gustan nada los deportes.
5. Soy de México.
6. Me gustan todos los exámenes.
7. Me gusta el fútbol.
8. Soy una persona antipática.
9. Practico muchos deportes.

COMUNICACIÓN

A. Una tarjeta postal. Your new pen pal sent you a postcard, but some of the words are hard to read. Rewrite the card, adding the necessary words.

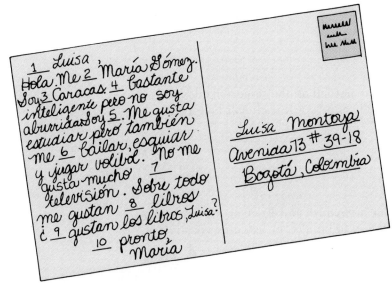

B. Querido Felipe. Using Miguel's letter as a guide, write a letter to Felipe telling him about your likes and dislikes and asking him questions about his.

Querido Felipe,

C. Una estrella. You are listening to a Spanish radio station when the following interview with a movie star begins. Listen to the interview, and list three phrases the star would use to talk about herself.

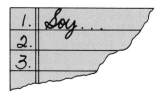

1. *Soy . . .*
2.
3.

PRONUNCIACIÓN

As you know, words that look similar in English and Spanish may sound quite different in the two languages. One of the main reasons is the difference in vowel sounds. Spanish vowels are more "tense" and clipped sounding. Listen to the vowel sounds in the following words.

a   **animal**
e   **excelente**
i   **difícil**
o   **volibol**
u   **tú**

Note also that the stress may or may not fall on the same syllables in English and Spanish. Listen carefully and repeat each word after the speaker.

el animal   el béisbol
el volibol   el examen
el concierto   el fútbol

A number of adjectives are similar in Spanish and English. Hearing what these words sound like is an easy way to build your listening vocabulary. Listen to these words, and repeat each one after the speaker.

importante   interesante
clásico   popular
responsable   inteligente

Now repeat the following sentences.

1. En mi escuela, el béisbol es popular.
2. Las clases son interesantes.
3. Los exámenes son importantes.
4. La profesora de inglés es inteligente.

INTEGRACIÓN

Here is an opportunity to test yourself to see what you can do. If you have trouble with any of these items, study the topic and practice the activities again, or ask your teacher for help.

Vamos a escuchar

¿Cuánto cuesta?   You are in a department store in Puerto Rico, and a clerk tells you the prices of several items you wish to buy. Number a sheet of paper from 1 to 7. Write the price of each item as you hear it. The word **dólares** means *dollars*.

EJEMPLO   un disco de jazz, diez dólares
           $10

1. un juego electrónico
2. un televisor
3. un libro
4. un teléfono
5. una guitarra
6. un radio
7. un libro de arte

Vamos a leer

A. ¿Qué curso?   Rebeca, an American exchange student in Mexico, is discussing with the school counselor what courses she should take. Read this conversation to see what she finds out about señora Escalona's class. Then answer the questions at the end of the reading.

REBECA	Buenas tardes, señor Dávila. Me llamo Rebeca Wilder.
SEÑOR DÁVILA	Mucho gusto, Rebeca. ¿De dónde eres?
REBECA	Soy de Kentucky. Soy estudiante de matemáticas.
SEÑOR DÁVILA	¿Te gustan mucho las clases de matemáticas?
REBECA	Sí, bastante.
SEÑOR DÁVILA	Hay una buena clase. La profesora es la señora Escalona.

REBECA	Ah, ¿sí? Y la clase, ¿es difícil?
SEÑOR DÁVILA	No mucho.
REBECA	¿Cuántos exámenes hay?
SEÑOR DÁVILA	Hay quince exámenes.
REBECA	Y la tarea, ¿es muy difícil?
SEÑOR DÁVILA	Sí, toda la tarea es difícil.
REBECA	Y la profesora, ¿cómo es?
SEÑOR DÁVILA	La profesora es simpática, divertida y muy inteligente. ¿Te gusta estudiar?
REBECA	Sí, me gusta bastante pero en realidad prefiero practicar deportes.

1. Where is Rebeca from?
2. How many exams are there for the math class?
3. What is Professor Escalona like?
4. What are three things Rebeca learned about the math class that might affect her choice?
5. Do you think Rebeca would rather study or play?

Vamos a escribir

A. ¿Qué te gusta?   You have just made friends with someone who speaks only Spanish, and you want to discuss your likes and dislikes. State five things you like and five things you do not like.

> EJEMPLO   **Me gusta escuchar música pero no me gusta bailar.**
> **Me gustan las clases pero no me gusta estudiar.**

B. ¿Te gustan o no te gustan?   Your new friend likes the following things and wants to know if you like them too. Say whether or not you do.

> EJEMPLO

Me gusta el baloncesto.

**No me gustan
los juegos electrónicos.**

C. ¿De dónde son?   At a birthday party, Felipe introduces some new friends to his classmates. Complete his sentences with the correct forms of the verb **ser**.

> EJEMPLO   Mi amigo Roberto ===== de Chile.
> **Mi amigo Roberto es de Chile.**

1. Claudia y Francisco ===== de Argentina.
2. Mauricio ===== de Costa Rica.
3. Yo ===== de Colombia.
4. Nosotros ===== estudiantes de Sudamérica.
5. Y tú, Paco, ¿de dónde =====?

D. Opiniones.   Write six sentences containing adjectives to express your opinion about each of the pastimes listed.

> EJEMPLO   **Las fiestas son divertidas.**

la lucha libre		divertido
las fiestas		aburrido
los libros		paciente
la televisión	es	interesante
el baloncesto	no es	formidable
los exámenes	son	bueno
las telenovelas	no son	difícil
los conciertos		emocionante
la gimnasia		fácil

Vamos a hablar

Work with a partner or partners and create dialogues based on situations you might run into while visiting in a Spanish-speaking city or country. Whenever appropriate, switch roles and practice both parts of your dialogue.

Situaciones

A. Saludos.   You and your partner are strangers who find themselves sitting together on a bus. Greet each other, exchange names, and say where you are from. Then tell each other three things you like and two you do not like.

B. ¿Cómo es?   Your friend, who has just started an exchange class in Colombia, is calling you. Find out about the class by asking how many boys and girls there are, if the teacher is interesting, if the tests are easy, if the class is interesting, boring, fun, hard, and so on.

VOCABULARIO

NOUNS

el amigo, la amiga   friend
el animal   animal
el bolígrafo   ball-point pen
el carro   car
la clase   class
el concierto   concert
el cuaderno   notebook
la chica   girl
el chico   boy
el deporte   sport
el dinero   money
el disco   record
la escuela   school
el español   Spanish
el estudiante, la estudiante   student
el examen   exam
la fiesta   party
la gimnasia   gymnastics
la guitarra   guitar
el inglés   English
el juego electrónico   video game
el lápiz (*pl.* **los lápices**)   pencil(s)
el número   number
el profesor, la profesora   teacher
la radio   radio broadcast, radio programming
el teléfono   telephone
la telenovela   soap opera
el televisor   television set
las vacaciones   vacation

ADJECTIVES

aburrido(a)   boring
agradable   pleasant, likable, nice
alto(a)   tall
antipático(a)   unpleasant
bajo(a)   short
bonito(a)   pretty, nice
bueno(a)   good
desagradable   disagreeable

difícil   difficult
divertido(a)   fun, amusing
emocionante   exciting
excelente   excellent
fácil   easy
feo(a)   ugly
formidable   great, wonderful
guapo(a)   good-looking
impaciente   impatient
importante   important
independiente   independent
inteligente   intelligent
interesante   interesting
irresponsable   irresponsible
joven   young
malo(a)   bad
mucho(a)   a lot, many
nuevo(a)   new
paciente   patient
popular   popular
querido(a)   dear
responsable   responsible
simpático(a)   friendly, nice, likable
todo(a)   all
viejo(a)   old

VERBS AND VERB PHRASES

bailar   to dance
cantar   to sing
escuchar   to listen to
esquiar   to ski
estudiar   to study
hablar   to speak
jugar   to play
mirar las estrellas   to stargaze
nadar   to swim
practicar   to practice, to play
preferir   to prefer
ser   to be

trabajar   to work
ver   to see
ver televisión   to watch television

ADVERBS

bastante   quite, fairly, rather
mucho   a lot, much
muy   very
nada   not at all, nothing
también   also, too

CONJUNCTIONS AND PREPOSITIONS

a   to
de   from, of, about
en   in, on, at
pero   but
y   and

OTHER WORDS AND EXPRESSIONS

¡Ay, no!   Oh, no!
¿Cómo es?   What is he / she like?
¿Cuántos (Cuántas) hay?   How many are there?
¿De dónde eres?   Where are you from?
Hay...   There is..., There are....
Me gusta(n)...   I like....
¿Qué?   What?
¿Quién es?   Who is it (he, she)?
¿Quiénes son?   Who are they?
sobre todo   above all
¿Te gusta(n)...?   Do you like...?
un, una   a

NOTE: For the subject pronouns, see **Exploración 2**. For the numbers 16 through 100, see **Exploración 4**.

2

Pastimes and Places

In this chapter, you will talk about some of your favorite pastimes. You will also learn about the following functions and structures.

Functions

- talking about what you are going to do

- talking about going places

- asking and telling what you want

- asking for information

Structures

the verb **ir**

the contraction **al**

the verb **querer**

questions by inversion and **¿verdad?, ¿no?**

1NTRODUCCIÓN

EN CONTEXTO

¿Un <u>partido</u> o una <u>película</u>?

game / movie

Joaquín and Mario, who live in Mexico, are making plans for this evening.

JOAQUÍN	<u>¿Qué vamos a hacer?</u>	What are we going to do?
MARIO	<u>Bueno</u>, hay <u>un</u> partido de fútbol <u>aquí</u> en el Estadio Azteca.	Well / a / here
JOAQUÍN	¡Eres <u>tan fanático</u> de los deportes! Me gustan <u>más</u> los conciertos.	such a fan / more
MARIO	Los conciertos, ¡no! Son tan aburridos. ¿<u>Por qué</u> no vamos <u>al cine</u>? <u>O a lo mejor</u> hay una película en la televisión.	why to the movies / or / maybe
JOAQUÍN	<u>Está bien</u>. <u>Vamos</u> al cine <u>entonces</u>. Oye, ¿qué película <u>quieres</u> ver?	OK / let's go / then / do you want
MARIO	Una película <u>sobre</u> el fútbol, <u>por supuesto</u>.	about / of course

Comprensión

Tell if the following statements based on **¿Un partido o una película?** are accurate (**sí**) or inaccurate (**no**).

1. Joaquín es un fanático del fútbol.
2. Hay un concierto en el estadio.
3. Hay un partido de fútbol en la televisión.
4. Mario quiere ver una película sobre el fútbol.

ASÍ SE DICE

A. Buenos ejercicios. Volleyball season is coming up and you want to make the team. As you hear some activities mentioned, look at the pictures, and raise your hand if an activity helps you get in shape. Keep your hand down if it does not.

MODELO **hacer gimnasia** (hands up)
ver televisión (hands down)

jugar boliche

andar en bicicleta

hacer gimnasia

trabajar en la computadora

tocar el piano

dar un paseo

hablar por teléfono

trabajar en el jardín

descansar en una hamaca

sacar fotos

viajar

salir con los amigos

COMUNICACIÓN

A. ¿Qué te gusta hacer? Select a partner. List the six activities below on
W a sheet of paper, and rank them in the order you would prefer to do
them. Your partner will list the activities on a separate sheet of paper
and try to guess how you ranked them. Compare your rankings
according to the model.

> EJEMPLO   Silvia: **El número uno es "hacer la tarea".**
> Elisa: **Incorrecto. El número uno es "viajar a España".**
> Silvia: **El número dos es "salir con los amigos".**
> Elisa: **Correcto.**

SILVIA
hacer la tarea . 1
viajar a España . 3
salir con los amigos . 2

ELISA
hacer la tarea . 3
viajar a España . 1
salir con los amigos . 2

hacer la tarea   trabajar en el jardín
viajar a España   ver una película
salir con los amigos   hacer gimnasia

B. El aire libre. Find out how much a classmate likes the outdoors (**el
aire libre**), by asking the following questions. Jot down the answers,
scoring one point for each outdoor activity your partner chooses.
Then use the chart to share your findings with your partner.

> EJEMPLO   ver televisión o nadar
> **¿Te gusta más ver televisión o nadar?**
> **Nadar.**

1. ver televisión o dar un paseo
2. jugar volibol o tocar el piano
3. jugar boliche o jugar fútbol
4. salir con los amigos o hablar por teléfono
5. trabajar en la computadora o en el jardín
6. andar en bicicleta o en carro
7. esquiar o estudiar

(6–7)	Te gusta mucho el aire libre.
(4–5)	Te gusta el aire libre.
(2–3)	No te gusta mucho el aire libre.
(0–1)	No te gusta nada el aire libre.

EXPLORACIÓN 1

Function: *Talking about what you are going to do*
Structure: *The verb* **ir**

PRESENTACIÓN

A. To talk about going places and what you are going to do, use the verb **ir** (*to go*). Here are its forms.

ir

(yo)	voy	(nosotros) (nosotras)	vamos
(tú)	vas	(vosotros) (vosotras)	vais
(usted) (él/ella)	va	(ustedes) (ellos/ellas)	van

B. In English we can say *you go, you are going,* or *do you go...?* In Spanish one verb form alone can have all three meanings.

Usted va mucho al cine.	*You go to the movies a lot.*
¿Va a salir esta noche?	*Are you going to go out tonight?*
¿Va a la escuela en Puerto Rico?	*Do you go to school in Puerto Rico?*

C. When you talk about what you are going to do, use a form of **ir** followed by the preposition **a** and an infinitive.

ir + a + infinitive

Voy a descansar.	*I am going to rest.*
Ana va a sacar fotos.	*Ana is going to take pictures.*
¿Qué vas a hacer?	*What are you going to do?*

D. To make suggestions about things to do, use **Vamos a** (*let's*) plus an infinitive.

Vamos a dar un paseo.	*Let's take a walk.*
Vamos a jugar boliche.	*Let's go bowling.*

E. Here are some useful expressions that tell when you are going to do something.

ahora *now*	primero *first*	algún día *someday*
hoy *today*	mañana *tomorrow*	esta noche *tonight*
pronto *soon*	más tarde *later*	este fin de semana *this weekend*

PREPARACIÓN

A. Latinoamérica. Karen, a first-year Spanish student, wants to experience Latin American culture firsthand. Where does Karen say she will travel someday?

> MODELO **Algún día voy a viajar a México.**

1. Argentina   **3.** Costa Rica   **5.** Chile
2. Venezuela   **4.** Bolivia   **6.** Panamá

B. ¿Qué vas a hacer? Mario's mother often hints that he make good use of his time. To influence him, what leading questions might she ask about his plans for tonight?

> MODELO estudiar matemáticas
> **Oye, Mario, ¿vas a estudiar matemáticas esta noche?**

1. tocar el piano   **4.** trabajar en la computadora
2. hacer la tarea   **5.** hacer gimnasia
3. practicar el inglés   **6.** estudiar historia

C. Sugerencias. It is pouring rain. Which four of these activities does José suggest to his friend Andrés?

> MODELO escuchar la radio
> **Oye, vamos a escuchar la radio.**

1. dar un paseo	5. andar en bicicleta
2. escuchar música	6. mirar las estrellas
3. descansar en una hamaca	7. ver televisión
4. tocar la guitarra	8. trabajar en la computadora

D. A lo mejor. Look at Pepe, Alberto, and Elsa. Tell what they might be about to do as you complete the sentences.

> MODELO . . .a jugar tenis.
> **A lo mejor Elsa va
> a jugar tenis ahora.**

1. . . .a hacer gimnasia
2. . . .a tocar música
3. . . .a hablar por teléfono
4. . . .a un concierto
5. . . .a una fiesta formal
6. . . .a descansar

E. Esta noche. Listen to Felipe and Susana talk about their friends and what they might do tonight. Then, on a sheet of paper, indicate which friends plan to do each activity.

	ir a un partido de fútbol	ir al cine	trabajar en la computadora
Felipe			
Susana			
Luis			
Rafael			
Antonio			

COMUNICACIÓN

A. ¿Vas a . . .? Ask others in your class if they are going to do the following things tonight.

> EJEMPLO jugar boliche
> **Oye, Adriana, ¿vas a jugar boliche esta noche?
> No, voy a estudiar.**

1. practicar fútbol	3. tocar la guitarra	5. hablar por teléfono
2. andar en bicicleta	4. hacer gimnasia	6. descansar

B. ¡Más tarea!   Imagine that it is Wednesday and your class has been given a big assignment due Monday. Combine the elements shown to tell when you think various members of the class are going to do the work!

EJEMPLO   (yo) **Yo voy a hacer la tarea pronto.**
        (un chico) **Juan va a hacer la tarea hoy.**

(yo)		primero
(tú)	voy	pronto
(una chica)	vas	más tarde
(un chico)	va	hoy
(dos chicos)	vamos	mañana
(dos chicas)	van	este fin de
(un[a] chico[a] y yo)		semana
		algún día

C. Mañana.   Tell something you are going to do tomorrow, then ask another student what he or she is going to do. You may answer in the negative if you wish, but try not to repeat answers already given.

EJEMPLO   **Yo voy a estudiar mañana. ¿Y tú, Carmen? ¿Qué vas a hacer?**
               No sé, pero no voy a sacar fotos. ¿Y tú, Ana? ¿Qué vas a hacer?

D. De memoria.   How good is your memory? Write five sentences telling what some of your classmates said in Activity C.

EJEMPLO

> José va a estudiar
> mañana.
> Carmen no va a sacar
> fotos.

RINCÓN CULTURAL

Julio Iglesias was a goalie for the Spanish soccer team *Real Madrid*, but an auto accident in 1972 kept him away from soccer for two years. While recuperating in the hospital, he taught himself to play the guitar and wrote a few songs to pass the time. From those modest beginnings, Julio Iglesias went on to become one of the most popular singers of our time. An idol to many in Latin America, Julio is also popular in the United States. Now he sings in English, Italian, German, French, Portuguese, and, of course, Spanish. He has sold over 100 million records worldwide.

Titles of songs and movies are not always translated literally from one language to another. Here are the titles of some of Julio's ballads. Can you match the Spanish titles with their English translations?

1. La Paloma
2. De niña a mujer
3. Candilejas
4. En cualquier parte
5. Isla en el sol

a. Limelight
b. Island in the Sun
c. From Childhood to Womanhood
d. Another Time, Another Place
e. The Dove

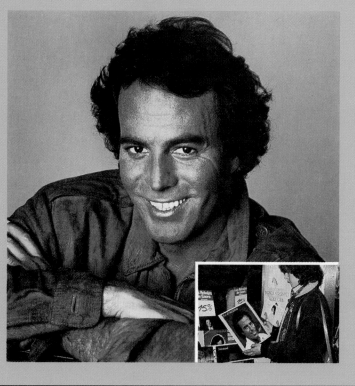

EXPLORACIÓN 2

Function: *Talking about going places*
Structure: *The contraction* **al**

PRESENTACIÓN

A. To talk about going somewhere, you may use a form of **ir** and the preposition **a**.

México	Van a México.
la escuela	Caridad va a la escuela.
las fiestas	Andrés va a las fiestas.
los partidos de fútbol	Van a los partidos de fútbol.

When the preposition **a** is followed by the definite article **el,** the contraction **al** is formed.

el cine	Vamos **al** cine.
el concierto	Joaquín va **al** concierto.

B. The interrogatives **¿adónde?** (*where*...[*to*]?) and **¿cuándo?** (*when*) are often used in questions with the verb **ir**.

¿Adónde vas ahora?	¿Y cuándo vas a estudiar?
Al cine.	Mañana.

PROFESORA: Jaime, ¿adónde vas a viajar algún día?
JAIME: A España, profesora.

PROFESORA: ¿Y tú? Arnaldo? ¿Adónde vas a viajar?
ARNALDO: A Venus, profesora.

C. Here is some useful vocabulary for talking about going places.

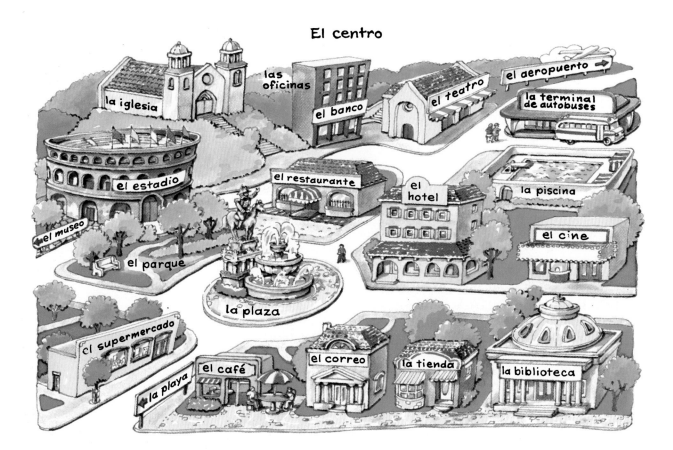

El centro

las oficinas
la iglesia
el banco
el teatro
el aeropuerto
la terminal de autobuses
el estadio
el restaurante
el hotel
la piscina
el museo
el parque
el cine
la plaza
el supermercado
el café
el correo
la tienda
la biblioteca
la playa

PREPARACIÓN

A. Javier y el parque. Javier would like for his mother to drive him to the park, but Verónica explains how busy (**ocupada**) their mother is. Listen to what Verónica says, and fill in the blanks with **a** plus a definite article.

Mamá está muy ocupada hoy. Primero va __1__ correo. También va __2__ banco y __3__ biblioteca. Y por supuesto, más tarde va __4__ supermercado y __5__ tiendas. ¿Por qué no vas __6__ parque en autobús?

B. En Madrid. When Pablo and his family go to Madrid, Pablo's dad cannot wait to see the sights, while all Pablo can think about is food. What does he ask, and how does his dad respond?

MODELO   el Café Ibiza / el Teatro Calderón

Pablo: **¿Cuándo vamos al Café Ibiza?**
Papá: **Más tarde. Primero vamos al Teatro Calderón.**

Pablo	Papá
1. el Restaurante Zalacaín	la Biblioteca Nacional
2. el Café Gijón	el Museo del Prado
3. el Restaurante Goya	la Plaza de España
4. el Café Lyon	la Iglesia de San Francisco

C. ¿Adónde van? Based on some of the things these friends like, use the column on the right to tell where they are going.

MODELO   Elvira es fanática de la historia.
Elvira va al museo.

1. Ximena es fanática de las películas.	a. concierto
2. Gonzalo es fanático de los libros.	b. playa
3. Hugo es fanático de los deportes.	c. cine
4. Violeta es fanática de la música.	d. biblioteca
5. Patricia es fanática de los tacos.	e. estadio
6. Pancho es fanático de nadar.	f. restaurante

D. Compatibilidad. Marisol and Hernán's plans for the week are very different. Take turns assuming their roles as you act out what each one is planning to do at various times.

MODELO   Marisol: **¿Adónde vas este fin de semana?**
Hernán: **Voy al cine. ¿Y tú?**
Marisol: **Yo no. Yo voy a la playa.**

Marisol	Hernán	Marisol
1. ahora	biblioteca	parque
2. más tarde	museo	plaza
3. esta noche	teatro	partido de fútbol
4. mañana	tiendas	piscina
5. ¿...?	¿...?	¿...?

COMUNICACIÓN

A. ¿Vas o no?   Write 10 sentences telling whether you and the people mentioned plan to go to these places this week. **Mi** means *my*.

> EJEMPLO   **Mi amiga Raquel va a la biblioteca.**
> **Mi papá y mi mamá no van a la escuela.**

	escuela
	terminal de autobuses
yo	estadio de la escuela
mi amigo(a) ════	iglesia
mi mamá	supermercado
mi papá	centro
mi profesor(a) de español	oficina
mi amigo(a) ════ y yo	aeropuerto
	banco
	piscina

B. Turistas.   Tell where you enjoy going when you are in another city. Then ask other students if they share your interests.

> EJEMPLO   **Me gusta ir a los museos.**
> **Mario, ¿te gusta ir a los museos también?**

C. Entrevista.   Interview a classmate about some of his or her immediate plans. As you ask the questions, select the option that best follows from your classmate's answer. Then allow yourself to be interviewed.

TÚ	¿Qué vas a hacer hoy?
TU AMIGO(A)	════
TÚ	Ah, ¿sí? ¿Vas a (ver televisión / salir con los amigos) también?
TU AMIGO(A)	════
TÚ	¿Y cuándo vas a (estudiar / descansar)?
TU AMIGO(A)	════
TÚ	¿Ah sí? Está bien. ¿Adónde vas (este fin de semana / mañana)?
TU AMIGO(A)	════

If you go to Puerto Rico on vacation someday, you will probably visit these sights. Try to match each description with its photo.

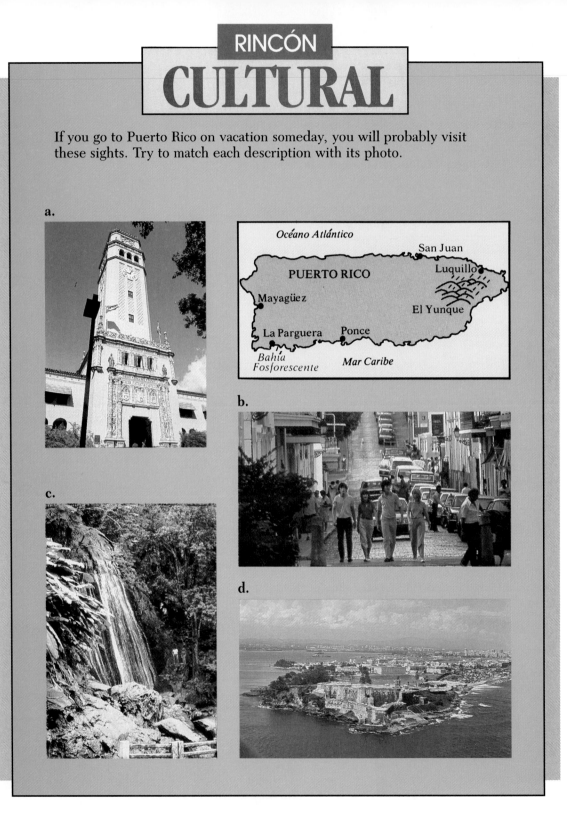

a.

b.

c.

d.

Océano Atlántico

San Juan

Luquillo

PUERTO RICO

Mayagüez

El Yunque

La Parguera   Ponce

Bahía Fosforescente   *Mar Caribe*

e.

f.

g.

1. **El Viejo San Juan,** the oldest part of the city, was once enclosed by the city wall. The area has been restored to the way it was in colonial times.
2. **Luquillo** is a famous beach about 30 miles east of San Juan.
3. **Bahía Fosforescente,** a phosphorescent bay, is near the fishing village of La Parguera. At night the water sparkles when the marine life is disturbed. Even trailing your hand in the water is enough to set off the chemical display of lights.
4. **El Morro,** a castle at the entrance to San Juan Bay, was built in 1591 to protect against attacks by raiders such as Sir Francis Drake.
5. **La Plaza de Cristóbal Colón** in Mayagüez honors the man who discovered the island on November 19, 1493, on his second voyage to America. Ponce de León, who accompanied Columbus, started the first settlement.
6. **El Yunque** is a tropical forest with a rainfall of as much as 200 inches a year. It has over 240 different species of trees and is home to many rare birds and to a type of tiny tree frog called the **coquí,** a symbol of Puerto Rico.
7. **La Universidad de Puerto Rico,** which was founded in 1903, enrolls 52,000 students at several campuses. One of the prettiest sites is at Río Piedras, where the annual Casals Festival and many other concerts are held.

Function: *Asking and telling what you want*
Structure: *The verb* **querer**

PRESENTACIÓN

A. To talk about what you want or what you want to do, the verb **querer** is used. Here are its forms.

querer

(yo)	quiero	(nosotros) (nosotras)	queremos
(tú)	quieres	(vosotros) (vosotras)	queréis
(usted) (él / ella)	quiere	(ustedes) (ellos / ellas)	quieren

Quiero ir al partido de volibol hoy.
Pablo y Luis quieren andar en bicicleta.
El señor López quiere descansar.

B. In English when we ask questions, we often use helping verbs such as *do* or *does:* "Do you want to...?" "Does she want to...?" In Spanish we use only the verb form.

¿Quieres ir al aeropuerto? *Do you want to go to the airport?*
¿Qué quiere hacer ahora? *What does he (she, you) want to do now?*
Vamos al cine, ¿quieres? *Let's go to the movies. Do you want to?*

¿Y TÚ?

C. Here are some things you may or may not want to do.

lavar los platos

ayudar en casa

cocinar

arreglar el cuarto

ir de compras

lavar la ropa

ganar dinero

PREPARACIÓN

A. Mónica. Mónica's friends often invite her to do things, while her parents often ask her to help out at home. Number a sheet of paper from 1 to 8. After each question you hear, write who is more likely to ask it: *friends* or *parents.*

MODELO Mónica, ¿quieres ir al cine esta noche?

B. Ayudar en casa. Tomás is a willing helper, but during the sweltering summer months, he can hardly stand the chores that take him outdoors. Which jobs does he tell his parents he does and does not want to do?

MODELO   ir al correo   cocinar
                No quiero ir al correo.   **Quiero cocinar.**

1. arreglar los cuartos
2. ir al supermercado
3. lavar los platos
4. trabajar en el jardín
5. ir al correo
6. lavar el carro
7. ir al banco
8. cocinar

C. Preferencias. What does Soledad ask her friends, based on their likes and dislikes?

> MODELO   Me gustan los deportes. (ir al partido de béisbol)
> **¿Quieres ir al partido de béisbol entonces?**
> No me gustan los carros. (lavar el carro)
> **¿No quieres lavar el carro entonces?**

1. Me gusta la ropa nueva. (ir de compras)
2. Me gusta ganar dinero. (trabajar)
3. No me gusta mucho bailar. (ir a una fiesta)
4. No me gusta ayudar en casa. (arreglar los cuartos)
5. Me gusta mucho la escuela. (estudiar)
6. No me gustan nada los deportes. (jugar baloncesto)
7. Me gustan los juegos electrónicos. (trabajar en la computadora)
8. No me gusta ver películas. (ir al cine)

D. ¿Qué les pasa? A moment ago Andrés and his friends were happily on their way to play various sports. Now they are grumbling. Tell why.

> MODELO   **Andrés no quiere cocinar. Quiere jugar fútbol.**

1. Isabel...

2. Jorge y Elena...

3. Ernesto...

4. En general, los amigos...

COMUNICACIÓN

A. En la casa. In your family, there are always a number of weekend chores to be done. Assuming that you get your choice of any two, tell which ones you want to do.

> EJEMPLO   **Quiero trabajar en el jardín y lavar los platos.**

1. lavar los platos
2. arreglar los cuartos
3. cocinar
4. ir al supermercado
5. trabajar en el jardín
6. lavar el carro

B. Pasatiempos. Ask four students what they want to do tonight, writing their answers as you go. Report your answers to the class.

> EJEMPLO   **Alicia, ¿qué quieres hacer esta noche?**
> **Quiero escuchar discos.**

Alicia quiere escuchar discos.

C. Preguntas personales.   Build questions using these elements, and ask them of one classmate, more than one classmate, or your teacher.

	tocar	parque
	ver	independiente
	jugar	boliche
	ir a	el jardín
¿quieres...?	ir al	una película
¿quieren ustedes...?	trabajar	en un banco
¿quiere usted...?	ser	Hong Kong
	trabajar en	la casa
	arreglar	la guitarra
	descansar	en una hamaca
	¿...?	¿...?

D. ¿Qué vamos a hacer?   Make a list of 10 things you and your friends do and do not want to do this weekend.

EJEMPLO

Este fin de semana queremos ir a la playa.
No queremos esquiar.

Dating customs among young people in Spanish-speaking countries are considerably different from those in the United States. To begin with, boys and girls usually attend different schools, although some co-ed schools do exist. Most of the opportunities to socialize take place within the context of the family. Parties are usually family gatherings that include friends and family members of all ages.

When Hispanic teens date, they tend to go out in groups. The idea of dating several different people or of dating just one person without being "serious" is more American than Latin. When a Hispanic person says **Tengo novio** (**novia**) (*I have a boyfriend / girlfriend*), it implies a much more formal relationship than in the United States. In Hispanic countries when two people date each other exclusively, it is usually a sign that they plan to marry.

In the past, when a couple dated seriously, it was the custom for a chaperone to accompany them. Some Spanish speakers jokingly say of the chaperone **Va a ir de violinista** (*He [or she] is going as the violinist*). Although the custom of chaperoned dates still exists in small towns in Spain and Latin America, it is less common in large cities.

EXPLORACIÓN 4

Function: *Asking for information*
Structure: *Making questions with ¿verdad? and ¿no? and by inversion*

PRESENTACIÓN

In Spanish as in English, there are several ways to ask for information. You already know how to ask questions by raising the pitch of your voice at the end of a sentence.

A. Another way to form questions is to add a tag, an expression similar in meaning to *right?*, *isn't it?*, or *don't you?* at the end of a sentence. Two common tag words are **¿no?** and **¿verdad?**

Te gustan las vacaciones, ¿no?	*You like vacations, don't you?*
No eres de aquí, ¿verdad?	*You're not from here, are you?*

B. Questions in Spanish can also be formed by inverting the order of the subject and verb in a sentence. This is done by placing the subject either directly after the verb or at the end of the sentence.

¿Quiere **Esteban** dar un paseo?	*Does **Esteban** want to take a walk?*
¿Van a jugar **Carlos y Adán?**	*Are **Carlos and Adán** going to play?*

C. Questions with **¿verdad?** and **¿no?**, as well as inverted questions, call for a yes-or-no answer. Answering such questions with **sí** and **no** is similar to what we do in English.

Tomás es de aquí, ¿verdad?	Sí, es de aquí.
¿Es Tomás de aquí?	No, no es de aquí.
	No, es de Colombia.

D. When interrogatives (words such as **¿Adónde?**, **¿Cuándo?**, and **¿Qué?**) are part of a question, subject-verb inversion is again used.

¿Cuándo va de compras Patricia?	*When is Patricia going shopping?*
¿Adónde va Andrés?	*Where is Andrés going?*

E. Here are some useful everyday questions. They follow the pattern of subject-verb inversion, but they are idiomatic expressions and should not be translated literally.

¿Cómo se llama él?   *What is his name?*
¿Cuántos años tiene ella?   *How old is she?*

PREPARACIÓN

A. Yo sé por qué. When Sonia talks to Alfonso, she often hints that she likes his friend Julio. Listen to what Sonia says to Alfonso, and on a sheet of paper numbered from 1 to 10, write *statement* or *question*, depending on which you hear.

> MODELO   Alfonso, vas a jugar baloncesto hoy, ¿no?

B. En la escuelita. Diana is unsure about taking a part-time job in a nursery school. Her friend Elena thinks she would be ideal for the job and encourages her. What does Elena ask?

> MODELO   independiente
> **Eres independiente, ¿no?**

1. paciente
2. responsable
3. agradable
4. inteligente
5. simpática
6. divertida

C. Los padres. Daniel thinks his parents are very straitlaced. He bases his opinion on the way they respond to questions like these. How do they answer?

> MODELO   Ayudar en casa es muy importante, ¿verdad?
> **Sí, es muy importante.**
> La música rock es formidable, ¿no?
> **No, no es formidable.**
> **No, es muy mala.**

1. Las fiestas son muy divertidas, ¿no?
2. La escuela es muy importante, ¿verdad?
3. La música clásica es muy mala, ¿verdad?
4. Los estudiantes de hoy son irresponsables, ¿no?
5. Los conciertos de rock son formidables, ¿verdad?
6. La ropa informal es muy bonita, ¿no?

D. ¡Imposible! Bárbara cannot believe what she is hearing. Respond as she does, placing the subject of the sentence last.

> MODELO   El profesor no quiere hablar español.
> **¿No quiere hablar español el profesor?**

1. Mario quiere estudiar.
2. El examen va a ser fácil.
3. Víctor quiere ayudar en casa.
4. Gabriel y Manuel no quieren ir a la playa.
5. El profesor de historia es guapo.
6. La música rock es aburrida.

E. Los novios. Camilo pulls his friend aside and bombards him with questions about a new girl in school. He wants to know if the boy she is with is her boyfriend (**novio**), among other things. Unscramble his questions, placing the subject directly after the verb.

> MODELO   nueva / ella / estudiante / una / es
> **¿Es ella una nueva estudiante?**

1. es / él / quién
2. tiene / años / cuántos / ella
3. novios / son / ellos
4. de / es / dónde / él
5. ella / cómo / llama / se
6. van / adónde / ahora / ellos

COMUNICACIÓN

A. Opiniones. Make up some questions to ask other classmates.

EJEMPLO   **En tu opinión, ¿es guapo Julio Iglesias?**

la música clásica	las películas de terror	formidable	aburrido
los exámenes	los profesores	difícil	importante
el Presidente de los	la lucha libre	bonito	excelente
Estados Unidos	los discos viejos	inteligente	¿...?
las vacaciones	¿...?	paciente	

B. ¿Son ustedes compatibles? Make five questions with **¿verdad?** and **¿no?** about famous figures you like, and find out whether a classmate likes them too. Then answer five of your classmate's questions. Keep track of the yes and no responses, and score one point for each yes answer. See how compatible you are, and report your findings.

EJEMPLO   **Te gustan los Beatles, ¿verdad?**   **Te gusta Bach, ¿no?**
            Sí, me gustan mucho.   **No, no me gusta.**

(8–10)	Somos muy compatibles.
(5–7)	Somos bastante compatibles.
(3–4)	No somos muy compatibles.
(0–2)	Somos absolutamente incompatibles.

C. Compañeros de clase. How well do you know your classmates? Take turns pointing out one student in the class and calling on another to answer your questions about the first student's name and age.

EJEMPLO   *You point to a male student.*
          You: **Cristina, ¿cómo se llama él?**
      Cristina: **Bernardo, ¿no?**
          You: **¿Y cuántos años tiene él?**
      Cristina: **Quince, ¿verdad?**

D. Preguntas. Create seven questions for another student, using a different item from each group in every question and filling in the additional words you need. Be sure to place question marks where appropriate.

EJEMPLO   **Vas a clase mañana, ¿no?**

1. Adónde	**5.** Quieres	**a.** tiene	**e.** música rock
2. Te gusta(n)	**6.** Cuántos	**b.** iglesia	**f.** clase
3. Vas	**7.** Eres	**c.** esta noche	**g.** cine
4. Cuándo		**d.** aquí	

LECTURA

Un amigo de Puerto Rico

Hola, me llamo Ángel Luis Rivera. Soy de Ponce, Puerto Rico. Soy fotógrafo aficionado y para ganar unos pesos me gusta sacar fotos de los turistas que visitan Puerto Rico.

También me gustan los deportes como el béisbol y el fútbol. Soy un jugador bastante bueno. Estoy en el equipo de béisbol "los Toros". Los fines de semana hay partidos contra los otros equipos de aquí. Muchas veces mi novia Gabriela va a los partidos, porque le gusta mucho el béisbol.

¿Te gusta la música? ¿Cuál te gusta más, la música rock o la salsa puertorriqueña? Los dos tipos de música son formidables, ¿no? Me gusta tocar la guitarra también. Por cierto, trabajo en una tienda de discos. Soy una persona de muchos talentos, ¿verdad?

Bueno, ahora voy a trabajar.

Expansión de vocabulario

aficionado amateur	**la novia** girlfriend
como like	**otro** other
contra against	**para** in order to
cuál which	**por cierto** as a matter of fact
Estoy en el equipo… I'm on the…team	**porque** because
los fines de semana on weekends	**que** who (that)
ganar to earn	**la salsa puertorriqueña** Puerto Rican salsa music
le gusta she (he, you) likes	**trabajo** I work

Comprensión

Select the best answer to each question.

1. ¿De dónde es Ángel Luis?
   a. de Toros   **b.** de Ponce   **c.** de Gabriela
2. ¿Qué le gusta hacer para ganar dinero?
   a. visitar Puerto Rico   **b.** sacar fotos   **c.** jugar béisbol
3. ¿Qué son "los Toros"?
   a. unos animales   **b.** un café   **c.** un equipo
4. ¿Cuándo hay partidos de béisbol?
   a. esta noche   **b.** los fines de semana   **c.** ahora
5. ¿Qué tipo de música es puertorriqueña?
   a. la salsa   **b.** el rock   **c.** el turista

COMUNICACIÓN

A. **¿Qué quieres hacer?**   Find out which one activity in each question a
classmate would choose to do. Then write and ask three similar questions of your own.

> EJEMPLO   ¿Quieres tocar música, cantar o bailar?
> **Quiero cantar.**

1. ¿Quieres ir a clase, a la oficina o a la biblioteca?
2. ¿Quieres ir a la escuela en carro, en autobús o en bicicleta?
3. ¿Quieres trabajar en un banco, en una tienda de ropa o en un restaurante?

B. **Asociaciones.**   Name two words that are related, and ask another student to guess what you are going to do, using vocabulary you know.

> EJEMPLO   **guitarra, piano**
> **¡Vas a tocar música!**

C. Problemas. Imagine that you are confronted with each of these problems. Write some things you will and will not do.

> EJEMPLO You are on a desert island.
> **Voy a descansar. No voy a esquiar.**

1. You have no money.
2. You are alone in the house.
3. You are sick and have to stay in bed.
4. You want to get better grades.
5. You just got your paycheck or allowance.
6. You want to get some exercise.

D. ¿Quién es? A friend asks you about the "new girl" in school. Later, you happen to be standing nearby when Pablo sends his buddy Adán to talk to her. Can you answer your friend's questions based on what you hear?

1. ¿Cómo se llama ella?
2. ¿Cuántos años tiene?
3. ¿Es una nueva estudiante?
4. ¿Quién es?

PRONUNCIACIÓN

The letter **h** is not pronounced in Spanish.

Write the following words on a sheet of paper. Put a slash through the **h** of each word as you hear it pronounced, and then repeat it.

hasta	hola	historia	hay	hablar	hacer

The letter group **qu** is pronounced /k/ in Spanish. Repeat the following words.

aquí	¿qué?	¿quién?	quieres	esquiar	Joaquín

Repeat the following dialogue between some friends who are trying to get out of studying for a test.

ENRIQUE	Hola, Hugo. Hola, Humberto.
HUGO	Hola, Enrique. ¿Qué tal?
ENRIQUE	Bien. Oye, ¿quién quiere estudiar historia?
HUGO	¿Por qué? ¿Hay examen?
HUMBERTO	Sí, el examen sobre Honduras.
HUGO	Pero no quiero estudiar. Vamos al cine Quevedo.
ENRIQUE	Buena idea. ¡A lo mejor hay una película sobre la historia de Honduras!

INTEGRACIÓN

Here is an opportunity to test yourself to see what you can do. If you
have trouble with any of these items, study the topic and practice the
activities again, or ask your teacher for help.

Vamos a escuchar

A. A lo mejor sí.   Number a sheet of paper from 1 to 8. For each item,
write **sí** or **no** to indicate whether the statement you hear describes
what these people might be about to do. The first four statements
refer to picture *a* and the last four to *b*.

> EJEMPLO   A lo mejor van al cine.
> **sí**

B. La preguntona.   Listen to some questions Graciela asks about
Pedro, and choose a logical response. For each numbered
item, write the letter of the response you choose on a sheet of paper.

1. **a.** Sí.   **b.** Mañana.   **c.** Me gusta mucho.
2. **a.** Diecisiete.   **b.** Pedro Herrera.   **c.** Voy a hablar con él.
3. **a.** Sí, al cine.   **b.** Al Cine Carabobo.   **c.** No, ahora no.
4. **a.** No.   **b.** ¿Eres de aquí?   **c.** Sí, queremos ir.
5. **a.** Mañana.   **b.** No. ¿Cómo se llama?   **c.** Sí, es muy simpático.

Vamos a leer

A. La carta de Juan.   Nick Roberts has been accepted as an exchange student for the coming year. Soon he will be leaving the United States to stay with the Gómez family. Here is a letter to Nick from one of the host family members. Read Juan's letter and answer the questions.

Querido Nick,

Hola, me llamo Juan Ignacio Gómez. Tengo dieciocho años y soy estudiante de matemáticas. Me gustan las matemáticas, por supuesto, pero me gustan más los deportes, sobre todo el fútbol. Soy un jugador en el equipo "los Leones" del Club de Leones de Buenos Aires. Mi equipo es excelente. Los partidos son emocionantes porque los jugadores son muy dedicados y competidores. Algún día quiero ser famoso como el futbolista argentino, Diego Maradona.

¿Te gusta el fútbol? ¿Es Diego Maradona también una figura popular en los Estados Unidos?

Hasta pronto,
Juan Ignacio Gómez

1. ¿Cuántos años tiene Juan Ignacio?
2. ¿De dónde es?
3. ¿Qué deporte le gusta?
4. ¿Cómo se llama su equipo?
5. ¿Por qué son emocionantes los partidos de fútbol?
6. ¿Quién es Diego Maradona?

B. ¿Es lógico?   On Elena's first date with Mario, they find out a little about each other. Read the dialogue and decide which of the numbered sentences would logically come next. Write the numbers of the responses you choose on paper.

ELENA   Mario, eres tan fanático de los deportes.
     1. Te gustan el baloncesto, el boliche y la gimnasia, ¿verdad?
     2. A lo mejor voy al centro mañana. ¿Quieres ir?

MARIO   Sí, y también me gustan las películas, excepto las películas románticas, por supuesto.
     3. Las películas románticas son formidables, ¿verdad?
     4. En mi opinión, son muy aburridas.

ELENA   ¿Ah sí? ¿Y cuál es tu opinión sobre la fotografía?
     5. ¿Te gusta?
     6. Vamos a andar en bicicleta, ¿quieres?

MARIO   No, no me gusta mucho.
        7. Eh...¿quieres jugar baloncesto?
        8. Eh...es una persona muy interesante.

ELENA   Sí, pero, en realidad, no me gustan los deportes.

[Más tarde...]

MARIO   ¡Eres una jugadora bastante buena!
        9. Voy a trabajar ahora.
       10. ¿Quieres jugar fútbol o tenis ahora?

ELENA   No. Ahora voy a casa. Quiero hablar con un amigo.
       11. Se llama Camilo. Es una persona muy divertida.
       12. Se llama Camilo. Es una persona bastante antipática.

MARIO   ¿Ah sí? ¿Le gustan los deportes?

ELENA   No, no mucho. Es fotógrafo.
       13. Le gusta sacar fotos...y ver películas románticas también.
           Hasta luego.
       14. Le gusta mucho trabajar y ayudar en casa. Hasta luego.

Vamos a escribir

A. ¿Qué hacer?   Andrés and Raúl are discussing some plans. Read their conversation, and complete it with forms of the verb **ir** or **querer** that agree with the pronouns in parentheses.

ANDRÉS ¿Adónde __1__ esta noche? (tú)
  RAÚL Bueno, a lo mejor __2__ a una fiesta en casa de Felipe.
        ¿Y tú? (yo)
ANDRÉS __3__ a ir de compras. __4__ otro juego electrónico para mi computadora. ¿ __5__ ir? (yo / yo / tú)
  RAÚL Sí, y más tarde __6__ a la fiesta, ¿quieres? (nosotros)
ANDRÉS Buena idea. Hasta pronto.

B. **El arte de conversar.** If you lived in a Spanish-speaking environment, friends might say the following things to you in the course of a day. Write a question in each case that would continue your conversations naturally. Use the words given to begin your questions.

> EJEMPLO *En la casa:* —No quiero ir a la fiesta esta noche.
> **¿Qué quieres hacer entonces?**
> **¿Quieres ir al cine?**

¿Qué...?   ¿Adónde...?   ¿Quieres...?   ¿Quién...?   ¿Por qué...?
¿Vas...?   ¿Cuándo...?   ¿Cuántos...?   ¿Cómo...?   ¿Es...?

1. *En el centro:* —Me gustan las tiendas de aquí.
2. *En la escuela:* —El nuevo estudiante es muy simpático.
3. *En el autobús:* —No voy al parque. Quiero ver televisión.
4. *En el café:* —¿Quieres ir con nosotros?
5. *En el estadio:* —Fernando Valenzuela es bastante joven.
6. *En la casa:* —Sí, quiero ir a la playa, pero voy a hacer la tarea ahora.
7. *En el restaurante:* —Vamos al cine.

C. **¿Y tú?** Respond to some personal questions about bowling and other pastimes. Write your answers in complete sentences.

1. ¿Te gusta jugar boliche?
2. ¿Quieres jugar boliche con un amigo(a) este fin de semana?
3. ¿Te gusta más practicar deportes o escuchar música?
4. En tu opinión, ¿qué tipo de música es emocionante?
5. En general, ¿adónde vas los fines de semana?

Vamos a hablar

Work with a partner or partners and create short dialogues based on the following situations. Whenever appropriate, switch roles and practice both parts of your dialogue.

Situaciones

A. **En la escuela.** You greet a friend in the hall at school and ask him or her to go somewhere with you later. Your friend would like to but wants to practice the guitar first. You suggest going tonight, and your friend accepts. You both say good-bye before going to your next class.

B. **En el autobús.** On the way to school, a friend asks what you want to do this weekend. You don't know, so your friend suggests some activities. You reject the first two ideas and give your reasons. You like the third suggestion and say good-bye as you get off the bus.

VOCABULARIO

NOUNS REFERRING TO PLACES

el aeropuerto airport
el banco bank
la biblioteca library
el café café
el centro downtown
el cine movies, movie theater
el correo post office
el estadio stadium
el hotel hotel
la iglesia church
el jardín garden, yard
el museo museum
la oficina office
el parque park
la piscina swimming pool
la playa beach
la plaza plaza, square
el restaurante restaurant
el supermercado supermarket
el teatro theater
la terminal de autobuses bus terminal
la tienda store

OTHER NOUNS

el equipo team
la foto photo
el fotógrafo photographer
la hamaca hammock
el jugador, la jugadora player
la novia girlfriend
el novio boyfriend
el partido game, match
la película movie
el plato plate, dish
la ropa clothes

VERBS

cocinar to cook
descansar to rest
ganar to earn
hacer to do, to make
ir to go
lavar to wash
querer to want, to wish
salir to go out
viajar to travel
visitar to visit

QUESTION WORDS

¿adónde? where... (to)?
¿cuál? what?, which?
¿cuándo? when?
¿por qué? why?

VERB PHRASES

andar en bicicleta to ride a bike, to go bike riding
arreglar el cuarto to straighten up one's room
ayudar en casa to help at home
dar un paseo to take a walk
hablar por teléfono to talk on the phone
ir de compras to go shopping
jugar boliche to bowl, to go bowling
sacar fotos to take pictures
ser fanático de to be a fan of
tocar el piano to play the piano
trabajar en la computadora to work at the computer

ADVERBS EXPRESSING TIME

ahora now
algún día some day
esta noche tonight
este fin de semana this weekend
los fines de semana (on) weekends
hoy today
mañana tomorrow
más tarde later
primero first
pronto soon

OTHER ADVERBS

aquí here
como like, such as
entonces then
más more
tan such a, so

PREPOSITIONS AND CONJUNCTIONS

con with
contra against
o or
para to, in order to, for
porque because
sobre about

OTHER WORDS AND EXPRESSIONS

a lo mejor maybe
Bueno,... OK, well,....
¿Cómo se llama él? What is his name?
¿Cuántos años tiene ella? How old is she?
Está bien. OK, fine
le gusta(n)... he / she likes....
¿no? right?, isn't it?, don't you?
otro other, another
por cierto as a matter of fact
por supuesto of course
que that, who
¿verdad? right?, isn't it?, don't you?

Feelings

In this chapter, you will talk about how you feel. You will also learn about the following functions and structures.

Functions	Structures
• identifying people and things	the indefinite article **un, una, unos, unas**
• expressing emotions and personal conditions	the verb **estar** and adjectives
• telling what you have	the verb **tener**
• telling how you feel, what you have to do, and what you feel like doing	special expressions with **tener**
• talking about the weather	weather expressions

1NTRODUCCIÓN

EN CONTEXTO

Una visita al hospital

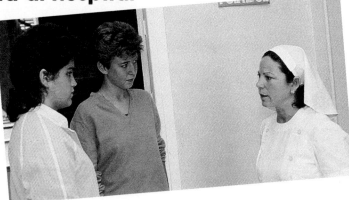

Ana and Marta meet in the lobby of the Hospital Eugenio Espejo in Quito.

ANA	¡Hola, Marta! ¿Qué tal?	
MARTA	Bien, gracias. ¿Por qué estás aquí?	are you
ANA	Para visitar a Carlos. Está enfermo.	he is / sick
MARTA	¡Qué pena! ¿Qué tiene?	Too bad! / What's wrong with him?
ANA	No sé, pero no es nada serio.	I don't know / nothing
MARTA	¿No es serio? Entonces, ¿por qué está en el hospital?	
ANA	Porque es un chico muy raro y un poco exagerado. Pero me gusta Carlos y voy a comprar una tarjeta para él.	Because / strange / a little / theatrical — to buy / card
MARTA	Buena idea. Yo también quiero comprar algo para él.	something

Comprensión

Answer the following questions based on **Una visita al hospital**.

1. ¿Dónde está Ana? ¿Por qué?
2. ¿Quién está enfermo?
3. ¿Qué tiene?
4. Para Ana, ¿Carlos es exagerado?
5. ¿Qué va a comprar Ana para Carlos?

ASÍ SE DICE

If you are happy about something, you might say:

¡Qué bueno!	*Good!*
¡Cuánto me alegro!	*I'm so glad!*
¡Fantástico!	*Great!*

If you are sad or sorry, you might say:

¡Qué pena!	*What a shame!*
¡Cuánto lo siento!	*I'm so sorry!*
¡Qué lástima!	*What a shame!*

If you have negative feelings, you might say:

¡Qué tontería!	*How stupid! How ridiculous!*
¡Qué importa!	*Who cares!*
¡Qué pesado!	*How boring! What a nuisance!*

To express surprise or disbelief, you might say:

¡No me digas!	*Don't tell me!*
¡No puede ser!	*It can't be!*
¿De veras?	*Really?*

A. ¿Qué se dice? The following comments were made by classmates during the day. You will hear responses made to each of the comments. If the response is appropriate, answer **sí**. If it is not, answer **no**.

> MODELO You read: Voy a trabajar mucho hoy.
> You hear: ¡Cuánto me alegro!
> You write: **no**

1. Yo estoy enfermo.
2. Voy al partido de fútbol mañana
3. Hay un examen en la clase hoy.
4. Voy a ayudar en casa hoy.
5. Me gustan mucho los exámenes.
6. Elena va a viajar a México.
7. Hay un concierto fantástico de jazz hoy.
8. Voy a jugar tenis hoy.
9. Estoy muy bien hoy.
10. Voy a la fiesta de ustedes.

COMUNICACIÓN

A. Reacciones. How would you react if friends were to tell you the following things?

> EJEMPLO No hay tarea hoy.
> **¡Cuánto me alegro!**

1. El profesor está enfermo.
2. No hay dinero en el banco.
3. Vamos a esquiar en Colorado.
4. Hay un examen mañana.
5. Hay una fiesta mañana.
6. Vamos a ir a un restaurante hoy.
7. Vamos a ver lucha libre en la televisión.
8. Los animales van a hablar algún día.
9. No hay tarea para mañana.
10. No vas al cine. Vas a arreglar el cuarto.

B. Conversamos. Miguel and Sara are talking on the telephone. Write their conversation on your paper. Choose from the expressions you have learned to complete it. Then act it out with a classmate.

¡Qué lástima!   ¡Fantástico!   ¡Qué tontería!

MIGUEL	Hay una fiesta mañana.
SARA	¡=====! ¿Vas?
MIGUEL	No, voy a estudiar para un examen.
SARA	¡=====!
MIGUEL	¡Pero Sara, me gusta estudiar!
SARA	¡Ay!, Miguel. ¡=====!

EXPLORACIÓN 1

Function: *Identifying people and things*
Structure: *The indefinite article*

PRESENTACIÓN

To identify people and things, we use the indefinite article. Here are the forms of the indefinite article.

	SINGULAR	PLURAL
MASCULINE	un	unos
FEMININE	una	unas

A. **Un** and **una** are the equivalent of *a* (*an*) in English.

Es **un** carro.	*It's **a** car.*
Quiere **una** bicicleta.	*He wants **a** bicycle.*

B. **Unos** and **unas** may mean *some, any,* or *a few.*

Aquí hay **unos** profesores.	*There are **some** teachers here.*
¿Hay **unos** estudiantes aquí?	*Are there **any** students here?*
Quiere **unas** tarjetas.	*He wants **a few** cards.*

These plurals, however, are often omitted in Spanish as they are in English.

¿Aquí hay tarjetas en español?	*Are there cards in Spanish here?*

C. To ask what something is, say:

¿Qué es esto?	*What is this?*
¿Qué es eso?	*What is that?*

D. Here are some things you will be able to identify when you answer
the questions **¿Qué es esto?** and **¿Qué es eso?**

una cámara

un reloj

un radio

un televisor

un tocadiscos

una grabadora

una moto

una máquina
de escribir

un bote

un perro

un gato

¿QUÉ ES ESO?

ES UNA PISCINA PARA EL PERRO.

PREPARACIÓN

A. Una sorpresa. Mariela is trying to guess what her friend Patricia has for her as a surprise gift. What does she say, and how does Patricia respond? Play the roles with a partner.

MODELO   una cámara
¿Es una cámara?
No, no es una cámara.

1. un perro
2. una grabadora
3. un tocadiscos
4. un televisor
5. un reloj
6. una máquina de escribir
7. un radio
8. una moto
9. un gato

B. ¿Qué hay? Josefina is checking the prop list for the class play. She asks her brother Pepe to see what items are backstage. Look at the items that are there. How does Pepe answer?

MODELO   ¿Hay un carro?   ¿Hay una cámara?
No, no hay un carro.   **Sí, hay una cámara.**

1. ¿Hay unos libros?
2. ¿Hay una guitarra?
3. ¿Hay un tocadiscos?
4. ¿Hay un reloj?
5. ¿Hay unos juegos electrónicos?
6. ¿Hay un teléfono?
7. ¿Hay unos discos?
8. ¿Hay un televisor?
9. ¿Hay una moto?
10. ¿Hay un radio?

C. ¿Qué es eso?   An American is visiting Mexico and is asking how to say things in Spanish. What does he ask, and what is he told?

MODELO

¿Qué es eso?
Es una cámara.

D. ¿Qué quieres?   Antonio is sick and in the hospital. His mother asks him if he wants certain items from home. Make two columns on your paper as shown. Listen to the conversation, and write each of the 13 items mentioned in the appropriate column. Be sure to include the indefinite article.

MODELO   ¿Quieres unos discos?   ¿Quieres un piano?
         Sí, quiero unos discos.   No, no quiero un piano.

Antonio quiere unos discos.	Antonio no quiere un piano.

COMUNICACIÓN

A. Vamos de compras. You are spending a year as an exchange student
W with a Mexican family. Make a Christmas wish list for them
by writing **Quiero** or **No quiero** for each item in the catalog.

EJEMPLO 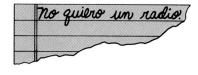 *No quiero un radio.*

B. ¿Qué quieren ustedes? Find out what your classmates want from the
catalog. For each item pictured in Activity A, ask a classmate if she or
he wants it as a gift.

EJEMPLO **¿Quieres un reloj?**
         Sí, quiero un reloj.
         No, no quiero un reloj.

RINCÓN CULTURAL

If you were to visit a good friend at his or her home, how would you greet
the other members of the family—with a hello, a smile, a handshake, or a
kiss? Because Latins are generally more effusive in their emotions and
have more physical contact, Latin Americans tend to think of Americans
as cool and distant. For example, in social situations it is common for
women to kiss each other on the cheek upon saying hello and again at
parting. A man and a woman may behave likewise. Men greet each other
with a handshake or a warm pat on the back, and there is nothing unusual
about a friendly embrace.

EXPLORACIÓN 2

Function: *Expressing emotions and conditions*
Structure: *estar with adjectives*

PRESENTACIÓN

A. To talk about emotions and conditions, the verb **estar** (*to be*) is often used with an adjective. Although **estar** has the same English translation as **ser** (*to be*), the two verbs are not interchangeable.

Ser is used with identifying characteristics.

> Laura es alta.
> El profesor es paciente.

Estar is used with states or conditions that can change, such as feelings. Here are the present-tense forms of the verb **estar**.

estar

estoy	estamos
estás	estáis
está	están

B. You learned in Chapter 1 that an adjective must agree in number and in gender with the noun it modifies. Study the forms of the adjective that are given below.

	SINGULAR	PLURAL
MASCULINE	contento	contentos
FEMININE	contenta	contentas

Luis está contento.   Jaime y Rafael no están contentos.
La chica está contenta.   Elena y María están contentas.

C. When the same adjective modifies two or more nouns, one of which is masculine, the adjective is in the masculine plural form.

> La señora Castillo y el señor Sánchez están contentos.
> Marcela, Rosa y Tomás están nerviosos.

D. Here are some adjectives that describe your own and others' feelings.

aburrido(a)	*bored*	sorprendido(a)	*surprised*
contento(a)	*happy*	enojado(a)	*angry*
encantado(a)	*delighted*	nervioso(a)	*nervous*
cansado(a)	*tired*	deprimido(a)	*depressed*
emocionado(a)	*excited*	preocupado(a)	*worried*
celoso(a)	*jealous*	desilusionado(a)	*disappointed*
enfermo(a)	*sick*		

E. **Estar** is also used to tell where someone or something is located.

¿Dónde está Rogelio?
Rogelio está en el supermercado.

PREPARACIÓN

A. Yo también. Pablo's younger sister is at the copycat age. Whatever Pablo feels, she says she feels also. What does she say?

> MODELO   Estoy contento.
> **Yo también estoy contenta.**

1. Estoy nervioso.   **3.** Estoy preocupado.   **5.** Estoy enfermo.
2. Estoy aburrido.   **4.** Estoy emocionado.   **6.** Estoy deprimido.

B. Actores y actrices. The cast list for the drama club's new production has just been posted. Tell how people feel. Be sure to use the right form of the adjective given and the verb **estar**.

> MODELO   Marta / encantado   Vicente / nervioso
> **Marta está encantada.   Vicente está nervioso.**

1. Felisa / contento
2. Esteban y Carlos / emocionado
3. Nicolás y Elena / desilusionado
4. Ana y Marta / celoso
5. Juanita / sorprendido
6. Rodolfo / enojado
7. Ana y Gloria / encantado
8. Cristina y Eduardo / nervioso
9. Víctor / deprimido

C. ¿Hermanos o hermanas? Roberto is talking about his family to a friend. Listen to some of the remarks he makes. For each, write **hermanos** if he is talking about his *brothers* and **hermanas** if he is talking about his *sisters*.

MODELO   Están enfermos.

hermanos

D. ¿Dónde están? Luisa's house is usually full of people. Today, however, her father comes home to find only her mother there. He asks her where their children and their children's friends are. Look at the picture. How does she answer his questions?

MODELO   ¿Dónde está Julio?   ¿Dónde están Miguel y Nicolás?
         Está en la biblioteca.   Están en el correo.

1. ¿Dónde está Luisa?
2. ¿Dónde está Lucía?
3. ¿Dónde están Inés y Mario?
4. ¿Dónde están Silvia y Paula?
5. ¿Dónde están Nicolás y Miguel?

6. ¿Dónde está Mateo?
7. ¿Dónde están Esperanza y Raúl?
8. ¿Dónde está Julio?

E. ¿Dónde estás?   Several of Virginia's classmates call her for a ride to a class dinner party. Where do they tell her they are? Play the roles with a classmate.

MODELO   Federico / banco   Isabel y Ana / parque
         ¿Dónde estás?   **¿Dónde están ustedes?**
         Estoy en el banco.   **Estamos en el parque.**

1. Marta / cine
2. Jorge y Esteban / parque
3. Alicia / plaza
4. Dorotea / café
5. Julio y Miguel / supermercado
6. Pepe / iglesia
7. Tomás y María / aeropuerto
8. Manuel / correo

F. Amigos.   José and Clara, two students from Quito, are discussing where some of their friends are and how they feel. What do they say?

MODELO   ¿Dónde está Nicolás? (museo)
         Está en el museo.
         ¿Cómo está? (contento)
         Está contento.

1.   JOSÉ   ¿Dónde están Felipe y Arturo? (aeropuerto)
    CLARA   ════.
    JOSÉ   ¿Cómo están? (preocupado)
    CLARA   ════.

2.   JOSÉ   ¿Dónde están Rosa y Luisa? (piscina)
    CLARA   ════.
    JOSÉ   ¿Cómo están? (emocionado)
    CLARA   ════.

3.   JOSÉ   ¿Dónde está Lilia? (parque)
    CLARA   ════.
    JOSÉ   ¿Cómo está? (deprimido)
    CLARA   ════.

4.   JOSÉ   ¿Dónde están Graciela y Víctor? (teatro)
    CLARA   ════.
    JOSÉ   ¿Cómo están? (contento)
    CLARA   ════.

5.   JOSÉ   ¿Dónde está Miguel? (cine)
    CLARA   ════.
    JOSÉ   ¿Cómo está? (nervioso)
    CLARA   ════.

COMUNICACIÓN

A. Barómetro de los sentimientos. Check your mood barometer. Choose from the following words to describe how you would feel in each situation.

> **EJEMPLO** ¿Cómo estás hoy?
> **Estoy cansado(a).**

emocionado	preocupado
encantado	nervioso
contento	enojado
bien	sorprendido
cansado	celoso
desilusionado	deprimido

1. No hay clases mañana.
2. Vas a viajar.
3. Vas a ganar mucho dinero.
4. ¿Cómo estás hoy?
5. Es la noche y hay mucha tarea y hay examen mañana.
6. El restaurante dónde estás no es bueno.
7. Hay un examen difícil mañana.
8. Estás enfermo(a) y vas al hospital.
9. Estás en el aeropuerto y no te gusta viajar.
10. Otros van a Cancún para las vacaciones pero tú no vas.
11. Tu padre va a escuchar música rock.
12. Hay algo bueno en la televisión pero hay tarea.

B. ¿Dónde estás? You are in town for the day. Secretly choose a place, and write it on a piece of paper. The other students will try to guess where you are.

> **EJEMPLO** ¿Estás en el banco?
> **No, no estoy en el banco.**
>
> ¿Estás en el cine?
> **Sí, estoy en el cine.**

C. La Copa Mundial. Teams from all over the world compete in the soccer World Cup Championship, and millions of fans follow these games. Look at the photos, and describe the emotions of the players and spectators.

RINCÓN
CULTURAL

Gestures are an important part of communication, and each culture has its own particular gestures with their own meanings. Can you guess the meanings of these gestures?

1.

2.

3.

4.

5.

EXPLORACIÓN 3

Function: *Talking about what you have and what you have to do*
Structure: *tener and expressions with tener*

PRESENTACIÓN

A. You use the verb **tener** (*to have*) to talk about what you have. Here are the present-tense forms of **tener.**

tener

tengo	tenemos
tienes	tenéis
tiene	tienen

Tengo una tarjeta.	*I have a card.*
¿Tiene Pablo un carro nuevo?	*Does Pablo have a new car?*
Tienen unos discos fantásticos.	*They have some fantastic records.*

B. **Tener** is used to tell what is wrong when you are feeling sick.

tener gripe (*f*)	*to have the flu*
tener catarro	*to have a cold*
tener fiebre (*f*)	*to have a fever*
tener tos (*f*)	*to have a cough*
tener dolor de cabeza	*to have a headache*
tener dolor de estómago	*to have a stomachache*
tener dolor de garganta	*to have a sore throat*
tener dolor de muelas	*to have a toothache*
tener dolor de espalda	*to have a backache*

¿Tienes dolor de cabeza?	*Do you have a headache?*
No tengo catarro.	*I do not have a cold.*

C. To say that you *have to* do something, use the correct form of **tener que** plus an infinitive.

Tengo que practicar ahora.	*I have to practice now.*
Tienen que ir al supermercado.	*They have to go to the supermarket.*

D. To say that you *feel like* doing something, use a form of **tener ganas de** plus an infinitive.

Tenemos ganas de dar un paseo.

We feel like going for a walk.

Esteban no tiene ganas de cantar.

Esteban doesn't feel like singing.

PREPARACIÓN

A. ¡Yo también! Jaime tends to exaggerate about his health. Every time his friends feel bad, he does too. What does he say?

> MODELO   Victoria tiene dolor de cabeza.
> **Yo también tengo dolor de cabeza.**

1. Rafael tiene tos.
2. Ramón tiene gripe.
3. Consuelo tiene fiebre.
4. Jesús tiene dolor de estómago.
5. Carmela tiene dolor de garganta.
6. Marta tiene catarro.

B. Posesiones. Teresa is talking to Pedro about the things she and her friends do not have but would like to own. What does she say?

> MODELO Consuelo / grabadora
> **Consuelo no tiene grabadora. ¡Qué lástima!**

1. yo / radio
2. Juan / gato
3. Marta y Ana / bote
4. nosotros / perro
5. tú / tocadiscos
6. ustedes / reloj

C. Enfermos. The school nurse is writing reports on students who are ill and need to go home. Write a report for her, saying what is wrong with the students in her office.

MODELO

Andrés
Andrés tiene dolor de garganta.

1. Ana y Marta

2. Felipe

3. José

4. Miguel y Guillermo

5. Sara y Raquel

6. Laura

7. Marcos

8. Silvia

D. Tengo ganas de... Martín would much rather run errands than work around the house. Which activities does he say he feels like doing when his parents ask?

MODELO ¿Quieres arreglar el cuarto o ir de compras?
Tengo ganas de ir de compras.

1. ¿Quieres ir al centro o ayudar en casa?
2. ¿Quieres ir al correo o lavar la ropa?
3. ¿Quieres ir a la tienda o lavar los platos?
4. ¿Quieres cocinar o ir al banco?
5. ¿Quieres ir al supermercado o arreglar la casa?
6. ¿Quieres arreglar el cuarto o ir a comprar aspirina?

E. Un día libre. It is a holiday, and Isabel and her friends do not have school. In the following paragraph, Isabel says what each person feels like doing. Complete the paragraph using the correct form of **tener ganas de**.

MODELO Federico <u>tiene ganas de</u> ir al cine.

Julia __1__ ir de compras y yo __2__ ir a la piscina a nadar. Pilar y Marcos __3__ sacar fotos y Tomás __4__ andar en bicicleta. Y tú, Julio, ¿__5__ descansar? Nosotros no __6__ estudiar hoy.

F. ¿Qué tienen que hacer? What should these people do in the situations described? Choose your answers from the list given.

> MODELO   Raúl tiene un examen mañana.
> **Raúl tiene que estudiar.**

estudiar	ir de compras	hablar español	ir al cine
descansar	ir al hospital	practicar el piano	trabajar

1. María va a ir a una fiesta pero no tiene ropa bonita.
2. Luis está muy cansado.
3. Marta quiere visitar a una amiga en el hospital.
4. Jorge y Marcos no tienen dinero.
5. Luisa y Carlota quieren ver una película.
6. Steve quiere hablar con Inés pero Inés no habla inglés.
7. Ricardo va a tocar el piano en un concierto mañana.
8. Los estudiantes tienen un examen difícil mañana.

G. ¿Qué tenemos que hacer? Rafael's father is saying what the members of his family have to do this week. Complete the following sentences with what you hear.

1. Yo...
2. Tú...
3. María...
4. Jorge y Luis...
5. Ana y tú...
6. Nosotros...

COMUNICACIÓN

A. Síntomas. Tell whether or not you have the following symptoms today. Then add a comment about how you feel.

> EJEMPLO   **No tengo dolor de cabeza. Estoy cansado.**

Síntomas: catarro, fiebre, tos, dolor de cabeza, gripe, dolor de estómago, dolor de espalda, dolor de muelas

Emociones: deprimido, cansado, emocionado, contento, enojado, nervioso, aburrido, preocupado, ¿...?

B. ¿Tienes ganas?   Work with a partner, and take turns asking each other whether you feel like doing the following things. You may include why you do or do not feel like doing something.

> EJEMPLO   ir al cine
> **¿Tienes ganas de ir al cine?**
> **No, no tengo ganas de ir al cine. Estoy cansada.**

1. hacer gimnasia
2. andar en bicicleta
3. mirar fotos
4. lavar el carro
5. escuchar jazz
6. cocinar algo bueno
7. descansar
8. estudiar español
9. jugar un partido de fútbol
10. ir a una fiesta

C. Tareas domésticas.   Use the suggestions below to find out what your friends' chores are at home.

> EJEMPLO   ayudar en casa
> **¿Tienes que ayudar en casa?**

1. lavar los platos
2. ir al supermercado
3. ir de compras
4. arreglar el cuarto
5. cocinar
6. practicar el piano

D. ¡Qué dolor!   Describe the conditions these people have.

EJEMPLO

Tiene dolor de cabeza.

1.

2.

3.

4.

5.

6.

RINCÓN CULTURAL

Cognates are words from two different languages that look or sound similar and have the same meaning. They often make it easier to understand another language. What is the name of the doctor you would call for each of the following?

1. a rash
2. a toothache
3. a broken arm
4. sleeplessness
5. plastic surgery
6. chest pain
7. stomach pain
8. an eye injury

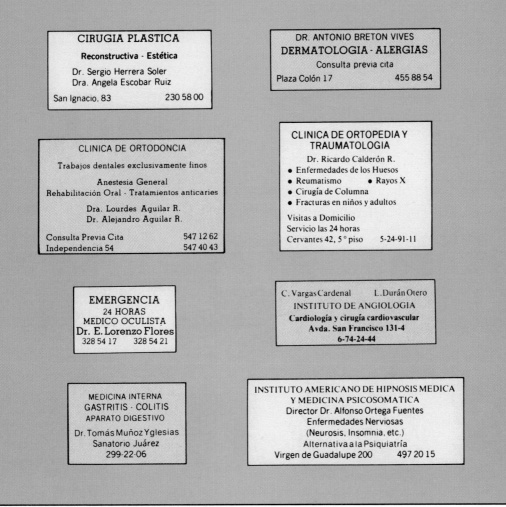

CIRUGIA PLASTICA

Reconstructiva - Estética

Dr. Sergio Herrera Soler
Dra. Angela Escobar Ruiz

San Ignacio, 83   230 58 00

DR. ANTONIO BRETON VIVES
DERMATOLOGIA - ALERGIAS
Consulta previa cita
Plaza Colón 17   455 88 54

CLINICA DE ORTODONCIA

Trabajos dentales exclusivamente finos

Anestesia General
Rehabilitación Oral - Tratamientos anticaries

Dra. Lourdes Aguilar R.
Dr. Alejandro Aguilar R.

Consulta Previa Cita   547 12 62
Independencia 54   547 40 43

CLINICA DE ORTOPEDIA Y
TRAUMATOLOGIA

Dr. Ricardo Calderón R.
• Enfermedades de los Huesos
• Reumatismo   • Rayos X
• Cirugía de Columna
• Fracturas en niños y adultos

Visitas a Domicilio
Servicio las 24 horas
Cervantes 42, 5° piso   5-24-91-11

EMERGENCIA
24 HORAS
MEDICO OCULISTA
Dr. E. Lorenzo Flores
328 54 17   328 54 21

C. Vargas Cardenal   L. Durán Otero
INSTITUTO DE ANGIOLOGIA
Cardiología y cirugía cardiovascular
Avda. San Francisco 131-4
6-74-24-44

MEDICINA INTERNA
GASTRITIS - COLITIS
APARATO DIGESTIVO

Dr. Tomás Muñoz Yglesias
Sanatorio Juárez
299-22-06

INSTITUTO AMERICANO DE HIPNOSIS MEDICA
Y MEDICINA PSICOSOMATICA
Director Dr. Alfonso Ortega Fuentes
Enfermedades Nerviosas
(Neurosis, Insomnia, etc.)
Alternativa a la Psiquiatría
Virgen de Guadalupe 200   497 20 15

EXPLORACIÓN 4

Function: *Talking about the weather*
Structure: *Weather expressions*

PRESENTACIÓN

The weather often affects how we feel. Here are some expressions you will find useful in talking about the weather.

A. To talk about what the weather is like now, you can use the following expressions.

¿Qué tiempo hace?

Hace mal tiempo.

Hace buen tiempo.

Hace fresco.

Hace frío.

Hace calor.

Hace viento.

Hace sol.

Está nublado.

Está nevando.

Está lloviendo.

¿Y TÚ?

B. To say what the weather will be like in the future, use **va a hacer** with weather expressions.

Esta noche va a hacer fresco.   *It is going to be cool tonight.*
Mañana va a hacer calor.   *It is going to be warm tomorrow.*

C. Notice how you say *It is going to rain tomorrow, It is going to snow tomorrow,* and *It is going to be cloudy tomorrow.*

Hoy **está lloviendo.** ⟶ Mañana **va a llover.**
Hoy **está nevando.** ⟶ Mañana **va a nevar.**
Hoy **está nublado.** ⟶ Mañana **va a estar nublado.**

PREPARACIÓN

A. **¿Qué tiempo hace?** Based on the brief weather reports you hear, tell where the reporter is in each case.

MODELO   Está lloviendo.
                 Está en Lima.

Lima   Santo Domingo   Nueva York

Caracas   Acapulco   Bariloche

B. Un tiempo perfecto. Everyone in Fernando's household is convinced that tomorrow's weather will be perfect, but each has a different point of view. Based on the drawings of their plans, tell what each one says about tomorrow's weather.

MODELO

Va a hacer viento mañana.

COMUNICACIÓN

A. El tiempo de hoy. Describe the weather in each of the following drawings.

EJEMPLO   **Hace fresco.**

B. ¿Te afecta el tiempo? How does the weather affect you? Complete these sentences.

> EJEMPLO   **Me gusta viajar cuando <u>hace buen tiempo</u>.**

1. Me gusta jugar tenis cuando ═══ .
2. Tengo ganas de nadar cuando ═══ .
3. Estoy contento(a) cuando ═══ .
4. Me gusta ═══ cuando está lloviendo.
5. Tengo ganas de estudiar cuando ═══ .
6. Estoy ═══ cuando está lloviendo.
7. Me gusta ═══ cuando está nevando.
8. Me gusta estar en casa cuando ═══ .

C. ¡Buen viaje! Plan a trip for yourself. Write the names of four places you would visit next week if you could. Choose places in different parts of the world. Then describe what the weather will be like at each place so you will know what clothes to take. Compare your list with a partner's.

> EJEMPLO
>
> *Voy a ir a Alaska.*
> *Va a hacer frío y va a nevar.*

D. Pronóstico del tiempo. You are giving the weather forecast on the radio. Tell what the weather is like today and what it is going to be like tomorrow.

> EJEMPLO
>
> *Hoy hace calor y mañana va a llover.*

ERSPECTIVAS

LECTURA

Radio Hidalgo

A student who works at the Hidalgo High School radio station is announcing the school news.

Buenos días, amigos. Aquí estamos otra vez con las noticias de nuestra escuela. Los estudiantes de la clase de español están emocionados porque esta noche todos van al baile en el Centro Hispano. ¡Qué fantástico!

Mañana la familia de Roberto Herrera va de vacaciones a Puerto Rico, pero él no va. Tiene tres exámenes esta semana y si no estudia, va a tener problemas. ¡Buena suerte, Roberto!

Y ahora el tiempo para hoy. Hace viento y está lloviendo. ¡Qué pena!, porque hoy Marta León quiere andar en bicicleta, Pablo García tiene ganas de ir a nadar y Francisca Fuentes quiere sacar fotos.

Una mala noticia: el profesor de matemáticas está todavía enfermo y va a estar en casa toda la semana. ¡Qué lástima!, ¿no?

Bueno, ahora vamos a escuchar el nuevo éxito de Julio Iglesias. Después regresamos con más noticias.

Expansión de vocabulario

el baile dance	**otra vez** again
buena suerte good luck	**regresar** to return
después afterward	**la semana** week
el éxito hit	**si** if
las noticias news	**todavía** still
nuestra our	**todos** everyone

Comprensión

Decide if the following sentences are correct (**sí**) or not (**no**).

1. Los estudiantes de la clase de español están deprimidos porque van al baile.
2. Roberto va a Puerto Rico con la familia.
3. Francisca quiere sacar fotos.
4. El profesor de matemáticas no está en la escuela.
5. Van a escuchar las noticias con Julio Iglesias.

COMUNICACIÓN

A. ¡No me digas!   How would you react in the following situations?

1. Un amigo está enfermo y tiene que estar en el hospital unos días.

   a. ¡Qué bueno!   **b.** ¡Qué pena!   **c.** ¡Qué importa!

2. Vas a estar en la televisión.

   a. ¡Qué pesado!   **b.** ¡Cuánto lo siento!   **c.** ¿Yo? ¡No puede ser!

3. Una persona no va de vacaciones porque no tiene cámara.

   a. ¡Qué tontería!   **b.** ¡Cuánto me alegro!   **c.** ¡Fantástico!

4. Un fanático de la música va a comprar un piano pero no tiene dinero.

   a. ¡Fantástico!   **b.** ¡Qué tontería!   **c.** ¡Qué lástima!

5. Quieres viajar a Europa pero tienes un dolor de muelas terrible.

   a. ¡Qué lástima!   **b.** ¡Qué tontería!   **c.** ¡Fantástico!

B. Intereses. From the following list, choose four things you have to do and four you feel like doing.

EJEMPLO   **Tengo que practicar el piano.**   **Tengo ganas de ir de vacaciones.**

1. tocar el piano
2. trabajar
3. ir de compras
4. ayudar en casa
5. ir de vacaciones
6. comprar un televisor

7. ir a un baile
8. comprar una grabadora
9. estudiar
10. andar en bicicleta
11. arreglar el cuarto
12. ¿...?

C. Sentimientos. Tell how you feel in the following situations. Then tell what you feel like doing.

EJEMPLO   Hace buen tiempo.
     Cuando hace buen tiempo, estoy contento. Tengo ganas de ir a la playa.

1. Hace mal tiempo...
2. Estoy de vacaciones...
3. Tengo que trabajar...
4. Hace calor...
5. Tengo catarro...

6. Tengo que estudiar...
7. Voy al cine...
8. Tengo gripe...
9. Está nevando...
10. Estoy en la escuela...

D. Pronóstico del tiempo. Listen to a series of bulletins about the weather in Spain. For each bulletin, look at the maps and decide which place is being described.

EJEMPLO   Hoy hace sol y mañana también va a hacer sol.
     Sevilla

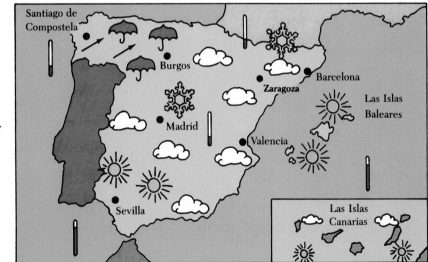

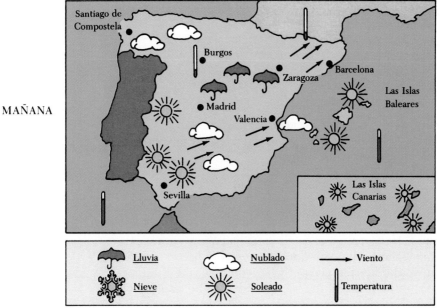

MAÑANA

Lluvia	Nublado	Viento
Nieve	Soleado	Temperatura

PRONUNCIACIÓN

At the beginning of a phrase and after the letters **l** and **n**, the letter **d** sounds somewhat like the English *d* in *dog*, except that your tongue should touch the back of your upper front teeth.

¿Dónde?	Linda	dos
día	Edmundo	diez
dolor	Reinaldo	Matilde

In all other cases, the **d** is similar to the English sound *th* as in *then* or *that*. Your tongue should touch the bottom of your upper front teeth.

cansado	desilusionado	adentro
divertido	emocionado	¿De dónde?
pesado	preocupado	edad

Now repeat the following sentences.

1. ¿Dónde está el jugador?
2. ¿Quién, David? Tiene dolor de espalda.
3. Está preocupado y desilusionado.
4. Otros dos jugadores, Edmundo y Reinaldo, están cansados también.
5. ¿Adónde van los jugadores para descansar?

1NTEGRACIÓN

Here is an opportunity to test yourself to see what you can do. If you have trouble with any of these items, study the topic and practice the activities again, or ask your teacher for help.

Vamos a escuchar

A. ¿Qué debo llevar? Having someone tell you what the weather is going to be like may affect what you decide to wear. Choose a picture to show how you would dress in view of what you hear about tomorrow's weather. Write the letter of the picture next to the number of the report you hear.

a. b. c.

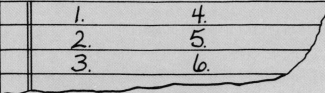

1.		4.
2.		5.
3.		6.

B. ¡Pobre Carlos! Is Carlos sick? Answer the following questions based on the conversation you hear.

1. ¿Cómo está Carlos, contento o deprimido?
2. ¿Carlos tiene dolor de garganta?
3. ¿Tiene gripe?
4. ¿Está enferma Ana?
5. ¿Carlos tiene un examen de historia mañana?

Vamos a leer

A. En la piscina. Read the conversation between Diana and Elisa, and answer the questions.

Hace muy buen tiempo y Diana y Elisa están en la piscina.

DIANA	¡Hola, Elisa! ¿Cómo estás?
ELISA	No muy bien.
DIANA	¿Por qué?
ELISA	No sé, Diana, estoy muy preocupada.
DIANA	Pues sí, estás muy nerviosa chica. Pero, ¿por qué?
ELISA	María está en la piscina.
DIANA	¿Y...?
ELISA	¡Y ahí está Roberto también!
DIANA	Pero, ellos son amigos.
ELISA	Exactamente. ¡Y yo estoy muy deprimida!
DIANA	No, chica, no estás deprimida. ¡Estás celosa!

Complete each sentence based on the dialogue between Diana and Elisa.

1. Elisa está...
2. Elisa está preocupada porque...
3. Roberto y María son...
4. María está...
5. Para Diana, Elisa no está deprimida. Está...

B. Hace calor. Pepe is talking on the telephone to a friend. Read what he says.

Hoy hace mucho calor. No tengo ganas de jugar tenis cuando hace mucho sol. Prefiero jugar tenis cuando hace fresco. Hoy voy a estar en casa. Voy a tocar el piano ahora y mañana voy a practicar la guitarra.

Now finish the sentences the way Pepe would.

1. Hoy no hace ═══.
2. No me gusta jugar tenis cuando hace ═══.
3. Hoy voy a ═══.
4. Cuando estoy en casa, me gusta ═══.
5. Mañana voy a ═══.

Vamos a escribir

A. Feliz Navidad. You are shopping for Christmas presents. For each item pictured, tell whether you do or do not want to buy it.

> EJEMPLO **Quiero comprar un televisor.**
> **No quiero comprar un televisor.**

B. ¿Cómo están? How would Hernando describe himself and his classmates to Felipe, based on how they look today? Finish his sentences with the correct form of **estar** and an adjective.

> EJEMPLO María ═══.
> **María está aburrida.**

1. Yo ═══.
2. Ana ═══.
3. Francisco y Carlota ═══.
4. Marta y Luisa ═══.
5. Tú ═══.
6. Jorge y Julio ═══.

1. Hernando

2. Ana

3. Francisco y Carlota

4. Marta y Luisa

5. Felipe

6. Jorge y Julio

C. Los acampadores. At summer camp, Marcos and his cabinmate Esteban always feel like staying indoors, but the camp counselor tells them they have to participate in outdoor sports. Fill in the blanks with the correct form of **tener ganas de** or **tener que.**

> EJEMPLO   MARCOS   No quiero andar en bicicleta. **Tengo ganas de** descansar.
>
>   CONSEJERO   Marcos, **tienes que** andar en bicicleta.

MARCOS Y ESTEBAN   No queremos jugar fútbol. __1__ practicar la guitarra.

        CONSEJERO   Ustedes __2__ practicar deportes.

          MARCOS   No quiero nadar. __3__ leer.

        CONSEJERO   Marcos, __4__ nadar.

MARCOS Y ESTEBAN   No queremos ir a la playa. __5__ escuchar música.

        CONSEJERO   Ustedes __6__ ir a la playa.

           ESTEBAN   No quiero dar un paseo.

        CONSEJERO   Esteban, __7__ dar un paseo.

D. ¿Qué tienen? Some of Manuel's classmates have had to miss class today. Manuel is telling the teacher what is wrong with them. Based on these pictures, what does he say is wrong?

EJEMPLO

Marcos
Marcos tiene dolor de espalda.

3. Pablo y Marta

2. Ana

1. Susana

4. Felipe

5. María y Anita

E. ¿Qué haces cuando...?   Write six sentences telling what you like or do not like to do, depending on the weather. Use at least six different weather expressions.

EJEMPLO

Me gusta nadar cuando hace sol.

F. Gustos diferentes.   Juan and Guillermo, who share a camp cabin, discover they have very different personalites. Juan only likes to do things inside, and Guillermo only likes to do things outside. Fill in the missing words of the following dialogue using forms of the verb **tener** and expressions that go with it.

JUAN	¡Ay! Tenemos __1__ nadar hoy.
GUILLERMO	¡Qué bueno! Me gusta nadar.
JUAN	__2__ ganas de tocar la guitarra aquí en el cuarto. Hace calor.
GUILLERMO	¡No! Hace fresco y tengo __3__ de dar un paseo. ¿Y tú? ¿__4__ __5__ de ir?
JUAN	No, no quiero ir y tengo __6__ dar un paseo mañana. Quizás Roberto y Julio __7__ ganas de ir.
GUILLERMO	No, Roberto está enfermo y __8__ __9__ de descansar, y Julio tiene __10__ arreglar el cuarto.

G. ¿Cómo estás?   How you feel often depends on your situation. Using expressions with **estar**, tell how the following people feel in these situations. You may include more than one feeling for each situation.

EJEMPLO   **No hay escuela mañana. Tomás está contento.**

1. Tienes mucha tarea, pero estás enfermo(a). Yo...
2. Tú y un amigo quieren ir a la playa, pero hace frío. Nosotros...
3. La profesora dice, "Hay un elefante en la escuela". Los estudiantes...
4. Una amiga quiere salir, pero está enferma. Ella...
5. Está lloviendo y no hay televisor. Tú...
6. Pedro y Marcos no quieren bailar con Julia y María. Julia y María...
7. Marta va a México mañana. Marta...
8. El Presidente llama por teléfono. Estás...

Vamos a hablar

Work with a partner or partners and create short dialogues based on the following situations. Whenever appropriate, switch roles and practice both parts of your dialogue.

Situaciones

A. No vamos. A friend wants to buy a tape recorder and asks if you want to go shopping. You want to buy a watch but do not want to go today because you feel ill. Your friend expresses regret and asks what you have. You have a headache. You also mention that the weather is bad and suggest going tomorrow because the weather will be nice.

B. La enfermedad. Your friend is disappointed and depressed. You say you are sorry and ask why. Your friend tells you he or she has a cough and sore throat, and has to sing in a concert tomorrow. You say he or she has the flu and also a fever. Your friend does not like feeling sick and has to practice tonight. You tell your friend he or she must rest.

VOCABULARIO

NOUNS
el álgebra algebra
el baile dance
el bote boat
la cámara camara
el día day
el éxito hit, success
el gato cat
la grabadora tape recorder
el hospital hospital
la idea idea
las matemáticas mathematics
la máquina de escribir typewriter
la moto motorcycle
la música rock rock music
la noticia news item
las noticias (the) news
el perro dog
la persona person
el radio radio (set)
el reloj watch, clock
la semana week
la tarjeta card
el tocadiscos record player
la visita visit

ADJECTIVES DESCRIBING FEELINGS
aburrido bored
cansado tired
celoso jealous
contento happy
deprimido depressed
desilusionado disappointed
emocionado excited
encantado delighted
enfermo sick
enojado angry
nervioso nervous
preocupado worried

OTHER ADJECTIVES
sorprendido surprised
exagerado theatrical, exaggerated
raro(a) strange
serio serious

VERBS AND VERB PHRASES
comprar to buy
estar to be
ir de vacaciones to go on vacation
regresar to return

ADVERBS
después afterward
todavía still

EXPRESSIONS OF FEELING
¡Buena suerte! Good luck!
¡Cuánto lo siento! I'm so sorry!
¡Cuánto me alegro! I'm so glad!
¿De veras? Really?
¡Fantástico! Great!
¡No me digas! Don't tell me!
¡No puede ser! It can't be!
¡Qué bueno! Good!
¡Qué importa! Who cares!
¡Qué lástima! What a shame!
¡Qué pena! What a shame!
¡Qué pesado! How boring! What a nuisance!
¡Qué tontería! How stupid! How ridiculous!

WEATHER EXPRESSSIONS
Está lloviendo. It's raining.
Está nevando. It's snowing.
Está nublado. It's cloudy.
Hace buen tiempo. It's good weather.
Hace calor. It's hot.
Hace fresco. It's cool.
Hace frío. It's cold.
Hace mal tiempo. It's bad weather.
Hace sol. It's sunny.
Hace viento. It's windy.
¿Qué tiempo hace? How is the weather?

TENER EXPRESSIONS
tener... to have ...
  catarro a cold
  dolor de cabeza a headache
  dolor de espalda a backache
  dolor de estómago a stomachache
  dolor de garganta a sore throat
  dolor de muelas a toothache
  fiebre a fever
  gripe the flu
  tos a cough
tener ganas de to feel like
tener que to have to

OTHER WORDS AND EXPRESSIONS
algo something
¿Dónde está? Where is he / she / it?
otra vez again
¿Qué es eso? What is that?
¿Qué es esto? What is this?
si if
todos everyone
un poco a little (bit)

NOTE: For the indefinite articles, see Exploración 1.

GACETA

Nº 1

Al quiosco

As you read these articles and advertisements from Spanish magazines and newspapers, you will be surprised at your ability to get the information you need without knowing the meaning of every word. The reading strategies you practice in this chapter will help you become a more efficient reader and will make reading more enjoyable.

Use What You Already Know

Your knowledge of the world can be helpful when you read in Spanish. Suppose you read an article about rugby. While you may not know the rules of the game, you probably do know something about ball games in general. As you read, you see images of fields, players, referees, and so on. You automatically connect your knowledge of ball games to the article on rugby and are then able to make intelligent guesses.

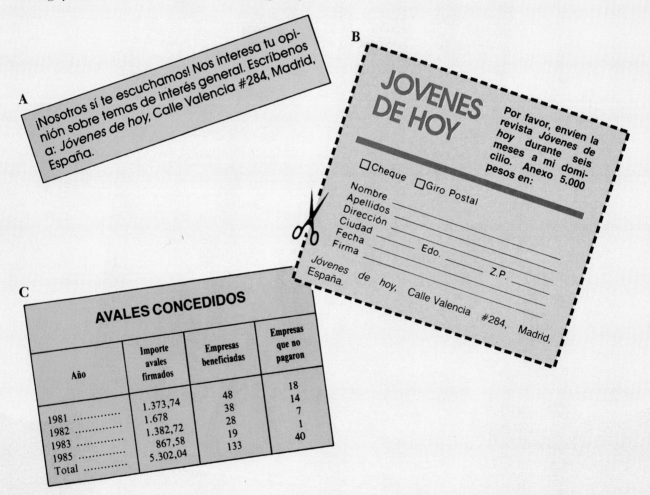

A

¡Nosotros sí te escuchamos! Nos interesa tu opinión sobre temas de interés general. Escríbenos a: Jóvenes de hoy, Calle Valencia #284, Madrid, España.

B

JÓVENES DE HOY

Por favor, envíen la revista Jóvenes de hoy durante seis meses a mi domicilio. Anexo 5.000 pesos en:

☐ Cheque ☐ Giro Postal

Nombre _____
Apellidos _____
Dirección _____
Ciudad _____
Fecha _____
Firma _____ Edo. _____
Z.P. _____

Jóvenes de hoy, Calle Valencia #284, Madrid, España.

C

AVALES CONCEDIDOS

Año	Importe avales firmados	Empresas beneficiadas	Empresas que no pagaron
		48	18
1981	1.373,74	38	14
1982	1.678	28	7
1983	1.382,72	19	1
1985	867,58	133	40
Total	5.302,04		

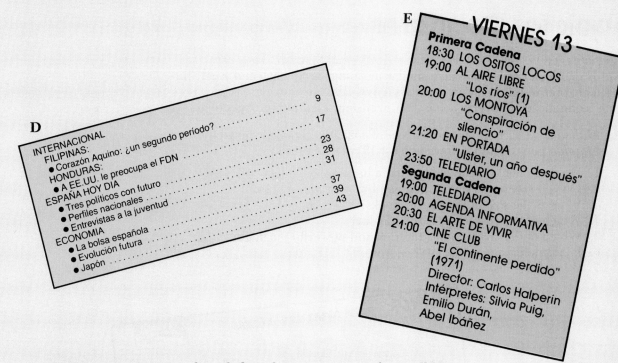

D

E

— VIERNES 13 —

Primera Cadena
18:30 LOS OSITOS LOCOS
19:00 AL AIRE LIBRE
       "Los ríos" (1)
20:00 LOS MONTOYA
       "Conspiración de
       silencio"
21:20 EN PORTADA
       "Ulster, un año después"
23:50 TELEDIARIO

Segunda Cadena
19:00 TELEDIARIO
20:00 AGENDA INFORMATIVA
20:30 EL ARTE DE VIVIR
21:00 CINE CLUB
       "El continente perdido"
       (1971)
       Director: Carlos Halperín
       Intérpretes: Silvia Puig,
       Emilio Durán,
       Abel Ibáñez

A. Magazines. Use your knowledge of magazines to make intelligent guesses. Look at the preceding magazine clippings. For each description that follows, write the letter of the clipping it describes on a sheet of paper.

1. a television guide
2. a call for letters to the editor
3. a table of contents
4. an order form for a magazine subscription
5. a table of statistics

B. The reading public. Look at the table of contents again. To whom do you think this magazine would appeal most? Write your answer on a sheet of paper.

1. sports fans
2. people who want to keep up with the latest fashions
3. people who are interested in the entertainment world
4. people who want to be informed on politics

C. Counterparts. Which of the following U.S. magazines most resembles the magazine each clipping was taken from? Write your answer on a sheet of paper.

1. *T. V. Guide*
2. *Seventeen*
3. *U.S. News and World Report*

Look for Cognates

Cognates can be your best friends when you read Spanish. They are words that look similar and have similar meanings in Spanish and English. Each chapter in this book uses many such words: **introducción, exploración, comunicación, preparación, comprensión, ejemplo, perspectivas**.

A. *Mafalda.*   Learn to take advantage of cognates. Look at the ad for *Mafalda* books, and jot down at least 15 related words.

1. Do these books come in sets that a person can collect?
2. Do you receive a bonus when you buy a *Mafalda* book?
3. What is the size of the pocket books?
4. Which of the characters is the idealist?
5. Which of the characters is the rich and powerful magnate?
6. Is Miguelito egocentric (self-centered)?
7. What does Susanita always worry about?

B. Melodrama. Read this conversation between a father and his son, and make a list of cognates they use. Then write the number of the best English version of the conversation on a sheet of paper.

> No soporto que mi hija se meta con ese imbécil y presuntuoso.

> Sibila tiene tu mismo carácter, papá. Es obstinada, violenta, posesiva. Sabes mejor que yo que no renunciará a Luciano.

1. FATHER   I will not allow my daughter to go out with this criminal!
   SON   Sibila has her mother's personality. She's sweet and caring, and she'll do what you want her to do.
2. FATHER   My daughter will marry this pretentious imbecile willingly, or I'll force her to!
   SON   Your daughter isn't going to listen to you if you act violent and obstinate.
3. FATHER   I will not allow my daughter to go out with this pretentious imbecile!
   SON   Sibila has your personality, Father. She's obstinate, violent, possessive. You know better than I that she won't give up Luciano.

Scan for Specific Details

One way to read more effectively is to decide beforehand what you are looking for, such as a specific date, a location, or an event. Then scan the text just for the information you need. To keep your place while scanning, you can glide your forefinger over the page in an S motion from the left margin to the right.

Try this method with a story that appeared in the Spanish magazine *¡Hola!* Scan the following passage for specific details before you answer the questions in the next three activities.

> **¡UNA MEDIA LUNA PARA TODO EL AÑO!**
> Los que cocinaron esta inmensa media luna establecieron un récord mundial. La media luna se hizo en 38 horas, mide 4,28 metros y pesa 96,60 kilos. Los reposteros usaron 20 kilos de mantequilla, 30 litros de agua y 60 kilos de harina para la fabricación de tan enorme golosina. ¡Buen provecho, damas y caballeros!

A. The facts. What does this story tell the reader?

1. It tells about the award for the world's largest **media luna** (*crescent roll*) and the difficulties its creators are having in transporting it to its buyer.
2. It tells about a **media luna** festival that will last 38 hours.
3. It gives the weight and measurements of a **media luna** that sets a world record.
4. It explains that the creators of the **media luna** weigh 96.60 kilos, 20 kilos, and 60 kilos, respectively.

B. Missing facts. What is <u>not</u> reported about the **media luna** in the story? Write the numbers of the missing facts on paper.

1. the size and weight
2. the taste and cost
3. the amount of each ingredient
4. the reason for creating it

Combine Reading Strategies

Use all the reading strategies you have practiced as you read these mini-biographies called **Retratos biográficos**. You will be surprised at how much they can help you in answering the questions.

> Use what you already know.
>
> Look for cognates.
>
> Scan for specific details.

MI NOMBRE ES ROSITA OR-
TEGA Y NACI EL **11** DE
JULIO **1975**. MIS INTERESES
SON LOS ANIMALES EXOTI-
COS (QUIERO SER VETE-
RINARIA), LA MUSICA
CLASICA, Y ANDAR EN BI-
CICLETA. SOY VEGETARIANA
Y DESEO TENER AMIGAS O
AMIGOS COMO YO.
ROSITA PEREZ
MONTE ROJO **33**
LEON, NICARAGUA

A. True or false?   On a piece of paper, write only the numbers of phrases that correctly complete the following sentence.

Daniel Torres' personal ad tells us that he

1. is 19 years old.
2. lives in Bogotá.
3. studies international policies.
4. is handsome.
5. is looking for someone to do gymnastics with.
6. finds his studies very interesting.
7. likes music and girls.

B. Rosita.   On a piece of paper, fill in the blanks using information from Rosita Ortega's profile.

1. She is ===== years old.
2. She was born in the month of ===== .
3. She is interested in ===== .
4. She wants to study to be a ===== .
5. She follows a ===== diet.
6. She lives in ===== .

¡HOLA! TENGO **19** AÑOS Y
DESEO TENER AMIGOS(AS)
INTERNACIONALES. ME
ABURREN LOS ESTUDIOS
PERO ME INTERESAN LA MU-
SICA DE LOS AÑOS **70** Y
LAS CHICAS. SOY MUY
GUAPO Y DIVERTIDO.
DANIEL TORRES
CARRERA **13, 1810**-B
BOGOTA, COLOMBIA

C. A perfect match.   Several people are looking for pen pals. Read what kind of person each is seeking. Then, based on Daniel and Rosita's personality profiles, decide which one would fit each requirement. On paper, write **Daniel, Rosita,** or **Neither** next to each number.

1. My pen pal should speak French.
2. I am seeking someone between 18 and 20 years old.
3. I want to correspond with someone from Colombia.
4. I would like to hear from someone who likes science fiction.
5. My ideal pen pal would feel protective toward animals.
6. An amusing and handsome pen pal would be great!
7. My pen pal should be interested in girls.
8. I am looking for someone who likes classical music.

4

Having and Sharing

In this chapter, you will talk about your family members and birthday celebrations. You will also learn about the following functions and structures.

Functions	Structures
• telling to whom something belongs	**de** phrases
• talking about your relatives	possessive adjectives
• discussing things you do	**-ar** verbs
• giving addresses and asking about prices	cardinal numbers above 100 and ordinal numbers

1 NTRODUCCIÓN

EN CONTEXTO

La fiesta de Ana María

Miguel and David have been invited to a party to celebrate the fifteenth birthday of their friend Ana María.

MIGUEL	¿Cuándo es el <u>cumpleaños</u> de Ana María? ¿Mañana?	birthday
DAVID	No, <u>pasado mañana</u>. ¿Vas a la fiesta?	day after tomorrow
MIGUEL	<u>Pues</u> sí, pero no tengo <u>regalo</u> todavía.	well / gift
DAVID	¿Por qué no compras un <u>osito de peluche</u> <u>grande</u>?	teddy bear / big
MIGUEL	¡Qué tontería! ¡Ana María va a tener quince años!	
DAVID	Bueno, ¿y algo más <u>pequeño</u> entonces? ¿Un perfume?	small
MIGUEL	No, los perfumes son muy <u>caros</u>.	expensive
DAVID	<u>A ver</u>, ¿<u>qué te parece</u> un disco? Son más <u>baratos</u>.	let's see / what do you think about / cheap
MIGUEL	Perfecto, porque <u>ya</u> tengo un álbum nuevo en casa. Soy un <u>genio</u>, ¿verdad?	already genius
DAVID	¡Genio, nada! ¡<u>Para mí</u>, eres <u>tacaño</u>!	as far as I'm concerned / stingy

Comprensión

Complete these sentences based on **La fiesta de Ana María**.

1. El cumpleaños de Ana María es ══════.
2. Miguel no tiene ══════.
3. Miguel no quiere comprar un osito de peluche porque ══════.
4. No quiere comprar perfume porque ══════.
5. No va a comprar un disco porque ══════.
6. Para David, Miguel ══════.

ASÍ SE DICE

A. Un regalo.   For her birthday, Victoria has her heart set on clothes or jewelry. Listen to gift suggestions others make to her. Raise your hand for those she likes. Keep it down for those she does not like.

MODELO   ¿Qué te parece una billetera?
You keep your hand down.

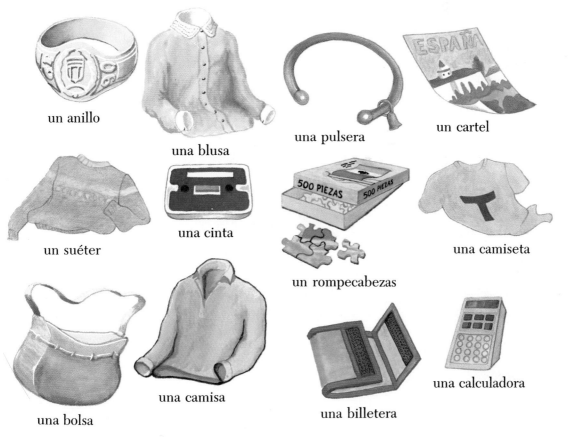

un anillo

una blusa

una pulsera

un cartel

un suéter

una cinta

un rompecabezas

una camiseta

una bolsa

una camisa

una billetera

una calculadora

COMUNICACIÓN

A. ¿Qué quieres?   Ask other students if they want these items for their birthday.

EJEMPLO   **¿Quieres una bicicleta?**
Sí, quiero una bicicleta.
No, pero quiero una moto.

B. San Nicolás.   This holiday season you decide to make a wish list like this one so there will be no mistake about what you want! List each item under an appropriate heading, and include the article **un** or **una**.

EJEMPLO

Ya tengo	Quiero	No quiero
un piano		

1. blusa
2. tocadiscos
3. billetera
4. reloj
5. osito de peluche
6. guitarra
7. teléfono
8. carro
9. bolsa
10. anillo
11. computadora
12. calculadora
13. rompecabezas
14. pulsera
15. perfume

Function: *Indicating possession*
Structure: *Phrases with de*

PRESENTACIÓN

A. To indicate to whom something belongs, the preposition **de** is used, followed by a noun that names the owner. When **de** is used this way, it has the same literal meaning as the English word *of*. Phrases with **de** also serve as the equivalent of the English possessives *'s* and *s'*.

La cámara **de Diana** es cara.   *Diana's camera is expensive.*
Me gusta la casa **de la señora García**.* *I like Mrs. García's house.*

B. When the preposition **de** is followed by the definite article **el**, the contraction **del** is formed.

Es el perro **del** chico.   *It is the boy's dog.*

C. To ask to whom something belongs, use the phrase **¿De quién?** (*Whose?*). Use **¿De quiénes?** if you think the object may belong to more than one person.

¿De quién son las pulseras?   Son de Ana María.
¿De quiénes son las fotos?   Son de David y Miguel.

D. A **de** phrase may also function as an adjective.

la clase de música   *the music class*
un partido de fútbol   *a soccer match*

*To refer to others in the third person, use the definite article before titles such as **señor**, **señora**, **señorita**, **profesor**, and **doctor**: **Voy a hablar con la doctora Murillo**.

E. Here are some additional items you may own:

la mochila

los anteojos

el cuaderno

las revistas

las historietas

el diccionario

las llaves

EL CUMPLEAÑOS DE MARCOS ES MAÑANA. VA A CUMPLIR TRES AÑOS... TENGO UN REGALO... UNA CALCULADORA

¿UNA CALCULADORA? PERO MARCOS VA A TENER TRES AÑOS, ¿VERDAD?

SÍ.

PREPARACIÓN

A. ¿De quiénes son? Luis gets to be a stagehand in the production of a Mexican **telenovela**. Before shooting the first scene, he has to give the actors their props. To whom does the director tell him each prop belongs?

> MODELO gato / el chico los libros / la doctora
> **Es el gato del chico.** **Son los libros de la doctora.**

1. la revista / la mamá
2. los anteojos / el papá
3. los papeles / los doctores
4. la historieta / el paciente
5. las llaves / el novio
6. el perfume / la novia

B. En la escuela. Berta and Simón are straightening up a storage room at school. How does Simón answer Berta's questions?

> MODELO Berta: ¿De quién son los lápices?
> Simón: **Son del señor Velasco.**

C. El club de español. At a Spanish Club party, new members are told to bring along an item that characterizes them in some way. After old and new members get acquainted, old members try to guess the owner of each item. Match the old members' comments with the new members' belongings.

> MODELO A ver, Daniel es muy estudioso. (diccionario)
> **El diccionario es de Daniel, ¿no?**

1. A ver, Ernesto tiene un carro nuevo.
2. A ver, Diego siempre tiene catarro.
3. A ver, a Mónica le gusta mucho bailar.
4. A ver, Eva es estudiante de matemáticas.
5. A ver, Alejo es de Guadalajara.
6. A ver, Rosa es fanática de los animales.

a. pesos mexicanos
b. osito de peluche
c. calculadora
d. llaves
e. discos
f. medicina

D. ¡Qué rutina! Miguel and some friends are tired of the same old routine. What are some of the things they say?

> MODELO partido / béisbol
> **¿Otro partido de béisbol? ¡Qué aburrido!**

1. partido / baloncesto
2. película / terror
3. concierto / rock
4. examen / español
5. clase / gimnasia
6. fiesta / cumpleaños

COMUNICACIÓN

A. ¿De quién es? Think of an item that belongs to someone in your class, and name the item when it is your turn. Your classmates will try to match the item to the right person.

> EJEMPLO Tú: **Una pulsera. ¿De quién es?**
> Otro(a) estudiante: **¿Es la pulsera de Ana?**

Sugerencias: reloj, cuaderno, anteojos, suéter, lápiz, anillo, libros, bolígrafo, mochila, camisa, ¿...?

B. Posesiones. Look around the class, then write five sentences describing your classmates' belongings.

EJEMPLO

Los lápices de Fernando son pequeños.

Artículos: suéter, anillo, pulsera, calculadora, camisa, cuadernos, anteojos, reloj, bolígrafo, mochila, ¿...?

Adjetivos: bonito, bueno, caro, excelente, grande, formidable, interesante, viejo, pequeño, nuevo, ¿...?

C. De memoria. Follow these steps and test your memory.

Step 1. As you and five other students each place a belonging in a bag or box, try to memorize the owner's name by making a statement about whose each item is.

EJEMPLO Edmundo places a Spanish book in the bag.
Class says: **El libro de español es de Edmundo.**

Step 2. Take turns removing the items and asking a classmate whose they are.

EJEMPLO Tú: **Marta, ¿de quién es el bolígrafo?**
Marta: **El bolígrafo es de Inés, ¿no?**

RINCÓN CULTURAL

Many people in Spanish-speaking countries celebrate not only their birthday but also **el día de su santo**, the feast day of the saint after whom they were named. There is a saint's day for each day of the year. If you were named for the saint sharing your birthday, you would have a doubly important celebration. If you were named for a saint honored on a different day, you would celebrate your saint's day in addition to your birthday. Look at the calendar on p. 291. On what day might you celebrate your **santo**?

EXPLORACIÓN 2

PRESENTACIÓN

Function: *Talking about members of the family*
Structure: *Possessive adjectives*

A. You have already learned one way to indicate possession. **El reloj de Ana María**, for example, means *Ana María's watch*.

Another way to show possession is to use possessive adjectives (*my, your, his, her*, etc.). Like other adjectives, possessive adjectives agree in number with the noun they modify. Notice that **nuestro** (and **vuestro**) also agree in gender.

my	mi, mis	nuestro, nuestros nuestra, nuestras	*our*
your (familiar)	tu, tus	vuestro, vuestros vuestra, vuestras	*your*
your (polite), *his, her, its*	su, sus	su, sus	*your, their*

¿Quiere usted **mi** tarea?	*Do you want **my** homework?*
Tengo **tus** cintas viejas.	*I have **your** old tapes.*
¿No tienen **nuestras** llaves?	*Don't they have **our** keys?*
Sus perfumes son caros.	***Their** perfumes are expensive.*
¿Dónde está **su** carro, Señora Robles?	*Where is **your** car, Mrs. Robles?*

B. Note that **su** and **sus** can mean *his, her, its, their*, and *your*, depending on whom you are talking about. In a conversation, it is usually easy to tell the meaning. A **de** phrase may be used for greater clarity when needed.

El bote **de Juan y Pablo** es nuevo.	**Su** bote es nuevo. (***their** boat*)
¿Dónde está la casa **de ustedes**?	¿Dónde está **su** casa? (***your** house*)

C. Words like *my*, *your*, *his*, and *her* are often used when people talk about their family members. Here are some of David Valdés's family photos.

La familia de David Valdés

mis abuelos

mi abuelo
mi abuela

mis padres

mi madre (mamá)
mi padre (papá)

mis hermanos y yo

yo
mi hermana
mi hermano

mis tíos y sus hijos

mi tía   mi primo
mi tío   mi prima

PREPARACIÓN

A. Mi familia. David shows Ana María his family photos. Tell what he says about his relatives and what Ana María asks, as you complete the sentences with **mi**(s) or **tu**(s).

> MODELO   ¿Ceci es ═══ prima?
> **¿Ceci es tu prima?**

DAVID	Es ___1___ papá.
ANA MARÍA	¿Ah sí? ¿Y ella es ___2___ mamá, no?
DAVID	Correcto.
ANA MARÍA	¿Son ___3___ abuelos?
DAVID	Sí, y Memito y Ceci son ___4___ primos.
ANA MARÍA	¿Entonces Laura y Enrique son ___5___ tíos?
DAVID	Sí, y Victoria y Rafael son ___6___ hermanos.

B. Familiares. Federico, a guest at Ana María's party, does not know her family. How do Ana María and her sister Lourdes answer his questions?

> MODELO   ¿Quién es la señora con el regalo? (abuela)
> **Es nuestra abuela.**

1. ¿Quién es el señor alto? (padre)
2. ¿Quiénes son las dos chicas en el jardín? (primas)
3. ¿Quiénes son los señores en el patio? (tíos)
4. ¿Quién es el chico con la guitarra? (hermano)
5. ¿Quién es el señor que tiene la cámara? (abuelo)

C. ¿De quién?   Some friends want to know who Ana María's birthday gifts are from. What does Ana María's father tell them?

MODELO   la cámara (tío)
La cámara es un regalo de su tío.

1. el cartel (hermanas)
2. el tocadiscos (mamá)
3. las cintas (hermano)
4. la billetera (amigos Adán y Juan)
5. la camiseta (tía)
6. el televisor (abuelos)

D. ¿Cómo son tus familiares?   David asks Lourdes out to eat, and the topic of his family comes up. Listen to what he says, and complete the sentences according to what you hear.

1. Mi ═══ tiene ochenta años y mi ═══ tiene treinta y nueve.
2. Mi ═══ Laura y mi papá son ═══ .
3. Mis ═══ Memito y Ceci son ═══ todavía.
4. Mis ═══ tienen otro ═══ que se llama Bernardo.
5. Y en tu ═══, Lourdes, ¿═══ personas hay?

E. ¿Cierto o falso?   Just for fun, David tries to stump his eight-year-old cousin Ceci with these questions. Respond **sí** or **no** to David's questions as Ceci should.

1. Tu mamá es mi tía, ¿no?
2. La hija de mi padre es mi prima, ¿verdad?
3. El padre de tu hermano es tu padre también, ¿verdad?
4. Tu hermano es primo de mi hermana, ¿verdad?
5. Mi hermana es hija de nuestros abuelos, ¿no?
6. Tú eres tía de mis padres, ¿no?

F. Unos regalos.   As Evita watches her mother wrap some gifts for her grandparents and her aunt's family, she asks whom each one is for. Look at the picture and listen to her questions. How will her mother answer? There is one gift for each person in the picture.

> MODELO   ¿Para quién es la blusa?
> **Es para tu tía Marina.**

COMUNICACIÓN

A. Preguntas. Ask your teacher some questions, using words from the following lists.

> EJEMPLO simpático / amigos
> **¿Son simpáticos sus amigos?**

grande	estudiantes
joven	exámenes
aburrido	fiestas
inteligente	amigos
elegante	padres
rápido	carro
fácil	casa
paciente	disco
emocionante	partidos de fútbol
bueno	clases
viejo	vacaciones
nervioso	hijos
agradable	tarea
¿…?	¿…?

B. ¿Cómo eres? Using words from both columns, create questions for a classmate. Make a written list as you go of what you have in common, using a form of **nuestro** in each sentence.

> EJEMPLO You think your brothers are a nuisance.
> Tú: **¿Son pesados tus hermanos?**
> Él (ella): **Sí, son muy pesados.**

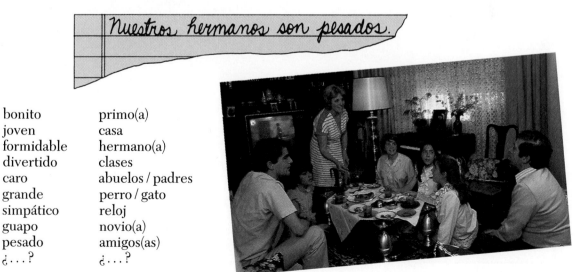

Nuestros hermanos son pesados.

bonito	primo(a)
joven	casa
formidable	hermano(a)
divertido	clases
caro	abuelos / padres
grande	perro / gato
simpático	reloj
guapo	novio(a)
pesado	amigos(as)
¿…?	¿…?

A girl's fifteenth birthday (**su fiesta de quince años**) is a special occasion in Latin American countries because it is usually at this age that dating begins. Traditionally the 15-year-old (**la quinceañera**) dresses in white and is accompanied by 14 girls dressed in a color she selects for the party. After being escorted to the party, she changes from low-heeled to high-heeled shoes to show that she is a young woman. According to custom, the **quinceañera** dances first with her father and then with the young man she has chosen as her date. The 14 girls then join in, followed by the other guests. Even if the family does not have a large party, the fifteenth birthday is still a special event, for it marks a girl's entry into society as a responsible young woman.

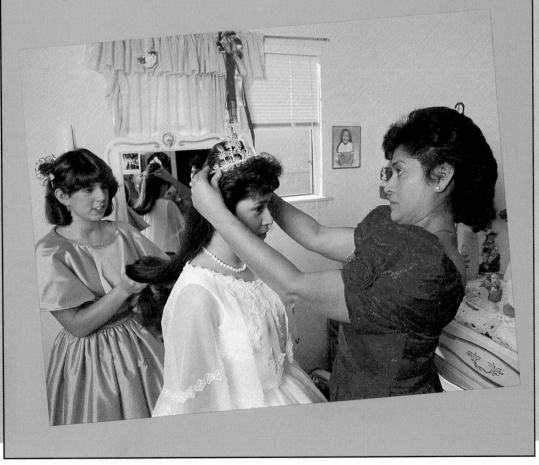

EXPLORACIÓN 3

Function: *Talking about things we do*
Structure: *Using -ar verbs*

PRESENTACIÓN

Verbs make it possible to talk about things we do. Spanish verbs fall into one of three groups.

A. One group of verbs has infinitives ending in **-ar** (**cantar, hablar, comprar**). Different endings are added to the stem of the verb to show who is doing the action. The stem is found by dropping the -ar from the infinitive (**hablar → habl-, cantar → cant-, comprar → compr-**).

bailar

bailo	bailamos
bailas	bailáis
baila	bailan

B. Here are some expressions containing **-ar** verbs.

sacar buenas notas	*to get good grades*
tomar una clase	*to take a class*
gastar dinero	*to spend money*
visitar otros países	*to visit other countries*
regresar a (la) casa	*to return home*

C. Here are some words that express how often you do things.

¿Con qué frecuencia...? *How often...?*

todos los días	*every day*	pocas veces	*rarely*
(sólo) a veces	*(only) sometimes*	(casi) siempre	*(almost) always*
muchas veces	*often*	(casi) nunca	*(almost) never*

PREPARACIÓN

A. La nueva profesora. Some students at Roberto Clemente High School in New York are curious about their new Spanish teacher. What are some of the questions they ask her?

> MODELO   tocar discos de rock a veces
> **¿Toca usted discos de rock a veces?**

1. hablar español en casa muchas veces
2. escuchar música de jazz a veces
3. mirar las estrellas sólo a veces
4. viajar a México muchas veces
5. gastar mucho dinero pocas veces
6. trabajar en casa los fines de semana

B. Más responsable. When an old friend comes back to visit, he finds that happy-go-lucky Miguel is now quite responsible. How does Miguel answer his friend's questions?

> MODELO   ¿Todavía hablas mucho por teléfono?
> **No, casi nunca hablo por teléfono.**

1. ¿Todavía regresas tarde a la casa?
2. ¿Todavía sacas malas notas?
3. ¿Todavía tomas clases fáciles?
4. ¿Todavía hablas con tu novia durante las clases?
5. ¿Todavía gastas mucho dinero?
6. ¿Todavía escuchas música rock cuando estudias?

C. ¿Qué pasa? Inquisitive Ceci asks what everyone is doing. Listen to her questions, and, on a sheet of paper, write what she asks and the letter of the picture that matches her question.

MODELO:

a.

¿Qué cantas? (a)

b.

c.

d.

e.

f.

g.

D. Rutina. Carlota's parents work full time and share household duties. This leaves little time for fun and relaxation. Which of these activities do they say they do almost every day, and which only sometimes?

MODELO   **Arreglamos los cuartos casi todos los días.**
          Tomamos unas vacaciones sólo a veces.

1. arreglar la casa
2. mirar las estrellas
3. hablar con nuestros amigos
4. trabajar
5. bailar
6. cocinar
7. lavar los platos
8. viajar

E. Ser optimista. Whenever Mrs. Valdés gets upset with her children, she tries to look on the bright side and consider their positive qualities. What does she say?

hablar   trabajar   arreglar   regresar   practicar   sacar

1. Rafael y David ===== su cuarto los fines de semana.
2. Victoria no ===== mucho por teléfono.
3. Rafael casi siempre ===== muy buenas notas.
4. David y Victoria ===== para ganar dinero.
5. Rafael ===== el piano todos los días.
6. Mis hijos casi nunca ===== tarde a la casa.

F. Siempre lo mismo. Marcos and his friends are discussing things they and their families almost always do. Write what they say.

MODELO   Ana María y yo / cantar en la iglesia
           Ana María y yo casi siempre cantamos en la iglesia.

1. tu familia / viajar a otros países en las vacaciones
2. Lourdes y su hermana / bailar en las fiestas
3. yo / sacar buenas notas
4. mi papá y yo / cocinar los fines de semana
5. David / hablar inglés en casa
6. tú / escuchar música clásica

COMUNICACIÓN

A. Preguntas personales. Ask various classmates about some things they do. Try to find at least one class member who does each activity.

> EJEMPLO **Teresa, ¿lavas los platos casi todos los días?**
> **Sí, lavo los platos casi todos los días.**

1. ¿Lavas los platos casi todos los días?
2. ¿Tocas bien el piano?
3. ¿Hablas casi todos los días por teléfono?
4. ¿Cocinas muchas veces para tu familia?
5. ¿Trabajas en un restaurante?
6. ¿Visitas otros países a veces?
7. ¿Escuchas música rock?
8. ¿Cantas en la iglesia?

B. ¿Con qué frecuencia? Ask your teacher or classmates how often they do the following activities.

> EJEMPLO **Raúl, ¿con qué frecuencia bailas?**
> **Nunca bailo.**

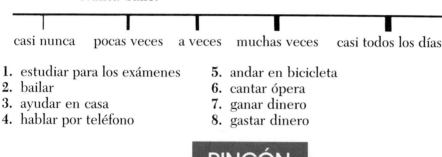

casi nunca   pocas veces   a veces   muchas veces   casi todos los días

1. estudiar para los exámenes
2. bailar
3. ayudar en casa
4. hablar por teléfono
5. andar en bicicleta
6. cantar ópera
7. ganar dinero
8. gastar dinero

RINCÓN CULTURAL

Do you consider yourself a good friend to others? Are you **generoso(a)** with your friends, or are you **tacaño(a)**? Friendship and generosity go hand in hand in Latin America. As an expression of your regard, would you give a good friend a T-shirt she or he liked? How about a favorite sweater or even a ring your friend admired? This sort of gift is not an unusual display of generosity in Latin America, where it is common to offer a personal item to a friend who admires it.

EXPLORACIÓN 4

Function: *Using numbers*
Structure: *Numbers above 100; the ordinals*

PRESENTACIÓN

A. Here are the numbers from 100 to 1,000,000.

100	cien, ciento	700	setecientos, as
200	doscientos, as	800	ochocientos, as
300	trescientos, as	900	novecientos, as
400	cuatrocientos, as	1,000	mil
500	quinientos, as	2,500	dos mil quinientos, as
600	seiscientos, as	1,000,000	un millón (de)

1. **Cien** is used directly before any noun and before the numbers **mil** and **millones. Cien** becomes **ciento** when followed by any other number.

100	cien estudiantes	103	ciento tres
100,000	cien mil	135	ciento treinta y cinco
100,000,000	cien millones	150,000	ciento cincuenta mil

2. Numbers between 200 and 999 agree in gender with the nouns they modify.

398	trescien**tos** noventa y ocho pe**sos**
564	quinien**tas** sesenta y cuatro pese**tas**

3. **Uno** becomes **un** before a masculine singular noun; **una** is used before feminine nouns. Notice the written accent on **veintiún.**

121	ciento veintiún dólares (*masc.*)
571	quinientas setenta y **una** pesetas (*fem.*)

B. To talk about the order in which things or events are placed (first, second, third, etc.), ordinal numbers are used.

1°, 1ᵃ	primero, primera	6°, 6ᵃ	sexto, sexta
2°, 2ᵃ	segundo, segunda	7°, 7ᵃ	séptimo, séptima
3°, 3ᵃ	tercero, tercera	8°, 8ᵃ	octavo, octava
4°, 4ᵃ	cuarto, cuarta	9°, 9ᵃ	noveno, novena
5°, 5ᵃ	quinto, quinta	10°, 10ᵃ	décimo, décima

Es la cuarta clase del día.
Tenemos que estudiar el segundo capítulo.

1. Before a masculine singular noun, **primero** and **tercero** become **primer** (1ᵉʳ) and **tercer** (3ᵉʳ).

   Es su primer álbum en español.
   Mañana tenemos un examen sobre el tercer capítulo.

2. In spoken Spanish, ordinal numbers are seldom used after 10. Cardinal numbers are used instead.

   la Avenida Once   *Eleventh Avenue*
   en el piso doce   *on the twelfth floor*

3. Here are some vocabulary items often used with numbers:

el piso *floor*	la dirección *address*
la avenida *avenue*	el apartamento *apartment*
la calle *street*	la vez *time, instance*
último *last*	¿Cuánto cuesta? *How much does it cost?*

C. Street addresses usually begin with a word such as **calle** or **avenida** and are followed with the proper name of the street and the house or building number.

Su dirección es calle Carlos Soto 208.   *Her address is 208 Carlos Soto Street.*

PREPARACIÓN

A. ¿En qué cuarto? Members of a senior citizen group are touring Seville, Spain. What do they say as they tell what rooms various members are in?

> MODELO el señor García / 240
> **El señor García está en el doscientos cuarenta.**

1. la señorita Durán / 415
2. los señores Campos / 923
3. el señor Martí / 162
4. la señora Abella / 788
5. los señores Ramos / 551
6. la señorita Calderón / 275
7. el señor Torres / 344
8. los señores Beltrán / 604

B. En España. Javier's uncle Alberto learns a successful bargaining technique when in Spain on vacation. In response to each vendor's (**el vendedor**) price, what does he say?

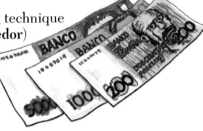

> MODELO El vendedor: **Cuesta <u>doscientas pesetas</u>, señor.**
> El tío Alberto: **¿Tan caro? ¿Y qué tal <u>cien</u>?**
> El vendedor: **Está bien, pues.**

Los vendedores	Alberto
1. seiscientas cuarenta y tres pesetas	543
2. ochocientas ochenta y nueve pesetas	789
3. quinientas noventa y cinco pesetas	495
4. mil pesetas	900
5. ¿...?	¿...?

C. Ofertas. Some Hispanic friends in Los Angeles are reading sales ads. How much do they say the items below cost?

> MODELO Mira, un tocadiscos. Cuesta $689.
> You match **1** to **f** and write **1f**.

1. tocadiscos
2. televisor
3. anillo
4. guitarra
5. moto
6. computadora

a. $2,225
b. $986
c. $296
d. $999
e. $205
f. $689

D. La independencia. Students are learning the year that the following countries celebrate as their year of independence. What do they say?

> MODELO Ecuador / 1830
> **Ecuador, mil ochocientos treinta**

1. Cuba / 1898
2. México / 1810
3. los Estados Unidos / 1776
4. la República Dominicana / 1844
5. Panamá / 1903
6. Uruguay / 1825

E. **¿En qué año estás?**   In Latin America, each year of secondary school is designated by an ordinal number. How do Carmen and her friends indicate what grade they are in?

>   MODELO   Susana / 2°
>   **Susana está en segundo año.**

1. Yo / 3°
2. Miguel y David / 5°
3. Antonio / 2°
4. Alicia / 1°
5. Manolo y Lourdes / 4°
6. Federico / 1°

F. **Experiencias.**   A young Spanish tour guide enthusiastically tells his tour groups how many times this summer he has been in each city they visit. What does he say?

>   MODELO   4ª / Barcelona
>   **Es la cuarta vez que estoy en Barcelona.**

1. 8ª / Valencia
2. 6ª / Córdoba
3. 7ª / Sevilla
4. 9ª / Madrid
5. 10ª / Salamanca
6. 5ª / Toledo

G. **Mi dirección.**   Members of a soccer club are exchanging addresses. What do they say?

>   MODELO   Dalí 155
>   **Mi dirección es Dalí número ciento cincuenta y cinco.**

1. Simón Bolívar, N° 738
2. Calle 9ª, N° 100
3. Paseo del Prado, N° 475
4. Avenida 7ª, N° 922
5. Trafalgar 116, 3er piso
6. Calle 12, N° 597
7. José Antonio 344, 1er piso
8. Calle 5ª, N° 101

COMUNICACIÓN

A. Direcciones. Ask other students for their address. Jot down what they tell you, and have them verify whether you understood it correctly by answering **correcto** or **incorrecto**.

EJEMPLO **¿Cuál es tu dirección?**
Mi dirección es Calle Brown 4216, Apartamento 204b.

B. Concurso matemático. Conduct a math contest to see who can most quickly solve problems in Spanish.

EJEMPLO **¿Cuántos son mil trescientos y doscientos?**
Son mil quinientos.

C. Precios. On a slip of paper, write the name of one of these items, along with a logical price, and hand your paper in. Your teacher will write the names of six items and their prices in scrambled order on the chalkboard. Take turns guessing the prices of the items.

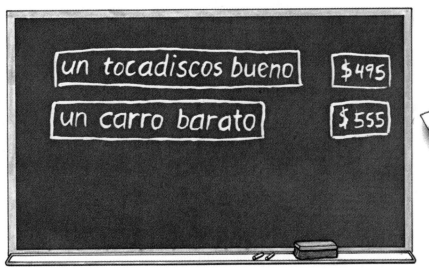 

EJEMPLO Elena: **Juan, ¿cuánto cuesta el tocadiscos?**
Juan: **Cuesta 555 dólares, ¿verdad?**
Prof. López: **¡Correcto!**

1. un tocadiscos bueno
2. un carro barato
3. una moto nueva
4. una bicicleta cara
5. una máquina de escribir eléctrica
6. una computadora personal

LECTURA

El álbum de fotos de Gabriela

¿Quieres ver unas fotos de mis familiares? Aquí estamos todos: mi padre, mi madre, mi hermano José, mi hermana Rosa y yo. Papá es alto pero ahora está un poco gordo porque siempre tiene que llevar a comer a sus clientes. Mamá trabaja en una tienda de ropa. Es joven y muy bonita, ¿verdad?

Aquí están mis hermanos. Rosa María, mi hermana mayor, tiene dieciocho años y va a la universidad. Yo voy a tener dieciséis en mi próximo cumpleaños. José, mi hermano menor, sólo tiene once años.

Y aquí están mis abuelos. Son de Cuba originalmente y son muy simpáticos. Muchas veces pasamos las vacaciones con ellos en Florida. Me gusta estar con ellos porque siempre hablamos español—pues ellos casi no hablan inglés.

Aquí están mis tíos. Mi tía trabaja mucho porque tiene una casa grande y tres niños que cuidar, y además trabaja en un banco.

Mi prima favorita se llama María Cristina. Es profesora de gimnasia y por eso es tan delgada. Algún día me gustaría ser profesora como ella.

Expansión de vocabulario

además in addition	**Me gustaría** I would like
cuidar to take care of	**menor** younger
delgada thin	**el niño** child
el familiar relative	**pasar** to spend (a vacation)
gordo fat	**por eso** that's why
llevar a comer to take out to eat	**próximo** next
mayor older	

Comprensión

Based on **El álbum de fotos,** decide which of Gabriela's relatives are described below.

EJEMPLO   Es profesora de gimnasia.
la prima de Gabriela (su prima)

1. Trabaja en un banco y tiene tres niños.
2. Es estudiante universitaria.
3. Muchas veces tiene que comer en los restaurantes.
4. Es atractiva, joven y trabaja en una tienda.
5. Tiene un hermano menor y una hermana mayor.
6. Tiene once años.
7. No hablan muy bien el inglés.
8. Le gusta estar con sus abuelos.

COMUNICACIÓN

A. Tu cumpleaños.   Ask other students how old they will be on their birthday and what they want for a present.

> EJEMPLO   **Martín, ¿cuántos años vas a tener en tu próximo cumpleaños?**
> **¿Y qué quieres para tu cumpleaños?**

B. Entrevista.   Interview another student, using the first set of questions. Then allow that student to interview you, using the second set of questions. Jot down the answers to your interviews.

Grupo A
1. ¿Cuántos años tienes?
2. ¿Cuántas personas hay en tu familia?
3. ¿Tienes hermanos (primos…)? ¿Cuántos?
4. En tu opinión, ¿son simpáticos o antipáticos?
5. En general, ¿dónde pasa tu familia las vacaciones, en los Estados Unidos o en otro país?

Grupo B
1. ¿Cómo se llama uno de tus familiares?
2. ¿Es delgado(a), un poco gordo(a) o normal?
3. ¿Practicas tu español con él (ella)? ¿Por qué (no)?
4. Cuando él (ella) tiene su cumpleaños, ¿vas a su casa?
5. ¿Cuántos años va a tener él (ella) en su próximo cumpleaños?

C. A escribir.   Write a short composition about what you learned during your interview in Activity B.

> *Alfonso tiene 15 años. Hay cuatro personas en…*

D. ¡Feliz cumpleaños! Imagine you are a guest at Ana Gabriela's sixteenth birthday celebration. Listen to the conversation, and answer these questions, using the pictures to identify the gifts she receives and to tell which she likes best and least. Write the letters of the pictures that answer the questions correctly.

1. ¿Cuáles son los regalos que recibe Ana Gabriela?
2. ¿Qué regalo le gusta más?
3. ¿Qué regalo no le gusta mucho?

a.   b.   c.   g.

d.   e.   f.

⬛ PRONUNCIACIÓN

In Spanish, the /p/ sound is made without the puff of air that occurs with an English /p/ sound. As you say these words, hold the palm of your hand in front of your mouth, trying not to let any air escape.

Pilar   perfume   papel   pronto   pulsera   popular

Something similar occurs with the /k/ sound. In English a puff of air accompanies the sound; in Spanish it does not. As you repeat these words, notice that the /k/ sound is represented in the letter groups **ca, cu, and co** as well as **qu**.

qué   quince   cumpleaños   caro   disco   Paquita

To make a Spanish /t/ sound, place the tip of your tongue against your upper front teeth. Once again, no air should escape. Listen and repeat these words.

tú   tacaño   tarea   también   tengo   osito

Now repeat this paragraph, phrase by phrase.

Carlos Campos Torres, / el papá de Paquita Campos Tejero, / es profesor en Paraguay. / Quiere comprar un carro / para el cumpleaños de Paquita, / pero Paquita es una persona / muy particular. / No quiere otro regalo / que una calculadora pequeña / y un cartel de California.

INTEGRACIÓN

Here is an opportunity to test yourself to see what you can do. If you have trouble with any of these items, study the topic and practice the activities again, or ask your teacher for help.

Vamos a escuchar

A. En la feria.   You accompany a friend to an international fair in Venezuela. Can you understand and write the vendors' prices when your friend asks for the cost of their goods? Write the prices you hear as numerals.

1. cintas
2. billeteras y bolsas
3. carteles
4. anillos
5. calculadoras
6. mochilas

B. Nuestros familiares.   Ana María and her friend Federico are talking about their relatives. Look at these pictures, and listen to some statements about them. Write the letter of the picture that matches the statement you hear.

a.

b.

c.

d.

e.

f.

C. ¡Cuántos problemas!   Life is sometimes full of problems for María and her friends. Read about each predicament first, then listen to two alternative comments they might make. In each case, identify the most logical comment by writing *a* or *b* on paper.

1. Miguel no está contento. Sus padres trabajan y, por eso, muchas veces él tiene que cocinar o lavar los platos. Miguel comenta: ═══ .
2. María está celosa y además enojada. Cuando va a la biblioteca con su novio, él nunca estudia. María comenta: ═══ .
3. La madre de David está preocupada. David no está en casa y ya es muy tarde. Cuando él regresa a casa, su mamá está enojada. La mamá de David comenta: ═══ .
4. Miguel está nervioso. Está en un baile formal y habla con una chica muy simpática. Ella quiere bailar pero él baila muy mal. La chica comenta: ═══ .
5. Memito, el primo de Victoria, está desilusionado. Él quiere ir con ella al cine, pero Victoria no quiere. Victoria comenta: ═══ .

Vamos a leer

A. Los pasatiempos de Lourdes.   Read about Lourdes. Then look at the list that follows the reading and decide which four factors contribute to Lourdes' problems in school.

Lourdes es bastante inteligente pero muchas veces saca malas notas. Uno de sus profesores decide hablar con sus padres sobre las actividades de Lourdes en casa. Aquí tienen su diálogo:

MAMÁ	Todos los días Lourdes anda en bicicleta. Muchas veces regresa tarde a la casa y tiene que descansar. Después, siempre habla por teléfono con sus amigas.
PROFESOR	¿También ayuda mucho en casa?
PAPÁ	Pues, en realidad no. No ayuda mucho en casa porque ya tenemos una sirvienta que arregla la casa.
PROFESOR	¿Ah sí? ¿Y con qué frecuencia estudia su hija?
MAMÁ	Casi todos los días, pero cuando es muy tarde. Aparentemente su clase de música es muy difícil porque casi siempre tiene que escuchar cintas cuando estudia.
PROFESOR	(*sorprendido*) ¿Y qué tipo de música escucha?
PAPÁ	Pues, no sé. Nuestra hija es tan considerada—siempre usa sus audífonos. Normalmente los estudiantes toman música clásica en la escuela, ¿verdad?
PROFESOR	Sí, señor, ¡pero su hija no tiene clases de música!

1. No ayuda mucho en casa.
2. Regresa a la casa cansada después de andar en bicicleta.

3. No es inteligente.
4. Tiene mucha tarea en su clase de música.
5. Escucha música cuando estudia.
6. Habla mucho por teléfono.
7. Habla con su novio durante la clase de música.
8. Muchas veces es tarde cuando estudia.

Vamos a escribir

A. Comentarios. What would you say if you wanted to communicate the following information? Write your sentences on paper.

How do you

1. tell a friend you don't like expensive stores?
   No me gustan las ════ .
2. let a friend know your sister's birthday is the day after tomorrow?
   El cumpleaños ════ es pasado mañana.
3. ask what a friend thinks about your new T-shirt?
   ¿Qué te parece ════ ?
4. ask whose comic books are scattered in your room?
   ¿════ las historietas que están en mi cuarto?
5. find out the cost of the bigger of two purses on display?
   ¿════ la bolsa grande?
6. ask the names of Stephen Spielberg's movies?
   ¿Cómo se llaman ════ ?
7. inform a friend that the limousine belongs to the teacher?
   ¡Oye, la limosina ════ !

B. Una familia activa. Everyone in Miguel's family is very active, except for his younger sister, who supposedly spends a lot of time on the telephone. Read Miguel's description of his family's routine, and complete the sentences with appropriate forms of the verbs listed.

tener	trabajar	tomar
ir	hablar	cocinar
ser	ayudar	descansar

Durante la semana tengo mucho que hacer. __1__ a la escuela, __2__ clases de guitarra y también __3__ mucho en casa. Mis padres son muy activos también porque los dos __4__ mucho. Mi mamá regresa de la oficina muy cansada. Por eso, a veces no tiene ganas de __5__. Y muchas veces mi papá __6__ dolor de cabeza porque siempre __7__ que solucionar problemas difíciles. En conclusión, nosotros __8__ todos muy activos, excepto mi hermana Felicidad, por supuesto. Ella __9__ poco y __10__ mucho por teléfono.

Vamos a hablar

Work with a partner or partners and create short dialogues based on the following situations. Whenever appropriate, switch roles and practice both parts of your dialogue.

Situaciones

A. Un cumpleaños. You and a friend talk about another friend's birthday. You cannot remember if it is tomorrow or the day after tomorrow, and your partner tells you. You suggest things to buy, and your partner says what he or she thinks of your suggestions. You each decide on an item to buy and say good-bye.

B. En la tienda. You enter a shop to buy a gift for a relative. After you state your intent, the clerk makes two or three suggestions. You ask for prices and let the clerk know the amount of money you have, your relative's age, and his or her preferences. You decide on an item, buy it, and say a polite farewell.

VOCABULARIO

NOUNS RELATING TO THE FAMILY
el abuelo grandfather
la abuela grandmother
los abuelos grandparents
la familia family
el familiar relative
el hermano brother
la hermana sister
los hermanos brother(s) and sister(s)
el hijo son
la hija daughter
los hijos children (sons and daughters)
la madre (mamá) mother
el niño, la niña child
el padre (papá) father
los padres parents
el primo, la prima cousin
la tía aunt
el tío uncle
los tíos aunt(s) and uncle(s)

NOUNS RELATING TO BIRTHDAYS AND PRESENTS
el álbum album
el anillo ring
la billetera billfold
la blusa blouse
la bolsa purse
la calculadora calculator
la camisa shirt
la camiseta T-shirt
el cartel poster
la cinta (cassette) tape
el cumpleaños birthday
el osito de peluche teddy bear

el perfume perfume
la pulsera bracelet
el regalo gift
el rompecabezas puzzle
el suéter sweater

OTHER NOUNS
los anteojos (eye)glasses
el apartamento apartment
la avenida avenue
la calle street
el diccionario dictionary
el genio genius
la historieta comic book
la llave key
la mochila backpack
el país country
el piso floor
la revista magazine
la vez time, instance

ADJECTIVES
barato cheap
caro expensive
delgado thin, slender
gordo fat
grande big
mayor older
menor younger
pequeño small
próximo next
tacaño stingy
último last

VERBS AND VERB PHRASES
cuidar to take care of
gastar to spend
llevar a comer to take out to eat

pasar to spend (time)
regresar a (la) casa to return to the house (home)
sacar buenas (malas) notas to get good (bad) grades
tomar to take

ADVERBS
a veces sometimes
casi almost
muchas veces often
nunca never
pocas veces rarely
siempre always
sólo only
todos los días every day
ya already

EXPRESSIONS
A ver... Let's see....
además in addition, besides
¿Con qué frecuencia? How often?
¿Cuál es tu dirección? What is your address?
¿Cuánto cuesta(n)? How much does it (do they) cost?
¿De quién(es)...? Whose...?
Me gustaría... I would like....
para mí as far as I am concerned, to me
pasado mañana day after tomorrow
por eso that's why, therefore
¿Qué te parece? What do you think?

NOTE: For the possessive adjectives, see **Exploración 2**. For the cardinal and ordinal numbers, see **Exploración 4**.

School Life

In this chapter, you will talk about your school schedule. You will also learn about the following functions and structures.

Functions	Structures
• asking and telling the time	expressions of time
• talking about people	the personal **a**
• talking about things you do	regular **-er** verbs and the verb **ver**
• telling when you do things	the days of the week

1NTRODUCCIÓN

EN CONTEXTO

Un día pesadísimo*

very hectic, terrible

Roberto meets Alonso during their break (**recreo**) at the Colegio San Ignacio in Río Piedras, Puerto Rico.

ROBERTO	Alonso, ¿tienes planes para <u>esta tarde</u>? Hoy hay un partido de baloncesto y después vamos con Sergio e** Ignacio a comer.	this afternoon
ALONSO	¿Estás <u>loco</u>? ¡Imposible! Hoy estoy muy <u>ocupado</u> <u>después del colegio</u>. <u>Necesito</u> estudiar <u>antes de</u> la clase de inglés que tengo en el instituto <u>a las cinco</u>.	crazy / busy after school / I need / before at five
ROBERTO	¿Por qué no estudias después de tu clase de inglés?	
ALONSO	Porque tengo <u>tantas cosas que hacer</u>. También tengo una clase de guitarra a las siete, después de inglés.	so many things to do
ROBERTO	¡Pobrecito!	poor thing
ALONSO	¡Sí! Y además tenemos examen mañana.	
ROBERTO	¿Tenemos examen? ¿Qué examen?	
ALONSO	De biología. A las nueve <u>en punto</u> de la <u>mañana</u>.	sharp / morning
ROBERTO	¡Dios mío! ¡Adiós!	
ALONSO	Oye, ¿adónde vas?	
ROBERTO	A la biblioteca… a estudiar.	
ALONSO	¿Y el partido?	
ROBERTO	¿Qué partido? Primero la biología.	

*Note that **-ísimo / -ísima** when added to an adjective or an adverb means *very* or *extremely*: **grandé + ísimo = grandísimo**; **pesadó + ísimo = pesadísimo**; **cansadá + ísima = cansadísima**. If the word originally contained an accent, that accent is dropped in favor of the accent on **ísimo** or **ísima**; **fácil + ísimo = facilísimo**.

Before all words beginning with **i or **hi**, the conjunction **y** (*and*) is changed to **e**.

Comprensión

Answer the following questions based on **Un día pesadísimo**.

1. ¿Qué planes tiene Roberto para esta tarde?
2. ¿Por qué no quiere ir Alonso?
3. ¿Qué tiene que hacer Alonso a las cinco?
4. ¿Qué tiene que hacer Alonso a las siete?
5. ¿Qué hay mañana a las nueve en punto?
6. ¿Adónde va Roberto?

ASÍ SE DICE

Here are some school subjects that both you and students in Spanish-speaking countries might take.

el inglés

las matemáticas

el álgebra

la geometría

la contabilidad

la historia

la geografía

la mecanografía

la educación física

las ciencias

la física

la química

la biología

el arte

la programación de computadoras

el francés

A. Las clases. Listen to each group of three school subjects, and repeat the name of the subject that is <u>least</u> related to the other two.

> MODELO la geometría, la educación física, el álgebra
> **la educación física**

COMUNICACIÓN

A. Mis estudios. Tell which subjects you are taking this year, then tell which ones you are not taking.

> EJEMPLO el inglés
> **(No) tomo inglés.**

B. ¿Qué estudias? Ask another student what he or she is studying this semester. Report your findings to the class.

> EJEMPLO Tú: **¿Qué estudias, Ana?**
> Ana: **Estudio español, arte,...**
> Tú: **Ana estudia español, arte,...**

C. En mi opinión. Describe some of your classes that you feel particularly strongly about by adding the **-ísima** ending to the adjectives listed. Write at least six sentences.

> EJEMPLO **Mi clase de español es divertidísima.**

fácil	pesado	difícil
interesante	divertido	importante

D. ¿Qué curso? How does Andrés answer Carlota's questions? Look at his schedule, and write the answers to the questions you hear.

> EJEMPLO **¿Qué clase tienes antes de arte?**
> **francés**

8:55-9:45	geometría
9:50-10:40	biología
10:45-11:35	geografía
11:40-12:30	recreo
12:35-1:25	francés
1:30-2:20	arte

E. ¿Cuándo? Jot down your classes in random order on a slip of paper. Then exchange slips with a classmate, and take turns asking which classes come before or after certain others. Try to be the first one to figure out the correct sequence of your partner's schedule. When you think you know it, use ordinal numbers to verify the sequence: **Tu primera clase es inglés. Tu segunda clase...**

> EJEMPLO **¿Qué clase tienes después de historia?**
> **francés**
> **¿Tienes matemáticas antes o después de inglés?**
> **después**

EXPLORACIÓN 1

Function: *Telling time*
Structure: *Expressions of time*

PRESENTACIÓN

A. To ask what time it is, you say, **¿Qué hora es?** This question can be answered in the following ways.

1. On the hour

Son las dos (en punto).

Son las ocho.

Es la una.

Es mediodía.

Es medianoche.

2. On the quarter or half hour

Son las tres y cuarto.
(Son las tres y quince.)

Es la una menos cuarto.
(Es la una menos quince.)

Son las diez y media.

3. Minutes before or after the hour

Son las cinco y diez.

Son las siete menos cinco.

Es la una menos veinte.

4. **Mediodía** and **medianoche** are used only when it is 12:00 on the dot. Otherwise, use **doce**.

Son las doce y media.   Son las doce y diez.

B. To ask or tell when an event occurs, **a** is used.

¿**A** qué hora vas al banco?	*What time are you going to the bank?*
Voy **a** las diez.	*I am going at ten.*
¿**A** qué hora tienes la clase de inglés?	*What time do you have English?*
A la una.	*At one.*

C. To indicate the part of the day a time occurs in, use the expressions **de la mañana, de la tarde,** and **de la noche. De la tarde** refers to times between 12:00 noon and around 6:00 P.M.

La clase de inglés es a las nueve de la mañana.
Vamos a dar un paseo a las seis de la tarde.
Voy a hacer la tarea a las ocho de la noche.

D. However, when no specific hour is given, use **por: por la mañana** (*in the morning*), **por la tarde** (*in the afternoon* or *evening*), **por la noche** (*at night*).

Estudio por la noche.   Hoy no tenemos clases por la tarde.

PREPARACIÓN

A. ¿Dónde está? Daniel has classes between 8:00 and 3:00. When you hear a time, decide if Daniel would be at school at that time. If he would be at school, write **sí**. If he would not be at school, write **no**.

MODELO   Son las seis de la tarde.

no

B. La hora. Write the times Marcos says as he teaches his brother Pablito how to tell time.

MODELO   Son las nueve y quince.

9:15

C. Relojes. Sergio has a lot to do today. He constantly checks the time to make sure he gets everything done. Say what time it is each time Sergio glances at a clock.

MODELO   **¡No puede ser! Ya son las seis y diez.**

1.

2.

3.

4.

5.

6.

7.

8.

9.

D. ¿Qué hora es?   Irene Salazar, a disc jockey in Río Piedras, frequently gives the time during her shift. What does she say?

MODELO   8:15 A.M.
Son las ocho y cuarto de la mañana.

1. 10:25 A.M.   3. 11:50 A.M.   5. 1:20 P.M.   7. 2:20 P.M.
2. 11:15 A.M.   4. 12:30 P.M.   6. 1:45 P.M.   8. 4:00 P.M.

E. Horario de clases.   Use the schedule below to write what class Laura has today at the times listed.

MODELO   9:55
A las diez menos cinco tiene español.

1. 1:05   3. 2:30   5. 10:10   7. 8:40
2. 11:15   4. 1:55   6. 11:20   8. 12:00

8:30 - 9:15	geometría
9:20 -10:05	español
10:10 -10:55	geografía
11:00 -11:45	ciencias
11:50 -12:30	recreo
12:35 -1:20	programación de computadoras
1:25 - 2:10	educación física
2:15 - 3:00	inglés

COMUNICACIÓN

A. Tu horario.   Use the following suggestions to ask other students about their schedules.

EJEMPLO   **¿A qué hora tienes geometría?**
A las ocho y media.

¿A qué hora tienes...?

inglés   educación física
álgebra   biología
historia   arte
español   música

B. ¡Hay tanto que hacer! Friday is a holiday. Make a list of what you want to do, using either the times and activities shown in the box or some of your own. Then tell a classmate what you plan to do. Use **por la mañana, por la tarde,** and **por la noche.**

EJEMPLO **Voy a nadar por la mañana. Voy a ir a la piscina a las ocho y media. Después...**

nadar	(la piscina—7:00–12:00)
ver el arte de Picasso	(el museo—12:00–4:00)
ver la nueva película	(horas de la película—2:30, 7:50)
buscar un libro en español	(biblioteca—9:00—9:00)
¿...?	(¿...?)

C. Los programas de esta noche. A classmate is coming over to watch Spanish TV at your house. Work with a partner to discuss what you will watch. Take turns asking and telling each other what will be on at each time indicated on the schedule below.

EJEMPLO **¿Qué hay a las siete y cinco?**
Fútbol.

HOY 10

EN EL CANAL

12:20	Boletín meteorológico: el tiempo para mañana
12:30	El amor imposible (melodrama)
1:00	La pirámide de 25.000 dólares
2:00	Falcon Crest
3:00	Buenas tardes
4:00	Yogi y sus amigos (dibujos animados)
4:45	La programación de esta tarde

5:10	El arte de cocinar
6:00	24 horas (informaciones)
7:05	Fútbol—México y Argentina
8:25	Concierto de Julio Iglesias
8:45	Tele-Cine: *E.T.* (película de ciencia-ficción)
10:45	Grandes momentos de la ciencia
11:00	Panorama de África (documental)
11:30	Esta noche se improvisa

D. **¿A qué hora?**   Answer the following questions, or use them to interview another student. If the answer is not a specific time, use **por...**

1. ¿A qué hora vas al colegio por la mañana?
2. ¿A qué hora es tu clase de español?
3. ¿A qué hora es el recreo en la escuela?
4. ¿A qué hora vas a casa?
5. ¿A qué hora escuchas la radio?
6. ¿Cuándo estudias?
7. ¿A qué hora descansas por la noche?
8. ¿Cuándo hablas con tu familia?

RINCÓN

CULTURAL

Would you be surprised if you took a trip to Spain and found out that the bullfight you had tickets for began **a las 17:00**? Would you be on time for a lunch **a las 14:50**? When would you show up for a party given **a las 21:00**?

Though people in Spain and in Latin America also use the 12-hour system of telling time, to avoid having to distinguish between A.M. and P.M. (for example, **las diez de la mañana** or **de la noche**), times are often given on a 24-hour basis.

Look at your first day's schedule in Spain. Can you tell when you do what?

A. G. T. - 168

PUENTE - BUS: BARCELONA - MADRID

Enlaces a | Extremadura
| La Mancha
| Castilla

Con autocares de lujo -:- Servicio regular y diario

SALIDAS DE BARCELONA

Laborables (excepto Viernes)	7,00 horas
Viernes	15,00 y 22,00 horas
Domingos y Festivos	7,00 y 22,00 horas

SALIDAS DE MADRID

Laborables (excepto Viernes)	15,00 horas
Viernes	15,00 y 22,00 horas
Domingos y Festivos	15,00 y 22,00 horas

HORARIOS

Desayuno - Petit déjeuner - Breakfast

| Habitación Chambre Room | de 8 a 11 |
| Bar | de 11 a 13 |

Almuerzo - Déjeuner - Lunch

| Hotel | de 13 a 15 |
| Beach - Club | de 13 a 16 |

Cena - Diner - Dinner

| Hotel | de 20'30 a 22'30 |
| Beach - Club | de 21 a 24 |

Bares

| Hotel | de 11 a 24 |
| Beach - Club | de 11 a 01 |

Madrid ~ Primer día

8,50 h.   Desayuno
9,50 h.   Excursión a Toledo
14,00 h. Almuerzo
16,00 h. Visita al museo del Prado
18,00 h. De compras
21,00 h. Cena

EXPLORACIÓN 2

Function: *Talking about people and pets*
Structure: *The personal a*

PRESENTACIÓN

You have already used sentences with direct objects. Up to now, these direct objects have been things rather than people.

Escucho **el tocadiscos**.   Pedro lava **los platos**.

A. When the direct object is a person or a pet, the preposition **a** precedes it. Note that the personal **a** cannot be translated into English. The personal **a** contracts with **el** to form **al**.

Visitan **a su tío**.   *They visit **their uncle**.*
¿Cuidas bien **a tu perro**?   *Do you take good care of **your dog**?*
Busco **al señor Pérez**.   *I am looking for **Mr. Pérez**.*

B. The personal **a** is used with **¿quién?** and **¿quiénes?** when they are direct objects, meaning *whom*.

¿**A quién** llamas?   ***Whom** are you calling?*
¿**A quiénes** vas a visitar? ***Whom** are you going to visit?*

In the answer to this type of question, the personal **a** is used before the name that replaces **quién** or **quiénes**.

¿**A quién** miras?   Miro **a Gabriela**.

C. The personal **a** is generally not used with **tener**.

Tengo veinte primos.

D. Here are some verbs that often use the personal **a**: **buscar** (*to look for*), **esperar** (*to wait for*), **invitar** (*to invite*), **llamar** (*to call*). You also know **ayudar, cuidar, mirar,** and **visitar.**

Siempre espera a Laura.   *He always waits for Laura.*
Busco a mi perro.   *I'm looking for my dog.*

PREPARACIÓN

A. De visita en Nueva York.   Pilar plans to go to New York to visit friends and see the sights. What does she say?

MODELO   José   el museo
         Voy a visitar a José.   **Voy a visitar el museo.**

1. el parque   5. la señora Suárez
2. mis primos   6. el señor Zúñiga
3. Rafael   7. la biblioteca
4. el teatro   8. el señor Gaitán

B. ¿Qué tengo que hacer?   Mrs. Gómez is a very busy person. What does her secretary remind her she has to do?

MODELO   llamar / señor Ruiz
         Usted tiene que llamar al señor Ruiz.

1. comprar / unas cosas para   4. visitar / el colegio de sus
   su hijo   hijos
2. visitar / el señor Saldaña   5. invitar / la señorita Torres a
3. llamar / señorita Gavia   comer
   antes de las tres   6. mirar / el reloj a veces

C. El secretario.   The next day Mrs. Gómez leaves her schedule at the office and calls her secretary to verify her appointments. Write what she asks and what she is told.

MODELO   visitar / en el hospital (señor Delgado)
         ¿A quién visito en el hospital?
         Usted visita al señor Delgado.

1. ayudar / en la oficina (señor   4. llamar / antes de las cuatro y
   Rubio)   media (señorita Rocha)
2. esperar / a las diez (señora   5. buscar / en el museo a las seis
   Armendáriz)   (Silvia)
3. esperar / a las dos y cuarto   6. invitar / al restaurante (su
   (señor Durán)   prima)

COMUNICACIÓN

A. ¿Qué miras?   Using vocabulary you know, make a list of two people and five things you are looking at in the classroom.

EJEMPLO   *Miro los libros.*
          Miro al profesor.

B. Y tú, ¿qué haces? As the weather changes, you probably prefer to do different activities. You will hear five questions about what you do based on the weather. Answer the questions.

EJEMPLO   Hace buen tiempo. ¿Cuidas a tus hermanos en casa?

No, no cuido a mis hermanos en casa.

C. ¿Qué tienes que hacer? Write questions to find out if a classmate has to do these activities on the weekend. Ask a classmate the questions you wrote, and wait for a response.

EJEMPLO   llamar / tus abuelos
¿Tienes que llamar a tus abuelos?
Sí, tengo que llamar a mis abuelos.

1. lavar / los platos
2. invitar / unos amigos a la casa
3. visitar / el colegio
4. estudiar / la lección de español
5. esperar / una amiga después de las clases
6. ayudar / tus padres
7. arreglar / tus cosas

RINCÓN CULTURAL

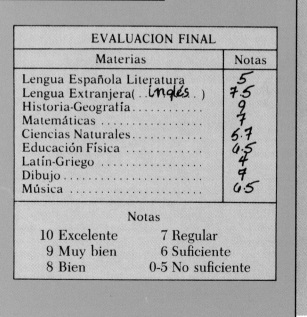

Each year, high school students from the United States participate in exchange programs with schools in Spanish-speaking countries. One of the surprises in store for them in the new culture comes the day they receive report cards. How would you react if you got a 7 in algebra or a 5 in geography? Instead of using letter grades, many schools, such as this one in Mexico, use a 10-point grading system.

Look at Laura's report card. Would you say her parents are going to be happy or unhappy about her grades?

EVALUACION FINAL	
Materias	Notas
Lengua Española Literatura	5
Lengua Extranjera(..inglés.)	7.5
Historia-Geografía............	9
Matemáticas	7
Ciencias Naturales............	5.7
Educación Física	6.5
Latín-Griego	4
Dibujo	7
Música	6.5

Notas
10 Excelente   7 Regular
9 Muy bien   6 Suficiente
8 Bien   0-5 No suficiente

EXPLORACIÓN 3

Function: *Talking about things you do*
Structure: *Regular -er verbs and ver*

PRESENTACIÓN

A. Just as there is a group of verbs with infinitives ending in **-ar**, there is another group with infinitives ending in **-er**. Study the endings of the verb **comprender** (*to understand*).

comprender

comprend**o**	comprend**emos**
comprend**es**	comprend**éis**
comprend**e**	comprend**en**

B. Here are some other verbs like **comprender**.

aprender (a) *to learn (to)*	deber *to have to (should, must)*
comer *to eat*	prometer *to promise*
leer *to read*	creer *to think, to believe*

Aprendo a tocar el piano.
¿Aprendes español en la escuela?

Jorge e Isabel leen mucho.
¿A qué hora comen ustedes?

I'm learning to play the piano.
Are you learning Spanish in school?

George and Isabel read a lot.
What time do you eat?

C. **Ver** is regular except for its **yo** form, which has an extra **e**. Learn its forms.

ver

veo	vemos
ves	veis
ve	ven

Veo bien con anteojos.
Vemos al señor Peña todos los días.

I see well with glasses.
We see Mr. Peña every day.

D. Here are some vocabulary words often used with **leer**.

la novela *novel*	la lección *lesson*	la carta *letter*
el periódico *newspaper*	la poesía *poetry*	la tarjeta *card*

E. Two common expressions with **creer** are **Creo que sí** (*I think* or *believe so*) and **Creo que no** (*I don't think* or *believe so*).

PREPARACIÓN

A. ¿Qué hacen? Mrs. Vega calls home from work and tells her husband to make sure everyone does what they should today. Look at the pictures. If they are doing what she says they should, say **sí**; if not, say **no**.

1. Tomás y Silvia

2. Pablito

3. Alonso

4. Alonso

5. El señor Vega

6. Silvia

7. Pablito y Silvia

B. ¿Qué aprenden? Roberto's younger sister, Evita, is struggling to learn to read. Roberto assures her that everyone else in the family, regardless of age, is learning something new too.

> MODELO   **mamá/ jugar tenis**
> **Mamá aprende a jugar tenis.**

1. papá / bailar el flamenco
2. Luis y Víctor / esquiar
3. Laura / tocar la música de Manuel de Falla
4. nosotros / cocinar como los españoles
5. yo / programar computadoras
6. tú / leer

C. Salón de estudios. Luisa is pointing out to Nicolás what everyone is reading in the library. Combine the elements given, and write what she says.

> MODELO   Tomás
> **Tomás lee poesía.**

1. Raúl y yo   una carta
2. Diana   una revista
3. Alicia   una novela
4. Sara   unas revistas
5. Yo   leer   un periódico
6. Tú   un libro de contabilidad
7. Adán   una historieta
8. Luis y Jorge   una tarjeta

D. En familia. Sergio is conducting a survey for his sociology class and wants to know if Ricardo and his family see most of their relatives.

MODELO   Ricardo / tus abuelos   Sí, (yo)...

Sergio: **Ricardo, ¿ves a tus abuelos?**
Ricardo: **Sí, (yo) veo a mis abuelos.**

	Sergio	Ricardo
1.	Laura y Evita / sus primas	Sí, (ellas)...
2.	tu mamá / sus padres	Sí, (ella)...
3.	Ricardo / tus tíos	Sí, (yo)...
4.	tus padres / sus primos	No, (ellos)...
5.	Víctor y tú / sus primos	Sí, (nosotros)...
6.	Raúl / sus tíos	Sí, (él)...

E. Un fin de semana perfecto. Everyone in Graciela's family is doing something different today. Listen to what Graciela tells her cousin each of the following family members is doing, and complete the sentences in writing.

1. Pepe...
2. Yo...
3. Mamá...
4. Papá y Silvia...
5. Silvia...
6. Tomás y yo...
7. Mis padres...
8. Tú...

F. ¿Y en la escuela? Felipe is talking to his grandparents about his classmates and his classes. What does he say? Complete his sentences by choosing the correct form of the verbs in parentheses.

1. Todos los días, yo ===== algo nuevo. (aprender)
2. Casi siempre, nosotros ===== las lecciones. (comprender)
3. A veces, yo ===== revistas en inglés. (leer)
4. A veces, nosotros ===== películas en inglés. (ver)
5. Los otros estudiantes ===== mucho. (aprender)
6. Sí, nosotros ===== estudiar más. (deber)
7. Mi amigo Alonso nunca ===== antes de un examen. (comer)
8. Los profesores ===== ser pacientes. (prometer)

COMUNICACIÓN

A. Tareas difíciles. Work with a partner and tell each other which homework assignments you usually understand and which ones you sometimes or hardly ever understand. Use the expressions (**casi**) **siempre, a veces, pocas veces,** and (**casi**) **nunca.**

> EJEMPLO matemáticas
> **Yo comprendo las matemáticas casi siempre. ¿Y tú?**
> **Yo comprendo las matemáticas a veces.**

matemáticas   programación de computadoras
español   química
biología   historia
mecanografía   ¿...?

B. Obligaciones. Use the suggestions below to write six sentences saying what you need to do.

> EJEMPLO estudiar

ir   estudiar   leer   comprar   ayudar
mirar   practicar   arreglar   lavar   aprender (a)

C. Promesas. You have decided to turn over a new leaf. What do you promise as New Year's resolutions? Make six resolutions, adding at least two of your own, based on the following suggestions.

> EJEMPLO **Prometo escuchar a los profesores.**
> **Prometo no ver televisión cuando debo estudiar.**

estudiar más   lavar los platos
visitar a mis abuelos   practicar el español
hacer la tarea   ¿...?
leer buenos libros   ¿...?

D. ¿Crees? Find out a classmate's opinions on these subjects dealing with school and other occupations.

> EJEMPLO ir a la escuela (importante)
> **¿Es importante ir a la escuela?**
> **Creo que sí. (Creo que no.)**

1. estudiar las ciencias (importante)
2. aprender a nadar (fácil)
3. estudiar las matemáticas (necesario)
4. ver televisión cuando estudias (bueno)
5. hacer la tarea (importante)
6. comprender el español (fácil)
7. hablar español (difícil)

CULTURAL

Teenagers in the Spanish-speaking world have several educational options, such as attending **una escuela normal,** which prepares the student to be a teacher, or **una escuela técnica,** which prepares the student for an office career. The closest equivalent of the American high school is **el colegio,** which prepares students in the liberal arts and for further study in the universities.

There are many similarities between an American high school and **un colegio,** but there are also differences. In Latin America, the school day may last anywhere from four to seven hours. How would you feel about going to school for seven hours a day when your best friend goes for only five? How would you react to having the greatest percentage of your grade depend on your final exam—part of which is oral? Finally, not all secondary schools in Latin America are co-ed (**mixtos**). Do you think you would be able to concentrate better in class if you were in an all boys' or all girls' school?

Which school would you rather attend—**una escuela normal, una escuela técnica,** or **un colegio**?

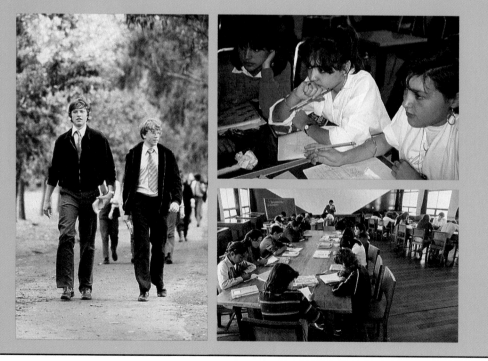

EXPLORACIÓN 4

Function: *Telling when you do things*
Structure: *Days of the week*

PRESENTACIÓN

A. To talk about when you do things, you need to know the days of the week (**los días de la semana**).

lunes *Monday*	martes *Tuesday*	miércoles *Wednesday*	jueves *Thursday*	viernes *Friday*	sábado *Saturday*	domingo *Sunday*
	1	2	3	4	5	6
7	8	9	10	11	12	13
14	15	16	17	18	19	20
21	22	23	24	25	26	27
28	29	30	31			

B. Often the definite article is used with the days of the week.

1. To indicate that the action happens on a particular day, the definite article **el** is used.

El lunes es mi cumpleaños.   *Monday is my birthday.*
Vamos a descansar **el** sábado.   *We are going to rest on Saturday.*

2. If something happens repeatedly on a certain day, **los** is used with the day of the week in the plural.

Visito a mis abuelos **los**   *I visit my grandparents **on**
  domingos.   Sundays.*

C. To ask and tell what day of the week it is, use the following.

¿Qué día es hoy?   *What is today?*
Hoy es miércoles.   *Today is Wednesday.*

The definite article is not used after **hoy es** or **mañana es**.

PREPARACIÓN

A. Una semana de exámenes. Virginia's friend Eugenio has lost his schedule during final exam week. Listen as Virginia tells him when each exam is. Make a new schedule, and write each subject you hear in the appropriate column.

	lunes martes miércoles jueves viernes
mañana	
tarde	

B. Siempre ocupada. Sergio wants to set a date to go to the movies with Verónica, but she is not sure she wants to go out with him. What does he ask her, and what does she say as she tries to avoid him?

MODELO ...el domingo   cantar en la iglesia

Sergio: **¿Quieres ir al cine el domingo?**
Verónica: **Los domingos siempre canto en la iglesia, Sergio.**

Sergio	Verónica
1. ...el lunes?	ayudar a mi abuela en casa
2. ...el martes, entonces?	deber arreglar mi cuarto
3. ... el miércoles?	trabajar en la biblioteca
4. ...el jueves, entonces?	practicar tenis
5. ...el viernes, pues?	tener una clase de francés
6. ... el sábado?	ir de compras
7. ... el domingo?	comer en casa de mis abuelos

COMUNICACIÓN

A. Esta semana. Interview a classmate to find out his or her plans for the coming week. Make a chart and list at least two activities under each day.

EJEMPLO

Tú: **Ana, ¿qué vas a hacer el lunes?**

Ana: **Tengo un examen de química por la mañana y voy a jugar tenis por la tarde.**

> *lunes*
> *examen de química*
> *jugar tenis*

B. Visita de un amigo hispano. Imagine that an exchange student from Puerto Rico is spending a week with you. Write out a schedule, planning different activities for each day of the week.

EJEMPLO

> *El lunes vamos a visitar el museo.*

LECTURA

La hora de la verdad

Es el lunes por la mañana y los estudiantes del Colegio Simón Bolívar
siempre están contentos de ir a la escuela. Por ejemplo, aquí vemos a
Vanesa que pronto debe salir para la escuela.

Por la tarde cuando entra el profesor de química en el laboratorio todos
están listos para escuchar sus explicaciones. ¡Desean aprender tantas cosas!

Al día siguiente, durante el examen de química, los futuros científicos finalmente aprenden su lección.

Expansión de vocabulario

el científico scientist	**listos** ready
desear to want	**¡No lo creo!** I don't
durante during	believe it!
la explicación explanation	**siguiente** next
el guante glove	**la verdad** truth
levántate get up	

Comprensión

Answer the following questions based on **La hora de la verdad.**

1. ¿A qué hora llama a Vanesa su madre?
2. ¿Qué busca Vanesa?
3. ¿Qué planes tiene Sergio para esta noche?
4. ¿Qué leen Laura e Isabel?
5. ¿Al día siguiente, están contentos los estudiantes? ¿Por qué?
6. ¿Qué aprenden los estudiantes el día del examen de química?

COMUNICACIÓN

A. **Un día en la vida de un(a) estudiante.**   Answer the following questions, or use them to interview another student about a typical day in his or her life.

1. ¿Qué días vas al colegio?
2. ¿Qué clases tienes por la mañana? ¿Y por la tarde?

3. ¿Vas a la biblioteca todos los días?
4. ¿Con quién comes en la escuela?
5. ¿A qué hora regresas a casa?
6. ¿Llamas a un amigo por teléfono?
7. ¿Trabajas después de la escuela? ¿Dónde trabajas?
8. ¿Cuándo debes hacer la tarea?
9. ¿Qué ves en la televisión por la noche?
10. ¿Lees por la noche? ¿Qué lees?

B. **¿Qué debes hacer?**   Using the cues or other words you know, tell what you should do in the following situations.

> EJEMPLO   Tienes un examen muy difícil mañana. (estudiar / escuchar)
> **Debo estudiar mucho esta noche.**
> **Debo escuchar muy bien la explicación del profesor hoy.**

1. Hay examen mañana y tu libro está en el colegio. (buscar)
2. Tienes que buscar un libro sobre la historia de España. (biblioteca)
3. Nunca estás listo para ir al colegio por la mañana. (mirar el reloj)
4. No te gusta comer en la cafetería. (comer en casa)
5. Quieres aprender programación de computadoras pero no hay clases en tu escuela. (leer / comprar)
6. Hay una fiesta y quieres invitar a tus amigos. (llamar)

C. **Intercambio estudiantil.**   Imagine you are an exchange student at the Colegio Luis Vives in Valencia, Spain. Write six questions you might ask in order to find out as much as possible about your new school.

> EJEMPLO
> ¿Tienen recreo todos los días?
> ¿Son difíciles los exámenes?

D. **¿Cuándo vamos?**   Listen to the conversation between Alicia and Elena, and answer the following questions.

1. ¿Qué quiere hacer Elena?
2. ¿En qué clase tiene un examen Alicia?
3. ¿Qué va a hacer Alicia después del colegio?
4. ¿Va a jugar baloncesto Elena también?
5. ¿A quién visita Alicia los sábados?
6. ¿Cuándo van a ir al cine Elena y Alicia?

PRONUNCIACIÓN

In Spanish the sound of the letter **j** is similar to the English *h* in *help*. The sound is exaggerated and pronounced from the back of the mouth.

José	hijo	viejo
reloj	jugar	juego
ejemplo	tarjeta	enojado

The letter **g**, when followed by an **e** or an **i**, is pronounced like the **j**.

biología	Gerardo	gimnasia
álgebra	geografía	geometría

The **g** followed by any other vowel or by a consonant is similar to the *g* in *go* or *great*, only slightly softer.

gordo	gracias	Gregorio
regalo	gusto	mecanografía
luego	amigo	algo
gastar	ganar	gato

Now repeat the following sentences.

1. Gerardo es el hijo de José.
2. Va a jugar tenis con Juan.
3. Juan tiene ganas de hacer gimnasia después.
4. Hoy Juan tiene un regalo para Gerardo.
5. Es un reloj.

1NTEGRACIÓN

Here is an opportunity to test yourself to see what you can do. If you have trouble with any of these items, study the topic and practice the activities again, or ask your teacher for help.

Vamos a escuchar

A. El horario.   Simón is reading his class schedule to Miguel over the telephone, and Miguel jots down each subject and the time. What does he write?

EJEMPLO   **Tengo álgebra a las dos y cuarto de la tarde.**

álgebra : 2:15

B. Una carta.   Pablito is writing to his mother from camp. Listen to his letter, and complete the following sentences according to what you hear.

1. Los ===== y los ===== Pablito trabaja en el jardín y cocina con el grupo.
2. Los ===== y los ===== Pablito y sus amigos practican deportes.
3. Aprenden a tocar la guitarra =====.
4. Los ===== Pablito y sus amigos escuchan música en la radio.
5. Los ===== descansan.

Vamos a leer

A. El año próximo.   Read what Gloria is thinking during registration, then answer the questions. Write **sí** if the statement is true, **no** if it is not, and **no sé** if you cannot tell from the reading.

Tengo que tomar seis clases. Quiero tomar clases interesantes, divertidas y fáciles. No me gustan las clases difíciles. La clase de español es muy fácil... ¡Ajá! Veo a Javier y a Yolanda. Quiero tomar una clase con ellos y creo que van a tomar programación de computadoras. Yo también debo aprender programación de computadoras, pero ellos van a tomar la clase de las dos de la tarde. Español también es a las dos. ¡Qué problema! Voy a

buscar a la señora Palacios porque ella ayuda a todos los estudiantes...
Pero está ocupadísima. ¡Qué pena! Entonces voy a tomar español a las dos
y programación de computadoras a las tres. Además voy a tomar biología,
geografía, historia, y álgebra. ¡Bueno! ¡Seis clases fáciles!

1. Gloria quiere tomar clases interesantes.
2. Gloria cree que necesita aprender programación de computadoras.
3. La clase de español es a las dos y media.
4. La señora Palacios ayuda a Gloria con su decisión.
5. La señora Palacios es la profesora de álgebra.
6. Gloria cree que las clases de ciencias y matemáticas son fáciles.
7. Gloria quiere tomar una clase con la señora Palacios.

Vamos a escribir

A. Un día pesadísimo.   Roberto is writing down the things he has to do
today. Rewrite the following sentence, adding the personal **a** or **al** if
needed.

Tengo que visitar __1__ mis abuelos, buscar __2__ unos libros de poesía,
hacer __3__ mi tarea de inglés, ayudar __4__ Luis con su tarea, esperar
__5__ Víctor, llamar __6__ profesor, ayudar __7__ mi hermana a lavar el
carro, arreglar __8__ mi cuarto, escuchar __9__ mi disco nuevo, y además
cuidar __10__ mi perro Dino.

B. Los exámenes finales.   Diana has planned
her week before final exams. She has scheduled
time to study, practice and play her guitar,
finish her math and physics homework, and
study for finals in Spanish, math, physics,
English, and history. Tell when she is going to
do each activity shown on her schedule.

EJEMPLO   **El lunes a las 7:30 Diana va
a estudiar matemáticas.**

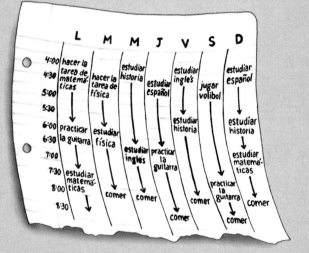

C. El diario pictórico.   As an assignment in her drawing class, Elsa is
drawing pictures that illustrate the events of her day. Look at her pictures, and write at least three sentences that she could use to describe each one. Keep in mind the time, the part of the day, the use
of the personal **a**, and the **-er** verbs while you are describing the
events.

A la una menos cuarto de la tarde tomo la clase de inglés.
Leemos un libro y escuchamos al profesor.

1.

2.

3.

D. Tu propio horario. An exchange student is using you as a model to compare high school students in his hometown with those in your city. Answer his questions in complete sentences.

1. ¿A qué hora vas a la escuela?
2. ¿A qué hora es tu clase de español?
3. ¿Qué clase tienes después de la clase de español?
4. ¿Qué otras clases tomas ahora?
5. ¿Qué clases vas a tomar en el futuro?
6. ¿Tienes mucha tarea?
7. ¿Cuántas horas estudias por la noche?
8. ¿Cuántas horas de televisión ves en un día?
9. ¿Qué te gusta leer?
10. ¿Cuáles son tus días favoritos? ¿Por qué?

Vamos a hablar

Situaciones

Work with a partner or partners and create dialogues using the situations described below. Whenever appropriate, switch roles and practice both parts of your dialogue.

A. La lección. You and a classmate are studying together. When you discuss the homework and your class, you find that you disagree about the homework assignment. You decide to call a friend to settle the argument, then you invite him or her over to study.

B. Mis clases. You are discussing a problem you are having at school with one of your parents. You do not understand one of your classes. The homework is extremely difficult. Your parent says you should speak to your teacher. You promise to do so and to study more.

VOCABULARIO

NOUNS RELATING TO SCHOOL SUBJECTS
el **arte**   art
la **biología**   biology
las **ciencias**   science
la **contabilidad**   bookkeeping, accounting
la **educación física**   physical education
la **física**   physics
el **francés**   French
la **geografía**   geography
la **geometría**   geometry
la **historia**   history
la **mecanografía**   typing
la **programación de computadoras**   computer programming
la **química**   chemistry

OTHER NOUNS
la **carta**   letter
el **científico**   scientist
el **colegio**   (private) school
la **explicación**   explanation
el **guante**   glove
la **hora**   time, hour
el **instituto**   institute
el **laboratorio**   laboratory
la **lección**   lesson
el **minuto**   minute
la **novela**   novel
el **periódico**   newspaper
los **planes**   plans
la **poesía**   poetry
el **recreo**   recess
la **verdad**   truth

ADJECTIVES
imposible   impossible
listo   ready
loco   crazy
ocupado   busy
pesadísimo   very hectic, terrible
siguiente   next, following

ADVERBS AND PREPOSITIONS
antes (de)   before
después (de)   after, afterwards
durante   during
finalmente   finally
rápido   fast, quick

EXPRESSIONS OF TIME
¿A qué hora...?   At what time...?
cuarto   quarter (before or past the hour)
de la mañana   in the morning, A.M.
de la noche   at night, P.M.
de la tarde   in the afternoon, evening, P.M.
en punto   sharp
media   half (past the hour)
la **medianoche**   midnight
el **mediodía**   noon
menos   before the hour
por la mañana   in the morning
por la noche   at night
por la tarde   in the afternoon, evening
¿Qué hora es?   What time is it?

VERBS
aprender (a)   to learn (to)
buscar   to look for
comer   to eat
comprender   to understand
creer   to think, to believe
deber   to have to (should, must)
desear   to want
entrar (en)   to enter
esperar   to wait for
invitar   to invite
leer   to read
llamar   to call
necesitar   to need
prometer   to promise
ver   to see

OTHER WORDS AND EXPRESSIONS
Creo que no.   I don't think (or believe) so.
Creo que sí.   I think (or believe) so.
¡Dios mío!   My goodness!
Hoy es...   Today is....
levántate   get up (*sing., informal*)
¡No lo creo!   I don't believe it!
pobrecito   poor thing
por ejemplo   for example
¿Qué día es hoy?   What day is today?
tantas cosas que hacer   so many things to do

NOTE: For the days of the week, see **Exploración 4.**

6

Favorite Foods

In this chapter, you will talk about some of your favorite things to eat. You will also learn about the following functions and structures.

Functions

- talking about things you do
- talking about how you feel
- talking about what you know
- talking about likes and dislikes

Structures

-ir verbs and irregular -er and -ir verbs

expressions with **tener**

the verbs **saber** and **conocer**

verbs like **gustar**

211

1 NTRODUCCIÓN

EN CONTEXTO

A group of friends decide to write to **la Dra. Sabelotodo** (*Dr. Know-It-All*) for advice about some problems they are having. Do you agree with her recommendations?

¿Cuál es tu problema?

Querida Dra. Sabelotodo,
Tengo problemas para <u>dormir</u> por la noche. Por eso, siempre estoy cansado en la escuela y saco notas malísimas. No sé qué hacer.
David Desvelado

sleeping

Mi querido *Desvelado*,
Tienes que <u>evitar</u> el café, el té y los <u>refrescos</u> de cola. Además, antes de dormir, ¿por qué no <u>tomas</u> un poco de <u>leche</u>?

avoid / soft drinks
drink / milk

Querida doctora,
Quiero <u>bajar de peso</u>, pero para mí la <u>comida</u> es como una obsesión. Sobre todo me gustan <u>los dulces</u>. ¿Qué voy a hacer?
Diego Desesperado

lose weight / food
sweets

Mi querido *Desesperado*,
Tienes que evitar las <u>cosas</u> con muchas calorías. No debes comer <u>ni</u> dulces <u>ni</u> helado. Tienes que comer más <u>verduras</u>, frutas u* otra comida buena.

things / neither
nor / vegetables

*****O** (*or*) becomes **u** when it is followed by a word that begins with **o** or **ho**.

Querida Dra. Sabelotodo,

Nunca tengo <u>tiempo</u> para <u>desayunar</u>, porque siempre tengo que hacer mi tarea antes de ir a la escuela. Sé que muchas veces la comida rápida no es buena. ¿Qué debo hacer?

time / to eat breakfast

                        Pilar Apurada

Mi querida *Apurada*,

No hay problema. ¿Qué te parece comer una <u>manzana</u> con <u>queso</u>? Es comida <u>sana</u> y fácil de preparar. ¿Y por qué no haces la tarea por la noche?

apple / cheese
healthy

Querida doctora,

Quiero <u>aumentar de peso</u>. Soy fanático de los deportes y con tanta actividad física bajo muy fácilmente de peso. ¿Una recomendación, doctora?

gain weight

                        Beto Esbelto

Mi querido *Esbelto*,

¡Más tiempo en la <u>cocina</u> y menos tiempo en la <u>cancha</u> de deportes! Debes comer más cereales y si te gustan, los dulces a veces. Buena suerte.

kitchen / playing field

Comprensión

Matching the phrases in the two columns below, tell what Dr. Sabelotodo recommends for the problems described in **¿Cuál es tu problema?**

1. para dormir bien
2. para bajar de peso
3. para tener tiempo para el desayuno
4. para las personas muy ocupadas
5. para aumentar de peso

a. trabajar menos
b. no hacer la tarea por la mañana
c. comida que no es difícil de preparar
d. evitar los dulces y comer más verduras
e. escuchar música clásica antes de dormir
f. evitar la cafeína
g. comer más y con más frecuencia

ASÍ SE DICE

1. Las comidas principales

el desayuno   el almuerzo   la cena

2. Las carnes

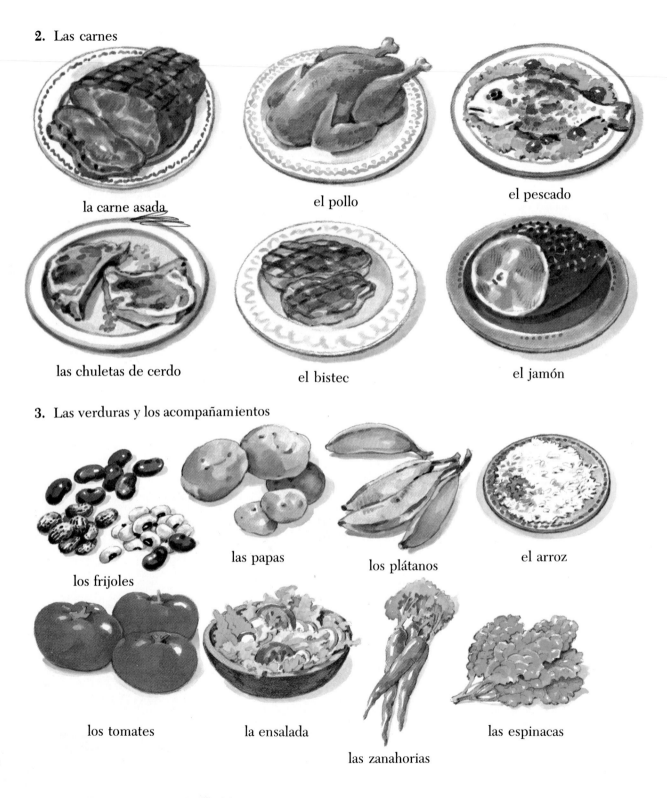

la carne asada

el pollo

el pescado

las chuletas de cerdo

el bistec

el jamón

3. Las verduras y los acompañamientos

las papas

los plátanos

el arroz

los frijoles

los tomates

la ensalada

las zanahorias

las espinacas

4. Los postres

los pasteles

las tartas

las frutas con queso

el helado

el flan

5. Las frutas

las manzanas

las uvas

las peras

las fresas

las naranjas

el melón

6. Las bebidas

el chocolate

el agua mineral

el té

los refrescos

el café con leche

el jugo de naranja

7. Para el desayuno...

el pan

la mantequilla

la mermelada

los huevos fritos

la tortilla de huevo

la tortilla de maíz

el tocino

A. ¿Qué es?   You will hear a food category named, followed by a list of foods. Raise and lower your hand each time you hear a food that belongs to the designated category.

B. ¿Sal o azúcar?   When you hear the name of a food, tell whether it is usually prepared with salt or with sugar.

C. De memoria.   Name a food item from a designated category, and call on a classmate. The classmate will repeat what you say, add a food from the same category, and call on another student. See how long you can make each food string.

> MODELO   Tú: **el bistec—Norma**
> Norma: **el bistec, el pollo—Víctor**

COMUNICACIÓN

A. ¿Qué hay de comer?   Listen to what is available on the room service menu of the Hotel Colón. Write the name of the food that you would be <u>least</u> likely to order in each case, and provide a reason.

> EJEMPLO   Para el almuerzo, pan con queso, arroz con pollo o ensalada de frutas
> **ensalada de frutas—No me gustan mucho las frutas.**

B. Problemas de dieta.   You are **Dr(a). Sabelotodo,** and **Nuria Nerviosa** writes to you complaining of nervousness and headaches. Wondering if her diet is to blame, she asks you to evaluate one of her typical daily menus. Give her some advice, using these phrases as necessary.

No debes...
Necesitas evitar...
Necesitas comer menos...

Tienes que...
¿Por qué no...?
¿Qué te parece...?

Desayuno
8:05   cereal, café con leche
9:30   refresco de cola
10:45   pastel de chocolate

Almuerzo
12:40   pan con queso, unos chips, jugo de uva
2:15   refresco de cola
4:30   helado

Cena
7:00   papas fritas, una zanahoria, agua mineral
8:00   flan
10:15   refresco de cola

EXPLORACIÓN 1

Function: *Talking about things you do*
Structure: *-ir verbs and irregular -er and -ir verbs*

PRESENTACIÓN

There are three classes of verbs in Spanish. You have already learned the endings for **-ar** verbs and **-er** verbs. The third class of verbs ends in **-ir**.

A. Regular **-ir** verbs differ from **-er** verbs only in the **nosotros** (and **vosotros**) form. Study the forms of **vivir** (*to live*).

vivir

vivo	vivimos
vives	vivís
vive	viven

B. Here are some other regular **-ir** verbs.

abrir *to open*	insistir en *to insist on*
permitir *to permit, to allow*	recibir *to receive*
asistir a *to attend*	escribir *to write*

Ustedes siempre insisten en hablar español.
Recibimos tarjetas de nuestros amigos.
Su hermano asiste a clases todos los días.

C. Some **-er** or **-ir** verbs are irregular because the **yo** form does not follow the pattern. The other forms are like those of regular **-er** or **-ir** verbs. Study the forms of **hacer** (*to do, to make*).

hacer

hago	hacemos
haces	hacéis
hace	hacen

D. Here are some other verbs that are irregular in the **yo** form.

verbo	yo	nosotros
traer *to bring*	**traigo**	traemos
poner *to put, to place, to set*	**pongo**	ponemos
salir *to leave; to go out*	**salgo**	salimos
conducir *to drive*	**conduzco**	conducimos

PREPARACIÓN

A. Comida sana. Jorge may be forced to give up junk food because everywhere he goes, people no longer allow it. What does he say to Melisa as he complains about the situation?

> MODELO   mi familia / pasteles
> **Mi familia ya no permite pasteles. ¡Qué lástima!**

1. mis padres / dulces
2. los padres de Beto / papas fritas
3. mi abuela / tartas de chocolate
4. tú / refrescos de cola
5. mis tíos / helado
6. mi mamá / pasteles

B. Vidas sanas. Based on the advice of Dr. Sabelotodo, Juana and her friends insist on changing their life-styles. What does Juana tell her mother?

> MODELO   Pilar / preparar comida sana
> **Pilar insiste en preparar comida sana.**

1. yo / hacer gimnasia
2. Diego / comer más verduras
3. Beto / comer más
4. Diego y Rita / evitar la comida frita
5. David / tomar leche antes de dormir
6. nosotros / ser más sanos

C. ¿Dónde vives? José runs into some people he has not seen for a while, and they start talking about where they live now. Complete their conversation with forms of the verb **vivir**.

> JOSÉ   Adán, ¿dónde __1__ ahora?
> ADÁN   __2__ en la Avenida 5ª. ¿Y tú?
> JOSÉ   Bueno, cuando estoy aquí en Bogotá, __3__ con mis padres.
>   ¿Y ustedes, Inés y Esteban, __4__ con sus padres todavía?
> INÉS   Sí, todavía __5__ en la Calle 9ª.

D. Un festín. Rosalia and some friends are planning a big dinner. Based on the sign-up sheet, answer the questions various guests ask about who is bringing or making what.

> MODELO   ¿Traes tú el arroz con pollo, Raúl?
>   **Sí, traigo el arroz con pollo.**

1. Juan trae chuletas de cerdo, ¿no?
2. Esteban, ¿qué haces tú para la cena?
3. ¿Quiénes traen los refrescos?
4. ¿Emilio y Esteban hacen los postres?
5. Gerardo y Juan, ¿ustedes traen los acompañamientos?
6. Leticia, tú traes el helado, ¿verdad?
7. ¿Qué haces tú, Inés?
8. A ver, ¿qué hace Jorge?

1.	Raúl	arroz con pollo
2.	Inés	ensalada de frutas
3.	Marta	refrescos
4.	Gerardo	plátano frito
5.	Leticia	helado
6.	Emilio	pastel
7.	Esteban	tarta de manzana
8.	Anita	refrescos
9.	Jorge	pan
10.	Juan	frijoles

E. ¿Dónde...? Rosalia's party guests ask where to put the things they bring. What do they say?

> MODELO   Anita y yo / los refrescos
>   **¿Dónde ponemos los refrescos?**

1. yo / la ensalada de frutas
2. nosotras / la comida
3. César / el tocadiscos
4. yo / el pan
5. Emilio y yo / los postres
6. Daniel y Raúl / los discos

F. Después de trabajar. Some friends are trying to decide what time tomorrow to have their first summer get-together. Several of them have jobs, so they discuss what time each of them gets off work. What do they say?

MODELO   **Marilú y Rogelio <u>salen</u> a las cinco.**

1. ¿====== Marcos a las 8:00 todavía?
2. Sí, y ustedes ====== a las 7:00, ¿no?
3. No, ahora nosotros ====== más tarde.
4. Sara, a qué hora ====== tú?
5. Yo ====== a las 6:30.
6. Pero Ana ====== a las 9:30.

G. Yo también. When Antonio hears his sisters boasting to their parents about all the good things they do, he does not want to be left out. Listen to what his sisters say, and tell what Antonio chimes in with.

MODELO   Siempre asistimos a nuestras clases.
          Yo tambien <u>asisto</u> a mis clases.

1. Yo también ====== la tarea.
2. Yo también ====== mis cosas donde van.
3. Yo también ====== cartas a nuestros familiares.
4. Yo también ====== bien.
5. Yo también ====== buenas notas.
6. Yo también ====== con amigos simpáticos.

H. Comentarios. Read some remarks Susana and her friends make about themselves, and fill in the blanks with the **yo** form of **conducir, poner, asistir, abrir, salir, hacer, insistir** and **escribir.**

1. No sé por qué mi novio está celoso. Nunca ====== con los otros chicos.
2. Mi hermano conduce muy bien, pero yo ====== muy mal.
3. No necesito arreglar mi cuarto los fines de semana. Todos los días ====== mis cosas donde van.
4. Quiero bajar de peso. Por eso, siempre ====== gimnasia por la mañana.
5. Soy un estudiante responsable. ====== a todas mis clases.
6. No sé por qué mis profesores tienen problemas para leer mi tarea. En mi opinión, ====== perfectamente bien.
7. No sé escribir *breakfast.* ¿Qué hago? ====== mi libro de inglés, por supuesto.
8. Ya no me gusta la comida rápida. Por eso, ====== en comprar comida sana.

COMUNICACIÓN

A. Después de la escuela. Answer these questions about your school-day habits in complete sentences.

1. En general, ¿sales de la escuela contento(a) o enojado(a)?
2. ¿Con qué frecuencia traes amigos a la casa?
3. ¿Asistes a muchos partidos después de las clases?
4. ¿Recibes dinero cuando sacas muy buenas notas?
5. En general, ¿haces la tarea antes o después de la cena?

MENU BASICO DE 1200 CALORIAS	Almuerzo: 400 calorías. 1 taza de ensalada, 1 porción de pollo, 1 fruta y una bebida baja o sin ninguna caloría.
Desayuno: 300 calorías. Café o té sin azúcar, 113 gr (4 oz) de jugo de fruta o una fruta fresca, 1 huevo, 1 tostada con trazas de mantequilla o mantequilla de dieta, e igual cantidad de jalea.	**Cena: 500 calorías.** 1 taza de ensalada, 1 porción de pollo, ½ taza de vegetales, 1 fruta y una bebida baja o sin ninguna caloría. Siempre, todo el té o café que desee durante el día.

B. Entrevista. Choose one of the two topics suggested, and use the questions to interview another student. Take notes on what you learn, and write a short paragraph about it.

EJEMPLO   **Gabriel, ¿qué traes para comer al mediodía?**
Traigo un sándwich y una manzana.

Gabriel trae un sándwich y una manzana para comer al mediodía.

En la escuela

1. ¿A veces traes tu almuerzo a la escuela?
2. ¿Es buena o mala la comida de la escuela?
3. ¿Permiten los profesores comer durante la clase?
4. En general, ¿comen mucho o poco tus amigos?
5. En general, ¿quieren tus amigos bajar de peso o no?

En tu casa

1. En general, ¿quién hace las comidas en tu casa?
2. ¿Haces tú la cena a veces?
3. ¿Con qué frecuencia ayuda tu papá a preparar la cena?
4. ¿Insisten ustedes en comprar comida sana?
5. ¿Permiten tus padres los dulces antes de la cena?

¿Comen hamburguesas en Latinoamérica y España? Sí, pero con menos frecuencia que aquí en los Estados Unidos. La hamburguesa hispana es diferente a la hamburguesa norteamericana. La carne tiene muchos condimentos y generalmente tiene cebollas (*onions*).

En España y en Latinoamérica existen hoy día varios restaurantes de comida rápida. Pero la mayoría de los hispanos prefieren el almuerzo tradicional. Algunas tiendas y oficinas cierran (*close*) entre las doce y las cuatro de la tarde. Muchos van a casa para comer y después de un almuerzo grande toman una siesta antes de regresar al trabajo. ¿Qué te parece?

EXPLORACIÓN 2

Function: *Talking about how you feel*
Structure: *Expressions with* **tener**

PRESENTACIÓN

To talk about how you feel at certain times, such as when you are hungry or sleepy, you need to use the verb **tener**.

A. To talk about being cold, **tener** is used with the noun **frío** (*cold*). This is different from English, in which the verb *to be* is used with an adjective.

Tengo frío.   *I'm cold.*

B. These new expressions with **tener** will help you express how you feel.

tener calor (*m*) *to be hot*	tener sueño *to be sleepy*
tener frío *to be cold*	tener razón (*f*) *to be right*
tener hambre (*f*) *to be hungry*	tener miedo *to be afraid*
tener sed (*f*) *to be thirsty*	tener prisa *to be in a hurry*

C. The equivalent of *very* with these expressions is **mucho(a)**.

José no tiene mucha hambre.   *José isn't very hungry.*
Tengo mucho sueño.   *I'm very sleepy.*

PREPARACIÓN

A. En el café. Elisa's family is placing an order at a café. Based on what the family members say, complete their statements with appropriate forms of **tener hambre** or **tener sed**.

MODELO

B. En la televisión. Sometimes Juana is too easily influenced by what she sees on television. How do these pictures make her feel?

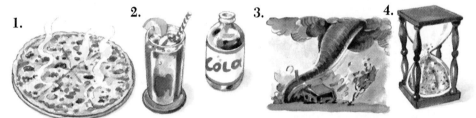

1.   2.   3.   4.

C. ¡Cuidado, niños! Luis's mother worries a lot about her children. Complete their responses to her concerned questions, writing the responses on paper.

MODELO   MAMÁ   Eva, hace mucho sol hoy. ¿No quieres entrar en la casa?

            EVA   Sí, mamá, (yo) **tengo calor**.

1.   MAMÁ   Siempre comes muy poco. ¿No quieres otra chuleta?
     MÓNICA   No, mamá, (yo) no ═══ .
2.   MAMÁ   Tu hermana nunca tiene tiempo para el desayuno.
     MÓNICA   Es verdad, por la mañana ella siempre ═══ .
3.   MAMÁ   Hace mucho calor. ¿Quieren tomar algo?
    LUIS Y EVA   No, gracias, mamá (nosotros) no ═══ .
4.   MAMÁ   ¿Por qué no traes un suéter, Luis?
     LUIS   Pero, ¿por qué, mamá? (Yo) no ═══ .
5.   MAMÁ   Ya es tarde. ¿No quieren tus hermanos dormir?
     MÓNICA   Es que (ellos) nunca ═══ .

COMUNICACIÓN

A. ¿Qué comes? Find out what another student usually eats under the following circumstances.

> EJEMPLO   10:00 A.M. / hambre / comer
> **Son las diez de la mañana y tienes hambre. ¿Qué comes?**
> **Como una manzana o un plátano.**

1. 3:00 P.M. / frío / tomar
2. 6:30 P.M. / sed / tomar
3. 7:30 A.M. / sed / tomar
4. 10:30 P.M. / hambre / comer
5. 2:30 P.M. / calor / tomar
6. 12:00 noon / hambre / comer

B. Reacciones. Listen to some statements, and write how you would feel if you were in each of the situations described.

> EJEMPLO   Son las nueve menos diez y tienes que estar en clase a las nueve.
>
> *Tengo mucha prisa.*

C. ¿Cómo te sientes? Answer the following questions, or use them to interview another student.

1. ¿Tienes más sed o hambre ahora?
2. ¿Tienes más calor o frío ahora?
3. ¿Quién tiene razón con más frecuencia, tú o tus padres?
4. ¿Quién tiene más miedo por la noche, tú o tus amigos?
5. ¿Tienes más ganas de estudiar o de descansar ahora?
6. Cuando tienes prisa por la mañana, ¿desayunas o no?

SOPAS	Pesos
SOPA ESPECIAL con pollo	450
SOPA O CREMA DEL DIA	350
CREMA DE ESPARRAGOS	300

ENSALADAS

ENSALADA DEL CHEF, lechuga, jamón, pollo, lengua y salsa Roquefort	400
ENSALADA DE ESPINACAS con tocino champiñones	425
ENSALADA DE POLLO con esparragos y apio	450
ENSALADA DE CAMARONES estilo Hawaii	530
ENSALADA MIXTA	410
ENSALADA ESPECIAL DE FRUTAS	400
ENSALADA DE ATUN con mayonesa	420

PLATOS PRINCIPALES

BISTEC con papas fritas	800
HAMBURGUESA con queso	620

SANDWICH DE JAMÓN Y QUESO	625
CHULETAS DE CERDO	780
ESPAGUETIS CON SALSA DE CARNE	730
CARNE ASADA con papas al horno	825
CAMARONES en salsa de ajo	850
TRUCHA a la plancha	810

POSTRES		BEBIDAS	
PASTEL DE LA CASA	280	CAFÉ	150
ARROZ CON LECHE	230	CHOCOLATE	180
		LECHE	170
FLAN DE VAINILLA	250	TE	155
COCTEL DE FRUTAS	220	REFRESCOS	190
HELADOS SURTIDOS	225	JUGO DE NARANJA	160
		JUGO DE TOMATE	185
		JUGO DE UVA	170

CULTURAL

Las ilustraciones siguientes representan comidas bastante típicas de una familia hispana.

El desayuno
Por la mañana hay
    café con leche o chocolate
    pan
    mantequilla
    mermelada

El almuerzo
Al mediodía hay
    arroz con pollo
    ensalada
    queso y guayaba
    café

La cena
Por la noche hay
    sopa de verduras
    una tortilla de huevo y papas fritas
    fresas con crema

Y tú, ¿qué comes para el desayuno, el almuerzo y la cena? ¿A qué hora tomas las comidas principales?

EXPLORACIÓN 3

Function: *Talking about what you know*
Structure: *The verbs saber and conocer*

PRESENTACIÓN

A. The verbs **saber** and **conocer** both mean *to know*. Except for the **yo** form, all forms of these two verbs are regular.

saber

sé	sabemos
sabes	sabéis
sabe	saben

conocer

conozco	conocemos
conoces	conocéis
conoce	conocen

B. **Saber** means *to know a fact*, *to have information*, or *to know how to do something*. It can, therefore, be followed by a noun, a clause, or an infinitive.

José sabe francés.	*José knows French.*
Sé dónde está tu amigo.	*I know where your friend is.*
No saben cocinar.	*They don't know how to cook.*

C. **Conocer** means *to be acquainted with* or *to be familiar with*. It is usually followed by names of people, places, or things.

¿Conocen a mi hermana?	*Do you know my sister?*
No conocemos Madrid.	*We don't know Madrid.*
¿Conoces la revista Tú?	*Are you familiar with the magazine Tú?*

D. Here is some useful vocabulary for talking about your favorite restaurants.

el precio	*price*	el mesero	*waiter*
el cocinero, la cocinera	*chef*	la mesera	*waitress*
el cliente	*client, customer*	el menú	*menu*

PREPARACIÓN

A. Un invitado. Julio wants to know certain facts about a foreign student staying with the Lara family next door. What does he ask Mrs. Lara, and what does he ask her son Miguel?

> MODELO Sra. Lara / si habla español
> **Señora Lara, ¿sabe usted si habla español?**

1. Miguel / cómo se llama
2. Sra. Lara / cuántos años tiene
3. Miguel / si tiene hermanos
4. Sra. Lara / de dónde es
5. Miguel / cuánto tiempo va a estar aquí

B. ¿Quién sabe? Hugo is trying to impress his roommates at summer camp, so he asks them if they know as much as he and his sister do. Act out their conversation, using appropriate forms of **saber**.

> HUGO ¿___1___ jugar fútbol?
> RAÚL No, no soy muy atlético.
> HUGO ¿___2___ ustedes inglés?
> RAÚL E IGNACIO Por supuesto, ___3___ muy bien el inglés.
> HUGO Mi hermana ___4___ programación de computadoras
> y sólo tiene once años.
> INÉS Hugo, ¿___5___ que hablas mucho?
> HUGO Sí, ya ___6___, pero quiero ___7___ todo sobre mis amigos.

C. En Bogotá. Estela and Ramón have just moved to Bogotá. Listen to the questions Raquel asks them as she shows them around town. Then complete Estela's and Ramón's answers with forms of the verb **conocer.**

MODELO   Conocen el centro, ¿no?   No, no **conocemos** el centro todavía.

1. Sí, ya ═══ a tu hermano.
2. No, en realidad no ═══ a muchas personas.
3. No, no ═══ a tus amigas todavía.
4. Sí, creo que ya ═══ el Parque Nacional.
5. Sí, ═══ muy bien a tus tíos.
6. Sí, ya ═══ todas las tiendas.

D. Hamburguesas para todos. Jorge is applying for a job in his neighborhood café, La Hamburguesa Real, and strives to impress the owner with what he already knows. When does he use **conocer,** and when does he use **saber?**

MODELO   hacer hamburguesas
Yo ya sé hacer hamburguesas.

1. su restaurante
2. cocinar bien
3. el cocinero
4. hacer papas fritas
5. el mesero
6. los clientes

COMUNICACIÓN

A. ¿Qué sabes hacer? Ask your classmates if they know how to prepare the following foods.

¿Sabes...?

1. hacer pan francés
2. preparar ensalada de papas
3. preparar jamón con melón
4. cocinar plátanos
5. cocinar frijoles mexicanos
6. hacer una tortilla de huevo
7. hacer una tarta de peras
8. cocinar tocino

B. Conocer es comprender. Get to know the people in your class better by asking them questions using **saber** or **conocer.**

EJEMPLO   hacer arroz con pollo
Tú: **Eva, ¿sabes hacer arroz con pollo?**
Eva: **Sí, sé hacer arroz con pollo.**

tocar el piano
la música de Bob Dylan
qué hora es en España
el Parque Yellowstone
si hay una fiesta hoy

si va a hacer frío mañana
programar computadoras
a un sabelotodo
el número de teléfono de...
¿...?

RINCÓN
CULTURAL

Cuando los norteamericanos necesitan pan, leche o frutas, generalmente van al supermercado. También los hispanos muchas veces van al supermercado. Pero muchos de ellos prefieren ir a las tiendas pequeñas. ¿A qué tiendas van? Cuando necesitan leche, yogur, mantequilla o queso, van a la lechería. Para comprar fruta van a la frutería, y si quieren dulces buscan una dulcería. Para comprar café, agua mineral, frutas y verduras, los hispanos van a la tienda de comestibles, que se llama la abarrotería en México, la bodega en Panamá y el colmado en España.

Para comprar pan, van a la panadería.

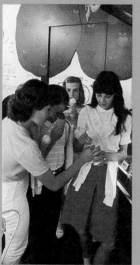

Compran helados en la heladería.

Cuando necesitan carne, van a la carnicería.

Y bueno, para comprar tartas y pasteles, van a la pastelería.

EXPLORACIÓN 4

Function: *Talking about likes and dislikes*
Structure: *verbs like* **gustar**

A. You have already learned to say what you like (**Me gusta[n]...**) and to
    ask another person about his or her likes (**¿Te gusta[n]...?**). Study
    the chart below to see how **gustar** is used to talk about other people's
    likes and dislikes.

gustar

I like	me gusta(n)	nos gusta(n)	we like
you like	te gusta(n)	os gusta(n)	you like
you he like(s) she	le gusta(n)	les gusta(n)	you they like

B. **Gustar** does not literally mean *to like*. It corresponds to the English
    expression *to please* or *to be pleasing to*.

No me gustan los frijoles.	*I don't like beans.* *(Beans are not pleasing to me.)*

C. **Le(s) gusta** and **le(s) gustan** may have several different meanings.

Le gustan las fresas.	*He likes strawberries.* *She likes strawberries.* *You (formal) like strawberries.*
Les gusta el melón.	*They like cantaloupe.* *You (pl.) like cantaloupe.*

To clarify who or what **le** or **les** refers to, **a** may be used with a noun or
with the pronouns **él, ella, usted, ellos, ellas,** or **ustedes.**

A Verónica	le gusta nadar.	*Veronica likes to swim.*
A él	le gustan las naranjas.	*He likes oranges.*
A ustedes	les gusta el café.	*You (pl.) like coffee.*

D. For emphasis, **a** may be used with **mí, ti,** or **nosotros.**

A mí me gusta el bistec.	*I like steak.*
Y **a ti,** ¿qué te gusta?	*And what do **you** like?*
A nosotros nos gusta más el queso.	*We like cheese better.*

E. Two other verbs that follow the same pattern as **gustar** are **encantar** and **parecer.** If **parecer** is followed by an adjective, the adjective agrees with the noun it modifies.

A Diana le encanta cocinar.	*Diana loves to cook.*
Nos parece perfecta la cena.	*The dinner seems perfect to us.*

PREPARACIÓN

A. Primeras impresiones. A family from the Philippines has just moved to the United States. What do they tell their relatives back home that they do and do not like?

> MODELO los carros grandes (sí)   el queso (no)
> **Nos gustan los carros grandes.**   **No nos gusta el queso.**

1. la comida rápida (no)
2. la televisión (sí)
3. los pasteles (no)
4. las casas (no)
5. los restaurantes (sí)
6. el helado (sí)

B. Una cena perfecta. Caridad has invited Marcelo to dinner. To make the dinner perfect, she asks his mother what foods he likes. As it turns out, he loves all foods except dairy products. With this in mind, tell how his mother answers.

> MODELO ¿la carne de cerdo?   ¿el flan?
> **Sí, le encanta la carne de cerdo.**   **No, no le gusta el flan.**

1. ¿las zanahorias?
2. ¿el queso?
3. ¿los plátanos fritos?
4. ¿las espinacas?
5. ¿la leche?
6. ¿el helado?

C. ¿Qué les parece?   When Micaela calls her eldest brother, Jaime, who is studying in the United States, she finds out all about his new school. How does he answer her questions?

> MODELO   tus clases (muy interesantes)
> **¿Qué te parecen tus clases?**
> **Me parecen muy interesantes.**

1. tu clase de francés (difícil)
2. la comida (muy buena)
3. el fútbol americano (aburrido)
4. tu profesor de inglés (bueno)
5. los estudiantes (muy simpáticos)
6. las vacaciones (fantásticas)

D. En la cafetería.   Daniela and other students are discussing today's cafeteria selection. Listen to what they say, and complete each of the following sentences in writing.

> MODELO   A Elena...

A Elena le gustan los postres.

1. A Juana...
2. A Mónica...
3. A mí...
4. A ti...
5. A nosotros...
6. A Felipe y a Silvia...

E. Gustos diferentes.   Juana and her cousin Juan are at the Café Cubano. When Juana remarks about her favorite foods, Juan always seems to disagree. What do they say?

> MODELO   el pescado frito
> Juana: **A mí me encanta el pescado frito.**
> Juan: **Pues a mí no me gusta.**

1. el agua mineral
2. la mermelada de naranja
3. el café con leche
4. las espinacas con tocino
5. las fresas con crema
6. las tartas de chocolate

F. Preferencias.   The owner of the Granada Restaurant asks a waitress what a certain influential couple thinks of their meal. As it turns out, the wife likes everything, but her finicky husband does not. What does the owner ask, and how does the waitress answer?

> MODELO   el pescado
> **¿Qué les parece el pescado?**
> **A ella le gusta pero a él no.**

1. las uvas
2. los plátanos
3. las zanahorias
4. la carne asada
5. el arroz
6. las tortillas de maíz

COMUNICACIÓN

A. Entrevista. Find out which of these foods other students in your class like better.

> EJEMPLO la leche o el jugo de manzana
> **¿Qué les gusta más a ustedes, la leche o el jugo de manzana?**

1. ¿el agua o el jugo?
2. ¿el helado o los pasteles?
3. ¿el bistec o las chuletas?
4. ¿la carne o las verduras?
5. ¿las papas o el arroz?
6. ¿las naranjas o las peras?
7. ¿el té o el café?
8. ¿la mantequilla o la mermelada?

B. ¿Y a ti? Tell something you like or dislike in one of the categories listed, and ask a classmate to do the same. Your classmate does so and repeats what you like or dislike. The next student continues the chain without duplicating another student's response.

> EJEMPLO gustar / las clases
> Tú: **A mí me gusta la biología. ¿Y a ti, Pablo?**
> Pablo: **A mí me gusta el español y a ti te gusta la biología. ¿Y a ti, Ana?**

1. gustar / las clases
2. encantar / la comida
3. parecer malo / los programas de televisión
4. no gustar / los actores

C. Gustos. Based on what was said in Activity B, write sentences telling what you and some of your classmates do or do not like.

> EJEMPLO **A mí me encantan los tomates.**
> **A Pablo le gusta el español.**

PERSPECTIVAS

LECTURA

En el restaurante Don Quijote

VICENTE	Una mesa para tres, por favor.
LA MESERA	Muy bien. Aquí tienen el menú. ¿Necesitan unos minutos antes de pedir?
VICENTE	Sí, por favor.

(Pasan unos minutos.)

LA MESERA	¿Qué desean de entrada?
MARÍA	¿Cuál es la sopa del día?
LA MESERA	Sopa de tomate.
MARÍA	No, gracias. Queremos sopa de verduras para los tres.
LA MESERA	¿Y de plato principal?
SARA	Para el señor y para mí una paella valenciana.
MARÍA	Para mí los camarones. También ensalada para todos, por favor.
LA MESERA	Muy bien, señorita. ¿Y para tomar?
VICENTE	Para mí, agua mineral.

MARÍA	Y para nosotras, lo mismo…
LA MESERA	¿Van a querer postre también, señores?
SARA	Sólo una tarta de manzana y tres cafés, por favor.
LA MESERA	Con mucho gusto.

(Después de la comida)

VICENTE	Mesera, la cuenta por favor… Gracias. Aquí tiene la propina.
LA MESERA	Gracias, señor, pero ya está incluida.

Expansión de vocabulario

los camarones shrimp	**la entrada** appetizer
con mucho gusto with pleasure	**incluida** included
la cuenta check, bill	**la mesa** table
desear de to want, to wish for	**pedir** to ask for, to order
	la propina tip

Comprensión

Answer the following questions based on the reading.

1. ¿Qué platos quieren los clientes de entrada?
2. ¿Qué platos principales desean?
3. ¿Qué van a tomar con la comida?
4. ¿Desean todos postre?
5. ¿Cuántos cafés quieren?
6. ¿Quién trae la cuenta?
7. ¿Está incluida la propina?

COMUNICACIÓN

A. ¡Un cliente difícil!   Imagine a conversation between a difficult customer and a waiter as you complete this dialogue.

EL CLIENTE	¿Qué clase de carne tienen?
EL MESERO	Tenemos __1__ y __2__, señor.
EL CLIENTE	¿Es todo? ¿No tienen __3__?
EL MESERO	No, señor, pero tenemos __4__.
EL CLIENTE	Y de verduras, ¿qué tienen?
EL MESERO	Tenemos __5__ y __6__.
EL CLIENTE	Y de postre, ¿qué hay?
EL MESERO	Muchas cosas. Hay __7__, __8__ y __9__.
EL CLIENTE	¿No tienen __10__?
EL MESERO	No, señor, pero tenemos __11__.
EL CLIENTE	Pues, no quiero comer aquí. Adiós.

B. Vamos al café. You are hungry and feel like eating out. Write what
W you would say for each item below.

How do you

1. tell a friend you are hungry and want to go to a restaurant?
2. ask if your friend knows a good café?
3. ask your friend what the name of the café is?
4. ask if he or she knows where it is?
5. ask the waiter what there is to drink?
6. summon a waiter to bring the check?
7. find out if the check includes the tip?

C. A comer. Imagine you and a friend are
L at a restaurant in Bogotá. Can you understand what your friend orders? Listen to
the conversation. Then, looking at the
meals pictured, write the number of the
one your friend orders.

PRONUNCIACIÓN

In Spanish, when a word ends in a vowel, **n**, or **s**, the next to the last
syllable is stressed. If a word ends in any other consonant, the last syllable is stressed.

desayuno	**postre**	ensalada	escriben	recibimos
hacer	**arroz**	bistec	verdad	pastel

Words that do not follow this rule have a written accent
mark to show which syllable is stressed.

número	álgebra	además	menú	café	jamón

The accent on some words serves only to distinguish them from other
words with the same spelling. Such words have different meanings, but
the same pronunciation.

si	sí	te	té	tu	tú	mi	mí
if	*yes*	*you*	*tea*	*your*	*you*	*my*	*me*

Now repeat these sentences.

1. Cuando mi papá tiene sueño, toma café.
2. A mi mamá le gusta más el té.
3. Yo no tomo ni té ni café.
4. Para mí, las dos bebidas son malísimas.
5. Mi solución es sana y fácil—hago ejercicios y como un plátano.

1NTEGRACIÓN

Here is an opportunity to test yourself to see what you can do. If you have trouble with any of these items, study the topic and practice the activities again, or ask your teacher for help.

Vamos a escuchar

A. ¿Qué comida es?   It is mealtime again and food is on everyone's mind. Write **sí** if all the foods that each person talks about appear in the accompanying picture and **no** if they do not.

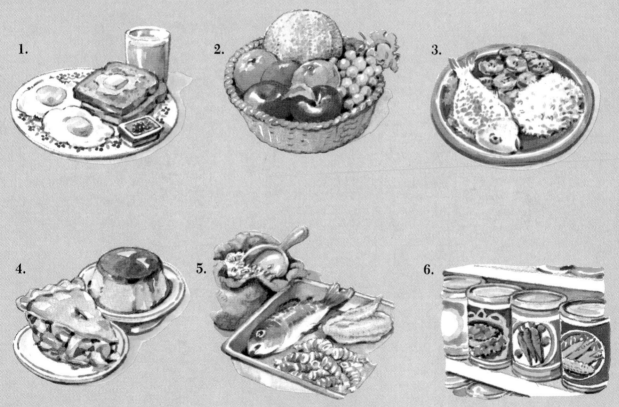

1.

2.

3.

4.

5.

6.

B. Buenas razones.   Listen to some people's reactions to various situations. If the reasons for the reactions are logical, write **lógico**; if not, write **ridículo**.

Vamos a leer

A. Estar a dieta. Based on this conversation, write who would be more likely to make the remarks that follow—Inés or Mónica.

Mónica e Inés quieren bajar de peso. Hablan del menú para el primer día de su dieta.

MÓNICA	Para el desayuno, ¿qué te parece un jugo de naranja, unos huevos fritos, jamón, pan y melón?
INÉS	Oye, Mónica, me parecen muchas calorías.
MÓNICA	Es posible, pero los expertos siempre recomiendan un desayuno completo.
INÉS	¿Y para el almuerzo?
MÓNICA	A ver, primero una sopa de frijoles y después pescado frito, un poco de arroz y una ensalada de frutas. ¿Qué te parece?
INÉS	Todavía me parece mucha comida. ¿Por qué tenemos que comer sopa de frijoles? Los frijoles no son muy buenos para las dietas, ¿sabes?
MÓNICA	Pero la sopa tiene mucho líquido y es importante tomar agua para bajar de peso. Además las sopas son muy sanas.
INÉS	Está bien, pero para la cena insisto en permitir sólo un poco de queso y un tomate.
MÓNICA	Ay, hermana, ¿y el postre? No hay nada malo en un poco de helado. Además la vitamina D es…
INÉS	Sí, sí, ya sé, ¿pero quieres bajar de peso o no?
MÓNICA	Sí, pero no quiero sufrir. Mira, en realidad estoy contenta y sana. Vamos a hacer dieta otro día, ¿quieres?

1. Las papas tienen minerales muy importantes.
2. ¿Por qué insistes en hacerme sufrir? Me encantan los dulces.
3. Para bajar de peso tenemos que comer poco.
4. Cuando una persona está a dieta, debe evitar los postres.
5. No quiero estar delgada si no voy a estar contenta también.
6. No me gustan las dietas estrictas.

Vamos a escribir

A. Ir de compras. Your parents are away on a trip, so you have to buy groceries for the next few days. Look at the sales ads, and write five sentences using each of the verbs listed. Mention a different food in each sentence.

> EJEMPLO hacer
> **Quiero hacer una sopa de espinacas, porque me encantan las espinacas.**

hacer   gustar   parecer   encantar

B. Nuevos amigos. Imagine that at a party, you get acquainted with Camilo and Sara and later give them a ride home. Complete some of the remarks you might make, filling in the blanks with one or more words as necessary.

How do you

1. tell Camilo that you already know his sister Sara?
   Ya ═════ a tu hermana Sara.
2. tell him that, to you, his sister seems very nice?
   ═════ me ═════ muy simpática tu hermana.
3. inform Camilo and Sara that you know how to drive very well?
   ═════ muy bien.
4. comment that it's late and ask them if they're sleepy?
   Es tarde. ¿═════ ustedes ═════?
5. tell your family that Camilo loves parties but Sara does not like them much?
   A ═════ pero a ═════.

C. Los dulces de Raúl. Raúl is at a new boarding school, and he cannot believe the way his new "friends" act when he receives his first letter and "care" package of sweets from home. Fill in the blanks with forms of the verbs listed.

hacer   escribir   recibir   poner   abrir   insistir   permitir

RAÚL   Mi mamá __1__ en su carta que hay dulces en el paquete. ¡Qué bueno!

LUIS   Es la primera vez que tú __2__ un paquete con comida, ¿no?

RAÚL   Sí, ¿por qué? ¿No __3__ los profesores eso?

LUIS   Con ellos no hay problema. Es que los estudiantes siempre __4__ en estar presentes para abrir el paquete.

RAÚL   ¿Por qué? No entiendo.

LUIS   Mira, aquí están nuestros "amigos", ¿ves?

RAÚL   Ah sí. Hola, Simón. Hola, José. Eh...tengo una idea. Vamos a __5__ un pacto. Yo __6__ el paquete, yo __7__ la comida en la mesa y todos comemos una parte.

SIMÓN   Hay un pequeño problema, amigo. Yo siempre __8__ los pactos y tengo una idea diferente. Nosotros __9__ el paquete, nosotros __10__ la comida en la mesa y nosotros comemos los dulces. El resto es para ti. ¿Qué te parece?

Vamos a hablar

Work with a partner or partners and create short dialogues based on the following situations. Whenever appropriate, switch roles and practice both parts of your dialogue.

Situaciones

A. Buen consejo. You are a doctor, and a patient comes to you with a health problem. Ask about the patient's symptoms and eating habits, and give some advice.

B. En el café. You and a friend each order a soft drink and salad of your choice at a café. The waiter or waitress seats you, offers you the menu, and takes your order. You respond appropriately and ask for the check at the end of the meal.

C. Después de comer. You and a friend are eating in a restaurant. When the waiter or waitress asks you about your meal, you say you like it, but your finicky friend says that he or she does not. A few seconds later, you call the waiter back. Ask for the check and find out whether the tip is included.

VOCABULARIO

FOODS
el agua (f)   water
el arroz   rice
la bebida   drink
el bistec   steak
el café   coffee
el camarón   shrimp
la carne   meat
la carne asada   roast beef, barbecued beef
el chocolate   chocolate, hot chocolate
la chuleta de cerdo   pork chop
los dulces   sweets
la ensalada   salad
las espinacas   spinach
el flan   baked custard, flan
la fresa   strawberry
los frijoles   beans
la fruta   fruit
el helado   ice cream
el huevo   egg
el jamón   ham
el jugo   juice
la leche   milk
la mantequilla   butter
la manzana   apple
el melón   cantaloupe
la mermelada   jam
la naranja   orange
el pan   bread
la papa   potato
el pastel   pastry, cake
la pera   pear
el pescado   fish
el plátano   banana, plantain
el pollo   chicken
el postre   dessert
el queso   cheese
el refresco   soft drink
la sopa   soup
la tarta   tart, pie
el té   tea
el tocino   bacon
el tomate   tomato
la tortilla de huevo   omelet
la tortilla de maíz   corn tortilla
la uva   grape
la verdura   vegetable
la zanahoria   carrot

OTHER NOUNS
el almuerzo   lunch
la cena   dinner
el cliente   customer, client
el cocinero, la cocinera   cook
la comida   food, meal
la cuenta   bill
el desayuno   breakfast
la entrada   appetizer
el menú   menu
la mesa   table
la mesera   waitress
el mesero   waiter
el precio   price
el problema   problem
la propina   tip
el sabelotodo   know-it-all
el tiempo   time

ADJECTIVES
frito   fried
incluido   included
sano   healthy, wholesome

VERBS
abrir   to open
asistir a   to attend
conducir   to drive
conocer   to know
desayunar   to have breakfast
dormir   to sleep
encantar   to be delightful
me encanta(n)   I love, I like a lot
escribir   to write
evitar   to avoid
gustar   to be pleasing
me gusta(n)   I like
insistir en   to insist on
parecer   to seem
pedir   to ask for, to order
permitir   to permit, to allow
poner   to put, to place, to set
preparar   to prepare
recibir   to receive
saber   to know
tomar   to drink, to have (to eat)
traer   to bring
vivir   to live

EXPRESSIONS WITH TENER
tener calor   to be hot
tener frío   to be cold
tener hambre   to be hungry
tener miedo   to be afraid
tener prisa   to be in a hurry
tener razón   to be right
tener sed   to be thirsty
tener sueño   to be sleepy

OTHER WORDS AND EXPRESSIONS
aumentar de peso   to gain weight
bajar de peso   to lose weight
con mucho gusto   with pleasure
lo mismo   the same
ni...ni   neither...nor

NOTE: For the prepositional pronouns, see Exploración 4. See also pp. 298, 304 and 327–328.

GACETA

Nº 2

De viaje

In this **Gaceta**, you will learn to scan the text for details, to make intelligent guesses based on context, and to use nonlinguistic cues and information. Keep in mind that reading strategies work best when you use several at once.

Scan for Details

One way to read more effectively is to decide beforehand what you are looking for, such as a telephone number, a date, a location, or an event. Then scan the text for the specific information you need. Gliding your forefinger over the lines on the page is a good practice to remember.

La familia Martínez quiere un hotel con villas familiares provistas de televisor a colores, restaurante, piscina y parque recreativo.

La señora Chávez necesita un hotel situado en el sector comercial, con un salón de conferencias y lujosas habitaciones con aire acondicionado.

A. **Hotel reservations.**   You are a travel agent who must find a suitable hotel for the people in the preceding photos. Look at the descriptions of the customers' wants and then at the hotel advertisements on page 246. Scan each text just for the information needed to find the right hotel for each customer. Do not try to understand every word. Then, using the hotel reservation card as a model, design two cards and fill in the information for each of your clients.

Hotel Doral

Barranquilla Colombia

* 125 habitaciones todas con baño privado, teléfono, aire acondicionado. Algunas con T. V. color y/o balcón a la Avenida
* Comedor principal
* Piscina privada en el 5o. piso
* Salones para conferencias o Actos Sociales con capacidad de 20 a 140 personas

Calle 45 No. 44-52
Reservaciones Tels: 328660 al 67
Gerencia: 329884—Telex 3-1-200
Cables: Doral A. A. 2684

RESERVADO POR:

Apellido: *Pérez* Nombre *Jorge*

Dirección: *Carrera 5 nº 39*

Ciudad: *San Cristóbal* País *Colombia*

Motivo de Viaje:
Recreación ☒ Congreso ☐ Trabajo ☐

| 15 | 6 | 88 | | 21 | 6 | 88 |

Fecha de Llegada   *11:15*   Fecha de Salida
Hora Llegada

Vacaciones felices ... en Cafam

Centros de Vacaciones en: Melgar: Unidad Multifamiliar (Hotel), Casa, Camping y Supercamping—Llanos Orientales: (Camping).

Informes: Transversal 48 Nº 94-97 - Bloque IV, Piso 1º - Conmutador: 2714400 - Exts.: 382 - 383 - 384
Club Recreativo Urbano: Kilómetro 14, Autopista Norte-Bogotá. Informes: Teléfono 2714400-Ext.: 485.

CAFAM

Juanillo

Av. 19 No. 114-39 Tel.: 213-7846

Restaurante internacional, con un marcado acento madrileño—de ese Madrid acogedor "con tantas cosas buenas que soñamos desde aquí," como diría Augustín Lara. Para empezar, las castizas "tapas" aceitunas, calamares, mejillones, boquerones, jamón serrano, chorizos ($230.oo). Por la noche suena una guitarra y la fiesta es animadísima. Puede usted seguir con una paella clásica ($830.oo) o con alguna otra de las muchas delicias que le ofrecen allí. Sí, señor; está usted en "su casa".

12 m. a 1 a.m.
Lunes a Domingo

chalet suizo

Con más de veinte años de prestigio . . . ¡ininterrumpido! En calidad y precios. Uno de los mejores restaurantes del Centro. Muy buen servicio. Especialidades suizas, como sus excelentes "fondues" (Bourguignonne, $700.oo; de queso enmental $820.oo; Caprichosa con mariscos y carne, $880.oo), su Emince de ternera zurichoise, ($620.oo), la Entrecote St. Moritz ($680.oo). El mejor café.

12 m. a 11.30 p.m.
Lunes a Domingo

pizzerias Dómo

música y ambiente
pizzas · pastas
y ensaladas

SERVICIO A DOMICILIO
- Avenida 19 No. 3-34
- Carrera 7a. No. 21-46
- Calle 63 No. 13-28
- Carrera 13 No. 61-43
- Calle 72 No. 10-34
- Metrópolis Locales 276–277
- Carrera 100 No. 26-36
- Carrera 15 No. 104-41

2152486
2126451

B. Eating out. Look at the three restaurant ads, and match the names of the restaurants to each person's preferences. Scan the ads and use other reading strategies, such as recognizing cognates, to make your choices. Write your answers on a sheet of paper.

1. Me encanta la paella clásica y un restaurante con ambiente animadísimo. Prefiero ir al restaurante ▭▭▭ .
2. A José le gusta la comida italiana y a mí las ensaladas. Vamos a comer al ▭▭▭ .
3. Me gusta ir a un restaurante donde pueda comer especialidades como ternera al estilo de Zurich. Voy al restaurante ▭▭▭ .

C. Choosing a restaurant. Scan the restaurant ads again to answer these questions. Write your answers on a sheet of paper.

1. Which restaurant serves a cured-ham appetizer for 230 pesos?
2. To make reservations at **Juanillo,** what telephone number would you call?
3. Which restaurant has eight locations and also delivers to your home?
4. At which restaurant does a cheese fondue cost 820 pesos?
5. Which restaurant would be closed if you went there at 11:45 P.M.?

Guess Meaning from Context

When you run across a word you do not know, you can often use the context in which it appears to figure out what it means. You already use this strategy in your native language. For example, you may not know the English word *exacerbate*, but look at its use in this sentence: *A violent storm exacerbated the already-dangerous driving conditions.* You can make an intelligent guess as to its meaning by considering the words around it. If the driving conditions were already dangerous, what would a violent storm have done to them? You can guess that *exacerbate* means "make worse."

A. A message from a friend. Imagine that you received this card from a friend who is vacationing in Spain. As some of the words are illegible, you must figure out what they should be. Use the context surrounding the missing words to choose words that make sense, and write them on a sheet of paper.

¡Hola!
   Estoy en __1__ y es maravillosa. Casi toda mi familia está aquí y mi __2__ va a venir mañana. El __3__ es muy bonito y mi habitación es bastante grande. En dos __4__ regreso a los Estados Unidos. ¡Espero verte!

                    Tu __5__, Irma

París	semanas	casa	hermano
esposa	madre	horas	hotel
amiga	Barcelona	reina	años

Use Nonlinguistic Information

Nonlinguistic information is information that comes from diagrams, charts, maps, and so on rather than from the text itself. Bold-faced printing, capitalization, bright or muted colors, and photographs and graphics are also important nonlinguistic cues. They can give you information about context and help you understand what you are about to read.

A. On the road in Colombia. If you were in Colombia and wanted to plan your sight-seeing activities, you could use nonlinguistic information to help you find travel agencies, hotels, banks, and restaurants. Match the names of the following businesses to the services they perform, then write their telephone numbers on a sheet of paper.

1. Conavi
2. La Fonda Paisa
3. Viajes Miranda
4. Complejo Turístico

a. travel agency
b. hotel
c. bank
d. restaurant

EXCURSIONES MUNDIAL
Carrera 20, No. 43-06
Tels. 29863 - 32770 - 35086
Telex 3-1-400

VIAJES MIRANDA
Edificio Escorial, Of. 331
Tel. 52041

CRUCEROS MAYA
Avenida 19 No. 7-33
Tel. 21785
Telex 6-1-244

LA SUIZA
Avenida 19, No. 111-45
Tel. 218 8679

EL PARAISO
Calle Ríonegro 3
Tels. 329381 al 86

LA FONDA PAISA
Kilómetro 15
Autopista Norte
Tel. 271892

HOTEL AVENTURA
Calle 34, No. 33-34
Tel. 42550

HOTEL ROMANA
Calle 45, No. 41-54
Tels. 326885 al 76

COMPLEJO TURISTICO
Edificio Escorial
Tel. 45321

CONAVI
Ctro. Comercial Riviera
Calle 14, No. 13-112
Tels. 215144 - 215463

BANCO FINANCIERO
Calle 34, No. 20-60
Tel. 44891 - Exts. 384 - 389

BANCO INDUSTRIAL COLOMBIANO
Carrera 22, No. 20-60
Tel. 41032
Telex 5-1-400

Combine Reading Strategies

Work with what you already know.
Make cognates work for you.
Skim the text to get the gist.

Scan the text for details.
Use context to make intelligent guesses.
Use nonlinguistic information.

Use all your reading strategies together when you read the human interest story on Gabriele Sartori. You will be surprised how much the six reading strategies you have practiced will help you in answering the questions.

Un "genio" de 17 años que repite de grado es el empleado extranjero más joven contratado por la NASA

A. Spaceman. Look only at the heading, the lead-in sentence, and the photo to determine which of the following tells what the article is about.

1. a secret agent's discovery in space
2. a boy's claim to be from outer space
3. NASA's futuristic fire-prevention kit
4. a boy's role in space exploration

B. More about the moon. Now read the body of the article below. Guess the reporter's main point, and write your answer on paper.

1. Many of NASA's employees have repeated a grade in school.
2. The first member of the moon colony will be a 17-year-old genius hired by NASA.
3. The youngest employee at NASA is a genius who repeated a grade in school.
4. NASA employs a genius every year.

Gabriele Sartori de Florencia, Italia, acaba de ser contratado por la NASA para trabajar en los proyectos espaciales de esa institución norteamericana. Aunque el joven de 17 años repitió un grado escolar, en Florencia le llaman "El Einstein de Italia" por las sensacionales hipótesis y teorías —todas fundamentadas científicamente— que ha elaborado para utilizar los elementos lunares en la construcción de colonias humanas en nuestro satélite.

C. About Gabriele. Look at the entire article, and use appropriate reading strategies to match each numbered sentence with its ending. Write the matching numbers and letters on paper.

1. Although Gabriele had to repeat a grade in school, he...

2. Gabriele Sartori comes from...

3. NASA hired him so that he could work...

4. His admirers call him the...

5. His hypotheses and theories are all founded...

6. He will be using construction materials from the moon to...

a. on scientific principles.

b. Cape Kennedy, Florida.

c. Sartori.

d. "Italian Einstein."

e. scholar of Florence.

f. is the youngest foreign employee on contract to NASA.

g. build a moon colony.

h. Florence, Italy.

i. build colonies in space.

j. graduated from high school at the age of 17.

k. because he failed a grade.

l. on space exploration projects.

Entertainment

In this chapter, you will find opportunities to talk about some of your favorite shows. You will also learn about the following functions and structures.

Functions

- expressing wishes, preferences, and opinions

- talking about someone or something already mentioned

- pointing out things and people with words such as *this* and *that*

- talking about things you and others hear and say

Structures

stem-changing verbs **e → ie**

direct object pronouns

demonstrative adjectives and pronouns

the verbs **oír** and **decir**

INTRODUCCIÓN

EN CONTEXTO

Un juego electrónico en la familia

CARLOS	Emilio, ¿qué haces aquí todavía?	
EMILIO	¡Caramba, Carlos, <u>no me interrumpas</u>! Mi total es de 2.365 puntos.	Wow! / don't interrupt me
CARLOS	¡<u>No es para tanto</u>! Pero debes bajar la <u>voz</u>. Mamá quiere <u>oír</u> su programa de televisión.	Big deal! / voice / to hear
MAMÁ	Niños, ¿qué hacen aquí todavía? Ya son las nueve de la noche.	
LOS NIÑOS	Mamá, por favor, unos minutos más.	
MAMÁ	No, <u>mejor no</u>. <u>Es hora de</u> dormir. Mañana van a estar muy cansados. Además, ese juego a mí me parece una <u>pérdida de tiempo</u>.	(you'd) better not / It's time to / waste of time
LA ABUELA	Ay, Silvia, ¿la cansada* no eres tú, mi <u>amor</u>? En mi opinión, este juego <u>enseña</u> mucho.	love / teaches
MAMÁ	Bueno, está bien. Pero sólo un <u>rato</u> más—y después, <u>¡a la cama!</u>, ¿eh?	while / to bed!
LOS NIÑOS	Gracias, mamá. Gracias, abuelita.	
LA ABUELA	De nada. Además, yo también quiero jugar... y <u>ganar</u>!	to win

* Spanish adjectives sometimes function as nouns. **La cansada** (*the tired one*) ends in **-a** because it refers to **mamá**.

■ Comprensión

Tell which members of the family would probably make the following statements.

1. No queremos ir a dormir todavía.
2. ¡Esta vez mi total es buenísimo!
3. Mañana van a tener sueño.
4. ¡Caramba! ¡Tú y tus puntos!
5. A mí también me gustaría jugar.
6. Jugar es aprender.

ASÍ SE DICE

los reportajes deportivos

los deportes

los concursos

los anuncios

los documentales

las telenovelas

las películas policíacas

las películas de ciencia-ficción

las noticias

los dibujos animados

las comedias

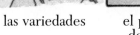

las variedades

el pronóstico del tiempo

A. Asociaciones.   Test your television IQ. Each time you hear a type of
TV show, say the name of a program that fits.

> MODELO   una comedia
> ***The Bill Cosby Show***

COMUNICACIÓN

A. ¿Qué programas prefieres?   Find out which kinds of programs a
classmate likes more, and tell which you like more when you are
asked.

> EJEMPLO   las comedias / las variedades
> **Omar, ¿te gustan más las comedias o las variedades?**
> **Me gustan más las comedias.**

1. los reportajes deportivos / las noticias
2. las telenovelas / las películas policíacas
3. los dibujos animados / las comedias
4. los concursos / las variedades
5. las películas de ciencia-ficción / los documentales
6. las noticias / el pronóstico del tiempo

SABADO
[6 de junio]

TVE-1
PRIMERA SESION
16.05

HERBIE, UN VOLANTE LOCO

Película de humor sobre Herbie, un coche Volkswagen con vida propia, a modo de coche fantástico, pero más humano.

C. La televisión. When the Gallardo family first moves to the United States, Mrs. Gallardo tells her neighbor about family members' trouble understanding some TV programs. What does she say?

MODELO **Mi familia no <u>entiende</u> bien los documentales.**

1. Nosotros no ══ todos los programas de televisión.
2. Ángel y Polo ══ muy bien las comedias.
3. Yo no ══ bien ni las telenovelas ni las películas.
4. Mi hija pequeña no ══ nada todavía.
5. A veces Víctor y yo ══ las noticias.
6. Y mi padre habla muy bien el inglés y ══ todo.

D. ¿Qué hacemos? Mr. Salinas, a teacher in Buenos Aires, asks his students about their plans for the upcoming holiday. Based on the illustrations, tell who plans to do what.

MODELO ¿Quiénes piensan ir a una fiesta?
Pablo y su familia piensan ir a una fiesta.

Pablo y su familia

Yo

Susana

Eduardo

Carmen, José y yo

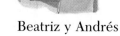

Mario y Raúl

Beatriz y Andrés

Leticia y yo

Tú

E. El pastel. Mrs. Álvaro needs someone to pick up a birthday cake. She calls her sister to ask where the various party guests are coming from to see if anyone will pass by the downtown bakery. What does her sister say?

MODELO **Carlos <u>viene</u> de la oficina.**

1. No, yo no. Yo ══ del partido de fútbol.
2. No, Ana está aquí. Nosotras ══ del estadio.
3. Carmen ══ del supermercado.
4. Creo que los abuelos ══ de la casa.
5. Un momento. ¡Estela! ¿Tú ══ de la biblioteca?
6. Sí, Estela dice que ══ de la universidad y pasa cerca del centro.

F. Preferencias. The members of the Ruiz family constantly disagree about what to watch on television. Complete their conversation using forms of the verbs **querer** and **preferir**.

ANALÍA   Yo __1__ (querer) ver *Es hora de ganar*, mi concurso favorito.
MIGUEL   ¡Otro concurso, no! Yo __2__ (preferir) ver *Cine del sábado*.
LAS NIÑAS   Pero, mamá, nosotras __3__ (querer) ver dibujos animados.
SRA. RUIZ   Y a lo mejor Juanito __4__ (preferir) ver un reportaje deportivo, ¿verdad? Siempre es lo mismo.
SR. RUIZ   Los niños siempre __5__ (querer) ver programas ridículos. Yo tengo una buena idea, Victoria. Esta noche vamos a ver los programas que tú y yo __6__ (preferir). ¿Qué __7__ (querer) ver tú?
SRA. RUIZ   Bueno, mi amor, ¿qué te parece *Todos mis amores*?
SR. RUIZ   ¡No me digas! ¿Una telenovela? Pero yo __8__ (preferir) las variedades...

COMUNICACIÓN

A. ¿Optimista o pesimista? Put yourself in these situations. Answer the questions. Are you optimistic, pessimistic, or a procrastinator?

1. Son las 2:15. Tu clase comienza a las 2:05 y la profesora no está ahí. ¿Pierdes el tiempo o empiezas la lección?
2. Quieres comprar una cámara pero no tienes dinero. ¿Prefieres trabajar para ganar dinero o esperar tu cumpleaños?
3. Estás en el parque para un concierto cuando comienza a llover. ¿Quieres regresar a casa o esperar un rato?
4. Mañana tienes un examen muy difícil. ¿Piensas estudiar o ir al cine?
5. Tu novio(a) está en Hawaii de vacaciones. ¿Crees que piensa en ti o no?
6. Invitas a 20 personas a comer paella valenciana el sábado a la una. ¿Empiezas a preparar la comida el viernes por la noche o el sábado al mediodía?
7. El equipo de tu escuela pierde cuatro partidos, uno después de otro. ¿A cuántos de los próximos partidos vienes?
8. Vas a una película sobre España y en los primeros cinco minutos no entiendes el español. ¿Prefieres esperar o salir?

B. ¿Qué te parecen...? Using the expression **Pienso que...**, write your opinion about five types of television shows. Explain your reasons.

EJEMPLO

Pienso que el pronóstico del tiempo es aburrido. Además casi siempre es incorrecto.

Música y baile

Cuando vas a un baile, ¿hay una banda o discos? ¿Qué instrumentos hay?
¿Guitarras eléctricas, tambores (*drums*), saxofón, trompeta, piano? Todos
estos instrumentos existen en Latinoamérica y son populares. Pero a los
hispanos también les gusta escuchar otros instrumentos de origen indígena
(*native origin*) y bailar al ritmo de esa música. Aquí ves algunos de estos
instrumentos. ¿Ya conoces los sonidos (*sounds*) que producen?

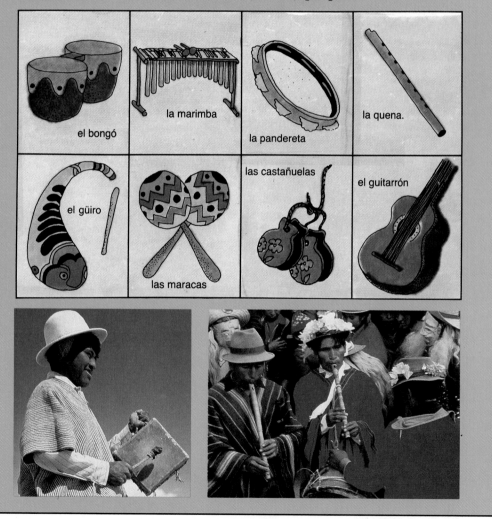

el bongó

la marimba

la pandereta

la quena.

el güiro

las maracas

las castañuelas

el guitarrón

EXPLORACIÓN 2

Function: *Referring to something or someone already mentioned*
Structure: *Direct object pronouns* **lo**, **la**, **los**, **las**

PRESENTACIÓN

A. Just as we use subject pronouns to avoid repetition of names, we can use direct object pronouns to refer to someone or something already mentioned. The direct object tells who or what receives the action of the verb.

SINGULAR	
him, it, you (formal)	lo
her, it, you (formal)	la

PLURAL	
los	*them, you* (formal)
las	*them, you* (formal)

B. The pronoun agrees in gender and in number with the noun replaced and comes right before the verb.

Raúl escucha **el disco**.   Raúl **lo** escucha.
Ella comprende **la lección**.   Ella **la** comprende.
¿Quieres **los libros**?   ¿**Los** quieres?
No veo **las noticias**.   No **las** veo.

The pronoun may also be attached to the infinitive.

¿Vas a buscar **las llaves**?   ¿**Las** vas a buscar?
                  ¿Vas a buscar**las**?

C. When the pronoun replaces a person or persons as direct object, the personal **a** is no longer needed.

Manuel escucha **a Carlos**.   Manuel **lo** escucha.
¿Conoces **a mis hijas**?   ¿**Las** conoces?

D. **Lo, la, los,** and **las** are also used in place of **usted** and **ustedes** as direct objects.

La ayudo.   *I'm helping **you**.* (fem. sing.)
Lo vamos a invitar.   *We are going to invite **you**.* (masc. sing.)
Las llama.   *He calls **you**.* (fem. pl.)
Los necesitamos.   *We need **you**.* (masc. pl. or masc. and fem. pl.)

E. **Los** is used when referring to masculine and feminine nouns together.

¿Conoces **a Luis y a Elena**?   Sí, **los** conozco.
¿Quieren ver **la revista y el periódico**?   Sí, quieren ver**los**.

PREPARACIÓN

A. **La chica baja.**   Claudia is trying to point out a girl in the crowd to Ernesto. What does Claudia ask, and how does Ernesto answer?

> MODELO   Claudia: ¿Ves a José? (sí)   ¿Ves a María? (no)
> Ernesto: **Sí, lo veo.**   **No, no la veo.**

1. ¿Ves a Pedro? (no)
2. ¿Ves a Alejandra? (no)
3. ¿Ves a mi primo? (sí)
4. ¿Y ves la hamaca? (no)

5. Bueno, ¿y mi carro? (sí)
6. Entonces, ¿ves a la chica baja? (¡Ah sí! Ahora...)

B. **Mi prima Ramona.**   Ramona is talking to her cousin Alejo about her friends María and José. Whom is she talking about—**María**, **José**, or **los dos** (*both*)? Check the right answer.

María	José	los dos

C. **Una encuesta.**   Alfonso conducts a class survey to find out what his classmates like to watch on television. What are their answers?

> MODELO   ¿Ves los anuncios? (sí)   ¿Ves las variedades? (no)
> **Sí, siempre los veo.**   **No, nunca las veo.**

1. ¿Ves las noticias? (no)
2. ¿Ves los concursos? (sí)
3. ¿Ves las películas de ciencia-ficción? (sí)

4. ¿Ves los dibujos animados los sábados por la mañana? (no)
5. ¿Ves los documentales? (sí)
6. ¿Ves los programas en inglés? (sí)

D. ¿Ya tienes todo? Carlos's grandmother wants to make sure he does not forget anything for his school trip. Look at the picture of the items he has prepared, and tell how Carlos responds to each of her questions.

MODELO   ¿Tienes tu reloj?   ¿Tienes tus libros?
Sí, lo tengo.   **¡Caramba! No los tengo.**

1. ¿Tienes tu guitarra?   6. ¿Tienes tus cintas?
2. ¿Tienes tus anteojos?   7. ¿Tienes tu suéter?
3. ¿Tienes tus camisas?   8. ¿Tienes tu cámara?
4. ¿Tienes tu dinero?   9. ¿Tienes tu rompecabezas?
5. ¿Tienes tu grabadora?   10. ¿Tienes tus historietas?

E. Excursión. Some classmates try to convince their teachers that they will be cooperative enough to merit a trip for their Spanish Club. What do they promise to do?

MODELO   señor Silva / ayudar
Pero, señor Silva, prometemos ayudarlo.

1. señor Barrios / escuchar
2. señora Ríos y señora Marín / ayudar
3. señorita Vallejo / escuchar
4. señor Torres y señor Yáñez / respetar
5. señor Ruiz y señora López / buscar
6. señora Miranda / esperar

COMUNICACIÓN

A. ¿Con qué frecuencia?   Tell approximately how many times a week, month, or year you do the following things. Use a direct object pronoun in each of your statements.

> EJEMPLO   ver las noticias
> **Las veo una vez por semana.**
> **Nunca las veo.**

1. ver películas
2. lavar el carro
3. ayudar a tus padres
4. arreglar tu cuarto
5. visitar a tus abuelos
6. estudiar español

B. Entrevista.   Answer the following questions, or use them to interview another student. Use a direct object pronoun in each of your answers.

> EJEMPLO   ¿Cuándo haces la tarea?
> **La hago por la noche.**

1. ¿Cuándo ves televisión?
2. ¿Cuándo lees revistas?
3. ¿A veces invitas a tus amigos a casa?
4. ¿Con qué frecuencia ayudas a tus padres en casa?
5. ¿A veces lavas los platos?
6. ¿A veces cuidas a tus hermanitos?
7. ¿Comes dulces todos los días?
8. ¿Traes el almuerzo al colegio?
9. ¿Cuándo haces la tarea?
10. ¿Permiten tus padres música rock en tu casa?

C. Planes para el fin de semana. Copy the chart, and use it to plan your weekend schedule. You may substitute activities on the list according to your plans, but be sure to add at least two other favorite activities. Then write sentences telling when you will do each activity, as in the example. Use direct object pronouns in your sentences.

EJEMPLO   comprar discos
¿Comprar discos? Los voy a comprar el sábado por la mañana.

	SÁBADO			DOMINGO		
ACTIVIDADES	por la mañana	por la tarde	por la noche	por la mañana	por la tarde	por la noche
1. comprar [discos]	x					
2. practicar [el tenis]						
3. arreglar mi cuarto						
4. ver una película						
5. hacer la tarea						
6. leer el periódico						
7. visitar a los amigos						
8. ¿...?						
9. ¿...?						

RINCÓN CULTURAL

La televisión es universal. ¿Cuántas horas ves televisión cada día? ¿Una? ¿dos? ¿tres? ¿O no ves nunca televisión? ¿Cuáles son tus programas favoritos? ¿Te gusta ver comedias o prefieres los documentales? ¿Prefieres los deportes o los concursos? La televisión también es una diversión popular en Latinoamérica y en España. Allí los programas norteamericanos son populares y se presentan en español. ¿Cuántos programas reconoces (*do you recognize*)?

18.35   EL HIJO DE KONG
Estrenos TV
Película norteamericana (1933). Duración 66 minutos

19.45 EL MUNDO DE LOS DEPORTES

Automovilismo. Gran Premio de Mónaco de Fórmula 1
Desde Montecarlo. Duración 30 minutos

20.15 VACACIONES EN EL MAR
"El capitán se enamora"

El quinto episodio. Telenovela norteamericana
Duración 35 minutos

21.00 SÁBADO CINE
Harry, el fuerte

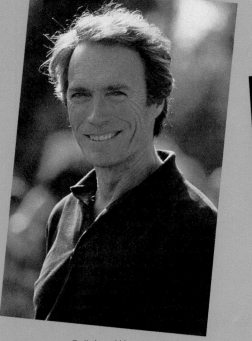

23.00 ANTOLOGÍA DEL CINE
DE CIENCIA-FICCIÓN

Policíaca***
Intérpretes: Clint Eastwood, Hal Holbrook,
David Soul. Duración 2 horas

Documental presentado por el actor
Leonard Nimoy. Duración 55 minutos

EXPLORACIÓN 3

Function: *Pointing out things or people*
Structure: *Using demonstrative adjectives*

PRESENTACIÓN

A. To point out a particular person, thing, or group in English, we use
this, *that*, *these*, or *those*. Spanish demonstrative adjectives express
these meanings, and like all other adjectives, they agree with the
nouns they modify.

	SINGULAR	
	Masculino	Femenino
this	este chico	esta chica
that	ese chico	esa chica
that	aquel chico	aquella chica

	PLURAL	
	Masculino	Femenino
these	estos chicos	estas chicas
those	esos chicos	esas chicas
those	aquellos chicos	aquellas chicas

B. Which demonstrative adjective is used depends on the location of the
person or object with respect to the speaker.

Este and its forms refer to persons or things near the speaker (*this*,
these).

Ese and its forms refer to persons or things not far from the speaker
or person spoken to (*that*, *those*).

Aquel and its forms refer to persons or things that are far away from
both the speaker and the person spoken to (*that*, *those* [*over there*]).

C. The adverb **aquí** (*here*) corresponds to **este**, **ahí** (*there*) to **ese**, and
allá (*over there*) to **aquel**.

el bolígrafo que tengo aquí → este bolígrafo
el lápiz que tú tienes ahí → ese lápiz
el libro que está allá → aquel libro

D. To say *this one*, *that one*, *these*, or *those* without mentioning the object you have in mind, use a demonstrative pronoun.

SINGULAR		PLURAL	
Masculino	Feminino	Masculino	Feminino
éste	ésta	éstos	éstas
ése	ésa	ésos	ésas
aquél	aquélla	aquéllos	aquéllas

Me gusta ésta, pero no me gusta ésa.
I like this one, but I don't like that one.

The only difference between demonstrative pronouns and demonstrative adjectives is that there is an accent on the pronouns. Both agree in number and gender with the nouns they stand for.

Juan va a leer este libro.   *Juan is going to read this book.*
Juan va a leer éste.   *Juan is going to read this one.*

E. **Esto, eso,** and **aquello** are also demonstrative pronouns. They are referred to as neuter pronouns because they always end in **o** and are used without a specific object in mind.

¿Qué es esto?   *What is this?*
No me gusta eso.   *I do not like that.*
Aquello es muy interesante.   *That is very interesting.*

PREPARACIÓN

A. En la tienda. While shopping, Lucho and José talk about items on display. Listen, and write the missing words on a piece of paper.

1. Me gustan mucho ═══.
2. ¿También te gustan ═══?
3. No, pero sí me gusta ═══.
4. ═══ es muy bonito también.
5. Sí, y ═══ también son bonitos.
6. Vamos a comprar ═══, ¿sí?

B. El Corte Inglés. On a trip to Madrid, Sofía goes shopping and asks the prices of various items as she picks them up. What does she say?

> MODELO bolsa dulces
> **¿Cuánto cuesta esta** **¿Cuánto cuestan estos**
> **bolsa?** **dulces?**

1. calculadora
2. radio
3. discos
4. cintas
5. grabadora
6. relojes
7. álbum
8. bolsa

C. En la heladería. Nicolás and Gregorio are at their favorite ice cream parlor and comment on what they see nearby. What do they say?

> MODELO carro / formidable
> **Ese carro es formidable.**

1. bicicletas / carísimas
2. chica / muy interesante
3. cartel / formidable
4. familia / simpática
5. perros / feos
6. juegos electrónicos / emocionantes
7. motocicleta / grande
8. supermercado / nuevo

D. Opiniones. A group of students is touring Mexico City by bus. What does their guide say about the sights they see from the windows?

> MODELO cine / popular
> **Aquel cine es popular.**

1. casas / caras
2. parques / agradables
3. iglesia / bastante vieja
4. estadio / muy pequeño
5. banco / nuevo
6. biblioteca / excelente

E. ¡Qué desorden! Manuel and his brother Samuel share a room. Samuel is annoyed about the mess Manuel has made and points out objects he needs to put away. Write six questions Samuel asks, using **este...aquí** for objects he is holding, **ese...ahí** for items near Manuel, and **aquel...allá** for those far away from both of them.

> MODELO *Y estos libros, ¿qué hacen aquí?*

COMUNICACIÓN

A. En el salón de clase. Ask your classmates to identify objects in the classroom. Ask, **¿Qué es esto?** for items you are touching and **¿Qué es eso?** for those you point to.

> EJEMPLO **Ana María, ¿qué es esto?**
> **Es una billetera.**

B. ¿Qué ves?   Pick out three items in the classroom, and say something about them, using demonstrative adjectives.

> EJEMPLO   **Esta calculadora es nueva.**
> **Me gustan esos carteles.**
> **Aquel bolígrafo es pequeño.**

C. En la cafetería.   You are at the cafeteria, and your partner is the clerk. You greet the clerk and order several items from the counter directly in front of you. The clerk asks you to specify which items you want.

> EJEMPLO   Tú: **Una ensalada, por favor.**
> Él/Ella: **¿Esta ensalada o ésa?**
> Tú: **Ésta, por favor.**

RINCÓN CULTURAL

Where would you go to buy a new watch—to a jewelry store or to a department store in a large shopping mall? In Latin America, there are other possibilities. Although shopping malls and department stores do exist, you would more likely look for a watch in a **relojería** (*watch shop*), or you might even purchase one from a **vendedor en la calle** (*street vendor*). But your most colorful choice would be **el mercado,** a large market, either open or enclosed, where hundreds of vendors set up stands, selling items ranging from watches and jewelry to guitars and fresh produce. There are no store windows and often no display signs or cash registers. And although haggling or bargaining (**regateo**) is becoming a lost art, you may still get a better deal at the **mercado** than in the stores.

EXPLORACIÓN 4

Function: *Talking about things we hear and say*
Structure: *Using the verbs oír and decir*

PRESENTACIÓN

A. We often talk about things we hear or say. In Spanish, **oír** means *to hear*, and **decir** *to say* or *to tell*.

oír

oigo	oímos
oyes	oís
oye	oyen

decir

digo	decimos
dices	decís
dice	dicen

B. The **yo** form of both **oír** and **decir** is irregular. In addition, the **i** changes to **y** between vowels in **oír,** and the **e** changes to **i** in several of the forms of **decir**.

C. Here are some things we hear or say:

	el ruido	*noise*		la verdad	*truth*
	el sonido	*sound*		mentiras	*lies*
oír	la voz, las voces	*voice(s)*	decir	tonterías	*nonsense*
	la canción	*song*		que sí	*yes*
	los pájaros	*birds*		que no	*no*

PREPARACIÓN

A. ¡Pobrecita! While on vacation, Sofía has a hard time sleeping because of the noisy hotel surroundings. With each new sound that disturbs her, what does she say?

> MODELO   un perro
> **¡Dios mío! Ahora oigo un perro.**

1. la radio
2. el teléfono
3. una telenovela
4. una máquina de escribir
5. voces de niños
6. el ruido de los carros

B. La inteligencia. Irma's elementary school teacher gives her class a quiz that requires them to distinguish between things that are heard and things that are both said and heard. How should they answer?

> MODELO   los pájaros   la verdad
> **Los oímos.   La oímos y la decimos.**

C. En un campamento. Lina and some of her friends are camping out. As it gets dark, they hear a variety of noises. Tell what they hear.

> MODELO   Elsa
> **Elsa oye unos animales.**

1. Yo

2. Emilio

3. Ana y Eva

4. Usted

5. Nosotros

6. Tú

D. ¿Quién tiene razón?   Marcelo and his friends have a disagreement about whether Argentina has the best soccer team. Tell who says what.

> MODELO   Raquel / que sí
> **Raquel dice que sí.**

1. Arturo / que no
2. nosotros / que sí
3. Celia y Juan / tonterías

4. tú / mentiras
5. yo / la verdad
6. ustedes / que no saben

E. Casa de fantasmas.   Tell what Juan Javier and his friends say while in an abandoned old house trying to scare each other. Complete the sentences, writing them on paper.

> MODELO   **José Antonio <u>dice</u> que <u>oye</u> voces.**

1. Marina ===== que ===== algo.
2. Roberto y Luis ===== que ===== ruidos raros.
3. Tú ===== que ===== un piano.
4. Nosotros ===== que ===== el viento.
5. Ustedes ===== que ===== unos gatos.

COMUNICACIÓN

A. Los ruidos. Using the elements below, tell what kinds of things you like and do not like to hear.

A mí no me gusta nada   oír   música de guitarra
A mí no me gusta mucho   las óperas de Mozart
A mí me gusta   ruidos en la noche
A mí me encanta   el sonido del agua
                                   las explicaciones de mis padres
                                   el pío-pío de los pájaros
                                   la música de los años sesenta
                                   el tictac del reloj
                                   la opinión de mi hermano(a)
                                   ¿...?

B. ¿Dónde están? Tell where you imagine yourself, your friends, or your relatives to be when hearing these sounds.

> EJEMPLO   el viento (yo)
> **Yo oigo el viento. Estoy en mi carro.**

1. el ruido del agua (yo)
2. la radio (mis amigos y yo)
3. pájaros (mi amigo[a])
4. música (mi padre y mi madre)
5. voces de niños (mi abuela)
6. un piano (los estudiantes)
7. una máquina de escribir (el [la] profesor[a])

C. ¿Qué se dice? Tell what these people might say in the circumstances indicated.

> EJEMPLO   Visitas a un tío que está muy enfermo. ¿Qué dice tu tío? ¿Qué dices tú?
>
> **Mi tío dice, "Tengo mucha fiebre".**
> **Yo digo, "¡Cuánto lo siento!"**

1. Tu mamá quiere lavar el carro pero tiene mucho que hacer. ¿Qué dice tu mamá? ¿Qué dices tú?
2. Ustedes nunca tienen tarea. ¿Qué dicen sus padres? ¿Qué dicen ustedes?
3. Un amigo te invita a ti y a tus amigos a una fiesta la noche antes de un examen importante. ¿Qué dicen ustedes? ¿Qué dice su profesor(a)?
4. No hay comida en la casa. ¿Qué dice tu hermano(a)? ¿Qué dices tú?
5. Ves televisión con tu amigo(a), pero a ti no te gusta el programa. ¿Qué dices tú? ¿Qué dice tu amigo(a)?

LECTURA

Un sueño

Mónica had a busy weekend. On Saturday afternoon she saw a movie about a Martian (**un marciano**), and in the evening she went dancing. On Sunday she went to a video-game sale, then watched television all afternoon. Here she describes the dream she had that night.

¿Dónde estoy? ¿Qué es esto? Estoy en una casa muy rara. Oigo música electrónica muy bonita y veo mucha gente que baila. Debe ser un baile de disfraces. ¿Y aquellas computadoras? ¿Qué hacen allá? ¡Y ahí viene ese marciano!

Oigo la voz del marciano que me dice "¿Quieres bailar?"

Yo le digo que sí y entonces bailamos. De repente él desaparece y veo que está dentro de un juego electrónico, donde baila con el Comilón. (El Comilón es un juego electrónico en que una figura que tiene hambre— un comilón—come a las otras figuras.)

Un vendedor dice "¿Quieres comprar este juego?", yo digo "¿Cuánto cuesta?" y el vendedor responde "Cien millones de pesos".

Ahora estoy en casa y veo al Comilón en el televisor. Primero toca la guitarra y después canta una canción cómica. "¿Qué haces ahí?" pregunto.

El Comilón canta "Mañana es lunes. No olvides hacer la tarea. Mañana es lunes, lunes, lunes...".

Después oigo otra voz que me dice "Mónica, levántate que ya es tarde. Es hora de ir a la escuela." Abro los ojos y veo a mi madre que entra alegremente* en mi cuarto.

*Adverbs are often formed by adding **-mente** to the feminine or invariable form of the adjective: **rápidamente, alegremente, fácilmente.**

Expansión de vocabulario

alegremente happily	**entrar** (**en**) to enter
el baile de disfraces costume ball	**la gente** people
cómica comical	**No olvides…** Don't forget….
el comilón glutton	**los ojos** eyes
de repente suddenly	**preguntar** to ask (a question)
dentro de inside of	**el sueño** dream
desaparecer to disappear	**el vendedor** salesperson

Comprensión

Answer the following questions based on **Un sueño**.

1. ¿Dónde está Mónica en su sueño?
2. ¿Por qué se llama *El Comilón* el juego electrónico?
3. ¿A quiénes oye Mónica durante su sueño?
4. ¿Con quiénes baila el marciano?
5. ¿Es barato el juego electrónico?
6. ¿A quién ve Mónica en la televisión?
7. ¿Por qué abre Mónica los ojos?
8. ¿Está enojada la mamá de Mónica? ¿Cómo sabes que sí o que no?

COMUNICACIÓN

A. Un sueño loco. Using **Un sueño** as a guide, describe a crazy dream as if you were having it now.

EJEMPLO   *Está nevando dentro de mi clase de mecanografía. Las máquinas de escribir tocan música electrónica…*

B. Costumbres y preferencias. Answer the following questions about your habits and preferences, or use them to interview another student.

1. ¿Ves televisión durante la semana? ¿Y durante el fin de semana?
2. ¿Qué clase de programa prefieres?
3. ¿Cómo se llama tu programa favorito? ¿Es cómico?
4. ¿Te gustan más las telenovelas o las películas?
5. ¿Ves las noticias todos los días? ¿Y el pronóstico del tiempo?
6. ¿Hay algo interesante en la televisión esta noche?
7. ¿Te gusta más ver televisión o ir al cine?
8. ¿Cuál es tu película favorita?
9. ¿A veces tienes sueños raros después de ver una película?
10. ¿Piensas que los sueños dicen la verdad, o sólo son tonterías?

C. Juego de las 20 preguntas. Decide what your favorite television program is. Other students will try to guess what program you have chosen by asking you yes-or-no questions.

> EJEMPLO   **¿Es cómico ese programa?**
> **¿Es a las nueve de la noche los lunes?**
> **¿Es una telenovela?**

D. ¿Qué quieres ver? Listen to the TV station **El canal de Super-visión** announce its evening entertainment. Copy the chart and write the time the shows air and the kind of programs you think they are, based on their description. Finally, decide what one show you prefer to watch, and explain why in a sentence or two.

Título	Clase de programa	Hora
1. Los pitufos		
2. Adriana y yo		
3. El loco Luco		
4. Pablo Picasso		

PRONUNCIACIÓN

The letters **b** and **v** are pronounced alike by most Spanish speakers. At the beginning of a phrase and after the letters **m** or **n,** they sound like the letter *b* in the English word *bat.*

At the Beginning of a Phrase	After **m** or **n**
Voy mañana.	¡Caramba!
Víctor es de Chile.	en bicicleta
Bien, gracias.	con Vicente

Between vowels and all other letters, **b** and **v** have a softer sound.

aburrido	muchas veces	la biblioteca	abuelita	Está bien
la bolsa	el volibol	televisión	otra vez	a veces

Now listen and repeat the following sentences.

1. Alberto va a la biblioteca.
2. Busca unos libros de volibol.
3. Habla con su amigo Víctor.
4. "Deben bajar la voz por favor," dice el bibliotecario.

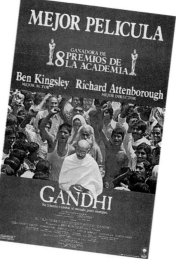

INTEGRACIÓN

Vamos a escuchar

A. El televisor de Mamá. The López family is talking about what to watch on TV tonight. Using the pictures as a guide, listen for the one show they do not discuss and write the letter of that show on paper.

a. b. c.

d. e.

f. g.

Vamos a leer

A. ¿Qué pasó? Your Mexican friend tells you in this letter how he spends his time so that you will know what to expect when you visit him. Read his letter, then look at the statements that follow. Write **sí** if the statement is accurate, **no** if it is not, and **no sé** if you cannot tell from the reading.

¡Hola!

¡Qué bueno que vienes aquí para pasar dos semanas con nosotros! Esto es más o menos lo que hago durante la semana. Los lunes, miércoles y viernes por la mañana tomo un curso privado de inglés. Por la tarde, voy al cine o al parque con mis amigos o a veces jugamos juegos electrónicos. Por la noche, me gusta ver televisión. Sobre todo me encantan los programas deportivos y las comedias. Los otros días de la semana nado, practico deportes o escucho discos. Los sábados, mi madre trabaja y yo cuido a mi hermanito Toño. Toño tiene ocho años y a veces es muy antipático. Por ejemplo, todos los sábados por la mañana, quiere ver sus dibujos animados. A mí no me gustan nada, pero tengo que verlas con él porque insiste mucho. ¡Qué mañana más aburrida!, ¿no?

Bueno, y a ti, ¿qué programas te gustan? ¿A ti te gustan los dibujos animados?

Hasta pronto,
Ricardo

1. El deporte favorito de Ricardo es el baloncesto.
2. Ricardo aprende inglés.
3. Toño y Ricardo siempre tienen ganas de ver los mismos programas de televisión.
4. Toño quiere mucho a su hermano mayor.
5. Ricardo nunca está aburrido.
6. A Toño le gusta ver los dibujos animados.
7. Ricardo piensa que los norteamericanos son aburridos.

Vamos a escribir

A. Preguntas personales. Answer these questions in complete sentences to reveal the truth about your Spanish class! The first five questions are addressed to you, and the second five to you and your classmates together. Use direct object pronouns in your answers when possible.

> EJEMPLO   ¿Prefieren ustedes hablar español con el profesor o con sus amigos?
> **Preferimos hablarlo con nuestros amigos.**

1. ¿Qué prefieres hacer en la clase de español?
2. ¿Piensas estudiar español el próximo año?
3. ¿Comienzas a hablar en español cuando entras en la clase?
4. ¿Con qué frecuencia pierdes tu tarea?
5. ¿Qué dices cuando no entiendes al profesor?
6. ¿Empiezan ustedes a hablar inglés cuando el profesor sale?
7. ¿Piensa el profesor que a veces ustedes pierden el tiempo?
8. ¿Siempre entienden ustedes la tarea?
9. ¿Cuándo comienzan a pensar en otras cosas durante la clase?
10. ¿Qué dicen ustedes cuando el profesor dice que hay examen?

B. **Los efectos sonoros.** You can often tell what kind of show is on TV just by its sound effects. The following sentences tell what you and others might watch on TV. Match each with the phrase indicating what everyone probably hears, then complete the sentences with forms of **oír.**

MODELO   Fernando ve un concierto de música rock. (él)
g. **Oye música de guitarra eléctrica.**

1. Mi papá y yo vemos una película policíaca. (nosotros)
2. Tú escuchas las noticias. (tú)
3. Mi hermano ve un documental sobre los animales de África. (él)
4. Mis amigas ven una película de ciencia-ficción. (ellas)
5. Yo veo un partido de fútbol. (yo)
6. Tú y la abuelita siempre ven variedades. (ustedes)

a. ═══ elefantes y leones.
b. ═══ reportajes nacionales e internacionales.
c. ═══ monstruos y rayos láser.
d. ═══ comentarios deportivos y espectadores entusiasmados.
e. ═══ música y canciones.
f. ═══ pistolas y sirenas.

C. **Quiero...** You are a winner on a TV game show. You are standing in the winner's circle and can select one prize from each group. Tell what you want from each group, using forms of **este, ese,** and **aquel.**

EJEMPLO   Grupo 1   Grupo 2
Quiero esta cámara.   **Quiero ese reloj.**

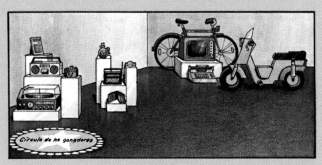

D. Un fanático de televisión. Joaquín is a TV fanatic. Look at his schedule for the upcoming week, then write sentences that tell what he watches each day of the week and what you think about his choices.

> EJEMPLO **El lunes va a ver los deportes. A mí tambien me encantan los deportes.**

1. El lunes—Fin de semana deportivo
2. El martes—Los marcianos atacan el Imperio Galáctico
3. El miércoles—El Super Ratón
4. El jueves—La vida del mar
5. El viernes—Cine en su casa
6. El sábado—Cantar, bailar y ganar dinero
7. El domingo—La semana de noticias

Vamos a hablar

Situaciones

Work with a partner or partners and create short dialogues based on the following situations. Whenever appropriate, switch roles and practice.

A. Preferencias. You are talking about television. Tell each other what types of programs you do and do not like. Also tell each other about your favorite show—what type of program it is, what it is like, and when you watch it.

B. En el Rastro. You are at the flea market and want to buy several things. Look at the following picture, and pick at least three things you would like. Then greet the merchant and ask for what you want. Ask the price of each item and pay for it. Be sure to thank the merchant and say good-bye.

VOCABULARIO

NOUNS
el amor love
el baile de disfraces costume ball (dance)
la canción song
el comilón glutton
la figura figure
la gente people
el marciano martian
la mentira lie
el minuto minute
el ojo eye
la opinión opinion
el pájaro bird
el punto point
el rato a while
el ruido noise
el sonido sound
el sueño dream
el total total
el vendedor salesman
la vendedora saleswoman
la voz (*pl.* voces) voice

NOUNS RELATING TO TELEVISION
el anuncio commercial
la comedia comedy
el concurso quiz show, contest
el dibujo animado cartoon

el documental documentary
la película de ciencia-ficción science fiction film
la película policíaca detective film
el programa program
el pronóstico del tiempo weather forecast
el reportaje deportivo sports report
las variedades variety shows

ADJECTIVES
aquel that (over there)
cómico comical
ese that
este this
favorito favorite
ridículo ridiculous, absurd

ADVERBS
ahí there
alegremente happily, cheerfully
allá over there
dentro de inside of

VERBS AND VERB PHRASES
bajar la voz to lower one's voice
comenzar (e → ie) (a) to begin (to), to start (to)

decir to say, to tell
decir que no to say no
decir que sí to say yes
desaparecer to disappear
empezar (e → ie) (a) to begin (to), to start (to)
enseñar to teach
entender (e → ie) to understand
entrar (en, a) to enter
ganar to win
oír to hear
pensar (e → ie) (en) to think (about)
perder (e → ie) to lose, to miss, to waste
preferir (e → ie) to prefer
preguntar to ask (a question)
responder to answer
venir (e → ie) to come

OTHER WORDS AND EXPRESSIONS
¡A la cama! To bed!
¡Caramba! Wow!, Shoot!
de repente suddenly
Es hora de... It's time to....
Mejor no. Better not.
No es para tanto. Big deal.
una pérdida de tiempo a waste of time

NOTE: For demonstrative adjectives and pronouns, see **Exploración 3**.

Vacation and Travel

In this chapter, you will talk about some of your favorite vacation spots and activities. You will also learn about the following functions and structures.

Functions

- telling when things occur
- talking about countries and languages
- talking about location
- talking about people already mentioned

Structures

seasons, months, and dates

uses of the definite article

prepositions and prepositional pronouns

object pronouns **me, te, nos**

1NTRODUCCIÓN

EN CONTEXTO

🎲 Las vacaciones ideales

Todo el mundo tiene una idea del lugar perfecto para pasar unas vacaciones.

everyone / place

Hay personas que buscan el calor de la playa y la brisa del mar. Algunos quieren practicar el esquí acuático. Otros prefieren tomar el sol y escuchar música tropical en una isla del Caribe.

sea / some

island

Otras personas prefieren ir a las montañas para acampar o esquiar. Les gusta la naturaleza.

to camp
nature

Para otra gente, la vida agitada de las grandes ciudades es emocionante. Hay catedrales, monumentos, teatros... y tiendas turísticas con recuerdos de todo tipo. En muchas ciudades hispánicas también hay otra atracción... la famosa corrida de toros. En fin, hay mil cosas que hacer.

life / cities
souvenirs

bullfight / all in all

¿Qué clase de vacaciones prefieren estas dos personas?

Juan Carlos Casals López, España

Soy estudiante de la Universidad de Barcelona. A mí me gustan mucho los deportes acuáticos, sobre todo la natación. Mi idea de unas vacaciones perfectas es pasar unas semanas en la Costa del Sol con mis amigos. Y como soy un estudiante pobre, me gusta hacerlo sin gastar mucho dinero.

swimming

since
poor
without

Luisa Speroni Carreras, Argentina

Trabajo en un estudio de televisión en Buenos Aires. Tengo mucha tensión en el trabajo y la vida aquí es muy agitada. Como no me dan* mucho tiempo libre, prefiero hacer <u>viajes cortos</u>, por ejemplo, a Bariloche. <u>Llevo</u> unos buenos libros, descanso y <u>olvido</u> mis problemas. Además, me encanta esquiar en la <u>nieve</u>.

short trips
I take
I forget
snow

*Dar (to give) is irregular only in the yo form: **doy, das, da, damos, dan.**

Comprensión

Answer the following questions based on **Las vacaciones ideales**.

1. ¿Qué buscan las personas que van a la playa?
2. ¿Qué es posible hacer en la playa?
3. ¿Qué prefieren hacer las personas que van a las montañas?
4. ¿Por qué prefiere otra gente ir a las grandes ciudades?
5. ¿Qué hay en muchas ciudades hispánicas?
6. ¿Adónde prefiere ir de vacaciones Juan Carlos? ¿Por qué?
7. ¿Por qué no tiene Juan Carlos mucho dinero?
8. ¿Dónde trabaja y vive Luisa?
9. ¿Está Bariloche en las montañas o en la playa? ¿Cómo lo sabes?

ASÍ SE DICE

Medios de transporte

a pie   en avión   en barco   en tren   en carro   en autobús

Lugares para pasar las vacaciones

la playa   las montañas   un campamento de verano   el campo   la ciudad   el extranjero

A. Medios de transporte. Listen as some Spanish speakers living in the United States talk about their vacation plans. Respond as shown, selecting the most likely means of transportation in each case.

> MODELO   You hear: Mañana salgo para Colombia.
>   You read: ¿A qué hora sale tu (tren / avión)?
>   You write: **¿A qué hora sale tu <u>avión</u>?**

1. ¿Vas en (avión / autobús), ¿verdad?
2. ¿Van a viajar en (carro / barco), entonces?
3. Sí, andar en (carro / bicicleta) es mucho más agradable, ¿no?
4. ¿Por qué no ves la ciudad en (autobús / carro) entonces?
5. ¿Vas al campo (en tren / a pie) entonces?

B. De vacaciones. Where do the people pictured go to participate in these popular vacation activities?

MODELO

Va a las montañas.

1.   2.   3.   4.   5.

COMUNICACIÓN

A. Entrevista. Use these questions and each of the places listed to find out about a classmate's vacation preferences. Then switch roles. Afterward, write a short report summarizing your partner's responses.

> EJEMPLO
>
> | | |
> |---|---|
> | Tú: | **¿Te gusta ir (<u>al extranjero</u>)?** |
> | Él / Ella: | **Sí.** |
> | Tú: | **¿Por qué?** |
> | Él / Ella: | **Me encanta visitar otros países.** |
> | Tú: | **¿Adónde quieres ir este año?** |
> | Él / Ella: | **A ver, este año quiero ir a México.** |
> | Tú: | **¿Cómo vas a ir?** |
> | Él / Ella: | **Voy en tren.** |

1. al extranjero
2. a la playa
3. a las ciudades grandes
4. a los campamentos de verano
5. al campo
6. a las montañas

XPLORACIÓN 1

Function: *Indicating when*
Structure: *Seasons, months, and dates*

PRESENTACIÓN

When talking about travel plans, you may need to mention seasons, months, and dates.

A. Las estaciones del año

el otoño	el invierno	la primavera	el verano

Es invierno.
La primavera es mi estación favorita.
Me encanta el otoño también.
En el verano vamos a la playa.

B. Los meses del año

enero	julio
febrero	agosto
marzo	septiembre
abril	octubre
mayo	noviembre
junio	diciembre

Febrero es el mes más frío en los Estados Unidos.
En junio mis primos van a las montañas.

C. La fecha. To ask the date, use one of the following:

¿Qué fecha es hoy? ¿Cuál es la fecha de hoy?

1. To give a particular date, use the following construction. Note that the preposition **en** is not used.

el	+	number	+	**de**	+	month	+	**de**	+	year
el		4		de		julio		de		1776

Vamos a ir a Roma el trece de diciembre de 1995.

2. The sequence in which the parts of the date appear is the same as the one used to write dates numerically.

Esta fecha es muy importante para los norteamericanos: 4 / 7 / 1776.

3. For the first day of the month, use **el primero** (**1°**).

Vamos a Madrid el primero de abril.

PREPARACIÓN

A. El clima de Sudamérica. An exchange student is telling a friend that the seasons in southern South America are the opposite of seasons in the United States. What does he say?

> MODELO   en Argentina / verano / diciembre
> **En Argentina es verano en diciembre.**

1. en Brasil / invierno / julio
2. en Chile / primavera / octubre
3. en Uruguay / otoño / abril
4. en Perú / verano / febrero
5. en Bolivia / primavera / noviembre
6. en Tierra del Fuego / invierno / agosto

B. Regresar a casa. Students at an international school are planning to go home for the summer. Where are they going, and when do they plan to leave?

> MODELO   Marta / España / 2–8
> **Marta sale para España el dos de agosto.**

1. Esteban / Argentina / 17–7
2. tú / la República Dominicana / 3–6
3. Miguel y Roberto / Chile / 14–8
4. Susana y yo / Venezuela / 1–7
5. ustedes / Panamá / 6–8
6. Leonardo / Puerto Rico / 5–6

El santoral

¿Cuál es la fecha de tu santo?

ENERO	FEBRERO	MARZO	ABRIL	MAYO	JUNIO
1 Sta Martina	1 Sta Brígida	1 San Albino	1 Sta Caterina	1 San José Obrero	1 San Justino
2 Sto Esteban	2 Sta Caterina	2 Beata Inés	2 Sta María	2 San Atanasio	2 San Eugenio
3 Sto Daniel	3 San Blas	3 San Mariano	3 San Ricardo	3 San Felipe	3 San Carlos
4 Beata Angela	4 San José	4 San Casimiro	4 San Benito	4 San Silvano	4 San Francisco
5 Sta Amelia	5 Sta Agueda	5 San Adrián	5 Sta Irene	5 San Eulogio	5 Sta Marcia
6 San Andrés	6 San Gastón	6 Sta Rosa	6 San Armando	6 Sto Domingo	6 San Norberto
7 San Raimundo	7 Sta Coleta	7 Sta Felicidad	7 San Juan Bautista	7 Sta Flavia	7 San Roberto
8 San Severino	8 San Jerónimo	8 San Juan	8 Beata Julia	8 San Víctor	8 San Maximiliano
9 Sto Adriano	9 Sta Apolonia	9 Sta Francisca	9 Sta Mónica	9 Sta Catalina	9 San Efrén
10 San Aldo	10 Sta Escolástica	10 San Dionisio	10 San Miguel	10 San Mamerto	10 San Zacarias
11 San Higinio	11 Lourdes	11 San Ramiro	11 San Estanislao	11 San Ignacio	11 San Bernabé
12 Beato Bernardo	12 Sta Eulalia	12 San Maximiliano	12 San Julio	12 San Emilio	12 Sta Antonia
13 San Hilario	13 Sta Beatriz	13 San Rodrigo	13 San Hermenegildo	13 San Pedro	13 San Antonio
14 Beato Odorico	14 San Cirilo	14 Sta Matilde	14 San Lamberto	14 San Matías	14 San Eliseo
15 San Mauro	15 Sta Jovita	15 San Clemente María	15 San Marón	15 Sta Berta	15 San Abrahán
16 San Marcelo	16 San Isaías	16 San Heriberto	16 San Bernadette	16 Sta Margarita	16 San Aureliano
17 San Antonio	17 San Alejo	17 San Patricio	17 Beata Clara	17 San Pascual	17 Sta Marina
18 Sta Margarita	18 San Claudio	18 San Salvador	18 San Nebemias	18 San Félix	18 San Venancio
19 San Mario	19 San Conrado	19 San José	19 Sta Ema	19 San Teófilo	19 Sta Juliana
20 San Sebastián	20 Sta Amanda	20 San Guillermo	20 San Cesareo	20 San Bernardino	20 Beata Micaela
21 Sta Inés	21 San Jorge	21 San Sergio	21 San Conrado	21 San Timoteo	21 San Luis
22 San Vicente	22 San Pedro	22 San Basilio	22 San Teodoro	22 Sta Rita	22 San Juan
23 Sta Brígida	23 San Celso	23 San Toribio	23 San Jorge	23 San Miguel	23 San José
24 San Francisco	24 San Sergio	24 Beato Diego José	24 San Fidel	24 San Gerardo	24 San Juan Bautista
25 San Pablo	25 San Lucio	25 Sta Lucia	25 San Marcos	25 San Bede	25 San Guillermo
26 San Timoteo	26 San César	26 San Manuel	26 San Isidro	26 San Felipe	26 Beata Teresa
27 Sta Angela	27 Sta Honorina	27 San Mateo	27 San Pedro	27 San Agustín	27 San Cirilo
28 Sto Tomás de Aquino	28 San Román	28 San Juan	28 San Gerardo	28 Sta María Ana	28 Sta Alicia
29 San Constancio		29 Sta Gladys	29 Sta Catalina	29 Beato Ricardo	29 San Pablo
30 Sta Julieta		30 San Pedro	30 San Pio	30 Beato Bautista	30 Beato Raimundo
31 Sta Marcela		31 San Benjamín		31 Sta Angela	

JULIO	AGOSTO	SEPTIEMBRE	OCTUBRE	NOVIEMBRE	DICIEMBRE
1 Sta Ester	1 San Alfonso María	1 Sta Beatriz	1 Sta Teresa	1 Sta Juliana	1 San Eloy
2 San Martín	2 Beato Alfonso María	2 Beato Severino	2 San Cirilo	2 San Justo	2 Sta Bibiana
3 Sto Tomás	3 San Pedro Julian	3 San Gregorio	3 San Remigio	3 San Martín	3 San Francisco
4 Sta Isabel	4 San Juan María	4 Sta Rosa	4 San Francisco	4 San Carlos	4 San Clemente
5 Sta Filomena	5 San Osvaldo	5 San Justiniano	5 San Apolinar	5 Sta Beatriz	5 San Humberto
6 Sta María	6 Sto Esteban	6 San Fausto	6 Sta María Francisca	6 San Leonardo	6 San Nicolás
7 San Fermín	7 Sto Alberto	7 Sta Regina	7 Rosario	7 San Edalberto	7 San Ambrosio
8 San Gregorio	8 Sto Domingo	8 Sta Adela	8 San Nestor	8 San Godofeo	8 Inmaculada Concepción
9 San Nicolás	9 San Marcelino	9 San Pedro	9 San Luis Bertrand	9 San Alejandro	9 Sta Valeria
10 San Pedro	10 San Lorenzo	10 San Nicolás	10 San Francisco	10 San León	10 Sta Eulalia
11 San Benito	11 Sta Clara	11 San Vicente	11 Sta Soledad	11 San Martín	11 San Daniel
12 San Juan	12 San Macario	12 Nombre de María	12 San Serafín	12 San Josafat	12 Guadalupe
13 Beata Angelina	13 San Hipólito	13 Beato Francisco	13 San Eduardo	13 San Eugenio	13 Sta Lucia
14 San Rolando	14 Beato Antonio	14 San Juan	14 San Calixto	14 San Gerardo	14 San Juan
15 San Buenaventura	15 Sto Alfredo	15 Dolores	15 Sta Teresa	15 San Alberto	15 Sta Silvia
16 Carmen	16 San Roque	16 San Rogelio	16 Sta Gerardo	16 San Edmundo	16 Sta Adelaida
17 Sta Marcela	17 San Jacinto	17 San Justino	17 San Ignacio	17 Sta Isabel	17 San Lazaro
18 San Edmundo	18 Sta Elena	18 Sta Sofía	18 San Lucas	18 San Pedro	18 San Salvador
19 San Arsenio	19 San Luis	19 San Genaro	19 San Pedro	19 Sta Inés	19 Sta Juana
20 San Elías	20 San Bernardo	20 San Franciso María	20 Beato Contardo	20 San Gregorio	20 San Julio
21 San Lorenzo	21 Beato Gilberto	21 San Mateo	21 Sta Úrsula	21 San Brocardo	21 San Pedro
22 Sta María Magdalena	22 San Andrés	22 San Mauricio	22 Beata Josefina	22 Sta Cecilia	22 San Francisco
23 Sta Brígida	23 San Felipe	23 San Lino	23 San Ignacio	23 Sta Lucrecia	23 Sta Victoria
24 Sta Cristina	24 San Bartolomé	24 Mercedes	24 San Antonio	24 San Alejandro	24 Sta Irma
25 Sta Valentina	25 San Luis	25 San Alberto	25 San Crispin	25 Sta Catalina	25 Natividad del Sr
26 Sta Ana	26 San Víctor	26 San Cosme	26 Beato Buenaventura	26 San Leonardo	26 San Esteban
27 Sta Julia	27 Sta Mónica	27 San Daniel	27 San Florencio	27 San Alberto	27 San Juan
28 San Celso	28 San Agustín	28 San Wenceslao	28 Sto Simón	28 San Jaime	28 Stos Inocentes
29 Sta Marta	29 San Juan Bautista	29 Sto Rafael	29 San Narciso	29 Beato Federico	29 Sto Tomás
30 Beato Leopoldo	30 Sta Rosa	30 San Jerónimo	30 San Víctor	30 San Andrés	30 Beata Margarita
31 San Ignacio	31 San Ramón		31 San Alfonso		31 San Silvestre

COMUNICACIÓN

A. **Fechas especiales.** Make a list of number clues for special dates. Then see if someone can guess the complete dates you have in mind.

> EJEMPLO   uno
> **¡el primero de abril!**

B. Donde vivo yo. Listen to some remarks about the weather and seasons, and respond **Es verdad** or **No es verdad,** depending on your point of view and where you live. Defend your answers.

> EJEMPLO   En general, el verano es muy desagradable.
> **No, no es verdad. Aquí en Denver el verano es agradable.**

C. Tu cumpleaños. Ask yes-or-no questions to find out in as few tries as possible the birthday of another student, who will say **Es antes** or **Es después** as clues to help you.

> EJEMPLO   **¿Tu cumpleaños es en el verano? ¡Sí!**
> **¿Es en julio? ¡No, es antes!**

D. Preguntas. Write the answers to these questions in complete sentences.

1. ¿Cuándo es tu cumpleaños?
2. ¿Cuál es tu mes favorito? ¿Por qué?
3. ¿Qué estación del año te gusta más? ¿Por qué?
4. ¿En qué mes(es) das muchos regalos?
5. ¿En qué estación bajas fácilmente de peso?

RINCÓN
CULTURAL

¿Sabes que las estaciones del año en el sur de Sudamérica son opuestas (*opposite*) a las estaciones de aquí? Por ejemplo, cuando nosotros estamos en verano, es invierno en Argentina. Para los argentinos octubre es un mes de primavera. También hay países que tienen, como los Estados Unidos, diferentes climas en una misma estación. Cerca del ecuador global, hay sólo dos estaciones—la temporada de lluvias (*the rainy season*) y la temporada de calor (*the dry season*).

¿Qué tiempo hace donde vives tú en las diferentes estaciones?

EXPLORACIÓN 2

Function: *Talking about languages and countries*
Structure: *Uses of the definite article*

PRESENTACIÓN

A. You can easily recognize the names of most countries.

Países	
el Portugal	*Portugal*
el Brasil	*Brazil*
la Italia	*Italy*
la Alemania	*Germany*
la Francia	*France*
el Japón	*Japan*
la Unión Soviética (Rusia)	*Soviet Union (Russia)*
la China	*China*
la Arabia Saudita	*Saudi Arabia*
la Inglaterra	*England (Great Britain)*
los Estados Unidos	*the United States*
el Canadá	*Canada*

It is not usually necessary to include the definite article when you talk about a country. However, the definite article is always used with **la Unión Soviética** and is often used with (**los**) **Estados Unidos**.

B. The names of most languages are also easy to recognize. However, there are a few things you need to know.

1. Languages are masculine.

Los idiomas	(*Languages*)
el portugués	*Portuguese*
el italiano	*Italian*
el alemán	*German*
el japonés	*Japanese*
el ruso	*Russian*
el chino	*Chinese*
el árabe	*Arabic*

2. The names of languages are not capitalized (**español, chino**) but names of countries are (**España, China**).

   Mis primos son de España. Hablan español y además francés.

3. The definite article **el** is required when a language is the subject of a sentence.

   El español es interesante.   El ruso es difícil.

4. The definite article **el** is not needed when a language immediately follows the verbs **aprender, hablar, enseñar, escribir, leer,** and **saber** unless a modifier is used.

   Este año aprendo español.   Mi primo habla muy bien el francés.
   Ella sabe árabe y chino.   Lucía escribe perfectamente el ruso.

PREPARACIÓN

A. ¿Dónde estudiamos?   Maxi and Beto fantasize about studying in a foreign country someday and discuss whether or not they know the necessary languages. It turns out that besides Spanish, they know English and a little Italian. Act out their dialogue according to the countries you see represented.

MODELO   ¿Y si estudiamos en   ¿Y si estudiamos en
            <u>Argentina</u>?   la <u>Unión Soviética</u>?
            Buena idea. Ya sabemos   Mejor no. No sabemos
            <u>español</u>.   <u>ruso</u>.

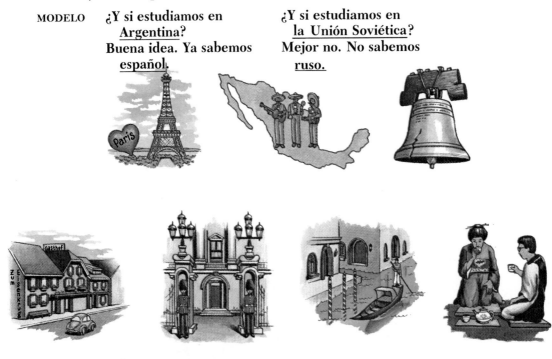

B. ¿Sí o no? Maxi and Beto try to decide on yet another language to study. With a classmate, read their conversation and decide when a definite article is needed.

MAXI   La profesora Márquez enseña __1__ chino y __2__ ruso. ¿Quieres tomar una clase con ella?

BETO   Mejor no. Ella da muchos exámenes. Además, __3__ chino y __4__ ruso son muy difíciles, ¿no te parece?

MAXI   Sí, yo prefiero aprender __5__ francés. ¿Y tú?

BETO   Me gustaría aprender __6__ alemán como Ramona y José.

MAXI   Sí, ellos hablan muy bien __7__ alemán, y además saben __8__ japonés.

C. ¿Qué saben? Ramiro's mother asks him about the languages his friends at the international school know. How does he reply?

MODELO   ¿Habla Eva francés?   ¿Estudia Pepe inglés?
           (sí)   (no / ruso)
           Sí, lo habla.   **No, pero estudia ruso.**

1. ¿Habla Alicia chino? (sí)
2. Elsa y Luis saben ruso, ¿verdad? (no / alemán)
3. ¿Víctor sabe inglés? (no / italiano)
4. Tu profesor enseña árabe, ¿no? (sí)
5. ¿Hablan Anita y Pablo portugués? (sí)
6. ¿Aprenden ellos a hablar chino también? (no / japonés)

D. ¿Qué hablan en...? Javier tries to do his geography homework, but his six-year-old sister keeps asking him what languages are spoken in each country she recognizes on his map. What does Javier patiently answer?

MODELO   ¿Qué idioma hablan en Italia?
           En Italia hablan italiano.

E. ¿De dónde es y qué habla? The 10th graders at the Colegio Ramón y Cajal act out a mock United Nations meeting, taking the parts of ficticious U.N. representatives. Write sentences, matching the country and native language to each representative's name.

MODELO   **Mohammed Nassar es de Arabia Saudita y habla árabe.**

Mohammed Nassar	los Estados Unidos	español
Paolo Oliveira	España	japonés
Felipe de la Fuente	Brasil	árabe
Wolfgang Schmidt	Arabia Saudita	italiano
Giovanni Rossi	Alemania	francés
Pierre Duval	Japón	alemán
Masumi Yamamoto	Italia	inglés
Dolly Youngblood	Francia	portugués

COMUNICACIÓN

A. Mis amigos. With a classmate, make a list of famous people who you
W know are from a foreign country and speak a foreign language. Share
your list with your classmates.

EJEMPLO

> *Plácido Domingo es de España
> y habla español.*

B. Los amigos de Marcos. Marcos has friends in many countries.
What can you say about these friends? Be sure to include the
country they are from and the language or languages spoken there.

EJEMPLO **Carmen es de España y habla español. Es muy
bonita y me parece inteligente. Vive en Toledo.
Le gusta leer.**

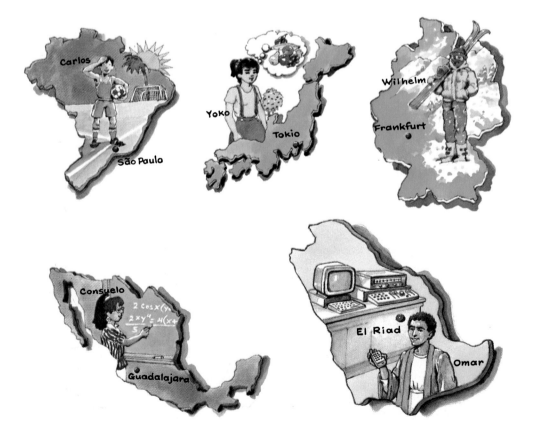

Have you ever seen **una corrida de toros** (*bullfight*) and felt the excitement as the crowd roared **olé**? **Olé** means *bravo* and is shouted out enthusiastically when the **matador** (*bullfighter*) makes a close pass with an angry charging bull.

Bullfighting is a ritual art. It symbolizes the victory of the weaker yet more intelligent human species over the force of nature, represented in the bull. Although this ritual has its roots in the ancient civilizations of the Mediterranean, Spain developed this art more than other nations and then brought it to the New World. It is still celebrated in Mexico, Colombia, Venezuela, and Peru.

Although not all Spaniards are interested in bullfighting, **plazas de toros** (*bullfighting rings*) are common in Spanish cities and towns—there are about 400 of them in Spain. The largest **plaza de toros** is in Mexico. It seats 35,000 spectators.

This ancient festival of a human against a beast came to the United States from Spain and Mexico in the form of the **rodeo,** which is the Spanish word for *roundup*. What similarities do you see between the American rodeo and the Spanish **corrida**?

EXPLORACIÓN 3

Function: *Talking about location*
Structure: *Using prepositions and prepositional pronouns*

A. To talk about where people or things are located, we often use the verb **estar** and a prepositional phrase. Learn these prepositions.

cerca de *near, close to*	detrás de *behind*
lejos de *far from*	entre *between, among*
al lado de *next to, beside*	encima de *on top of, above*
frente a *facing, opposite*	debajo de *under, beneath*
enfrente de *in front of*	dentro de *inside*

¿Está el hotel lejos del aeropuerto?
Hay un parque entre el museo y el teatro.

B. These prepositions are often followed by the same pronouns you have used with verbs like **gustar**.

mí	nosotros, nosotras
ti	ustedes
usted	vosotros, vosotras
él, ella	ellos, ellas, ustedes

Aquí tienes la foto, ¿ves? Enfrente de **mí** está mi mamá, al lado de **ella** están mis hermanos y detrás de **ellos** está mi perro Sultán.

C. Other prepositions like **de, en, para, por,** and **sin** also call for these pronouns. When **mí** and **ti** are used with **con,** however, they become **conmigo** and **contigo.**

¿Está Eva contigo o con Pablo?   *Is Eva with you or Pablo?*
No está con él. Está conmigo.   *She's not with him. She's with me.*

D. Here are some other useful expressions for asking or telling where people or things are located.

¿Dónde queda(n)...?	*Where is (are)...located?*
Siga derecho.	*Go straight ahead.*
Doble a la derecha.	*Turn right.*
Doble a la izquierda.	*Turn left.*

PREPARACIÓN

A. **¿Dónde está mi pasaporte?** Fernando's grandmother has misplaced her passport and asks Fernando to help her find it. Where does she ask him to look?

> MODELO   encima del televisor
> **¿No está encima del televisor?**

1. entre mis otros papeles
2. encima de mi mesa de noche
3. al lado del teléfono
4. detrás de la cama
5. debajo de mi bolsa
6. cerca del periódico

B. **Guardia civil.** Some confused tourists have their directions reversed. How does the Guardia Civil help them?

> MODELO   el Hotel Emperador / lejos del aeropuerto
> **¿No queda el hotel Emperador lejos del aeropuerto?**
> **No. Queda cerca del aeropuerto.**

1. la catedral / cerca de aquí
2. el Cine Ducal / detrás del teatro
3. el correo / cerca del Banco Nacional
4. el museo / a la izquierda de la catedral
5. la biblioteca / frente a la escuela San Ignacio
6. la plaza de toros / lejos de aquí

C. Álbum de fotos. Caridad is describing some photos she took while
on vacation at her aunt and uncle's home. Complete her statements by
adding the appropriate prepositional phrases.

MODELO   Mi tío y mi tía viven en Valencia.
         Valencia queda <u>lejos de</u> Madrid.

1. Aquí estamos ════ su casa.

2. Su casa está ════ correo.

3. Hay una tienda ════ la casa de
   mis tíos.

4. Aquí mi primo David está ════
   mi tío y mi tía.

5. Mi prima está ════ mi tía Estela.

D. Un viaje a Europa. Yola's sister, Nuria, just won a trip for two to Europe, and Yola is very eager to know whom she plans to take along. How does Nuria answer Yola's questions?

MODELO Pues, ¿con quién piensas ir? ¿Con Tomás? (no / él)
No, no pienso ir con él.

1. Pues, ¿piensas ir con Carina? (no / ella)
2. ¿Ah no? ¿Entonces piensas ir con mamá o papá? (no / ellos)
3. ¿Quieres ir con Bárbara o Susana? (no / ellas)
4. Eh… ¿Vas a ir con Reinaldo? (no / él)
5. Bueno, ¿no quieres ir conmigo, ¿verdad? (sí / tú)

E. En la parada del autobús. At a bus stop, several people ask Guillermo for directions. Guillermo, who is also new in town, does his best to help them. Indicate whether his directions are correct or incorrect according to the map by writing **sí** or **no**.

MODELO —¿Dónde está la calle Dos de Mayo, por favor?
—Siga derecho y doble a la izquierda en la primera calle.
You write: **sí**

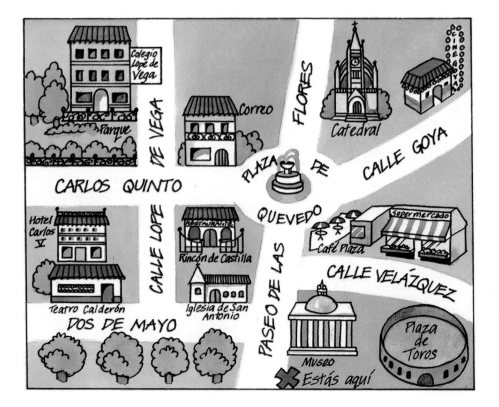

COMUNICACIÓN

A. ¿Dónde queda?   Using the map from the previous activity, ask your classmates to identify the building or spot on the map whose location you describe.

> EJEMPLO   **Queda en el Paseo de las Flores al lado del Cine Goya.**
> **La catedral.**

B. ¿Quién es?   Think of the name of another student in your class. The rest of the class will ask questions to find out whom you have in mind.

> EJEMPLO   **¿Está detrás de Gloria?**
> **¿Está entre Camilo y Lorenzo?**

C. ¿Cuál es el objeto?   Mentally select an object in the classroom. Answer **frío** if your partner's questions indicate he doesn't have any idea where the object is. Answer **caliente** if his questions indicate he does. Continue until he guesses the correct object.

> EJEMPLO   **¿Está frente a la pizarra? frío**
> **¿Está al lado de David? caliente**
> **¿Es el lápiz de Diana? sí**

D. ¿Dónde está el boleto?   A friend of yours has lost her airplane ticket (**boleto**). Working with a partner, come up with as many questions as possible based on this picture to help her to look for it. Compile your questions on the same sheet of paper, and place your name next to the questions you ask.

> EJEMPLO   **¿Está dentro de la mochila?   (Susana)**

CULTURAL

Madrid es la capital y la ciudad más grande de España. Es también una de las capitales europeas más interesantes. Imagínate que es la primera vez que visitas Madrid. Tú le haces preguntas (*ask questions*) a tu guía (*guide*) sobre los puntos de interés turístico. ¿Qué contesta el guía a tus preguntas? Consulta el plano de la ciudad (*city map*) para contestar.

1. ¿Está la Plaza Mayor cerca de la Puerta del Sol?
2. Y el Museo del Prado, ¿está lejos del Parque del Retiro?
3. ¿Empieza la Gran Vía en la Plaza de Oriente?
4. ¿Está la Plaza de Oriente enfrente de la Ópera?
5. Y la biblioteca, ¿está cerca del Palacio Real?

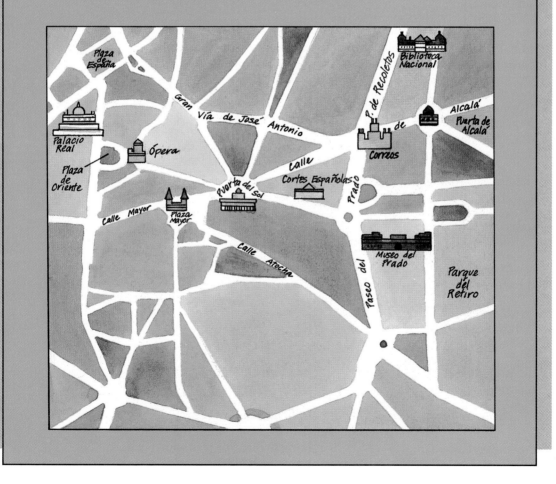

EXPLORACIÓN 4

Function: *Talking about people already mentioned*
Structure: *Object pronouns me, te, nos*

PRESENTACIÓN

You have already learned to use **lo, la, los**, and **las** as direct object pronouns to avoid repeating nouns.

Conozco a Juan.	**Lo** conozco.
Miran las revistas.	**Las** miran.

A. The pronouns for *me*, *you* (familiar), and *us* are **me, te,** and **nos**. They may replace nouns used as direct or indirect objects. Notice that object pronouns are placed before the conjugated verb.

Ella **me** llama.	*She calls **me**.*
Yo **te** comprendo.	*I understand **you**.*
Nuestros padres **nos** dan dinero.	*Our parents give **us** money.*

B. When the object pronoun is used with the infinitive alone, it is attached to the end of the infinitive.

Voy a tu casa para ayudar**te**.

C. If the infinitive is used with another verb, the pronoun may be attached to the infinitive or placed before the conjugated verb.

Quiero ver**la**.	**La** quiero ver.
Van a invitar**nos**.	**Nos** van a invitar.

D. When the pronouns are used as indirect objects, they often mean *to* or *for me, you, us*.

Ella siempre **me** trae recuerdos.	*She always brings **me** souvenirs.*
	*She always brings souvenirs **to me**.*
¿**Te** van a comprar un carro?	*Are they going to buy a car **for you**?*
	*Are they going to buy **you** a car?*

PREPARACIÓN

A. ¿Cómo te va? Marisol is visiting the United States for the first time. When she calls home, her mother wants to make sure she is getting along with her new American friends. Listen to their conversation, and write the missing words.

MAMÁ ¡Hola Marisol! ¿Qué __1__ Chicago?

MARISOL ¡Mamá! Es fabuloso. Las dos chicas siempre __2__ a fiestas, y el hermano mayor __3__ inglés.

MAMÁ ¿Y los padres? ¿__4__ más en español o en inglés?

MARISOL __5__ en inglés.

MAMÁ Bueno, Marisol, ¿y cuándo __6__ una carta?

MARISOL Esta tarde, mamá. También __7__ unos recuerdos bonitos. ¡Hasta luego!

B. De regreso. What do Marisol's friends and relatives ask her when she returns from her trip?

MODELO   hablar de tu viaje
          ¿Cuándo vas a hablarnos de tu viaje?

1. tocar unas canciones norteamericanas
2. dar noticias de los Estados Unidos
3. enseñar un poco de inglés
4. preparar una comida norteamericana
5. hablar de tus amigos norteamericanos
6. dar un recuerdo de tu viaje

C. ¡No es verdad! Teresita has felt neglected since the birth of her baby brother. Eva thinks she is being overly sensitive. What does Eva say to Teresita?

MODELO   Mamá ya no me escucha.
          ¡Estás loca! Ella sí te escucha.

1. Abuelita ya no me llama por teléfono.
2. Papá ya no me trae recuerdos de sus viajes.
3. Mamá ya no me quiere.
4. Mis primos ya no me dan regalos de cumpleaños.
5. Tía Elsa ya no me escribe cartas.
6. Tú ya no me comprendes.

COMUNICACIÓN

A. Entrevista. Answer questions 1 through 6 about your friends and questions 7 through 10 about your teachers.

1. ¿Te ayudan tus amigos a hacer la tarea?
2. ¿Te comprenden siempre?
3. ¿Te buscan para salir los viernes por la noche?
4. ¿Te llaman mucho por teléfono?
5. ¿Te esperan después del colegio?
6. ¿Te dicen siempre la verdad?
7. ¿Te ayudan tus profesores cuando no entiendes algo?
8. ¿Te dan mucha tarea?
9. ¿Te permiten llegar tarde a clase?
10. ¿Te escuchan siempre?

B. ¿Me haces un favor? A brother or sister wants to know what you are willing to do in return for lending you $50.00. Act out questions and answers like those in the example with a classmate, who will decide in the end whether to lend you the money.

EJEMPLO   Tu hermano(a):   **¿Me arreglas el cuarto?**
                      Tú: **Está bien. Te arreglo el cuarto.**
          Tu hermano(a):   **¿Me permites tocar tus discos?**
                      Tú: **¡Eso no! No te permito tocar mis discos.**

permitir usar tu carro	preparar el desayuno
hacer la tarea	permitir usar tu ropa
lavar los platos	llevar contigo al concierto
permitir salir con tu novio(a)	dar tu radio nuevo

LECTURA

Un verano en México

Silvia Jiménez, a Mexican-American student, has visited Mexico for the first time. Here are some of the postcards she wrote her friends and family in Texas.

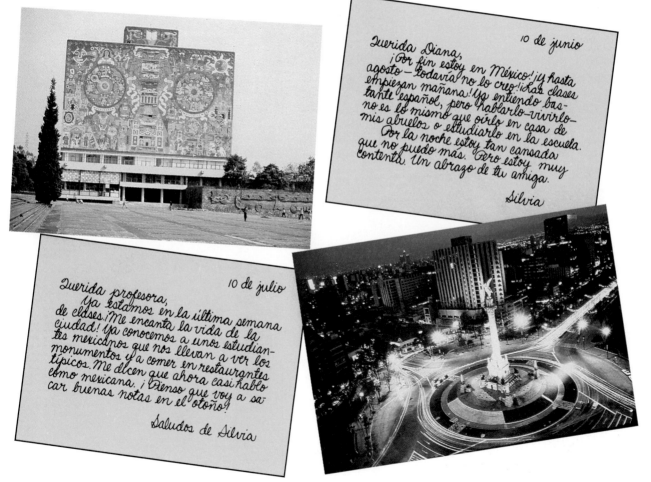

Querida Diana,   10 de junio
    ¡Por fin estoy en México! ¡Y hasta agosto — todavía no lo creo! ¡Las clases empiezan mañana! Ya entiendo bastante español, pero hablarlo — vivirlo — no es lo mismo que oirlo en casa de mis abuelos o estudiarlo en la escuela. Por la noche estoy tan cansada que no puedo mas. Pero estoy muy contenta. Un abrazo de tu amiga.
                                    Silvia

Querida profesora,   10 de julio
    Ya estamos en la última semana de clases. ¡Me encanta la vida de la ciudad! Ya conocemos a unos estudiantes mexicanos que nos llevan a ver los monumentos y a comer en restaurantes típicos. Me dicen que ahora casi hablo cómo mexicana. ¡Pienso que voy a sacar buenas notas en el otoño!
                                Saludos de Silvia

16 de julio

Queridos abuelos,
Mañana salgo para Yucatán.
Si no pierdo el avión, llego temprano
por la mañana. ¡Que suerte tener a
tía Elsa y tío Paco de vacaciones allí!
Este viaje es como un sueño.
Es el mejor regalo de mi vida.
¡Mil gracias!
Los quiere Silvia

21 de julio

Querido Rafael,
Después de un viaje de dos horas
en autobús, estamos en Chichén-Itzá.
¡Las ruinas son fabulosas!
Voy a comprar recuerdos, quizás
unas reproducciones de Quetzalcóatl
y del Chac-mool. Mañana vamos a
Uxmal para ver más ruinas mayas.
Te escribo desde la isla Cozumel donde
vamos a pasar unos días en la
playa. Pienso en ti. Hasta pronto.
Silvia

Expansión de vocabulario

el abrazo	hug	**No puedo más.**	I can't take any more
allí	there		
desde	from	**por fin**	finally
hasta	until	**quizás**	maybe
llegar	to arrive	**las ruinas**	ruins
maya	Mayan	**saludos**	regards
el (la) mejor	best	**temprano**	early

Comprensión

Based on **Un verano en México,** indicate **verdadero** or **falso** for each statement, and correct the false ones.

1. Silvia va a pasar dos meses en México.
2. No entiende nada de español.
3. Está muy cansada. Por eso, no está contenta.
4. Sus amigos mexicanos la llevan a ver la ciudad.
5. Ella piensa que este viaje la va a ayudar con sus clases.
6. Sus tíos están en Yucatán y ella va a verlos.
7. No tiene tiempo para ver las ruinas de Chichén-Itzá y Uxmal.
8. Va a la playa en Cozumel.

COMUNICACIÓN

A. Tarjetas mexicanas. One of Silvia's postcards got wet, and the ink ran. Help her parents read it by filling in the missing words. Refer to the **Perspectivas,** and use other words you know.

> 30 de agosto
>
> mamá y papá,
> Hoy es el último día de mis dos ~~____~~ en México. Ahora hablo y ~~____~~ mucho español. Me encanta la ~~____~~ de aquí y quiero ~~____~~ pronto. Me gustan las ~~____~~ mayas, pero también es bueno tomar el ~~____~~ en la ~~____~~. ¡Este viaje de verdad es ~~____~~ un sueño!
> Un ~~____~~ de su hija, Silvia ♡

B. Proyectos de viaje. Imagine you are planning a vacation. Using the questions below as a guide, write a paragraph about your trip.

1. ¿Cuándo sales de viaje?
2. ¿Cuántos días piensas estar de vacaciones?
3. ¿Adónde quieres ir?
4. ¿Cómo prefieres viajar?
5. ¿Con quién vas a viajar?
6. ¿Qué ciudades vas a visitar?
7. ¿Qué otras actividades quieres hacer?

C. Agencia de viajes. Imagine you are a travel agent. Based on the information the following people give, choose the vacation best suited to their situation. Also suggest an alternative for them.

1. Somos estudiantes pobres pero queremos hacer un viaje a Japón este verano.
   a. Deben buscar los hoteles y restaurantes más caros.
   b. Deben viajar en bicicleta y acampar.
   c. Deben olvidar este viaje.
   d. ¿...?

2. Me gusta el mar, el esquí acuático y la natación.
   a. Usted debe pasar las vacaciones en las montañas.
   b. Usted debe ir a una ciudad grande.
   c. Usted debe ir a una isla del Caribe.
   d. ¿...?

3. A nosotros nos gusta la historia, la música clásica, el arte y el teatro.
   a. Deben pasar sus vacaciones en una ciudad grande.
   b. Deben ir al campo.
   c. Deben pensar en la playa para sus vacaciones.
   d. ¿...?

4. Quiero viajar y hablar mejor español, pero no quiero ir al extranjero.
   a. Debes visitar una isla del Caribe.
   b. Debes pasar unos meses en una comunidad hispana en los Estados Unidos.
   c. Debes ver programas de televisión en español.
   d. ¿...?

D. Excursión preferida. You hear a radio advertisement about a local travel agency's special offer for three travel tours. Jot down the destination and means of transportation in each case. Then indicate with a letter **X** the tour you prefer, and explain the reason for your preference.

EJEMPLO

Destino	Transporte	Preferencia	Explicación
1. Alemania	avión	X	Me encantan las montañas y me gusta esquiar.

PRONUNCIACIÓN

The letter **ll** sounds much like the letter *y* in the English word *yes*.

ella   llamo   mantequilla   llave   pollo   tortilla

The letter **l** is similar to the clearly pronounced /l/ sound in the English word *learn*. The /l/ sound in Spanish is always pronounced crisply and distinctly, with the tip of the tongue touching the upper gum ridge.

el libro   naturaleza   dulces   Portugal   plátano   español

Now read this short paragraph aloud.

Me llamo Guillermo López Villa. / Soy familiar de Juan Carlos Casals López. / Él vive en Barcelona / y yo vivo en Sevilla. / Juan Carlos y yo somos muy diferentes. / A él le gustan los deportes / como la lucha libre, / pero a mí me gusta leer / literatura española. / Además, a mí me encanta / la tortilla española con papas, / pero él prefiere la tortilla mexicana con pollo.

¹NTEGRACIÓN

Here is an opportunity to test yourself to see what you can do. If you have trouble with any of these items, study the topic and practice the activities again, or ask your teacher for help.

Vamos a escuchar

A. En el aeropuerto. You and a friend have just arrived at an airport in a South American city and have plans to visit various places in and around town. Your friend asks a stranger at the airport some questions. Based on the map you see, decide whether the information he gives you is accurate. Write **sí** if his instructions are correct and **no** if they are not.

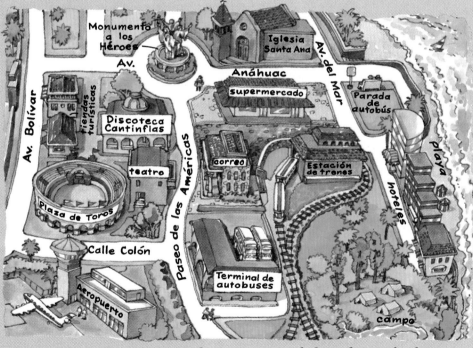

EJEMPLO   Tú: Perdón, señor, ¿queda lejos de aquí la plaza de toros?

Él: No, queda muy cerca.

You write: **sí**

B. ¡Qué problema! As Jorge and his friend Mario talk, Jorge discovers that Mario has a problem. Read the first set of questions, and answer them after listening to their conversation once. Then read the second set of questions, and answer them after hearing the conversation again.

Primer grupo
1. ¿De qué hablan los amigos?
   a. de sus vacaciones
   b. de sus planes para estudiar en el extranjero

2. ¿Cuál es el problema de Mario?
   a. No tiene dinero para ir a Río de Janeiro.
   b. Él quiere ir a Río, pero sus padres quieren ir a Valencia.

Segundo grupo
3. ¿En qué fecha comienza el viaje de Jorge?
   a. el tres de octubre   b. el dos de julio   c. el dos de abril
4. ¿Adónde va Elena?
   a. a Río de Janeiro   b. a San Francisco   c. a Valencia
5. ¿Quién tiene más suerte en esta situación?
   a. Jorge   b. Ramón   c. Mario

Vamos a leer

A. Una carta de novios. Guillermo writes to his girlfriend, Mariela, describing Spain's Costa del Sol. Based on his letter, respond with **cierto** or **falso** to the sentences that follow the letter. Write your answers on paper.

Querida Mariela,   1° de julio

Por fin estoy en la famosa Costa del Sol. ¡Es maravillosa! Mi hotel queda un poco lejos de la playa, pero no importa, llego rapidísimo en autobús. Te digo, Mariela, la brisa del mar es muy agradable. Algunas personas pasan el día en botes y otras practican esquí acuático. Pero tú me conoces, Mariela. Yo prefiero tomar el sol, leer y admirar la naturaleza. ¡Y a las chicas bonitas también! No, no, mi amor, no es verdad. Tú sabes que sólo pienso en ti. Bueno, mañana voy a salir temprano para visitar la isla de Mallorca. No está lejos y todos dicen que es muy bonita.

Esta tarde voy a la corrida de toros en la plaza central de la ciudad. Voy a sacar muchas fotos, y muy pronto tú y yo vamos a mirarlas. ¿Qué te parece?

Pues, saludos a tu familia y un abrazo grande para ti, Mariela. Te voy a traer unos recuerdos muy bonitos. Te veo el 6 de julio.

                                      Te quiere mucho tu novio
                                      Guillermo

1. A Guillermo le encanta la Costa del Sol.
2. Guillermo es muy atlético.
3. Todos los días Guillermo va a la playa a pie.
4. La isla de Mallorca queda cerca de la Costa del Sol.
5. Guillermo sólo piensa en otras chicas.
6. La corrida de toros va a ser mañana.
7. Guillermo piensa comprar regalos para Mariela.

Vamos a escribir

A. Unas vacaciones ideales. Complete this paragraph to describe your ideal vacation. More than one word may be used in a blank.

Este año voy a pasar dos __1__ de vacaciones en __2__ . Salgo el __3__ de __4__ . Yo siempre prefiero viajar en __5__ porque __6__ . Esta vez tengo mucha suerte: ¡Voy a viajar con __7__ ! Pensamos visitar __8__ y admirar __9__ . Vamos a hacer muchas cosas divertidas. Por ejemplo, vamos a __10__ y __11__ . ¡Qué bueno que hablo __12__ !

B. Frases útiles. You are on vacation and find numerous opportunities to use your Spanish. Complete these sentences with words and phrases from this chapter that will help you make yourself understood. More than one word may go in the blank.

How do you

1. ask a traffic officer to help you and your sister?
¿═══ ayuda, por favor?
2. ask the officer if you turn right or left on Goya Street?
¿Doblo a la derecha o a ═══ en la calle Goya?
3. explain to a rather forward friend why you do not want to go out with him or her?
Ya tengo novio(a). Por eso, no quiero salir ═══ .
4. tell your sister that behind her there is a very nice-looking boy or girl?
¡═══ hay un chico(a) muy guapo(a)!
5. ask your dad to give you money to buy souvenirs?
Papá, ¿═══ dinero para comprar recuerdos?
6. ask where the post office is (located)?
¿═══ el correo?
7. tell your tour guide that there is a cat under the bus?
¡Señor, ═══ hay un gato!
8. tell a Portuguese waiter that you don't know Portuguese but that you do understand and speak Spanish pretty well?
No sé ═══ , pero entiendo y hablo bastante bien ═══ .

C. ¿Qué pasa? Write a paragraph about each of the vacations pictured. Imagine that you are in the train in the first scene and that your neighbors, the Romeros, are the couple pictured in the second. Include as many words from this chapter as you can.

Yo…

El señor y la señora Romero…

Vamos a hablar

Work with a partner or partners and create short dialogues based on the following situations. Whenever appropriate, switch roles and practice both parts of your dialogue.

Situaciones

A. De vacaciones. You want to know a friend's idea of a perfect vacation. By asking questions, find out when, how, where, and for how long your friend likes to travel. Express your own opinion as well.

B. Climas diferentes. As you get acquainted with a new student from Chile, you tell him or her what the weather is like at various times of the year and find out about the weather in Chile.

C. El supermercado. A new friend asks you for directions from school to the nearest supermarket. After you give them, your friend repeats them to make sure he or she understands.

VOCABULARIO

NOUNS

el abrazo   hug
el autobús   bus
el avión   plane
el barco   boat, ship
la brisa   breeze
el campamento de verano   summer camp
el campo   country (countryside)
la catedral   cathedral
la ciudad   city
la corrida de toros   bullfight
el esquí acuático   water skiing
la estación   season
el idioma   language
la isla   island
el lugar   place
el mar   sea
el mes   month
la montaña   mountain
el monumento   monument
la natación   swimming
la naturaleza   nature
la nieve   snow
el recuerdo   souvenir
las ruinas   ruins
la tensión   tension, stress
el trabajo   work
el tren   train
la vida   life

PRONOUNS

algunos   some
todo el mundo   everyone, everybody

ADJECTIVES

acuático   water, aquatic

agitado   hectic, agitated
corto   short
fabuloso   fabulous
famoso   famous
hispánico   Hispanic
libre   free
maya   Mayan
(el / la) mejor   best
mexicano   Mexican
perfecto   perfect
pobre   poor
típico   typical, characteristic
tropical   tropical
turístico   tourist

VERBS AND VERB PHRASES

acampar   to camp
admirar   to admire
dar   to give
hacer un viaje   to take a trip
ir al extranjero   to go abroad
llegar   to arrive
llevar   to take (along)
olvidar   to forget
quedar   to be located
tomar el sol   to sunbathe

PREPOSITIONS AND PREPOSITIONAL PHRASES

al lado de   next to, beside
cerca de   near, close to
debajo de   under, beneath
desde   from
detrás de   behind
encima de   on top of, above
enfrente de   in front of
entre   between, among

frente a   facing, opposite
hasta   until
lejos de   far from
sin   without

OTHER WORDS AND EXPRESSIONS

a pie   on foot
allí   there
como   since, as
¿Cuál es la fecha de hoy?   What is today's date?
de verdad   really, truly
Doble a la derecha.   Turn right.
Doble a la izquierda.   Turn left.
en fin   all in all
No puedo más.   I can't take any more.
por fin   finally
¿Qué fecha es hoy?   What is today's date?
quizás   maybe
saludos   regards, greetings
Siga derecho.   Go straight ahead.
temprano   early

NOTE: For the months of the year and seasons, see Exploración 1. For languages and countries, see Exploración 2.

NOTE: For prepositional pronouns, see Exploración 3. For object pronouns, see Exploración 4.

Recreation and Hobbies

In this chapter, you will talk about your hobbies and what you do for recreation. You will also learn about the following functions and structures.

Functions	**Structures**
● discussing what we do	stem-changing verbs **o → ue, u → ue**
● referring to someone already mentioned	indirect objects **le, les**
● expressing future and past time	**ir a** and **acabar de**
● giving advice and orders	familiar affirmative and negative commands

317

EN CONTEXTO

🎲 El anuario

yearbook

Members of the Spanish Club have been asked to write about their extra-curricular activities for the school yearbook. Here is what some of them wrote.

Phil "Felipe" Williams
Yo soy coleccionista. Colecciono todo— <u>monedas</u>, juegos electrónicos, historietas. Juego también <u>ajedrez</u>, un <u>pasatiempo</u> muy <u>exigente</u>. Para mí, es importante estar en <u>buena forma</u>. No me interesa mucho tener <u>músculos</u> formidables, pero todas las mañanas <u>corro</u> antes de ir a la escuela.

coins
chess
hobby / demanding
good physical condition
muscles

I run

fascinate

free time
to draw

Raquel Salamanca
A mí me interesan las artes. Tomo clases de baile moderno y de jazz y soy miembro del grupo de teatro. También me <u>fascinan</u> las ciencias, sobre todo la programación de computadoras. En los <u>ratos libres</u> que tengo, me gusta leer, <u>dibujar</u> y programar computadoras.

Frank "Paco" Anderson

En mi opinión la actividad física es
muy buena para la salud. Por eso, me
gustan mucho los deportes. Me interesan el baloncesto y la gimnasia. En el
verano, siempre voy a acampar con los
exploradores. Otro pasatiempo que me
fascina es la música. Toco la guitarra y el
piano y voy mucho a los conciertos de
jazz y de rock.

health

Scouts

I just won

prize

member / cooking

to skate

Miriam "Mimi" Roth

Me encanta la fotografía y acabo de ganar
un premio por una de mis fotos. También soy miembro del club de cocina internacional donde preparamos platos de
otros países. No soy muy atlética, pero
me encanta patinar y andar en bicicleta.

Comprensión

Which of the four persons in **El anuario** does each statement refer to?

1. Le gusta programar computadoras.
2. Le interesa la cocina de otros países.
3. Le gusta pasar tiempo en el campo.
4. Colecciona muchas cosas.
5. Le gustan los libros.
6. Le interesan diferentes clases de conciertos.
7. A veces gana premios por sus fotografías.
8. Le gusta correr todos los días.

ASÍ SE DICE

Here are some pastimes and hobbies you may enjoy.

correr

patinar

levantar pesas

hacer yoga

dibujar

tocar un instrumento

coleccionar monedas

estampillas

muñecas

insectos

jugar ajedrez (*m*)

dominó (*m*)

damas (*f*)

participar en un
grupo de teatro

participar en un
equipo de debate

cantar en el coro

colaborar en el
periódico estudiantil

A. Palabras asociadas. Pablito is playing a word game and needs some help. For each of the following clues, he must pick the most closely associated answer. As you hear the two choices, repeat the one he should select.

> MODELO la música
> ¿tocar un instrumento o levantar pesas?
> **tocar un instrumento**

1. coleccionar
2. un piano
3. los niños pequeños
4. los músculos grandes
5. la naturaleza
6. los deportes
7. en casa
8. la paciencia

B. ¿Es lógico? Ángela thinks Leticia is not really listening to what she is saying about their friends' hobbies, so she throws in some ridiculous statements. Listen to Ángela's statements, and respond with **ridículo** or **lógico.**

> MODELO Felipe corre todos los días en la piscina.

ridículo

COMUNICACIÓN

A. Los ratos libres. Tell why you are or are not interested in various activities. Use pastimes from this chapter, as well as ones you already know. You may want to use some of the following reasons to explain your preferences.

> EJEMPLO **Me gusta patinar porque es muy bonito.**
> **No me interesa el ajedrez porque es muy difícil.**

emocionante	difícil	bonito	bueno para la salud
exigente	caro	pesado	interesante
aburrido	divertido	barato	bueno para bajar de peso

B. Una entrevista. Find out about the interests and activities of a classmate. Use the following questions as a guide.

1. ¿Cuánto tiempo libre tienes?
2. ¿Qué te gusta hacer en los ratos libres?
3. ¿Cuál es tu pasatiempo favorito?
4. ¿Qué actividades físicas te interesan?
5. ¿Te interesa coleccionar algo?
6. ¿Qué actividades de grupo te gustan?
7. ¿Hay algún pasatiempo que te fascina especialmente?

EXPLORACIÓN 1

Function: *Discussing what we do*
Structure: *Using stem-changing verbs o → ue and u → ue*

PRESENTACIÓN

A. You have already learned about one group of stem-changing verbs—
the **e** to **ie** type (**comenzar, pensar,** etc.). Another such group is the **o**
to **ue** type.

Study the forms of **recordar** (*to remember*), **volver** (*to return*), and
dormir (*to sleep*).

recordar		volver		dormir	
recuerdo	recordamos	vuelvo	volvemos	duermo	dormimos
recuerdas	recordáis	vuelves	volvéis	duermes	dormís
recuerda	recuerdan	vuelve	vuelven	duerme	duermen

1. Note that the verbs have regular endings, but the **o** of the stem
becomes **ue** in all persons except the **nosotros** (and **vosotros**) form.
Here are other **o** to **ue** stem-changing verbs.

almorzar	*to have lunch*	mostrar	*to show*
encontrar	*to find, to meet*	poder	*to be able, can, may*

¿Puedo ver televisión?   Los niños duermen mucho.
Encontramos a José después de clase.   Almuerzan a la una.

2. The verb **volver a** combined with an infinitive indicates that an
action is done again, either in the present or in the future.

Cuando le gusta un disco, siempre **vuelve a tocarlo**.
*When he likes a record, he always **plays it again**.*

Mañana **vuelvo a buscar** a María.
*Tomorrow I will **look for María again**.*

B. **Jugar** has a stem change from **u** to **ue,** except in the **nosotros** (and **vosotros**) form.

jugar

juego	**jugamos**
juegas	jugáis
juega	**juegan**

Juego fútbol los sábados.   Tú y yo nunca jugamos los domingos.

PREPARACIÓN

A. **Dormilones.**   Marisol and her friends are telling how late they sleep on weekends. Tell what they say.

MODELO   Enrique / 10:00
Enrique duerme hasta las diez.

1. nosotros / 11:00   **3.** usted / 1:00   **5.** mis padres / 9:00
2. mi hermano / 9:30   **4.** tú / 10:45   **6.** yo / 11:15

B. **¿Quién puede?**   Chabela is planning a party and is trying to discover how each person can help. What does she find out?

MODELO   Cristina / hacer un pastel
Cristina puede hacer un pastel.

1. Rosa María y Paco / traer dulces
2. nosotras / tocar el piano
3. yo / llevar las bebidas
4. Mimi / preparar la comida
5. tú / escribir las invitaciones

C. Reunión de coleccionistas.
Guillermo and his friends are having a Collectors Club meeting today. Tell what each person is showing.

> MODELO   Luisa / sus carteles
> **Luisa muestra sus carteles.**

1. Felipe / su colección de insectos
2. Raquel y Clara / sus muñecas
3. tú / tus tarjetas de béisbol
4. nosotros / nuestros discos viejos
5. yo / mi colección de monedas

D. ¿Otra vez?
Rogelio's friends are doing different things. Listen to the sentences, and decide whether these people will repeat their actions. For each, choose the most logical statement from those that follow.

> MODELO   Elena llama a su hermana por teléfono, pero su hermana no está.
>   **a. Elena vuelve a llamar más tarde.**
>   b. Elena no tiene ganas de hablar con su hermana.

1. a. Rogelio no va a nadar más hoy.
   b. Rogelio vuelve a nadar esta tarde.
2. a. Mariela vuelve a comer a las tres.
   b. Mariela no come más.
3. a. Tatiana no vuelve a ver la película.
   b. Tatiana tiene ganas de volver a ver la película.
4. a. Jorge no dice nada porque ya comprende bien.
   b. Jorge vuelve a preguntar.
5. a. David vuelve a cantar.
   b. David no canta más.
6. a. Bárbara vuelve a salir con Carlos muy pronto.
   b. Bárbara no quiere salir más con Carlos.

E. ¿Cómo lo encuentras tú?
Students are telling what they think of different pastimes. What do they say?

> MODELO   Vicente / el yoga / difícil
> **Vicente encuentra el yoga difícil.**

1. Elena / el baile moderno / bonito
2. Paco / el ajedrez / exigente
3. Lucía y Tomás / los deportes / emocionantes
4. tú / levantar pesas / aburrido
5. tú y yo / participar en un grupo de teatro / divertido
6. yo / la cocina mexicana / interesante

F. Recreo. Alejandra asks her new friend Rafa what games and sports he and his family and friends play on the weekends. What does she ask, and how does he answer?

MODELO **¿Qué deporte practican tus hermanos?**
Ellos juegan baloncesto.

tus hermanos

1. María y Ángela   2. Tú   3. tus amigos

4. Raquel   5. Tu familia   6. Tú y tus primos

COMUNICACIÓN

A. ¿Y tú? Find out how similar you are to another person in your class. Reword each statement to make it true for yourself, then ask if the same is true for your classmate.

EJEMPLO **No puedo nadar muy bien. ¿Y tú?**
Yo sí puedo nadar bien.

1. Yo encuentro fácil el español. ¿Y tú?
2. Yo siempre duermo bien. ¿Y tú?
3. Yo encuentro difícil hacer yoga. ¿Y tú?
4. Cuando me gusta una tienda, siempre vuelvo a comprar ahí. ¿Y tú?
5. Yo juego ajedrez bastante mal. ¿Y tú?
6. Mis amigos y yo nunca recordamos los cumpleaños. ¿Y tú?
7. Yo vuelvo a casa temprano después de la escuela. ¿Y tú?
8. Cuando no comprendo la lección, vuelvo a estudiarla. ¿Y tú?

B. Tus planes de fin de semana. Using the suggestions below, make a list of activities that you can and cannot do this weekend. Give reasons for those you are unable to do.

EJEMPLO **Puedo ir al cine el sábado.**
No puedo estar con mis amigos el domingo porque tengo examen el lunes.

Actividades
ir de compras
practicar un deporte
estudiar
levantar pesas
comprar algo para mi colección
patinar
ir a un partido de fútbol
volver a medianoche
ir a una fiesta con mis amigos
dormir hasta el mediodía
ir a un concierto de rock
esquiar
salir con mis amigos

Razones
No tengo tiempo.
Mis padres no lo permiten.
No tengo dinero.
Hace mal tiempo.
Va a llover.
Estoy cansado(a).
No tengo ganas de hacerlo.
Para mí es muy pesado.
Tengo mucho que hacer.
Tengo que estar en casa.
Cuesta mucho.
Tengo mucha tarea.

RINCÓN CULTURAL

En Europa y en Latinoamérica, el fútbol es el deporte más popular y todos lo practican—ricos y pobres, jóvenes y viejos. Hay toda clase de equipos: escolares (*school*), de clubes privados y, por supuesto, profesionales. La competencia (*competition*) entre los equipos profesionales es feroz (*fierce*). El fútbol es realmente una pasión nacional. Cuando hay un partido entre dos países, como entre Brasil y Uruguay, por ejemplo, todos consideran a su equipo como un símbolo nacional y todo el mundo habla del partido con mucho entusiasmo patriótico. Aquí están las banderas de los países que participaron en la Copa Mundial en México en 1986. ¿Puedes identificar los países?

1. 2. 3. 4.
5. 6. 7. 8.

EXPLORACIÓN 2

Function: *Referring to someone already mentioned*
Structure: *Indirect object pronouns* **le** *and* **les**

PRESENTACIÓN

You have used **lo, la, los,** and **las** to replace direct objects. You have also used **me, te,** and **nos** as both direct and indirect objects to refer to people already mentioned.

A. The third person object pronouns have different forms, depending on whether they are direct or indirect objects.

INDIRECT OBJECT PRONOUNS		DIRECT OBJECT PRONOUNS	
me	nos	me	nos
te	os	te	os
le	**les**	**lo, la**	**los, las**

B. The indirect object pronouns meaning *to* or *for him, her,* or *you* are **le** and **les**. Like the other indirect object pronouns, they tell *to whom* or *for whom* the action of the verb is performed. The meaning of **le** and **les** is usually clear from the context.

Le escribo. *I write* { *to him.* / *to her.* / *to you.* }

Indirect objects, like direct objects, may also be attached to an infinitive.

Va a comprar**les** las muñecas.

He is going to buy the dolls { *for them.* / *for you* (m/f pl.). }

C. When the meaning is not clear or when we wish to add emphasis, a phrase with **a** plus a prepositional pronoun may be used in addition to the indirect object pronouns.

me... a mí	nos... a nosotros / nosotras
te... a ti	os... a vosotros / vosotras
le... { a él / a ella / a usted	les... { a ellos / a ellas / a ustedes

For clarity: Quiere dar**les** las noticias **a ustedes**.
 A ella no **le** muestro mis fotos.
For emphasis: **A mí** no **me** interesa.
 ¿**Nos** traen algo **a nosotros**?

D. In Spanish an indirect object is commonly expressed twice in the same sentence. Even though it would not be translated, the indirect object pronoun cannot be omitted.

Le digo la verdad **a Daniel**. *I tell **Daniel** the truth.*
¿**Les** hablas español **a tus** *Do you speak Spanish **to your***
 amigos? ***friends**?*

PREPARACIÓN

A. Mi cuarto. Six-year-old Cristina is telling everyone what she is going to show the new exchange student who is arriving at her house today. What does Cristina say?

> MODELO mis libros y discos
> **Voy a mostrarle mis libros y discos.**

1. mis juegos electrónicos
2. mis anillos y pulseras
3. mi perro
4. mis fotos
5. mi colección de muñecas
6. mi osito de peluche

B. Hermano mayor. Felipe has little time to learn his role in the school play because of what he does for his younger brothers. What does he tell his drama coach?

> MODELO   arreglar el cuarto / todos los días
> **Les arreglo el cuarto todos los días.**

1. leer libros / por la noche
2. preparar el almuerzo / todas las mañanas
3. enseñar inglés / los fines de semana
4. tocar canciones / muchas veces
5. comprar muchas cosas / siempre
6. enseñar a jugar fútbol / los sábados

C. Poco cooperativo. Diego is complaining to a friend about the new Spanish tutor. What comments does Diego make?

> MODELO   a Carlos / no explicar la tarea
> **A Carlos no le explica la tarea.**

1. a nosotros / no enseñar nada
2. a Marcos / no ayuda nada con los problemas
3. a mí / no dar tiempo para practicar los verbos
4. a ti / nunca responder a las preguntas
5. a Elena / no repetir las explicaciones
6. a nosotros / decir que necesitamos nuevos programas

D. Las hijas. Sara's parents are talking with some friends about whether Sara and her younger sister should do their own shopping. Listen to each sentence, and decide if they are talking about one daughter (**una hija**) or both daughters (**las dos**).

> MODELO   Le permitimos comprar ropa para las fiestas.   *una hija*

COMUNICACIÓN

A. ¿A quién?   Find out to or for whom a classmate usually does the following things.

> EJEMPLO   escribir cartas
> **¿A quién le escribes cartas?**
> **Les escribo cartas a mis amigos.**

1. comprar un regalo
2. cantar una canción
3. hablar mucho
4. decir la verdad
5. dar dinero
6. preguntar la hora
7. preparar el desayuno
8. traer chocolates

B. El cumpleaños de mi papá.   A friend of yours is making plans for his father's birthday. As a classmate plays the part of your friend, interview him or her to find out what the party is going to be like.

> EJEMPLO   **¿Le vas a dar una fiesta grande?**
> **No, voy a darle una fiesta pequeña.**

1. ¿Qué le van a comprar tú y tus primos?
2. ¿Tu mamá va a darle una tarjeta?
3. ¿Qué comida le vas a preparar?
4. ¿Le vas a cantar una canción?
5. ¿Crees que sus amigos le van a llevar regalos?
6. ¿Y sus amigos van a decirle que él tiene muchos años?

C. Una descripción de la fiesta.   Write a short paragraph describing the party your classmate talked about in Activity B.

> EJEMPLO   *Le va a dar una fiesta pequeña.*
> *Sus primos y él le van a*
> *comprar un reloj y...*

CULTURAL

Los latinoamericanos practican toda clase de deportes al aire libre (*outdoors*) porque la geografía del continente es muy diversa. Hay costas con playas fabulosas para la pesca o el esquí acuático en casi todos los países, desde México hasta Argentina, y especialmente en el Caribe. Hay ríos (*rivers*) grandes como el Amazonas, el Orinoco y el Río de la Plata. Hay montañas altísimas, como los Andes, donde es posible esquiar todo el año, y hay desiertos, como el Atacama en Chile, donde hace un calor imposible. Hay llanuras (*plains*) como la pampa argentina, buenas para la agricultura; y hay selvas (*jungles*) enormes con ciudades grandes como Iquitos en Perú.

Consulta los mapas en las páginas 22, 23 y 24. ¿Dónde crees que practican estos deportes en Latinoamérica?

el buceo   *skin diving*   el acuaplanismo   *surfing*
el esquí   *skiing*   la pesca   *fishing*
la equitación   *horseback riding*   la caza   *hunting*

1.

2.

3.

4.

EXPLORACIÓN 3

Function: *Talking about the future and the immediate past*
Structure: *ir a* and *acabar de*

PRESENTACIÓN

You have used a form of **ir a** plus an infinitive to express the future tense.
This form may refer to actions in the near or distant future.

> Van a viajar a Costa Rica en abril.

> Vas a comer a las siete.

A. Another common way to express actions in the future is to use the
simple present tense. A time phrase such as **mañana** or **más tarde** is
sometimes used for greater clarity.

Te encuentro en la cafetería mañana.	*I'll meet you in the cafeteria tomorrow.*
¿Le pregunto si quiere ir?	*Shall I ask him if he wants to go?*
Tenemos examen el miércoles.	*We are having an exam on Wednesday.*

B. The present tense is also used in Spanish to express **Shall I / we...?**
and **Will you...?**

¿Bailamos?	*Shall we dance?*
¿Te llamo esta noche?	*Shall I call you tonight?*
¿Me das un vaso de agua?	*Will you give me a glass of water?*

C. To talk about events in the immediate past, use **acabar de** plus an
infinitive.

Acabo de llamar a Pablo.	*I just called Pablo.*
Pero parece que él **acaba de salir**.	*But it seems he **has just left**.*
Sus padres **acaban de llegar** al aeropuerto.	*His parents **just arrived** at the airport.*

PREPARACIÓN

A. Cómo, cuándo y dónde. Fernando is trying to talk Lucinda into going out with him sometime soon. What kind of excuses does she make?

> MODELO Vamos a salir el lunes, ¿sí? (tener una clase de baile)
> **No puedo, el lunes tengo una clase de baile.**

1. ¿Y el martes? (ayudar en casa)
2. ¿Y el miércoles, entonces? (jugar damas con mi tío)
3. Entonces el jueves, ¿sí? (mirar las estrellas con mi prima)
4. ¿Y qué te parece el viernes? (sacar fotos de insectos)
5. ¿El sábado, pues? (trabajar)
6. ¿Y el domingo? (cantar en el coro)

B. Itinerario. Diana, a tour guide in Mexico City, is taking notes as her boss reads aloud the plans of a group of students who will be arriving soon. What does Diana write?

> MODELO Los profesores van a llegar a México el 25 de junio.
> **Los profesores llegan el 25 de junio.**

1. El avión va a salir de Nueva York a las cuatro de la tarde.
2. Algunos de los estudiantes van a viajar con los profesores.
3. Algunos van a llegar más tarde.
4. Tú y yo vamos a preparar unas actividades divertidas para ellos.
5. El 6 de julio van a visitar las ruinas.
6. Tú vas a hablar de la historia de los mayas.

C. El accidente. Esteban has sprained his arm skateboarding over a patch of ice. Different members of his family want to know how they can help him. What do they ask?

> MODELO Mamá: ayudarte a caminar
> **¿Te ayudo a caminar?**

1. Jorge: darte mi suéter
2. Mamá: comprarte medicina para el dolor
3. Ángela y Jorge: ayudarte con la tarea
4. Papá: traerte algo de tomar
5. Matilde: hacerte la cama
6. Ángela y Matilde: llevarte los libros a la escuela

D. Consecuencias. Listen as Ana describes her own and others' physical states, then choose the answer that most logically completes each description.

1. **a.** Acaba de comer cuatro helados.
   b. Va a comer unos dulces.
2. **a.** Va a un concierto muy bueno esta noche.
   b. Acaba de hacer la tarea.
3. **a.** Victoria va a salir con sus amigos.
   b. Victoria acaba de llegar a casa.
4. **a.** Acaba de participar en un debate corto y fácil
   b. Va a participar en un debate en cinco minutos
5. **a.** Acaba de tomar un vaso de agua mineral.
   b. Va a tomar un vaso de agua.
6. **a.** Van a correr esta tarde.
   b. Acaban de correr diez kilómetros.
7. **a.** Acabamos de comer mucho.
   b. Vamos a comer una cena grande.
8. **a.** ¿Acabas de ganar un premio?
   b. ¿Vas a darle un premio a un amigo?

Música y Danza
La zarzuela en todo su esplendor: la zarzuela española y la zarzuela latinoamericana . . . clásica y moderna, cómica y dramática. Además conciertos y espectáculos de danza, música y canto.

Drama
El drama romántico, el drama de costumbres, el drama psicológico y el satírico. Drama para todos los públicos.

Latinoamericano
Obras dinámicas y vitales de la actualidad latinoamericana. Lo mejor de lo mejor para los latinos de Nueva York.

Español
Desde el teatro renacentista de Fernando de Rojas, pasando por García Lorca, hasta lo más representativo de la escena española de hoy.

E. Un día de vacaciones. Elena is describing a day of her family's summer vacation. For each picture, tell what she and her family have just finished doing or are about to do.

MODELO **Aquí mi familia acaba de salir de la casa y va a hacer un viaje en carro.**

Mi familia

Yo

Mis abuelos   David y yo

Mi otro hermano   Yo

COMUNICACIÓN

A. Planes para un viaje.   Make an itinerary describing several things
you and your family will do on a week-long trip you are planning. Tell
the day and the place you plan to do each activity. Use the following
list as a guide, but feel free to include your own ideas.

> EJEMPLO   **El sábado almorzamos en un restaurante famoso en
> Monterrey.**
> **El domingo por la tarde yo nado en la piscina del hotel.**

acampar en...	comer en...
ver un(a)...	jugar...
visitar un(a)...	andar en...
hacer un viaje a...	dar un paseo por...
tomar...	¿...?

B. Análisis de la personalidad. You are giving a newly developed personality test. Read these statements about feelings to another student, and ask for two or three activities the person could have just completed to bring about each mood. When you have all your partner's responses, come up with his or her personality profile.

EJEMPLO   **1. Estás contento(a).**
             Acabo de mirar un partido de fútbol.
             Acabo de jugar boliche.
             Análisis: A Silvia le gustan los deportes.

1. Estás contento(a).
2. Estás deprimido(a).
3. Estás aburrido(a).
4. Estás nervioso(a).
5. Tienes sueño.

6. Tienes miedo.
7. Estás enojado(a).
8. Estás emocionado(a).
9. Tienes sed.
10. ¿ . . . ?

RINCÓN
CULTURAL

¿Te gustan las películas extranjeras? Hoy en día España y varios países de Latinoamérica, sobre todo México y Argentina, producen películas que son famosas en el mundo entero. Además de tener excelentes industrias cinematográficas, los españoles y latinoamericanos ven muchas películas francesas y norteamericanas. Esta es una buena manera de aprender a hablar francés o inglés. ¿Reconoces el título español de estas películas?

1. *El extraterrestre*
2. *Regreso al futuro*
3. *El imperio contraataca*
4. *Splash: La sirena*
5. *Blancanieves*
6. *Lo que el viento se llevó*

EXPLORACIÓN 4

Function: *Giving advice or orders*
Structure: *The familiar commands*

PRESENTACIÓN

A. To give advice or orders, to request, or to tell someone not to do something, we use the command forms. The familiar commands are used for people with whom you would use the **tú** form of the verb.

The affirmative **tú** command of regular and stem-changing verbs is the same as the **tú** form of the verb minus the final **s**.

¡Ayuda a tu hermano!	*Help your brother!*
¡Vuelve pronto!	*Come back soon!*
¡Abre el libro!	*Open your book!*

B. The following verbs have irregular affirmative **tú** commands.

decir	**di**	ir	**ve**
salir	**sal**	tener	**ten**
hacer	**haz**	poner	**pon**
ser	**sé**	venir	**ven**

¡Di la verdad!	*Tell the truth!*
Haz la tarea.	*Do the homework.*

C. To form a negative **tú** command, use the following formula.

yo form minus **o**	plus opposite vowel **-ar → e, -er → a, -ir → a**	plus **s**
no mirø	e	no mires
no veø	a	no veas
no duermø	a	no duermas
no salgø	a	no salgas

¡No duermas ahora!	*Don't sleep now!*
No pienses en ella.	*Don't think about her.*
No mires la revista.	*Don't look at the magazine.*

D. The following verbs have irregular negative **tú** commands.

dar	**no des**	ir	**no vayas**
estar	**no estés**	ser	**no seas**

No seas mala.   *Don't be bad.*
No vayas ahora.   *Don't go now.*
No estés nervioso.   *Don't be nervous.*

E. Verbs that end in **-zar, -car,** and **-gar** have spelling changes in the familiar negative command forms. In **-car** and **-gar** verbs, these changes are made to maintain the original sound of the last consonant in the stem. In **-zar** verbs, the change is made because **z** never precedes **e** or **i** in Spanish.

yo form minus **o**	plus spelling changes $z \rightarrow c$, $g \rightarrow gu$, $c \rightarrow qu$	plus **es**
no almuerz∅	c	No almuer**ces**
no lleg∅	gu	No lle**gues**
no busc∅	qu	No bus**ques**

Saca una foto de Mariela.   No sa**ques** una foto de Luisa.
Comienza ahora.   No comien**ces** mañana.
Llega temprano.   No lle**gues** tarde.

PREPARACIÓN

A. Mandatos. Amelia Santos is worried that her niece Sara is spending too much time with her friends and not studying enough. Write what Amelia says as she and Sara rush around Monday morning.

MODELO   **No llegues** tarde a la escuela.

1. ===== ===== tarde hoy.
2. ===== ===== tus libros y tu tarea.
3. ===== ===== con Julio hoy.
4. ===== a Luisa que no puedes salir esta noche.
5. ===== pronto a la casa esta tarde.
6. ===== el cuarto bien.
7. ===== el piano treinta minutos.

B. En el estadio Cibao. While the school band is on tour, its members go to a baseball game. The band director wants to keep things organized. What does she say to each student?

MODELO   Polo / comprar los programas, por favor
          Polo, compra los programas, por favor.

1. Alma / sacar una foto del grupo / ¿sí?
2. Toño / hablar con las chicas más tarde / por favor
3. Nacho / buscar unos helados para nosotros / ¿quieres?
4. Guille / traer los refrescos ahora / por favor
5. Margarita / mirar el partido / ¿sí?
6. Nora / poner la cámara aquí / por favor

C. Precauciones. Miguel is about to leave for his first performance with the **tuna,** and his parents are giving him some last-minute advice. Tell what they say.

MODELO   no olvidar tus llaves
          ¡No olvides tus llaves!

1. no olvidar la guitarra
2. no ir en la moto
3. no comer antes del concierto
4. no estar nervioso
5. no olvidar mirar a la gente
6. no tener miedo
7. no salir con los amigos después
8. no volver a casa muy tarde

D. Dos puntos de vista.   Débora is in a jam. Her friend Silvia wants
her to neglect the household chores and go to the movies. Débora's
mother, on the other hand, feels quite strongly that Débora should do
her chores first. What do the two of them say to Débora?

MODELO   Mamá: **Arregla el cuarto antes de salir hoy.**
            Silvia: **No arregles el cuarto. Ven conmigo al cine.**

E. ¿Qué voy a hacer?   Teresa, who cannot go with Mónica on her vacation, nevertheless knows just how to have a great one. What advice
does she offer in reply to each of Mónica's questions?

MODELO   ¿Dónde paso el verano? (en la playa / no en el campo)
            **Pasa el verano en la playa. No pases el verano en el
            campo.**

1. ¿Adónde voy? (a la Florida / no a Colorado)
2. ¿Cómo viajo? (viajar por avión / no viajar en carro)
3. ¿Nado en la piscina del hotel? (nadar en la piscina / no nadar en
   el mar)
4. ¿Qué hago por las mañanas? (dar paseos por la playa / no tomar
   mucho sol)
5. ¿Y por las tardes? (practicar esquí acuático con los amigos / no
   pasar el día en el hotel)
6. ¿Y por las noches? (bailar todas las noches / no ir al cine)
7. ¿Crees que van a ser unas vacaciones caras? (olvidar los problemas / no pensar en el dinero)
8. Y cuando estoy aburrida, ¿qué hago? (llamar a tu amiga Teresa
   por teléfono / no llamar a tu novio)

COMUNICACIÓN

A. Consejos. A new friend is asking you whether to participate in certain classes or extracurricular activities. What advice would you give your friend?

> EJEMPLO   ¿Debo ser miembro de muchos grupos?
> **No, no seas miembro de muchos grupos. Es muy exigente.**
> **Sí, sé miembro de muchos grupos. Es divertido.**

1. ¿Debo estudiar programación de computadoras?
2. ¿Debo cantar en el coro?
3. ¿Debo participar en el grupo de teatro?
4. ¿Debo tomar una clase de guitarra?
5. ¿Debo participar en el equipo de debate?
6. ¿Debo hacer yoga?
7. ¿Debo coleccionar monedas?
8. ¿Debo ir a los conciertos?
9. ¿Debo colaborar en el periódico?
10. ¿Debo patinar por la noche?

B. ¡Vamos a San Juan! Your school soccer team has been invited to play in San Juan. Listen to the situations. Then, using the following list or your own ideas, create two suggestions for each student, one positive and one negative.

> EJEMPLO   Situación: Hay un jugador que no quiere ir en avión.
>   Sugerencia: **¡No vayas en avión! ¡Ve en barco!**

Sugerencias

hablar español con el
   equipo puertorriqueño
pasar mucho tiempo con
   los amigos americanos
estudiar el español antes
   de ir
comprar recuerdos en las
   tiendas del centro
comer en restaurantes
   americanos
ir de compras en el
   mercado

sacar fotos
comer en la escuela
salir con los jugadores
   puertorriqueños
visitar los museos de
   San Juan
llevar la cámara
comer en restaurantes
   típicos
vivir con una familia
   puertorriqueña
¿...?

LECTURA

La vida al aire libre

Los muchachos exploradores y las muchachas guías de aquí y de los países hispánicos tienen más o menos las mismas experiencias. Por ejemplo, si eres explorador o guía, probablemente conoces la vida al aire libre. Vamos a ver si sabes las reglas que observa un buen acampador o una buena acampadora.

1. Lleva tu equipo en una mochila. ¡No lleves demasiado! ¡No olvides tu saco de dormir!
2. Levanta la tienda cuando todavía es de día. No esperes hasta la noche.
3. Haz una fogata, pero ten cuidado con el fuego.
4. Aprende a cocinar sobre la fogata. No tengas miedo de comer algo nuevo.
5. Respeta la naturaleza. Observa los animales, los pájaros y las plantas, pero no les hagas daño.
6. Muestra consideración por los otros acampadores y los animales. No hagas ruido.

7. Explora el bosque. Da caminatas, pero ten cuidado de no perder el camino.
8. No nades solo ni camines solo en el bosque. Ve siempre con otra persona.
9. Conserva nuestros recursos naturales.
10. Al volver a casa, deja todo limpio. No dejes basura en el campamento.

Con estas reglas puedes pasar unas semanas muy agradables al aire libre, conocer nuevos amigos y aprender a ser responsable de ti mismo. ¡Buena suerte!

Expansión de vocabulario

al aire libre outdoors	**el fuego** fire
el acampador, la acampadora camper	**hacer daño** to do harm
	limpio clean
la basura garbage	**más o menos** more or less
el bosque woods	**el muchacho explorador** Boy Scout
el camino way	
caminar to walk	**la muchacha guía** Girl Scout
dar caminatas to go for hikes	**los recursos naturales** natural resources
dejar to leave	**la regla** rule
demasiado too much	**el saco de dormir** sleeping Bag
el equipo equipment	**tener cuidado** to be careful
la fogata campfire	**la tienda** tent

Comprensión

A Boy Scout leader is checking to see that his Scouts know the procedures for safe camping. He quizzes them with the following statements. Complete their responses by choosing a phrase from the list given.

1. ===== es buena para llevar el equipo en la espalda.
2. Hacemos ===== para cocinar y para no tener frío.
3. Debemos conservar =====.
4. Un buen acampador observa =====.
5. Levantamos ===== para dormir en el campo.
6. Observamos ===== y no les hacemos daño.
7. Caminamos en ===== pero nunca solos.

a. la fogata
b. la mochila
c. el bosque
d. la tienda
e. las reglas
f. los recursos naturales
g. los animales, los pájaros y las plantas

COMUNICACIÓN

A. Cartel de tareas. Imagine that your group leader is making a chart of camp chores. Tell what you can do, what you prefer to do, and what you do not want to do.

EJEMPLO   **Puedo levantar la tienda, pero prefiero cocinar. No quiero traer agua.**

levantar la tienda
hacer la fogata
cuidar el fuego
cocinar
lavar los platos

traer agua
arreglar el campamento
llevar el equipo durante la caminata
hacer el almuerzo para la caminata
sacar la basura

B. Un día de lluvia. It is a rainy day at camp. Tell what you and your friends do to pass the time. Use the following list, or create some of your own ideas.

EJEMPLO   **Les escribo tarjetas a mis amigos. Jugamos damas.**

jugar ajedrez
jugar damas
dibujar
cantar
arreglar el equipo

escribir tarjetas
leer un libro
hacer gimnasia
hacer una comida especial
¿...?

C. Perfil de un acampador.   Use the questions below to find out your own or another student's point of view about camping.

1. ¿Cuesta mucho ir a un campamento de exploradores o guías?
2. ¿Hay un bosque cerca de tu ciudad?
3. ¿Prefieres dormir en un saco de dormir o en casa?
4. ¿Sabes hacer una fogata?
5. ¿Tienes miedo de perder el camino cuando das caminatas?
6. ¿Coleccionas insectos o plantas cuando vas a acampar?
7. Cuando das una caminata, ¿siempre vuelves cuando todavía es de día?
8. ¿Te gusta dibujar plantas o animales?
9. ¿Siempre dejas limpio el campamento?
10. ¿Encuentras divertida la vida de un acampador?

D. Los exámenes.   Listen to the following dilemmas people have with regard to tests. Give advice to each person and reasons for your suggestions.

EJEMPLO   Tengo examen el lunes, pero mi grupo de exploradores va al campo este fin de semana.

> *No vayas al campo porque...*

PRONUNCIACIÓN

The single letter **r** is usually pronounced as a flap sound, in which the tip of the tongue makes brief contact with the roof of the mouth. The pronunciation of this sound is similar to the pronunciation of the English double *d* or *t*, as in *ladder* or *litter*.

| caro | dinero | toro | señora | centro | escribe |

The double **r** in Spanish is pronounced as a trilled or rolled sound, in which the tongue rests against the roof of the mouth and makes several rapid flaps as air flows forcefully through the mouth. This trilled **r** is also pronounced in words that begin with a single **r**.

arreglar	revistas	repitan
arroz	razón	ropa
perro	radio	robo

Listen, and repeat the following sentences.

1. Me gusta la radio porque es interesante.
2. Los programas son raramente aburridos.
3. Me gusta escuchar siempre los conciertos de música rock.
4. Mis padres no nos permiten escuchar la radio durante el almuerzo.

INTEGRACIÓN

Find out how much you know by doing the following exercises. If you have trouble with any of them, study the topic and practice the activities again, or ask your teacher for help.

Vamos a escuchar

A. Una caminata. Listen as Carlos and Teresa make plans to go hiking with friends. If the statements that follow describe the excursion accurately, answer **cierto**. If not, answer **falso** and correct the statement.

1. Teresa va a traer pan y frutas para la caminata.
2. Teresa prefiere ir al campo sola.
3. Carlos tiene la mochila de Teresa.
4. El sábado, todos los amigos van a la casa de Teresa a las ocho de la mañana.
5. Carlos va a llevar comida.
6. Carlos le pregunta a Teresa si puede invitar a Laura también.

B. Un día en casa. When Carlos's father is sick, Carlos does everything for him. Listen to the statements that follow, and answer **sí** or **no** to tell whether they describe what Carlos does.

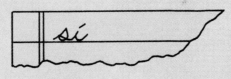

Vamos a leer

A. El Popo. John Emerson has made a trip to Puebla, Mexico. He is staying with two brothers, Rogelio and Silvio, whom he met in San Antonio the summer before. Read about his trip to the second highest mountain peak in Mexico. Then answer the questions that follow.

Por fin, aquí estoy en Puebla. Mañana va a ser un día muy emocionante. Voy con Rogelio y Silvio a acampar al Popocatépetl (o "el Popo", como dice todo el mundo). Me encanta la idea porque en Texas no hay montañas tan grandes. Primero, vamos con un grupo de exploradores hasta Tlamacas, donde empieza la nieve. De Tlamacas vamos a caminar hasta la nieve con nuestro equipo y los sacos de dormir en la espalda. Ahí vamos a hacer una fogata y levantar las tiendas para dormir. Dicen que la caminata es exigente, y es necesario estar en buena forma. Yo soy atlético porque levanto pesas y corro todos los días. Esa caminata al aire libre no va a ser difícil para mí. Dicen que la naturaleza en la montaña es muy bonita. ¡Creo que va a ser una excursión fabulosa!

1. En tu opinión, ¿John está en buena forma? ¿Por qué?
2. ¿Por qué es importante estar en buena forma?
3. ¿Quiénes van con los chicos hasta Tlamacas?
4. ¿Crees que los chicos van a llevar mochilas?
5. ¿Qué tiempo hace donde los chicos van a acampar?

Vamos a escribir

A. El almuerzo.   Sergio and Esteban are meeting for lunch tomorrow. Fill in the blanks to complete their conversation.

ESTEBAN   Oye, Sergio, ¿por qué no __1__ (almorzar) en "Los hermanos" mañana? Yo te __2__ (mostrar) mi carro nuevo.

SERGIO   Sí, me gustaría mucho verlo.¡Dicen que es formidable! ¿(nosotros) __3__ (poder) comer tarde? Sabes que trabajo durante las noches y __4__ (dormir) hasta las dos.

ESTEBAN   Sí, por supuesto. ¿Te __5__ (encontrar) ahí en el restaurante a las tres?

SERGIO   Perfecto. ¿(Tú) __6__ (volver) a casa ahora?

ESTEBAN   No, unos amigos y yo __7__ (jugar) boliche esta tarde. Voy a comprar unas cosas antes de ir.

SERGIO   Bueno, nos __8__ (encontrar) mañana. Hasta entonces.

ESTEBAN   Excelente. Nos vemos.

B. Una foto secreta.   Marta has a photo of her secret love, Luis, but she will not show it to her friends. Fill in the blanks with the indirect object that describes what each of her friends says about the photo.

ELENA   A nosotras __1__ permites ver la foto ¿verdad, Marta?

MARTA   No, no __2__ puedo permitir eso.

ELENA   Pero, ¿por qué?

MARTA   Porque ustedes siempre __3__ dicen todos los secretos a Chuy o a Beto.

ANA   ¿Entonces __4__ vas a mostrar la foto a Luis?

MARTA   ¡No, a mí no __5__ parece bien mostrar __6__ la foto a Luis!

C. ¿Puedo hacerlo?   Francisco, a friend from Venezuela, is coming to spend the summer with you. He writes you a letter asking what he should bring on his trip and what he should do once he gets here. Write him a letter giving him the following suggestions.

1. Don't bring a lot of things.
2. Bring a sweater.
3. Don't buy a camera in Venezuela.
4. Wait and buy a camera in the United States.
5. Don't forget to bring your English books.
6. Call my parents on Tuesday.

Vamos a hablar

Situaciones

Work with a partner or partners and create dialogues using the situations described below. Whenever appropriate, switch roles and practice both parts of your dialogue.

A. **El partido final.**   You are a soccer coach for a large school. In the middle of the season, you get a transfer student from another school. You advise the student when to arrive for practice and how long to run, and you mention some things he or she needs to buy. Remind the student not to forget certain things and not to eat or drink before practice. Give five positive and five negative instructions.

B. **En el campo.**   You and your friend are talking about a camping trip. You discuss where and when to go, and your friend asks you about three things you might take. You ask your friend about three activities you might do. Then decide when to return.

VOCABULARIO

NOUNS RELATING TO CAMPING
el acampador, la acampadora camper
la basura garbage
el bosque woods, forest
el camino way, path
el equipo equipment
la fogata campfire
el fuego fire
la (muchacha) guía Girl Scout
el (muchacho) explorador Boy Scout
el saco de dormir sleeping bag
la tienda tent

OTHER NOUNS
el ajedrez chess
el anuario yearbook
la cama bed
la cocina cooking, cuisine
el coleccionista collector
el coro chorus, choir
las damas checkers
el debate debate
el dominó domino, dominoes
el esquí acuático water ski
la estampilla stamp
el grupo group
el insecto insect
el instrumento instrument
el miembro member
la moneda coin
la muñeca doll
el músculo muscle
el país country
el pasatiempo pastime, hobby
las pesas weights
el premio prize
el recurso natural natural resource
la regla rule
la salud health
el yoga yoga

ADJECTIVES
estudiantil student
exigente demanding
limpio clean
varios several

VERBS
acabar de + *inf.* to have just
acampar to camp
almorzar (o → ue) to have lunch
caminar to walk
colaborar to collaborate
coleccionar to collect
conservar to conserve
correr to run, to jog
costar (o → ue) to cost
dejar to leave (something or someone behind)
dibujar to draw
encontrar (o → ue) to find, to meet
explicar to explain
fascinar to fascinate
interesar to interest
mostrar (o → ue) to show
observar to observe
participar (en) to participate (in)
patinar to skate
poder (o → ue) to be able to, can, may
programar to program
recordar (o → ue) to remember
repetir (e → i) to repeat
respetar to respect
volver (o → ue) to return

ADVERBS
demasiado too much
probablemente probably
solo alone

EXPRESSIONS
al aire libre outdoors
dar caminatas to go for hikes
estar en buena forma to be in good shape
hacer daño to do harm
levantar una tienda to pitch a tent
levantar pesas to lift weights
más o menos more or less
ratos libres free time
tener cuidado (de) to be careful (to)

GACETA

Nº 3

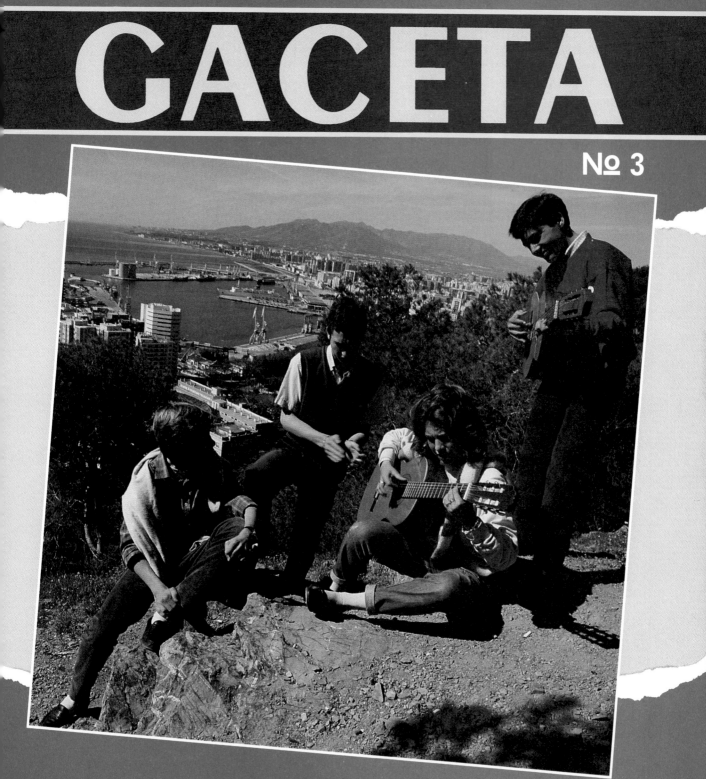

Pasatiempos

This **Gaceta** gives you techniques for previewing books, magazines, and other publications. Previewing techniques are valuable skills for learning the basic content areas of a work, how authors organize their information, and what their purpose is.

Preview for Content and Organization

The first goal of previewing is to determine what a text is about. To do this, identify and scan the important parts, including the title page, the table of contents, the preface, the appendix, and chapter and paragraph headings. This step gives you information about content areas and how the material is organized. Practice previewing for content and organization by scanning the following selections.

Ilustres hispanos de los EE.UU.

Carmen Rosa Maymi ● Para servir a las mujeres americanas
Roberto Clemente ● La muerte de un hombre orgulloso
José Feliciano ● Una voz, una guitarra

Autor
Warren H. Wheelock

Adaptación
J.O. "Rocky" Maynes, Jr.

Consultantes
Jorge Valdivieso
Amalia Pérez
Fabiola Franco

A. Famous people. Preview the preceding title page. Decide which of the following tells what the book is about, and copy it on paper.

1. three famous Hispanics—Carmen Rosa Maymi, Roberto Clemente, and José Feliciano
2. three famous Hispanics—Jorge Valdivieso, Amalia Pérez, and Fabiola Franco
3. three famous guitar players
4. three famous Hispanic illustrators

> ## ¿Cuáles son las especias y hierbas que usa Rosita para cocinar?
>
> • Leyendas • Historia • Orígenes
> • Propiedades • Usos medicinales • Usos en la cocina
> • Usos comerciales e industriales
> • Usos en el hogar

B. Herbs and spices. Skim the text entitled **¿Cuáles son las especias y hierbas que usa Rosita para cocinar?** Make an intelligent guess as to what part of the book the text is from.

1. a chapter heading that tells what the chapter is about
2. an index that tells where to find different topics in the book
3. an appendix containing supplementary material not introduced in the main body of the book

Preview for the Author's Purpose

Once you have previewed for content and organization, you can use previewing skills to determine the purpose of a work. Try reading passages of varying length throughout the work—chapters, paragraphs, and even parts of a paragraph. Glide your finger over the lines as you combine skimming, scanning, and other reading strategies. This will help you recognize whether the author's aim is to convince the reader, ask for information, give information, or carry out some other function. If you know the author's aim and method of organizing information, you can find the main idea and supporting ideas more easily. The following selections give you a chance to preview for author's purpose.

¿A QUE RITMO DUERMES?

Apuntes

Si todos los días te despiertas con sueño… ¡eleva el número de horas que duermes!
Acuéstate 30 minutos antes de lo acostumbrado. ¿Necesitas más? Entonces ve a la cama una hora antes… ¡hasta que sepas cuántas horas de sueño necesita tu organismo!

A. **Wake up!**   Skim the selection entitled **Apuntes,** paying particular attention to nonlinguistic information such as punctuation marks, numbers, and the style of type used. Then decide which phrase below describes the author's aim, and write it on paper.

   1. to ask for information   3. to promote a product
   2. to give advice   4. to support a cause

B. **Images.**   Skim **Apuntes** once more, then pick out the sentence below that best expresses the main idea, and copy it on a piece of paper.

   1. If you feel restless, go to bed earlier.
   2. If you wake up in the morning feeling tired, go to bed a half hour or an hour earlier.
   3. You should force yourself to go to bed a half hour or an hour earlier every night.

5 TACTICAS PARA LEVANTARSE AGIL EN LA MAÑANA

La mejor manera de levantarse en cuanto el reloj suena—con vitalidad y de buen humor—es durmiendo las horas reglamentarias que el organismo necesita. Pero si un día, por cualquier problema, no puedes dormir las horas que te hacen falta, pon en práctica estas sugerencias al pie de la letra:

1. No apagues la alarma del reloj para dormir unos minutos más, porque éste será un sueño interrumpido que en vez de hacerte descansar, te hará sentirte torpe todo el día.

2. Levántate en cuanto apagues el despertador y haz un poco de ejercicios que te hagan sentirte activa y con agilidad durante todo el día.

3. Duerme con las persianas subidas para que la retina del ojo reciba la claridad del día cuando amanezca; esto le avisará al hipotálamo—región del encéfalo donde se encuentra el centro de la actividad simpática del sueño, donde está tu reloj biológico—que ya es hora de empezar a despertarse.

4. Abre las ventanas para respirar profundamente el aire fresco de la mañana.

5. Después de darte una ducha, ingiere un desayuno ligero, pero a base de cereales, carbohidratos complejos y café (a ésta es a la única hora que se admite la cafeína).

C. Picture words. Skim **5 tácticas** several times, gliding your forefinger over the text in a sweeping S motion. Each time a concrete image occurs to you, stop briefly and draw it simply (stick figures and short-hand symbols work well). Repeat the process until you have at least 10 images or until you can see a pattern develop. Now scan the paragraph for specific information, and supply words or phrases to describe the drawings you made. Imagine you are a journalist, and based on your drawings, provide on a piece of paper a new heading for the article.

D. Tips. Working with a partner, match the following English versions of the five tips in **5 tácticas** to the Spanish. On a sheet of paper, write the number of each Spanish tip and the letter of its English version.

a. Eat a light, cereal-based breakfast after you shower.
b. Sleep with unshaded windows to allow your eyes to get used to daylight gradually.
c. Do not turn off the alarm and go back to sleep for a few minutes, as you will not get quality rest.
d. Open your windows and breathe fresh morning air.
e. Get up right away and do some exercises if you want to feel fit all day.

"SUPERESTRELLA DEL GOLF"

¿Otro trofeo? Pero caramba, Nancy, ¡ya no hay lugar en la casa! Nancy López, una de las mejores golfistas del mundo, agrega otro triunfo a su colección. Por otro lado, Penny Hammel parece pensar que ella todavía tiene lugar para dos o tres más en la suya.

E. Golf champions. Preview this photograph, the heading, and the text below it, and decide what the author's aim is. Write the correct answer on paper. More than one phrase may apply.

a. to convince the reader
b. to give information
c. to ask for information
d. to give advice
e. to entertain the reader
f. to ask for advice

F. Trophies. Based on the decision you made about its aim, skim the text and decide which of the following statements best expresses the main idea.

1. Nancy López and Penny Hammel are the two best golf players in the world.
2. Nancy López's latest prize proves once more that she is one of the best golfers in the world.
3. Penny Hammel is unhappy because her trophy is smaller than Nancy López's.
4. Nancy López has no place to keep yet another trophy.

XAVIER SERBIA, el popular ex-MENUDO, está muy contento, porque la película que filmó recientemente en Venezuela (titulada Tesoro) está al ser estrenada de un momento a otro. La cinta es de acción y fue rodada en Cuba, Venezuela, y otros países de América del Sur. "Ha sido una gran experiencia," dice Xavier, quien está más guapo que nunca. ¡Uy, si vieras sus músculos! ¡Mmmmmm! ¡No te pierdas el film!!!

G. Rock star. Preview the text about Xavier Serbia, and decide which two purposes the text seeks to fulfill. Write your answers on paper. Next to each, write sentences from the text that support your conclusions.

1. to inform and entertain
2. to inform and promote a product
3. to support a cause
4. to convince and educate

H. Movies. On a piece of paper, write these statements in the order in which the ideas appear in the story, then write statements from the text that support your choices.

1. Don't miss that movie!
2. Xavier is very happy because *Tesoro* will be released soon.
3. Filming the movie was a great experience for Xavier.
4. The movie was filmed in Cuba and in many countries of South America.
5. Xavier is more handsome than ever and has remarkable muscles.

I. Muscles and movies. Make an intelligent guess as to the main idea of the story on Xavier Serbia.

1. Xavier traveled all over South America to film *Tesoro*.
2. Xavier is a former member of the group Menudo.
3. Xavier starred in *Tesoro* because he is handsome and has great muscles.
4. Xavier's movie will be released soon, which makes him very happy.

10

Looking Good

In this chapter, you will talk about yourself and about past events. You will also learn about the following functions and structures:

Functions	Structures
• discussing what we buy	stem-changing verbs **e → i**
• talking about physical characteristics	parts of the body and uses of the definite article
• talking about yourself	reflexive verbs
• talking about past events	the preterite form of **-ar** verbs

1NTRODUCCIÓN

EN CONTEXTO

▐ <u>Seguir la moda</u>: ¿a qué precio?

keeping up with fashion

Inés, a new student from Chile, and Rita are shopping for school clothes in Los Angeles.

RITA	Mira, esta tienda tiene mucha ropa <u>en venta</u>.	on sale
INÉS	¡Qué bueno! Me gustan mucho esos jeans <u>franceses</u>, que <u>lleva</u> el <u>maniquí</u>.	French wear / mannequin
	Señorita, ¿tiene usted estos jeans en la <u>talla</u> treinta y ocho?	size
VENDEDORA	¿Treinta y ocho? ¡No puede ser! Usted es delgada.	
RITA	Señorita, creo que ella habla de las tallas europeas y no de las americanas.	
VENDEDORA	¡Ah, ya entiendo! La señorita debe <u>usar</u> la talla diez. Aquí los tiene.	wear
RITA	¿Qué tal? ¿Te <u>quedan</u> bien?	fit
INÉS	Sí, me quedan muy bien. ¿Cuánto son?	
VENDEDORA	Cuarenta y cinco dólares.	
INÉS	¿Cuarenta y cinco? Me quedan bien, pero a ese precio, ¿quién quiere estar <u>a la moda</u>?	in style

Comprensión

Match the letter of the most appropriate answer to each numbered item, based upon **Seguir la moda: ¿a qué precio?**

1. Es la ropa de precios más bajos.
2. Estos jeans le gustan mucho a Inés.
3. Ésta es la talla europea que usa Inés.
4. Ésta es la talla que usa Inés en los Estados Unidos.
5. Así dice Inés que le quedan los jeans.
6. Éste es el precio de los jeans en dólares.

a. Le quedan bien.　　**c.** ropa en venta　　**e.** diez
b. treinta y ocho　　　**d.** cuarenta y cinco　　**f.** los franceses

ASÍ SE DICE

Here are some articles of clothing you might buy.

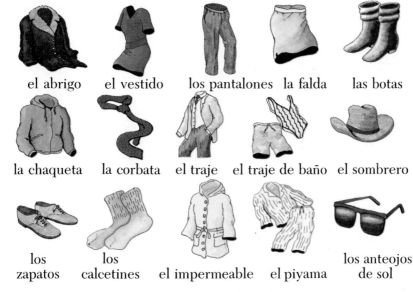

el abrigo　el vestido　los pantalones　la falda　las botas

la chaqueta　la corbata　el traje　el traje de baño　el sombrero

los zapatos　los calcetines　el impermeable　el piyama　los anteojos de sol

A. La manera de vestir. Listen as someone describes what the main character of a TV comedy wears in various situations. If the type of clothing is appropriate to the situation, respond with **sí**; if not, respond with **no**.

MODELO　Hace mucho frío y usa un traje de baño.

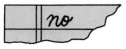

Los colores

verde   azul   rojo   gris   amarillo

marrón   rosado   blanco   anaranjado   negro   morado

B. **¿De qué color?**   Luisa is teaching her younger brother Carlos what colors different items are. Luisa answers **sí** or **no** according to whether the color matches the object in his descriptions. Listen, and tell what her responses would be for the following statements.

MODELO   La mantequilla es roja.

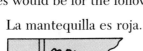

COMUNICACIÓN

A. **Mis colores preferidos.**   Write what your favorite color is and what other colors you like. Write what colors you prefer in clothes and the color of car you like. Then ask another student the same, and report your findings to the class.

EJEMPLO   **Mi color favorito es el azul. ¿Cuál es tu color favorito? ¿Qué otros colores te gustan? ¿Qué color de ropa prefieres?**

B. **La ropa apropiada.**   Choose a partner to pose as a foreign friend, and tell him or her what you you would wear in the following situations.

EJEMPLO   Para ir a la playa, . . .
Para ir a la playa, llevo un traje de baño.

1. Para ir a la escuela, . . .
2. Para salir a bailar, . . .
3. Cuando hace mucho calor, . . .
4. Cuando hace mucho frío, . . .
5. Para ir a acampar en las montañas, . . .
6. Cuando está lloviendo, . . .
7. Para hacer un viaje en tren, . . .
8. Para ir a una fiesta formal, . . .

EXPLORACIÓN 1

Function: *Discussing what we buy*
Structure: *Stem-changing verbs e → i*

PRESENTACIÓN

A. You have already learned three types of stem-changing verbs: **e** to **ie**, **o** to **ue**, and **u** to **ue**. Another group of stem-changing verbs is the **e** to **i** type.

Study the forms of the verb **pedir** (*to ask for, to order, to request*).

pedir	
pido	pedimos
pides	pedís
pide	piden

Pedir has regular endings, but the **e** of the stem becomes **i** in all forms except the **nosotros** (and **vosotros**) form. Note that *for* is not expressed because it is included in the meaning of the verb.

Siempre piden bistec.	*They always order steak.*
A veces le pido dinero a mi papá.	*Sometimes I ask my dad for money.*
¿Siempre pides ropa para tu cumpleaños?	*Do you always ask for clothes for your birthday?*

B. Here are other **e** to **i** stem-changing verbs.

repetir	*to repeat*
servir	*to serve*
servir para	*to be good for*
seguir	*to follow*

repetir		servir		seguir	
repito	repetimos	sirvo	servimos	sigo*	seguimos
repites	repetís	sirves	servís	sigues	seguís
repite	repiten	sirve	sirven	sigue	siguen

El profesor **repite** la pregunta.
*The teacher **repeats** the question.*

Sirven paella en este restaurante.
*They **serve** paella in this restaurant.*

Estos zapatos no **sirven para** jugar tenis.
*These shoes **are not good for** playing tennis.*

Siempre **seguimos** el mismo camino.
*We always **follow** the same road.*

*The letter **u** does not appear in the **yo** form of **seguir**, as the hard g sound is preserved before the letter **o**.

PREPARACIÓN

A. **¿Quién sigue la moda?**   Adán and Lupe are discussing who keeps up with the latest styles. What do they say about the following people?

> MODELO   Julia (sí)
> **Julia sigue la moda.**

1. el señor Montero (sí)
2. Emilia y tú (no)
3. Yolanda y Alba (sí)
4. todos nosotros (sí)
5. tú (no)
6. yo (no)

B. Una tienda exclusiva. Mr. Luengo is the manager of an exclusive clothes store. He is explaining to a relief clerk what he and various customers are asking for. What does he say?

MODELO   el señor Martín / traje marrón
El señor Martín le pide un traje marrón.

1. esta señora / un impermeable
2. yo / ayuda
3. esos niños / unos calcetines cortos
4. la señorita rubia / una blusa de la talla doce
5. las señoras Hidalgo / unos vestidos largos formales
6. nosotros / unas billeteras

C. La cena. Susana is organizing a potluck dinner and is telling her friend María what she and others are to serve. What is each person's task?

MODELO   José Luis / el agua
José Luis sirve el agua.

1. Gonzalo y yo / el té y el café
2. tú / el pan
3. Santiago / la sopa
4. Manolo y Pepe / la ensalada
5. ustedes / el plato principal
6. yo / los postres

D. El verano en España. Elena is thinking aloud about what clothes to take on a six-month exchange program to Spain. Use the correct form of **servir para** to combine the numbered items with an appropriate phrase from the right-hand column to describe the purpose of each item.

MODELO   **Un vestido sirve para ir a la iglesia.**

1. una blusa blanca y una falda azul
2. un vestido formal
3. un traje de baño
4. el piyama
5. un impermeable
6. una camiseta y unos pantalones cortos
7. las botas

a. asistir a la escuela
b. asistir a un concierto de piano
c. ir al campo cuando hace sol
d. nadar en el mar
e. caminar en la nieve
f. los días en que está lloviendo
g. dormir

E. Los martes. Inés and her brother go to a restaurant together every Tuesday. Listen to the passage, and fill in the blanks with the words that are missing.

Mi hermano y yo __1__ al restaurante Caballo Blanco todos los martes. Carlos es el camarero que nos __2__. Siempre __3__ agua mineral y mi hermano __4__ jugo de naranja. Siempre __5__ la misma orden: sopa, bistec y después __6__ el postre. Esta visita al restaurante __7__ para darnos tiempo de hablar.

COMUNICACIÓN

A. Comidas familiares. Who serves the family meal at your home? Do you often want to ask for a larger or smaller portion or a second helping? Use the following suggestions to describe meals in your home.

Sugerencias: pedir—mucho, (un) poco, más, bastante
repetir—siempre, nunca, dos veces

carne asada, pollo, pescado, bistec, frijoles, papas, pastel, manzanas, fresas, ¿...?

> EJEMPLO   **Cuando mi mamá sirve bistec, siempre repito. Si mi papá sirve tortilla, sólo pido un poco.**

B. La moda. Answer the following questions about fashion, or use them to interview another student.

1. En general, ¿sigues la moda? ¿Qué tipo de ropa prefieres?
2. ¿A quién le pides dinero para comprar ropa?
3. ¿Qué pides para ir de compras? ¿Dinero? ¿El carro? ¿A quién?
4. ¿Sirve la ropa a la moda para hacer buenos amigos?
5. ¿Te queda bien la ropa del año pasado?
6. ¿En qué tienda te gusta comprar ropa? ¿Por qué?

C. Un sueño. Imagine that you and your ideal date go to the ideal restaurant. Write about what you wear, what you order, and who serves your meal.

> EJEMPLO   **Uso un vestido elegante. Pido paella, y nos sirve un camarero español.**

CULTURAL

A los jóvenes hispanos les gusta vestir (*to dress*) bien. Los blue-jeans son muy populares en España y en Latinoamérica, pero los jóvenes se visten más elegantemente para ir al cine o a una fiesta o para ir de compras. Y para ir a la escuela muchos tienen que usar uniforme. Generalmente, consiste en una blusa blanca, una falda oscura (*dark*) y calcetines para las chicas. Para los chicos, consiste en una chaqueta y pantalones oscuros, una camisa blanca y una corbata.

Imagínate que estás de visita en casa de unos amigos en Colombia. ¿Qué usas para estas ocasiones?

para pasar un fin de semana
   en el campo
para ir al colegio
para ir de compras

para ir a la fiesta de quinceañera
   de una amiga
para ir a un restaurante
para ir al cine

EXPLORACIÓN 2

Function: *Talking about physical characteristics*
Structure: *Parts of the body and uses of the definite article*

PRESENTACIÓN

A. To talk about looks and health, you have to know the parts of the body. Below, **el hombre mecánico,** a Spanish-speaking mechanical man, describes the parts of his body.

El hombre mecánico and his sweetheart, La mujer mecánica
(*the mechanical woman*), are made up of the following parts.

la boca *mouth*	el cuello *neck*	la nariz *nose*
el brazo *arm*	el dedo *finger, toe*	el ojo *eye*
la cabeza *head*	el diente *tooth*	la oreja *outer ear*
la cara *face*	el estómago *stomach*	el pelo *hair*
el corazón *heart*	la garganta *throat*	el pie *foot*
el cuerpo *body*	la mano *hand*	la pierna *leg*

B. Instead of the possessives, the definite articles **el, la, los,** and **las** are
used with parts of the body when it is clear whose body you are talking
about.

Tengo **el** pelo largo.	*My hair is long.*
¿Te duelen* **los** ojos?	*Do your eyes hurt?*
Tienes **las** manos frías.	*You have cold hands.*

However, to avoid confusion, a possessive adjective can be used.

Mis ojos son azules.	*My eyes are blue.*

C. To talk about hair color and length, use these adjectives.

Tiene el pelo	⎧ rubio. ⎫		⎧ *blonde* ⎫	
	⎪ castaño. ⎪		⎪ *brown* ⎪	
	⎨ negro. ⎬	*He / she has*	⎨ *black* ⎬	*hair.*
	⎪ largo. ⎪		⎪ *long* ⎪	
	⎩ corto. ⎭		⎩ *short* ⎭	
Es pelirrojo(a).		*He / she is redheaded.*		

* Doler (*to hurt*) is an **o** to **ue** stem-changing verb that follows the same pattern as **gustar: Me duele
el estómago. ¿Te duelen los pies?**

PREPARACIÓN

A. El hombre perfecto. Julia and Melisa are arguing about what the "perfect man" looks like. What do they say?

MODELO   El hombre perfecto tiene el pelo negro. (rubio)
No, tiene el pelo rubio.

1. Tiene los músculos grandes. (regulares)
2. Tiene los ojos verdes. (azules)
3. Tiene el pelo largo. (corto)
4. Tiene la nariz larga. (pequeña)
5. Tiene el estómago un poco gordo. (delgado)
6. Tiene la cara guapa. (guapísima)

B. ¡Ay qué dolor! People with all kinds of aches and pains are at the doctor's office. For each of the doctor's questions you hear, write the name of the person he might have been talking to.

MODELO   ¿Te duele la cabeza?
Olivia

Olivia

Miguel

Clarita

Srta. Navarro   Jesús y Adán   Silvia   Sr. Torres

C. Las quejas. Rita's friends have a bad habit of complaining constantly about their various aches and pains. Complete the statements by or about each of them in writing.

MODELO   Cuando tengo catarro, **me duele la garganta.**

1. Cuando Viqui y Chela escriben por mucho tiempo, ═══ .
2. Cuando levanto cosas pesadísimas, ═══ .
3. Cuando comes algo muy frío o muy dulce, Tulio, a ti ═══ .
4. Cuando Celia lee por muchas horas, ═══ .
5. Cuando Gil y yo practicamos la guitarra, ═══ .

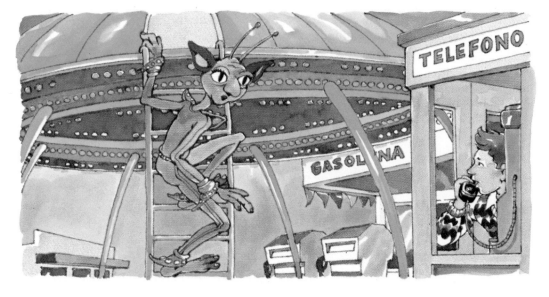

COMUNICACIÓN

A. El marciano. One night, Julio dreams that he is driving down the road and sees a spaceship land and a being from another planet get out. He rushes to a telephone and calls a news station. How does he describe the being he sees?

B. Imaginación sin límites. Create your own robot. Describe its body or clothing to another student, who will try to draw it.

> EJEMPLO **Tiene un cuerpo muy grande.**
> **No tiene orejas...**

C. ¿Sabes quién es? Describe a famous person to see if a partner can guess who it is. Give three clues about the person's appearance. Your partner may ask yes-or-no questions. Reverse roles and have your partner give the clues.

> EJEMPLO **Es actriz. Tiene el pelo castaño. Tiene la nariz larga.**
> **¿Es Barbra Streisand?**

D. Entrevista. Answer the following questions about one of your friends.

1. ¿De qué color tiene el pelo?
2. ¿De qué color tiene los ojos?
3. ¿Cómo tiene la boca, grande o pequeña?
4. ¿Cómo tiene la nariz?
5. ¿Tiene las piernas largas o cortas?
6. ¿Tiene los pies grandes o pequeños?

E. **¿Cómo eres tú?**   Imagine that it is five years from now. Write the answers to the following questions about yourself. Use complete sentences.

1. ¿Eres bajo(a) o alto(a)?
2. ¿Tienes el pelo largo o corto?
3. ¿De qué color tienes el pelo?
4. ¿De qué color tienes los ojos?
5. ¿Usas anteojos?
6. ¿Tienes la nariz grande or pequeña?
7. ¿Tienes los dedos largos o cortos?
8. ¿Tienes las piernas largas o cortas?
9. ¿Tienes un "corazón grande" o eres tacaño(a)?

RINCÓN CULTURAL

Como en inglés, en español usamos muchas expresiones con las partes del cuerpo para describir situaciones y la personalidad o la conducta de las personas. ¡Pero no son siempre las mismas partes del cuerpo! ¿Puedes asociar cada dibujo con una expresión en inglés?

a. to perk up your ears
b. to lend a hand
c. to stick your nose in somebody else's business
d. to cost an arm and a leg
e. to give someone the cold shoulder
f. to put your foot in your mouth
g. from head to toe
h. to be armed to the teeth
i. to wear your heart on your sleeve

EXPLORACIÓN 3

Function: *Talking about yourself*
Structure: *Reflexive verbs*

PRESENTACIÓN

In Spanish, to talk about things you do to or for yourself, like combing your hair, you use reflexive verbs.

A. A reflexive verb requires a reflexive pronoun that refers back to the subject: *I wash **myself***. The reflexive pronouns have the same form as direct and indirect object pronouns except in the third person, where **se** is used. Like other object pronouns, they either are placed before the verb or are attached to the end of the infinitive.

lavarse

me	lavo	**nos**	lavamos
te	lavas	**os**	laváis
se	lava	**se**	lavan

Él se lava las manos antes de comer.	*He washes his hands before eating.*
Voy a lavarme los pies.	*I am going to wash my feet.*

B. Learn the following reflexive verbs.

acostarse (o → ue) *to go to bed*	levantarse *to get up*
bañarse *to take a bath*	peinarse *to comb one's hair*
despertarse (e → ie) *to wake up*	ponerse *to put on*
dormirse (o → ue) *to fall asleep*	probarse (o → ue) *to try on*
lavarse los dientes *to brush*	quitarse *to take off*
one's teeth	vestirse (e → i) *to get dressed*

Me acuesto a las diez.	*I go to bed at ten.*
José se baña por la mañana.	*José takes a bath in the morning.*

¿A qué hora te despiertas?	*What time do you wake up?*
Él siempre olvida lavarse los dientes.	*He always forgets to brush his teeth.*
¿Te gusta levantarte tarde?	*Do you like to get up late?*
Cuando entro a la casa me quito el abrigo.	*When I come into the house, I take off my coat.*
Nos vestimos antes del desayuno.	*We get dressed before breakfast.*

C. To talk about grooming, Spanish uses a reflexive verb with a definite article and the particular body parts. In this case, the reflexive pronoun (*myself, yourself*, etc.) is not translated in English.

¿Quieres lavar**te** las manos?	*Do you want to wash your hands?*
Me quiero lavar las manos.	*I want to wash my hands.*

D. The reflexive pronouns **se** and **nos** may be used in reciprocal constructions. Reciprocal constructions in English usually contain the expressions *each other* or *one another*.

Se miran.	*They look at each other.*
Nos escribimos.	*We write to each other.*

Abrazar (*to embrace*) and **besar** (*to kiss*) are commonly reciprocal.

Al oír las buenas noticias, nos abrazamos.	*Upon hearing the good news, we hugged each other.*
Mis padres se besan antes de salir para el trabajo.	*My parents kiss each other before leaving for work.*

PREPARACIÓN

A. Un día típico. Rita's brother Luis Alberto is describing his typical morning activities. Tell what he says.

> MODELO   despertarse a las seis y media
> **Me despierto a las seis y media.**

1. levantarse a las siete
2. bañarse con agua fría
3. lavarse los dientes
4. peinarse un poco
5. vestirse en cinco minutos
6. ponerse la mochila

B. La escuela primaria. Mariela, a first grader, arrives at school on a rainy winter day. She tells what articles of clothing she and her classmates take off as they come in from the cold. What does she say?

> MODELO   nosotros / los impermeables
> **Nos quitamos los impermeables.**

1. Luisa y yo / los guantes
2. Carmelita / la chaqueta
3. Manuel y Ana / los abrigos
4. tú / las botas
5. yo / el suéter

C. Carmen, la dormilona. On weekends, Carmen avoids doing what she has to do during the week. Tell what she does not do on weekends.

> MODELO   levantarse temprano
> **No se levanta temprano.**

1. despertarse a las seis y media
2. levantarse a las siete
3. vestirse rápidamente
4. peinarse bien
5. ponerse perfume
6. acostarse temprano

D. El drama. Isabel is organizing a class play. As Isabel tells how each person is supposed to dress, her friend Sara objects and again asks unbelievingly what each will wear. Listen to Isabel's statements, and determine what Sara asks.

> MODELO   Marta tiene que ponerse los pantalones cortos.
>
> *¡No! ¿Qué va a ponerse Marta?*

E. La fotonovela. As the author reads the captions of a new **fotonovela** over the telephone, Susana matches them to the corresponding artwork. Write the letter of the appropriate frame for each of the phrases you hear.

MODELO   Se abrazan antes de salir para las vacaciones de verano.

a.

b.

c.

d.

e.

f.

COMUNICACIÓN

A. Obligaciones y preferencias. Using the following suggestions, tell your classmates how you feel about some of the things you have to do and about some of the things you like to do.

Obligaciones: tengo que   debo   necesito
Preferencias: me encanta   me gusta   prefiero

EJEMPLO   **Tengo que levantarme a las seis de la mañana, pero no me gusta.**
No tengo que bañarme todos los días, pero prefiero hacerlo.

1. acostarse temprano / tarde
2. vestirse bien para salir
3. peinarse todos los días
4. bañarse por la mañana / noche
5. probarse ropa en las tiendas
6. lavarse los dientes después de comer
7. despertarse temprano el fin de semana
8. ¿...?

B. Día tras día. At what time do you do the following activities on a typical school day? Write your answers on a sheet of paper.

EJEMPLO

En general, me despierto a las seis y media.

1.
2.
3.
4.
5.
6.
7.
8.

Más que cualquier (*any*) otro continente, Latinoamérica es un verdadero crisol (*melting pot*) de razas. Por eso se habla de un mestizaje (*mixture*) racial y cultural. En la base de este mestizaje figuran tres razas: la indígena (*native American*), la negra y la blanca (principalmente españoles y portugueses). En países como México, Guatemala, Perú, Ecuador, Bolivia y Paraguay, gran parte de la población (*population*) es indígena. En otros, como Panamá, Brasil y las islas del Caribe, gran parte de la población es negra. Al mismo tiempo, además de los españoles y portugueses, hay mucha gente de otros países europeos—Alemania (*Germany*), Italia e Inglaterra (*England*)—que viven sobre todo (*for the most part*) en Argentina, Uruguay y Chile. Hay, pues, una gran variedad de razas en Latinoamérica. Por eso no podemos hablar de unas características raciales "típicas" con referencia a los latinoamericanos.

Function: *Talking about past events*
Structure: *The preterite of -ar verbs*

PRESENTACIÓN

You have learned to talk about the present, the future, and the immediate past.

El avión **sale** ahora.	*The plane **is leaving** now.*
Enrique **va a salir** este fin de semana.	*Enrique **is going to leave** this weekend.*
Patricia **sale** el jueves.	*Patricia **will leave** on Thursday.*
Mis hermanos **acaban de salir**.	*My brothers **just left**.*

A. To talk about events completed sometime in the past, you may use a past tense called the **preterite**. To form the preterite of **-ar** verbs, drop the **-ar** of the infinitive, and add the endings shown in the chart. Note that the endings for the first and third person singular have accents.

comprar

compré	compramos
compraste	comprasteis
compró	compraron

B. Most verbs that have a stem change in the present (**e** to **ie, o** to **ue**) do not have a stem change in the preterite.

pensar

pensé	pensamos
pensaste	pensasteis
pensó	pensaron

C. Verbs that end in **-car**, **-zar**, and **-gar** have a spelling change in the **yo** form. In the case of **-car** and **-gar** verbs, this change occurs to keep the original sound of the **c** and **g**. Verbs ending in **-zar** change because **z** never precedes **e** or **i** in Spanish.

					yo	él
bus**car**	-car	c	→	qu	bus**qué**	bus**có**
comen**zar**	-zar	z	→	c	comen**cé**	comen**zó**
ju**gar**	-gar	g	→	gu	ju**gué**	ju**gó**

Here are some verbs that have spelling changes in the preterite.

-car: sacar, tocar, practicar   Saqué la foto.
-zar: empezar, almorzar, comenzar   Almorcé a las dos.
-gar: llegar, pagar, jugar   Llegué temprano.

D. Here are some expressions frequently used with the preterite.

anoche *last night*	el año pasado *last year*
ayer *yesterday*	el verano pasado *last summer*
anteayer *day before yesterday*	la semana pasada *last week*
esta mañana *this morning*	el mes pasado *last month*

Ayer compré una corbata nueva.	*Yesterday I bought a new tie.*
¿Pensaste en ellos anoche?	*Did you think about them last night?*
Comenzó a llover esta mañana.	*It started to rain this morning.*
No toqué el piano el mes pasado.	*I did not play the piano last month.*

PREPARACIÓN

A. ¡Qué mala suerte!   Julia went to a sale at Almacenes El Conde but did not find anything. Her friends try to find out why. What do they ask?

> MODELO   mirar bien   **¿Miraste bien?**

1. preparar una lista
2. llegar temprano a la tienda
3. mirar en el segundo piso
4. hablar con las vendedoras
5. pasar mucho tiempo en la tienda
6. buscar con cuidado

B. Gran venta.   Graciela and her friends went to the same sale and are talking about all the things they bought. What do they say?

> MODELO   Alicia / un traje de baño negro
> **Alicia compró un traje de baño negro**

1. yo / un impermeable azul
2. tú / un sombrero de playa
3. ellas / unos anteojos de sol
4. Rosita y yo / unos zapatos blancos
5. los muchachos / unas corbatas rojas
6. Emilia / un vestido verde

C. Un sábado típico. Here is a description of Elena's day last Saturday. Fill in the blanks with the appropriate form of the verbs in parentheses.

El sábado pasado yo (despertarse) __1__ tarde. (levantarse) __2__ a las diez y media, (buscar) __3__ el periódico y (empezar) __4__ a leerlo. Después de leerlo (preparar) __5__ el desayuno y (hablar) __6__ con unos amigos por teléfono. Luego (sacar) __7__ unas fotos viejas de la familia y las (mirar) __8__ . A las dos de la tarde (jugar) __9__ tenis con mi amigo, Diego. Después de jugar yo (bañarse) __10__ y (lavarse) __11__ el pelo en el club. (regresar) __12__ a casa a las seis.

D. Quejas.   Gabriel has been taking care of his three younger cousins. What complaints does he have for their parents when they return?

> MODELO   Tito / no jugar con sus hermanos
> **Tito no jugó con sus hermanos.**

1. Luisa / no practicar el piano
2. Juanito y Luisa / no almorzar
3. ellos / no arreglar su cuarto
4. Tito / no sacar la basura
5. Juanito / no bañarse
6. los niños / no acostarse temprano
7. Luisa / no lavarse los dientes
8. yo / no descansar ni un minuto

E. Detective.   Sergio is a police detective. Listen as Esteban tells Sergio what he and his wife, Noemí, were doing on the day of the crime. Then write what Sergio would record in his report after each of Esteban's statements.

> MODELO   Nos despertamos a las seis.

Ellos se despertaron a las seis.

COMUNICACIÓN

A. Entrevista. Answer the following questions, or use them to interview another student.

1. ¿Escuchaste discos o la radio anoche? ¿Qué discos? ¿Qué programa?
2. ¿Hablaste por teléfono con un amigo anoche? ¿De qué hablaron?
3. ¿Ayudaste en casa anoche? ¿Qué ayudaste a hacer?
4. ¿A qué hora te acostaste?
5. ¿A qué hora te levantaste esta mañana?
6. ¿Alguien te preparó el desayuno hoy, o lo preparaste tú?
7. ¿Alguien sacó la basura esta mañana? ¿Quién?
8. ¿A qué hora llegaste a la escuela hoy?
9. ¿Dejaste algo en casa esta mañana?
10. ¿Tú y tus amigos practicaron un deporte ayer? ¿Qué deporte practicaron?

B. Ayer. Describe what you and your friends did or did not do yesterday at various times.

> EJEMPLO **Me levanté a las siete.**
> **Bárbara y yo escuchamos discos durante la tarde.**

Sugerencias

ayudar a los padres	hablar con los amigos
lavarse el pelo	escuchar discos / la radio
pensar en mis (los) problemas (de…)	visitar las tiendas
mirar la televisión	trabajar mucho
practicar un deporte	tocar un instrumento
regresar tarde a casa	¿…?

C. Situaciones problemáticas. People sometimes find themselves in difficult situations. Listen to the two situations, and answer the questions that follow.

En tu opinión,

1. ¿cómo va a responder Angélica a David?
2. ¿cómo debe responder Angélica a David?
3. ¿debe Angélica hablar con Carlos antes del baile?
4. ¿qué debe hacer Carlos? ¿David?

En tu opinión,

1. ¿qué debe hacer Jaime?
2. ¿debe decirle o preguntarle algo a Martín?
3. ¿cómo va a responder Martín?

PERSPECTIVAS

LECTURA

México de ayer y hoy

Ricardo Estévez, a young Californian, is in Mexico City with his family. He is writing to a friend about the excitement he felt during his first few days.

Querido Emilio,

Mi familia y yo llegamos a México el domingo pasado. Desde el primer momento me impresionó la mezcla de cosas modernas y antiguas que hay en esta ciudad. Caminar por ella es como viajar a través del tiempo. Primero llegamos a un aeropuerto ultramoderno, y después para ir al hotel tomamos

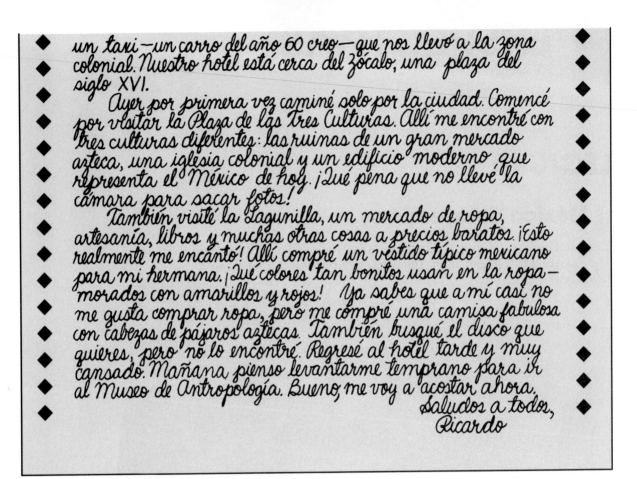

un taxi—un carro del año 60 creo—que nos llevó a la zona colonial. Nuestro hotel está cerca del zócalo, una plaza del siglo XVI.

Ayer por primera vez caminé solo por la ciudad. Comencé por visitar la Plaza de las Tres Culturas. Allí me encontré con tres culturas diferentes: las ruinas de un gran mercado azteca, una iglesia colonial y un edificio moderno que representa el México de hoy. ¡Qué pena que no llevé la cámara para sacar fotos!

También visité la Lagunilla, un mercado de ropa, artesanía, libros y muchas otras cosas a precios baratos. ¡Esto realmente me encantó! Allí compré un vestido típico mexicano para mi hermana. ¡Qué colores tan bonitos usan en la ropa—morados con amarillos y rojos! Ya sabes que a mí casi no me gusta comprar ropa, pero me compré una camisa fabulosa con cabezas de pájaros aztecas. También busqué el disco que quieres, pero no lo encontré. Regresé al hotel tarde y muy cansado. Mañana pienso levantarme temprano para ir al Museo de Antropología. Bueno, me voy a acostar ahora.

Saludos a todos,
Ricardo

Expansión de vocabulario

a través de	through
la artesanía	crafts
el edificio	building
encontrar	to find
la mezcla	mixture
el siglo	century

Comprensión

Answer the following questions based on the letter you have just read in **México de ayer y hoy**.

1. ¿Dónde está Ricardo?
2. ¿Qué le impresionó desde el primer momento?

3. ¿Cómo llegaron al hotel?
4. ¿Cuál es el primer lugar que visitó?
5. ¿Qué representa la Plaza de las Tres Culturas?
6. ¿Es La Lagunilla una tienda muy elegante?
7. ¿Cómo son los vestidos típicos de México?
8. ¿Qué se compró Ricardo?
9. ¿Qué buscó para su amigo Emilio?
10. ¿Adónde quiere ir Ricardo mañana?

COMUNICACIÓN

A. La semana pasada. Write a letter to a friend, relating some activities you did recently with your friends or family.

EJEMPLO   **Ayer gasté mucho dinero. El domingo visitamos a mi abuela.**

Sugerencias

esta mañana	jugar	buscar
ayer	empezar (a)	invitar a
anoche	arreglar	levantarse
la semana pasada	ayudar a	encontrar
el mes pasado	acostarse	comprar
el lunes, (jueves, etc.)	visitar	viajar
un día	llamar	¿...?

B. Vacaciones. Use the following questions to interview another student or to tell about a recent vacation of your own.

1. ¿Cómo viajaron tú y tu familia?
2. ¿Que ciudades o países visitaron? ¿Qué te impresionó más de estos lugares?
3. ¿Te gustó la gente que vive ahí?
4. ¿Tú y tu familia se levantaron temprano por las mañanas?
5. ¿Las cosas costaron mucho o poco? ¿Compraste algo muy especial? ¿Qué compraste?
6. ¿Caminaste por una playa o un parque agradable? ¿Dónde?
7. ¿Olvidaste algo en el hotel? ¿Qué olvidaste?
8. ¿En qué restaurantes almorzaron tú y tu familia? ¿Desayunaron en el hotel?

C. En la tienda de ropa. Listen to a conversation between Luisa and a salesclerk. Then read the following statements, and answer **cierto** if they are true according to the dialogue and **falso** if they are not.

1. Luisa mira varios vestidos antes de comprar uno.
2. La vendedora es muy impaciente.
3. Luisa compra un vestido largo y formal.
4. La talla correcta para Luisa es la 10.
5. Luisa tiene el pelo castaño.
6. Luisa no quiere comprar más ropa.
7. Luisa sigue la moda.
8. La vendedora ve el vestido negro antes que Luisa.

PRONUNCIACIÓN

In Spanish spoken in the United States and Latin America, the letter **c** before an **e** or **i** produces an /s/ sound much like that in English: **centro, cien**.

cena	centro	precio	cerca
cine	ciudad	francés	hacer
estación	cien	cinta	baloncesto

The letter **c** before **a, o,** or **u** has a hard sound like an English *k*. Unlike the /k/ sound in English, however, the Spanish sound has no accompanying puff of air.

acostarse	camarero	campo	corbata
cuarto	cuaderno	sacar	camisa

In Spanish, **ch** is treated as one letter. It sounds much like the *ch* in the English *chore* or *chime*, but the Spanish sound is somewhat crisper and more tense.

chico	chuleta	boliche	chaqueta
chocolate	lucha	muchacha	mochila

Listen and repeat the following paragraph:

Carlos y Conchita quieren comer comida francesa. Van a un restaurante caro en el centro. El camarero es francés pero los chicos que cocinan son americanos. Carlos pide chuletas de cerdo y pastel de chocolate. Después de comer van al cine en la Calle Cinco.

¹NTEGRACIÓN

Find out how much you know by doing the following exercises. If you
have trouble with any of them, study the topic and practice the activities
again, or ask your teacher for help.

Vamos a escuchar

A. La ropa. Gabriela is talking to one of her friends about Linda's predicament. Listen to Gabriela's description, then determine whether
the statements you hear after the narration are true (**verdadero**)
or false (**falso**).

> EJEMPLO   A Linda no le gusta ir de compras.   **falso**

B. Una fiesta de disfraces. Elisa is remembering what people wore at
a masquerade party she went to last month. Below is a picture of
the party. On a sheet of paper numbered 1 to 10, write **sí** if Elisa
accurately remembers what each person wore and **no** if she does not.

Vamos a leer

A. Las rutinas. Linda is describing her routines and pastimes and those of her family. Read each statement and choose the most logical completion.

1. Mañana tengo que levantarme bien temprano porque necesito llegar a la escuela una hora antes para ayudar a la profesora.
   a. Necesito acostarme ya para dormir bastante.
   b. Tengo que lavarme los dientes antes de acostarme.

2. Muchas de las personas en mi casa se bañan por la mañana.
   a. Yo prefiero bañarme por la noche para no tener prisa.
   b. Me lavo la cara y me peino antes de vestirme.

3. A mí no me gusta dormir hasta tarde los fines de semana.
   a. Siempre tengo que hacer muchas cosas los sábados por la mañana.
   b. Prefiero descansar bien por las mañanas y divertirme por las tardes.

4. Me gusta mucho buscar ropa nueva en las tiendas del centro.
   a. Me pongo zapatos nuevos cuando voy al teatro.
   b. Me despierto bien temprano para llegar cuando se abren las tiendas.

5. Mis hermanas se probaron mucha ropa en las tiendas ayer y encontraron varias cosas que les quedaron bien.
   a. Hoy van a ponerse mucha ropa porque hace mal tiempo.
   b. Hoy regresan para comprar unas blusas.

6. Rodolfo no se viste bien.
   a. Necesita nuevos anteojos.
   b. No sigue la moda.

B. Una carta de amor. José Luis, who is on vacation in Mexico City, writes a letter to his girlfriend, María Elena. He tells her about Ricardo, a friend he met at the market. Read his letter, then determine who would make the statements that follow—María Elena, José Luis, or Ricardo.

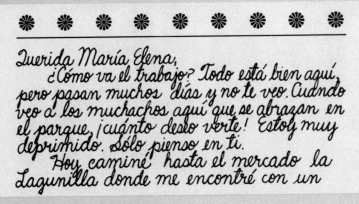

Querida María Elena,
¿Cómo va el trabajo? Todo está bien aquí, pero pasan muchos días y no te veo. Cuando veo a los muchachos aquí que se abrazan en el parque, ¡cuánto deseo verte! Estoy muy deprimido. Sólo pienso en ti.
Hoy caminé hasta el mercado la Lagunilla donde me encontré con un

muchacho que se llama Ricardo. Él le compró un vestido lindísimo a su hermana. Y yo pensé comprarte uno a ti también. El problema es que no sé qué color te gusta más. Hay de rojo, azul claro, verde, amarillo, rosado y blanco. ¿Cuál prefieres? A mí me encantó el blanco. Ay, María Elena. Nos queremos mucho, ¿verdad? Nos vemos en dos semanas.

Con mucho amor,

José Luis

1. Yo sé que este vestido es de su color favorito. Voy a comprarlo.
2. Yo sé que él quiere estar conmigo.
3. No sé cuál es mejor. Debo preguntarle a ella.
4. Me gustaría ir de vacaciones como José Luis pero tengo que trabajar.
5. Voy a regresar en catorce días.
6. ¡Qué bueno! ¡Encontré un vestido bonito!

Vamos a escribir

A. Los sobrinos problemáticos. Dolores Peña writes to Dr. Sabelotodo about a problem she has with her brother's children. Complete the sentences with the verb phrases that best fit each person's actions.

se pone	se bañaron	se acostaron	se quita
se levantan	se quitan	se lava	se duerme

Querido Dr. Sabelotodo,

¡No sé qué hacer! ¡Los hijos de mi hermano son malísimos! Siempre cuando me visitan, ellos __1__ muy temprano por las mañanas. Antes de vestirme empiezan los problemas. Ana __2__ mi ropa. Jorge no __3__ los dientes. David __4__ los zapatos en la sala y __5__ frente al televisor. El viernes pasado, ellos no __6__ hasta las once y no __7__ hasta la medianoche.

¡Estoy loca! Por favor, ¿qué debo hacer?

Sinceramente,

Dolores

B. Una especialista. You are just entering the job market. A wardrobe specialist is going to help you determine which items to wear together and what to buy. Make a list for the specialist of at least 10 items you have in your closet, including colors.

EJEMPLO

Tengo un impermeable anaranjado.

C. Un día desorganizado. The following is a description of Lola's day yesterday, including a conversation she had with her teacher. Rewrite the description, filling in the blanks with the correct form of the verbs in parentheses.

Ayer Lola (levantarse) __1__ a las diez de la mañana y (llegar) __2__ tarde a su primera clase. Antes de la clase hoy (hablar) __3__ con su profesora.

LOLA   Señora Ruiz, yo (despertarse) __4__ tarde. Después (buscar) __5__ mi libro y no lo (encontrar) __6__ . Lo siento mucho.

Ms. RUIZ   Bueno, Lola, pero...¿ (estudiar) (tú) __7__ la lección?

LOLA   Sí, (estudiar) __8__ por tres horas y estoy preparada para el examen.

Ms. RUIZ   Bueno, Lola, pero los otros estudiantes ya (empezar) __9__ .

Lola (terminar) __10__ el examen en treinta minutos, y después de todo, (sacar) __11__ una nota excelente.

Vamos a hablar

Situaciones

Work with a partner or partners and create dialogues using the situations described below. Whenever appropriate, switch roles and practice both parts of your dialogue.

A. Una tienda de ropa. You are a salesclerk in a clothing store. A customer comes into the store looking for several items. She tells you what sizes and colors she is looking for and where she plans to wear these items. You respond by telling her what you do or do not have, looking for the correct sizes and colors and making alternative suggestions.

B. Las llaves perdidas. A friend's keys were lost yesterday, and you are trying to help reconstruct the day's activities. Your friend got up, walked to a store, and came home. You ask your friend several questions, such as when he or she woke up and ate breakfast, if he or she bought anything or talked to or called anyone, and what time he or she arrived home.

VOCABULARIO

NOUNS RELATING TO THE BODY
la boca   mouth
el brazo   arm
la cabeza   head
la cara   face
el corazón   heart
el cuello   neck
el cuerpo   body
el dedo   finger
el diente   tooth
la garganta   throat
la mano (*f*)   hand
la nariz   nose
el ojo   eye
la oreja   ear
el pelo   hair
el pie   foot
la pierna   leg

NOUNS RELATING TO CLOTHING
el abrigo   coat
los anteojos de sol   sunglasses
las botas   boots
los calcetines   socks
la corbata   necktie
la chaqueta   jacket
la falda   skirt
los guantes   gloves
el impermeable   raincoat
los pantalones   pants
el piyama   pajamas
el sombrero   hat
la talla   size
el traje   suit
el traje de baño   swimsuit
el vestido   dress
los zapatos   shoes

OTHER NOUNS
la artesanía   handcrafts
el color   color
el edificio   building
el hombre   man
el lugar   place
el maniquí   mannequin
la mezcla   mixture
la mujer   woman
el siglo   century
el tipo   kind, type

ADJECTIVES OF COLOR
amarillo   yellow
anaranjado   orange
azul   blue
blanco   white
castaño   brown (*hair, eyes*)
gris   gray
marrón   brown
morado   purple
negro   black
pelirrojo   redheaded
rojo   red
rosado   pink
rubio   blond
verde   green

OTHER ADJECTIVES
antiguo   ancient, old
dulce   sweet
europeo   European
largo   long
oscuro   dark
pasado   last, past

REFLEXIVE VERBS
acostarse (o → ue)   to go to bed
bañarse   to take a bath
despertarse (e → ie)   to wake up
dormirse (o → ue)   to fall asleep
lavarse   to wash, to get washed
levantarse   to get up
peinarse   to comb one's hair
ponerse   to put on
probarse (o → ue)   to try on
quitarse   to take off
vestirse (e → i)   to get dressed

OTHER VERBS AND VERB PHRASES
abrazar(se)   to hug (each other)
besar(se)   to kiss (each other)
doler (o → ue)   to hurt
estar a la moda   to be in style
impresionar   to make an impression on
llevar   to take, to wear
llover (o → ue)   to rain
pagar   to pay
quedar   to fit
sacar la basura   to take out the garbage
seguir (e → i)   to follow, to continue
servir (e → i)   to serve
servir para   to be good for, to be useful for
usar   to use, to wear

ADVERBS
anoche   last night
anteayer   day before yesterday
a través de   through
ayer   yesterday

OTHER WORDS AND EXPRESSIONS
alguien   somebody
en venta   on sale

Choosing a Career

In this chapter, you will talk about different professions. You will also learn about the following functions and structures.

Functions	Structures
● describing people, places, things, and situations	**ser** and **estar**
● talking about the past	preterite of regular **-er** verbs and **-ir** verbs
● talking about the past	preterite of **-ir** stem-changing verbs
● telling someone to do something	formal commands

1NTRODUCCIÓN

EN CONTEXTO

🎲 Profesión para una mujer moderna

Isabel va a <u>acabar</u> pronto sus <u>estudios</u> de <u>escuela secundaria</u>. Ella le habla a su papá sobre sus planes para el futuro.

finish / studies / high school

SEÑOR CELIS	Bueno, hija, ¿Ya sabes qué quieres hacer después de <u>graduarte</u> en junio?
ISABEL	Sí, papá. Quiero estudiar para <u>ingeniera electricista</u>.
SEÑOR CELIS	¿Ingeniera...? ¿Lo dices <u>en serio</u>? ¡Ya sé! Quieres <u>tomarle el pelo</u> a tu papá, ¿verdad?
ISABEL	No papá, hablo muy en serio.
SEÑOR CELIS	Vamos, Isabel, sé que te fascinan todas las cosas eléctricas, ¡pero la ingeniería no es profesión para una mujer!
ISABEL	¿Y por qué no? Hay buenos <u>puestos</u>, es un trabajo interesante y paga bien.
SEÑOR CELIS	Las mujeres no sirven para eso.
ISABEL	Ah, ¿no? ¿Y quién te arregló el televisor ayer?
SEÑOR CELIS	Pues, es cierto que tú...
ISABEL	¿Y la computadora?
SEÑOR CELIS	Bueno, sí, pero tú no eres como las otras mujeres.
ISABEL	¿Por qué, papá?
SEÑOR CELIS	Eres excepcional. ¡Eres mi hija!

you graduate
electrical engineer
seriously
to kid

jobs

Comprensión

Indicate whether each of the following statements is true (**cierto**) or false (**falso**). If a statement is false, reword it to make it true.

1. Isabel le habla a su mamá sobre sus estudios.
2. Ella quiere ser profesora.
3. Isabel es una mujer moderna.
4. Su papá piensa que las mujeres no sirven para ser ingenieras.
5. Isabel le arregló la computadora a su papá.
6. Los puestos de ingeniero no pagan mucho.
7. Su papá cree que Isabel es como las otras mujeres.

ASÍ SE DICE

Here are some jobs and professions you might be interested in. Note that these professions have different masculine and feminine forms.

el abogado, la abogada	*lawyer*
el actor, la actriz	*actor, actress*
el director, la directora	*director*
el hombre (la mujer) de negocios	*businessperson*
el enfermero, la enfermera	*nurse*
el ingeniero, la ingeniera	*engineer*
el jefe, la jefa	*supervisor, boss*
el médico, la médica	*doctor*
el piloto, la pilota	*pilot*
el policía, la mujer policía	*police officer*
el programador (la programadora) de computadoras	*computer programmer*
el secretario, la secretaria	*secretary*
el farmacéutico, la farmacéutica	*pharmacist*
el veterinario, la veterinaria	*veterinarian*
el escritor, la escritora	*writer*

For other professions, the masculine and feminine forms of the noun
are the same.

el, la dentista	*dentist*
el, la pianista	*pianist*
el, la periodista	*journalist*
el, la artista	*entertainer*
el, la gerente	*manager*

A. Las profesiones de los familiares. Elena is describing the professions
of different members of her family. Number from 1 to 10. As you hear
each description, write the profession from the list that corresponds to
each person.

ingeniero(a)	secretario(a)
dentista	enfermero(a)
actor / actriz	pianista
veterinario(a)	piloto(a)
artista	(mujer) policía

COMUNICACIÓN

A. Tele-examen. Imagine that you are your favorite
television or movie character. Give your profession,
and see if the class can guess who you are by asking
other questions.

EJEMPLO **Soy periodista.**
¿Dónde trabajas?
En el *Daily Planet*.
Eres Clark Kent.

B. ¿Qué haces? Think of an occupation that you might like to pursue.
Imagine yourself in the position you have chosen, and describe to a
classmate what you do. Your partner will guess the profession. Then
reverse roles. Talk to several students. Afterward, write a report telling what profession different members of your class chose.

EJEMPLO **Trabajo en un hospital.**
¿Eres médico?
No, yo les ayudo a los médicos.
¿Eres enfermero?
Sí

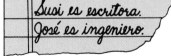

Susi es escritora.
José es ingeniero.

EXPLORACIÓN 1

Function: *Describing people, places, and things*
Structure: *ser and estar*

PRESENTACIÓN

A. **Ser** indicates an identifying trait, such as:

identification	Yo soy María Cristina. Buenos Aires es una ciudad grande.
origin	Es de La Habana.
profession	Usted es periodista, ¿no?
personality	¿Eres muy exigente?
characteristic traits	Juan es joven y guapo. La casa es grande y muy bonita.
possession	Estas cosas son de Rosa.
time	¿Qué hora es? Son las tres.
material	La muñeca es de papel.

B. **Ser** is also used to express nationality.

Soy norteamericano, pero mi padre es francés.

Here are various nationalities:

alemán	alemana
norteamericano	norteamericana
español	española
francés	francesa
inglés	inglesa
italiano	italiana
mexicano	mexicana
venezolano	venezolana

C. Estar indicates location or changeable conditions—how something or someone looks, seems, or feels. **Estar** is used when talking about the following:

location	El médico ya está en casa.
physical condition	{Los actores están cansados. {El agua está fría.
feelings	Pablo está preocupado.
health	Nuestra abogada está enferma.
appearance	Mi tío está gordo en esta foto.

PREPARACIÓN

A. Expedición.   Mrs. Solís has formed an expedition to go to Machu Picchu for a week. At an organizational meeting, she introduces everyone by name and mentions their professions. What does she say?

> MODELO   el señor Muñoz / fotógrafo
> **El señor Muñoz es fotógrafo.**

1. la señora Aponte / ingeniera
2. el señor Frías / periodista
3. Julia y Manuel / enfermeros
4. la señora Moreno / científica
5. Amelia y Pablo Ríos / médicos
6. y yo / profesora de biología

B. La prueba final.   Some of Isabel's friends have auditioned for *El hombre de la Mancha*. As they wait for the results, how do they feel?

> MODELO   María / nerviosa
> **María está nerviosa.**

1. David / deprimido
2. tú / seria
3. ustedes / emocionados
4. yo / cansada
5. ellos / preocupados
6. Lola / aburrida
7. Rita / contenta
8. Elena y Esteban / nerviosos

C. Las características.   Esteban De Silva is describing some of the people he works with at an international export company. Listen to each of his statements, and write a sentence that describes each of Esteban's co-workers, using the list given.

> MODELO   El señor Fonseca nunca gasta dinero y nunca les da
> regalos a sus amigos.
> **El señor Fonseca es tacaño.**

celoso(a)   viejo(a)   antipático(a)   tacaño(a)
aburrido(a)   alegre   nervioso(a)   inteligente

D. Presentación.   Antonio Vargas, Isabel's boyfriend, is at an international youth conference. Tell how he introduces himself to the other delegates, by writing the correct form of **ser** or **estar**.

> Muy buenas noches a todos. Me llamo Antonio Vargas. __1__ de Lima, Perú, pero mis padres __2__ de Ayacucho. Ayacucho __3__ una ciudad pequeña pero muy bonita.
> Tengo 21 años, __4__ estudiante de la Universidad de San Marcos y quiero __5__ periodista. Hablo inglés, español y quechua. Mi pasatiempo favorito __6__ seguir las noticias internacionales y de mi país.
> Ahora __7__ secretario para el periódico *La prensa*. Este puesto __8__ exigente pero muy interesante. Para mí, los deportes __9__ muy divertidos. Cuando mi familia y yo __10__ de vacaciones, practico deportes acuáticos.
> __11__ muy contento de __12__ aquí con ustedes.

E. Amigos del extranjero.   At the same international conference, Antonio calls his parents and tells them about the delegates from foreign countries he has met. What does he say about the following people?

> MODELO   Mario (Estados Unidos)
> **Mario es norteamericano.**

1. Brigitte (Francia)
2. Hans (Alemania)
3. Sofía (Italia)
4. José María (México)
5. Paco (España)
6. Antonio (Venezuela)
7. James (Inglaterra)

COMUNICACIÓN

A. Descripciones.   Using the following suggestions, make up sentences to describe yourself or other people you know well.

EJEMPLO   **Estoy ocupado(a) cuando estoy en el trabajo.**
Soy delgado(a) y alto(a).

		rubio(a)
		pelirrojo(a)
		enfermo(a)
		simpático(a)
		nervioso(a)
yo		aquí
mi mejor amigo(a)		serio(a)
mi papá	ser	ocupado(a)
mi mamá	estar	guapo(a)
mi profesor(a) de...		malo(a), bueno(a)
mi familia y yo		en la clase
¿...?		gordo(a), delgado(a)
		en casa
		loco(a)
		en el trabajo
		preocupado(a)
		antipático(a)

B. Entrevista.   Answer the following questions, or use them to interview another student.

1. ¿Estás contento(a) hoy? ¿Por qué? ¿Por qué no?
2. En general, ¿eres simpático(a)? ¿Eres serio(a)? ¿Eres paciente?
3. ¿Qué quieres ser en el futuro? ¿Por qué?
4. ¿De dónde es tu familia?
5. ¿Te gustaría estar en otros países? ¿En qué país? ¿Por qué?
6. ¿Cuándo estás nervioso(a)?
7. ¿Cuándo estás muy enojado(a)?
8. Cuando estás enfermo(a), ¿qué prefieres hacer o no hacer?
9. ¿Qué haces cuando estás deprimido(a)?

RINCÓN
CULTURAL

En los países hispanos, las mujeres no tienen todavía las mismas oportunidades que los hombres en el mundo profesional. Pero gracias al desarrollo (*development*) económico e industrial de España y Latinoamérica, esta situación ahora comienza a cambiar (*to change*). Más y más mujeres asisten a la universidad para seguir profesiones que no se limitan a la enseñanza (*teaching*), la enfermería o la asistencia social (*social work*). Hoy en día podemos encontrar un mayor número de mujeres en las ciencias, la abogacía (*law*) y los negocios, pero estas profesiones continúan principalmente en manos de los hombres.

Ahora que las mujeres empiezan a trabajar fuera (*outside*) de la casa, la familia tiene que pensar en un nuevo problema: ¿quién va a cuidar a los hijos? Esto puede representar un obstáculo (*obstacle*) para la mujer que trabaja. Pero ahora existen guarderías (*day-care centers*) y los hombres también participan más y más en el cuidado (*care*) de los hijos. Sin embargo, la verdad es que esta responsabilidad todavía es de la mujer. Si el hombre y la mujer trabajan fuera de la casa, ¿qué crees tú que uno puede hacer con respecto al cuidado de los hijos y las tareas de la casa?

EXPLORACIÓN 2

Function: *Talking about the past*
Structure: *The preterite of regular -er and -ir verbs*

PRESENTACIÓN

A. You have already learned to talk about the past using **-ar** verbs. Now you will learn to use the past tense of regular **-er** and **-ir** verbs. Study the forms of **comer** and **abrir**.

comer	
comí	com**imos**
com**iste**	comisteis
com**ió**	com**ieron**

abrir	
abrí	abr**imos**
abr**iste**	abristeis
abr**ió**	abr**ieron**

El señor Campos comió aquí. *Mr. Campos ate here.*

¿Ya abrieron los regalos? *Did they open the presents yet?*

B. Here are some other regular **-er** and **-ir** verbs you have already learned.

aprender   insistir (en)
asistir   permitir
comprender   prometer
correr   recibir
decidir   salir
escribir   vivir

Prometí ayudarte a estudiar. *I promised to help you study.*

Recibimos muchos regalos   *We received a lot of gifts for*
  para la Navidad.   *Christmas.*

¿Asististe a la clase?   *Did you attend class?*

Ellos decidieron salir.   *They decided to leave.*

C. Like stem-changing **-ar** verbs, stem-changing **-er** verbs are regular in the preterite.

perder

perdí	perdimos
perdiste	perdisteis
perdió	perdieron

Volver, **doler**, and **entender** are like **perder**.

Perdí mi trabajo de verano.	*I lost my summer job.*
¿A qué hora volviste a casa?	*What time did you return home?*
Me dolió la cabeza ayer.	*I had a headache yesterday.*
No entendimos al profesor.	*We didn't understand the teacher.*

PREPARACIÓN

A. **Una entrevista difícil.** Alberto is interviewing for a job with Iberia, the national airline of Spain. What does the personnel officer ask him?

> MODELO   cuándo / vivir en los Estados Unidos
> **¿Cuándo vivió en los Estados Unidos?**

1. cuándo / aprender inglés
2. dónde / asistir a la universidad
3. qué / aprender ahí que puede ayudarnos
4. cuándo / aprender programación
5. cuándo / salir de la universidad
6. por qué / decidir venir aquí

B. ¡Qué profesor! Mrs. Gómez is asking her friend, a retired science professor, about his career days. What does she ask?

> MODELO   aprender biología en el instituto
> **Aprendiste biología en el instituto, ¿verdad?**

1. escribir algunos libros de ciencia
2. decidir no enseñar más de 25 años
3. asistir a muchos programas especiales
4. recibir un premio de física
5. vivir en Buenos Aires por unos años
6. volver a la universidad

C. La interrogación. Juana and her brother have been falling behind and making low grades. Their mother is concerned and asks Juana what she and her brother are doing to improve their schoolwork. How does Juana respond?

> MODELO   ¿Salieron para la escuela temprano?
> **Sí, salimos temprano.**

1. ¿Tú y tu hermano asistieron a todas las clases hoy?
2. ¿Ya escribieron las lecciones para las clases de mañana?
3. ¿Comprendiste la lección de biología hoy?
4. ¿Te permitió tomar el examen otra vez el profesor de historia?
5. ¿Insistió tu profesora en darte un examen de matemáticas hoy?
6. ¿Aprendiste algo nuevo en la clase de arte hoy?

D. Reunión. Mr. Maldonado has just returned from his high school reunion, where the graduates talked about what happened to everyone. He writes a letter to a classmate who was unable to attend. Write the statements he makes about the following people.

> MODELO   Rodrigo / decidir ser ingeniero
> **Rodrigo decidió ser ingeniero.**

1. Úrsula / volver a España para estudiar
2. Julia / aprender inglés en Inglaterra
3. ellos / vivir tres años en el extranjero
4. yo / asistir a dos universidades
5. María Elena / recibir un premio de química
6. tú / abrir una tienda de regalos
7. Carlos y yo / escribir un libro de historia
8. Jacinto / perder su puesto en el laboratorio

E. **Un día en el trabajo.** Read the questions below, and then listen as Maribel tells about a typical day at work. Answer the questions in complete sentences after you have heard the passage.

1. ¿A qué hora salió de la casa Maribel?
2. ¿Por qué tomó un taxi?
3. ¿A qué hora entró a la oficina?
4. ¿Qué empezó antes de almorzar?
5. ¿A qué hora volvió a la oficina en la tarde?
6. ¿En qué actividad participó después del almuerzo?
7. ¿Cómo pasó la noche?

COMUNICACIÓN

A. **¿Qué pasó en la clase?** Ask your teacher and other students what they did in class this past week. Change or make additions to the expressions in the list if you wish.

> EJEMPLO   asistir a clase
> **Ricardo, ¿asististe a la clase todos los días?**
> perder la tarea
> **Profesor, ¿perdió usted nuestra tarea?**

escribir los ejercicios
aprender el vocabulario nuevo
dormir en clase
comprender todas las lecciones
perder la tarea
asistir a clase
insistir en hablar inglés
recibir buenas notas

B. **¿Qué hiciste?** Answer the following questions, or use them to interview another student about what he or she did this weekend. Be prepared to report your findings to the class.

1. ¿Saliste con tus amigos el fin de semana pasado?
2. ¿A qué hora volviste a casa el sábado?
3. ¿Comiste en un restaurante?
4. ¿Viste una película buena? ¿Qué película? ¿Te gustó?
5. ¿Corriste este fin de semana? ¿Te dolieron los pies después?
6. ¿Dormiste hasta muy tarde el sábado? ¿Hasta qué hora?
7. En general, ¿te divertiste? ¿Por qué (no)?

CULTURAL

INGENIERO DE MINAS

Para trabajos en Cerro de Pasco; sueldo 800,000 soles; pagamos viaje, vivienda, alimentación, servicios médicos. Currículum vitae a Domingo Ponte 573, Magdalena. 9 a 11 de la mañana.

ELECTRICISTA: reparar instalaciones, televisores, cables, cocinas. Huascarán 1057, telf. 245174.

RECEPCIONISTA, mayor de 25 años, para atender público; sueldo y comisión. Arica 373, Miraflores.

SECRETARIA DE VENTAS; escribir a máquina, educación secundaria, experiencia en trabajo similar; presentarse a Rufino Torrico N° 882-401.

URGENTE Necesitamos hombres y mujeres jóvenes y de buena presencia para propaganda televisión; Av. Arenales 1487.

JEFE DE VENTAS

Compañía importadora necesita para su Departamento de Ventas Jefe de Ventas con experiencia en el negocio de libros. Presentarse con currículum documentado al Jirón Puno 485 en horas de oficina.

DETECTIVE PRIVADO

(CONFIDENCIAL)

Experto profesional. Banca, industria, comercio, cuidado de residencias, casos difíciles. Coche necesario. Operativo las 24 horas. Telf. 366323.

ADMINISTRADOR-PORTERO DISCOTECA

Excelente presencia, estudios secundarios, fuerte, atlético, documentos en orden. Telf. 366174.

Which of the following qualifications would be required of applicants for each of these positions?

a. advanced degree
b. pleasant speaking voice
c. good typing skills
d. minimum age of 25

e. willingness to work odd hours
f. previous sales experience
g. pleasant appearance
h. high school diploma

EXPLORACIÓN 3

Function: *Talking about the past*
Structure: *The preterite of* **-ir** *stem-changing verbs*

PRESENTACIÓN

A. The **-ir** stem-changing verbs have a change in the preterite as well as in the present tense. In the preterite tense, however, this change occurs only in the forms for **él, ella, usted,** and **ellos, ellas,** and **ustedes**. Study the following forms.

dormir (o → ue, u)	
dormí	dormimos
dormiste	dormisteis
durmió	durmieron

pedir (e → i, i)	
pedí	pedimos
pediste	pedisteis
pidió	pidieron

Se duerme fácilmente. Anoche se durmió frente al televisor.
A veces pido pollo, pero anoche no lo pedí.

B. Here are some stem-changing **-ir** verbs you already know. Compare the **yo** form with the forms for **él, ella,** and **usted**.

	yo	él / ella / usted
preferir (e → ie, **i**)	preferí	prefirió
seguir (e → i, **i**)	seguí	siguió
repetir (e → i, **i**)	repetí	repitió
servir (e → i, **i**)	serví	sirvió
vestirse (e → i, **i**)	me vestí	se vistió

C. Here are some additional **-ir** stem-changing verbs.

conseguir (e → i, i)	*to get, obtain*	conseguí	consiguió
divertirse (e → ie, i)	*to have fun*	me divertí	se divirtió
sentirse (e → ie, i)	*to feel*	me sentí	se sintió

divertirse (e → ie, i)

me divertí	nos divertimos
te divertiste	os divertisteis
se divirtió	se divirtieron

Eduardo consigue trabajo. El profesor consiguió una computadora
    para nuestra clase.
Se siente mal hoy. Ayer también se sintió mal.
Siempre se divierten, pero no se divirtieron anoche.

PREPARACIÓN

A. ¡Qué sueño tengo!   Belinda DeSoto, a doctor, tells the nurse how
her patients slept last night. What does she say?

    MODELO   **El señor Ortega sólo <u>durmió</u> tres horas.**

1. Jorge ===== sin problemas toda la noche.
2. La señora Pino y el señor Torres no ===== porque se sintieron mal.
3. ¿Sabes? Yo no ===== mucho el martes porque tomé tanto café.
4. ¿Y tú? Parece que tú no ===== mucho anoche.
5. Pues, así es nuestro trabajo, ¿no? ¡Nosotros no ===== nada!

B. Diferentes reacciones.   Using **sentirse**, tell what Carmen says about
how the members of her high school newspaper felt when they first
arrived in Madrid.

1. Carlos / contentísimo
2. Pedro y Jesús / nerviosos
3. Elena / emocionada
4. tú / fantástico
5. nosotros / alegres
6. ustedes / cansados

C. **¡Qué divertido!**   After their first day in Madrid, members of the newspaper team told their teacher where they went sightseeing and how much they enjoyed it.

MODELO   Carlos / bastante / el parque del Retiro.
Carlos se divirtió bastante en el parque del Retiro.

1. Micaela / mucho / la Casa del Campo
2. yo / bastante / el Escorial
3. tú / muchísimo / el Museo del Prado
4. Pedro y Jesús / un poco / el centro
5. nosotros / mucho / el Jardín Botánico
6. usted / más que todos / la Real Academia

D. **¡Qué pérdida de tiempo!**   Roberto asked his brother Mario to go with him Saturday morning to buy some jeans. Did Roberto find what he wanted? Listen to the narration, and on a piece of paper, write the missing verb for each number.

Roberto y Mario __1__ tarde el viernes por la noche. El sábado se levantaron temprano, __2__ rápidamente y llegaron a la tienda a las diez. Roberto le __3__ la talla veintiocho al vendedor. El vendedor le __4__ los jeans, pero Roberto __5__ otro color. Los dos chicos __6__ al vendedor, que buscó otros jeans de la misma talla. Pero los nuevos jeans no le __7__. Ellos __8__ ir a otra tienda, donde __9__ lo mismo sin tener suerte.

COMUNICACIÓN

A. **Críticos gastronómicos.**   Describe a meal you had away from home recently. Tell where you ate, whom you were with, and what you ordered or what you were served. If you had more than one dish, tell which one(s) you preferred.

EJEMPLO   **Comimos en un restaurante francés. Yo pedí una sopa de pescado y no me gustó nada. A mi padre le sirvieron café y agua, pero prefirió el agua.**

B. ¿Cómo te sentiste?   Imagine that you found yourself in the following situations. Tell how you felt.

EJEMPLO   Dormiste toda la noche.
Me sentí bien.

bien	gordo(a)	sorprendido(a)	nervioso(a)
mal	deprimido(a)	contento(a)	responsable
enojado(a)	enfermo(a)	cansado(a)	preocupado(a)
raro(a)	importante	fantástico(a)	¿...?

1. Saliste mal en un examen.
2. Conseguiste un buen trabajo.
3. No recibiste un regalo de cumpleaños.
4. Te divertiste mucho en una fiesta.
5. Perdiste las llaves de tu casa.
6. Comiste demasiado.
7. No asististe a clase ayer.
8. Te dormiste en el tren.
9. No comiste nada hoy.
10. ¿...?

RINCÓN CULTURAL

En una encuesta (*survey*) en una revista española los jóvenes españoles expresaron sus opiniones con respecto al trabajo. ¿Qué piensas tú de los resultados (*results*)? ¿Son muy diferentes las opiniones de tus amigos?

LOS ESTUDIOS Y EL TRABAJO

Es difícil escoger (*to choose*) una profesión	53%
Es difícil conseguir trabajo	86%

LOS FACTORES IMPORTANTES EN EL TRABAJO

Interesante y agradable	46%
Sueldo (*salary*)	34%
Oportunidad de ascenso (*promotion*)	27%
Ayudar a los otros	33%

Adapted from **En contacto. Lecturas intermedias** by McVey-Gil, Wegmann, and Méndez-Faith (New York: Holt, Rinehart and Winston, 1980).

EXPLORACIÓN 4

Function: *Giving advice or orders*
Structure: *Formal commands*

PRESENTACIÓN

You have learned to give advice to a family member or friend using **tú** commands. For a person you would address as **usted,** use the **usted** command. In speaking to more than one person, use the **ustedes** command.

A. To form the **usted** and **ustedes** commands, start with the **yo** form of the present tense. Drop the final **-o,** and add the opposite vowel endings, shown in the chart. The **-ar** commands end in **-e** or **-en,** and the **-er** and **-ir** commands end in **-a** or **-an.** This rule applies to both affirmative and negative commands, and it works for all verbs, including stem-changing and irregular verbs.

INFINITIVE	yo	COMMAND FORMS	
		usted	ustedes
escuchar	escucho	escuche	escuchen
pensar	pienso	piense	piensen
comer	como	coma	coman
hacer	hago	haga	hagan
volver	vuelvo	vuelva	vuelvan
seguir	sigo	siga	sigan

To form the negative command, place **no** before the verb.

No sigan con ese trabajo.   No duerma hasta el mediodía.
No escuchen esa música.   No tome ni té ni café.

Usted and **ustedes,** although not required, are often added to commands for politeness.

Estudie usted estos libros de programación.
Vengan ustedes al baile.

B. Verbs ending in **-car**, **-gar**, and **-zar** have the same spelling change as the **yo** form of the preterite. If a verb is stem-changing in the present tense, the formal commands will also show the stem change.

INFINITIVE	yo FORM	SPELLING CHANGE	OPPOSITE VOWEL	usted COMMAND
buscar	busco	c → qu	e	busque
empezar	empiezo	z → c	e	empiece
jugar	juego	g → gu	e	juegue

Saque muchas fotos.   Pague usted pronto.
No comiencen el examen todavía.   Almuercen conmigo.

C. The following verbs have irregular **usted** and **ustedes** command forms.

	usted	ustedes
estar	esté	estén
dar	dé	den
ir	vaya	vayan
ser	sea	sean

Sean ustedes pacientes.   Vayan a clase ahora.
No esté nerviosa.   No le dé nada.

CÓMO ENTRENAR A LOS ANIMALES

MUESTRE AL ANIMAL QUE USTED ES EL JEFE.

TENGA PACIENCIA.

TARDE O TEMPRANO EL ANIMAL SIEMPRE COME.

PREPARACIÓN

A. Un buen enfermero. Mrs. Martínez, the head nurse, is advising Julio Ríos about how to be a good nurse. What does she say?

> MODELO   hablar con los enfermos
> **Hable usted con los enfermos.**

1. observar a las buenas enfermeras
2. escuchar a los médicos
3. cuidar bien a los enfermos
4. no olvidar lavarse las manos
5. ayudar a los otros enfermeros
6. respetar a los enfermos

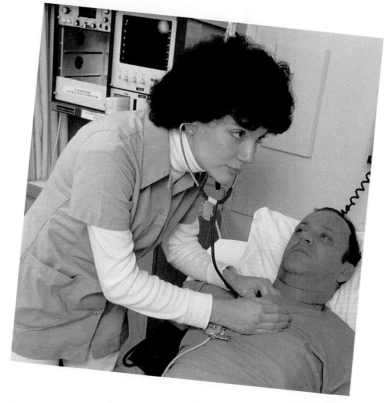

B. Consejos personales. Pepe and Paco are going off to boarding school. What advice does their grandmother give them?

> MODELO   asistir a los partidos de volibol
> **Asistan a los partidos de volibol.**

1. hacer todas las tareas
2. seguir el ejemplo de su hermano
3. no asistir a muchas fiestas
4. no dormir en clase
5. ser simpáticos con sus profesores
6. ir siempre a clase

C. Un viaje al extranjero. Marta Velarde, the Spanish teacher, is going to a summer institute in Cuernavaca. What recommendation does her principal give her?

> MODELO empezar a hacer planes ahora
> **Empiece a hacer planes ahora.**

1. llegar al aeropuerto temprano
2. buscar un buen hotel
3. comenzar a practicar el español ahora
4. no almorzar en restaurantes caros
5. pagar en pesos mexicanos
6. sacar muchas fotos
7. comprar un recuerdo para mí

D. Camino a seguir. What suggestions does the school counselor give this year's seniors?

> MODELO seguir estudios en la universidad
> **Sigan estudios en la universidad.**

1. pensar en el futuro
2. conseguir una buena educación
3. mostrar dedicación al trabajo
4. servir a la comunidad
5. comenzar a buscar un puesto ahora
6. no olvidar a sus amigos de la escuela

E. Una fiesta de sorpresa. Roberto is giving his boss a surprise birthday party. His colleagues are having trouble remembering the details. Listen, and write his answers to their questions.

> MODELO ¿Venimos temprano? (no, a las ocho en punto)
> **No, no vengan temprano. Vengan a las ocho en punto.**

1. no, refrescos
2. no, un tocadiscos
3. no, en la mesa del jardín
4. no, unos discos buenos
5. no, a su novia, Julia
6. no, jamón y carne asada
7. no, ropa informal
8. no, agua mineral y refrescos

COMUNICACIÓN

A. Consulta médica. Imagine you are a physician examining patients. Using the list below and your own ideas, make three suggestions to each patient. Include one negative command.

tomar jugo o sopa	tener cuidado	hacer ejercicio
dormir más	descansar	comer más frutas y verduras
correr	salir	practicar un deporte
ir al hospital	bajar de peso	aumentar de peso
caminar mucho	trabajar	comer más pan y carne

EJEMPLO   **No trabaje tanto. Coma más carne, arroz y verduras.**

B. Sugerencias. You have the opportunity to tell your Spanish teacher how to improve your class. Using formal commands, list five things you want your teacher to do or not to do.

EJEMPLO   *No dé tantos exámenes.*

LECTURA

Mi profesión

The guidance counselor at the Colegio León Pinelo in Lima has invited some people to talk about their professions.

Sonia Heller

Soy médica, pero no de personas. Es decir que soy veterinaria. Un veterinario puede trabajar en un zoológico o con animales domésticos o del campo. Muchos creen que no es una profesión exigente, pero ayer, por ejemplo, le saqué una muela a un gorila, y la semana pasada operé al tigre del zoológico donde trabajo. También cuido serpientes, pero no me gusta mucho tocarlas. Si siguen esta profesión, estén seguros que no van a saber lo que es sentirse aburridos.

El Colegio León Pinelo

presenta un
Día de profesiones

los invitados incluyen a:
Sonia Heller, veterinaria
Gustavo Pinzón, piloto
Patricia Ávila, agente de viajes

Salón Goya
el 15 de marzo
a las 14 h.

Gustavo Pinzón

Yo soy piloto de aviación y trabajo para Aeroperú. Para hacerme piloto, estudié en la Escuela de Aviación, seguí cursos en el extranjero y sólo después de ésto conseguí mi licencia. Es una profesión difícil que exige excelentes condiciones físicas y mentales. También, hay que saber bastante de los instrumentos porque a veces hace mal tiempo y no es posible determinar la posición del avión por las ventanas. Piensen ustedes, la vida de todos los pasajeros está en sus manos. Si deciden estudiar para ser piloto, recuerden que es una profesión de mucha responsabilidad.

Patricia Ávila

Soy agente de viajes y gerente de la agencia. Mi trabajo consiste en programar paseos turísticos, aconsejar a los clientes y prepararles sus viajes. La preparación de un viaje es una tarea difícil que exige mucha experiencia. También hay que conocer otros países, su cultura y su idioma. Por ejemplo, yo me preparé en España, trabajé unos años en Europa y viví en varios países de Sudamérica. Si quieren ser agente de viajes, aprendan por lo menos dos idiomas extranjeros y viajen lo más posible.

Expansión de vocabulario

aconsejar to advise	**por lo menos** at least
es decir that is to say	**prepararse** to prepare
exigir to demand, to require	oneself, to study
en el extranjero abroad	**sacar una muela** to pull a
hacerse to become	tooth
hay que one should, it is	**seguir un curso** to take a
necessary to	course
lo más posible as much as	**seguro** sure
possible	**la serpiente** snake
operar a to operate on	**tocar** to touch
el paseo excursion	**la ventana** window

Comprensión

Answer the following questions based on **Mi profesión**.

1. ¿Qué clase de médica es Sonia Heller?
2. ¿A qué animal le sacó una muela?
3. ¿Dónde trabaja Sonia?
4. ¿Qué profesión tiene el señor Pinzón?
5. ¿Dónde estudió para hacerse piloto?
6. ¿Qué exige su profesión?
7. ¿Qué hace Patricia Avila?
8. ¿En qué consiste su trabajo?
9. ¿Qué debe conocer y aprender un agente de viajes?

COMUNICACIÓN

A. ¿Qué pasó?   Imagine you had a summer job in one of the places listed below. Make up a story about something that happened, and write a short paragraph. Be prepared to read your story to the class.

EJEMPLO   **El verano pasado trabajé en un hospital de animales. Un día el veterinario se durmió y un gorila salió del edificio. Todo el mundo empezó a correr. Llamaron a la policía, pero...**

un hospital
un laboratorio
una tienda
un aeropuerto
una escuela
un supermercado

un periódico
un restaurante
un hotel
un zoológico
un banco
¿...?

B. En veinte años. Imagine that it is 20 years from now. Write a
description of your profession and your activities.

> EJEMPLO **Tengo treinta y cinco años y soy policía. Es un buen
> trabajo porque puedo ayudar a las personas que
> tienen problemas.**

C. Consejero. Imagine you are a career counselor talking to students.
Based on the descriptions you hear, suggest a career for each student.
You may choose a career from the list or suggest one of your own.

> EJEMPLO Me gusta hablar con diferentes personas.
> **Sea hombre / mujer de negocios.**

	un trabajo de profesor
	ingeniero(a) químico(a)
conseguir	enfermero(a)
estudiar para	fotógrafo
trabajar como	un puesto de programador de computadoras
buscar	clases para periodista
ser	abogado
tomar	médico
	(mujer) piloto
	hombre (mujer) de negocios

PRONUNCIACIÓN

The letter **s** in Spanish is pronounced like the *s* in the English word *sit*.

secretario	seguro	salsa
solo	doméstico	sombrero

In Spanish spoken in the United States and Latin America, the letter **z**
sounds nothing like the English *z*. It is pronounced like the English *s*
sound.

azul	mezcla	brazo
zapato	zona	cabeza

Listen, and repeat the following paragraph.

Para la entrevista, / Susana usó un vestido azul / y unos zapatos grises. /
Después de vestirse, / salió para la plaza / para almorzar. / Luego, / pasó
la zona central / y entró en el consultorio / de la señora Salas. / Se sintió
bastante nerviosa. / Habló unos minutos / con la señora. / Salió sin saber /
si consiguió el puesto.

1NTEGRACIÓN

Vamos a escuchar

A. Profesión desconocida.   Members of the panel on the television show *Guess My Job* are asking various guests about their mystery professions. Number your paper from 1 to 4. Listen to each brief interview, then select the profession that matches, and write it next to the number.

abogado(a)   periodista
dentist(a)   enfermero(a)
secretario(a)   médico(a)

B. Quejas en el trabajo.   Ángel thinks Mrs. Cortázar, his boss, picks on him and favors his co-workers Diana and Beatriz. Write each command word she uses, and mark an X under Ángel's name if the command is singular and under Diana and Beatriz's names if it is plural. From your completed chart, determine whether Ángel's claims are true.

EJEMPLO   Abra la ventana.

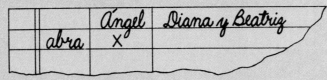

Vamos a leer

A. En la escuela.   Read the two sketches about Carlos and Isabel, then decide which statement does not apply.

Carlos está muy preocupado hoy. Tiene un examen de biología y no estudió anoche. Además el maestro le exige un noventa por ciento para pasar el curso. En vez de estudiar, se divirtió con sus amigos hasta las once de la noche. Le fascinan los juegos electrónicos. Cuando llegó a casa, se sintió muy cansado. Por eso, no estudió.

1. Carlos no debe jugar tantos juegos electrónicos.
2. Carlos debió estudiar ayer.
3. El examen de biología va a ser fácil.
4. Carlos está cansado hoy porque anoche no volvió a casa hasta las once.

Esta semana hay una competencia de programación de computadoras en la escuela secundaria donde Isabel es una estudiante de ciencia de computación. Ella empezó su programa de contabilidad que le permite a uno pagar todo sin tener que escribir cheques. Isabel es una chica muy inteligente. Tiene muchas ganas de ganar el mejor premio porque con este dinero puede pagar el primer año de la universidad. Si ella no recibe el premio, no va a poder asistir a la universidad este año.

5. En esta competencia participan varios estudiantes de la escuela secundaria de Isabel.
6. Isabel va a ganar el primer premio porque es muy inteligente.
7. El programa de Isabel simplifica la vida.
8. Para Isabel, es importante ganar el mejor premio porque piensa usar el dinero para viajar.

Vamos a escribir

A. **Una situación de ansiedad.** Examine the picture below, and create a short narrative that describes the events leading up to the present situation. Use the questions as a guide.

¿Cuánto tiempo trabajó Isabel anoche?

¿Se durmió sin problemas?

¿Qué escribió o dibujó?

¿A qué hora se levantó?

¿Cuándo salió de la casa?

¿Olvidó algo?

¿Qué pensó cuándo abrió el portafolio?

¿Cómo llegó al trabajo?

B. Planes para el futuro. What career do you plan to pursue, and why? Write five sentences describing your interests, goals, and ambitions.

> EJEMPLO **Me gustan mucho las cosas electrónicas. Por eso, voy a ser...**

C. El mejor candidato. David Montalbán is speaking on behalf of his friend Víctor Herrera, who is running for public office. Fill in the blanks in his speech with the correct forms of **ser** and **estar**.

(Yo) __1__ muy contento de hablar esta noche de mi amigo de muchos años, Víctor Herrera. Puedo decir que (él) __2__ un hombre muy dedicado y generoso. En este momento (él) __3__ en el tren que va a la capital. Yo sé que él __4__ muy preocupado por la situación económica de la ciudad y por los programas sociales. Además, como (él) __5__ profesor, sabe que la educación también __6__ muy importante. Para él, nuestros problemas __7__ sus problemas. Si (nosotros) __8__ responsables, mañana vamos a votar por Víctor Herrera. Es seguro que él __9__ el mejor candidato para esta comunidad.

Vamos a hablar

Situaciones

A. Profesor del día. Your partner has been named "teacher of the day." Play the role of the student, and make several suggestions as to how you would like the class to be. Your partner will play the role of teacher, who also gives commands.

> EJEMPLO Estudiante: **Profesor, por favor, no dé exámenes difíciles.**
> Profesor: **Entonces, escriba un trabajo de veinte páginas.**

B. Presentaciones. You are at a party with two friends who do not know each other. You greet them and ask how they are, then introduce them to each other. Instead of just saying their names, include some information to help stimulate conversation. This might include what each friend's profession is, where each one works, what activities each one participates in, and how you became acquainted.

> EJEMPLO **Hola, Inés. ¿Cómo estás? ¿Conoces a Ana? Ella es pianista. Nos conocimos en la escuela secundaria. Participamos en una competencia... Ella está muy emocionada porque va a tocar en...**

VOCABULARIO

PROFESSIONS
el abogado, la abogada lawyer
el actor actor
la actriz actress
el (la) agente de viajes travel agent
el (la) artista entertainer
el (la) dentista dentist
el director, la directora director
el enfermero, la enfermera nurse
el escritor, la escritora writer
el farmacéutico, la farmacéutica pharmacist
el (la) gerente manager
el hombre (la mujer) de negocios businessperson
el ingeniero (la ingeniera) electricista electrical engineer
el jefe, la jefa boss
el médico, la médica doctor
el (la) periodista journalist
el (la) pianista pianist
el piloto, la (mujer) piloto pilot
el policía, la mujer policía police officer
el programador (la programadora) de computadoras computer progammer
el secretario, la secretaria secretary
el veterinario, la veterinaria veterinarian

OTHER NOUNS
la agencia agency
el animal doméstico pet
la aviación aviation
la carnicería butcher shop
la condición física physical condition
la cultura culture
el ejercicio exercise
la escuela secundaria high school
los estudios studies
la experiencia experience
el futuro future
el gorila gorilla
la ingeniería engineering
la licencia license
el pasajero, la pasajera passenger
el paseo excursion
la preparación preparation
la profesión profession
el puesto job, position
la responsabilidad responsibility
la serpiente snake
el tigre tiger
la ventana window
el zoológico zoo

ADJECTIVES
eléctrico electric
excepcional exceptional
extranjero foreign
mental mental
moderno modern

VERBS AND VERB PHRASES
acabar to finish
aconsejar to advise
conseguir (e → i, i) to get, to obtain
consistir en to consist of
decidir to decide
divertirse (e → ie, i) to have fun
exigir to demand, to require
graduarse to graduate
hacerse to become
operar to operate
prepararse to prepare oneself, to study
sacar una muela to pull a tooth
seguir un curso to take a course
sentirse to feel
tocar to touch
tomar (le) el pelo a uno to kid (someone)

OTHER WORDS AND EXPRESSIONS
en serio seriously
es decir that is to say
hay que one should, it is necessary to
lo más posible as much as possible
por lo menos at least
seguro sure

Adventure and Exploration

In this chapter, you will talk about your idea of an exciting adventure. You will also learn about the following functions and structures.

Functions	Structures
• talking about the past	irregular preterites: **ir, ser, dar, ver**
• comparing things or people	the comparative forms
• talking about things we did	stem-changing preterites (**i, u**)
• expressing negative ideas	negative and affirmative words

1NTRODUCCIÓN

EN CONTEXTO

Una semana en la selva

jungle

Alicia Miró, una fotógrafa venezolana, participó en una expedición al río
Orinoco, en Venezuela. Después de cinco días de viajes se separó accidentalmente del grupo y pasó una semana perdida en la selva amazónica   lost
sin mapa. Aquí tienen ustedes la entrevista sobre su experiencia que   map
apareció en *La Nacional de Caracas*.   appeared

PERIODISTA	Dígame, señorita Miró, ¿cómo se sintió usted cuando se encontró sola en la selva?	alone
ALICIA	Me sentí desesperada. Pensé— La selva es tan peligrosa que nunca voy a poder salir de aquí.	hopeless / dangerous
PERIODISTA	¿Por qué no buscó inmediatamente a los otros?	
ALICIA	Los busqué…los llamé muchas veces, pero ellos no me respondieron.	
PERIODISTA	Entonces, ¿qué pasó?	
ALICIA	Bueno, lloré un rato y después me pregunté— ¿Qué vas a hacer ahora? —Y yo misma me respondí— Alicia, no pierdas la cabeza. Debes volver al río.	I cried / I myself

PERIODISTA	¿Y lo encontró?
ALICIA	Sí, pero con mucha dificultad. Caminé, creo, unos cincuenta kilómetros. <u>Pasé mucha hambre</u> y muchas noches no dormí un <u>solo</u> minuto.
PERIODISTA	¿Y no consiguió nada de comer en la selva?
ALICIA	Comí sólo frutas: plátanos, <u>guineos</u>...
PERIODISTA	¿Y cómo llegó al río?
ALICIA	Bueno, seguí siempre el sol. Cuando llegué al río me encontré con unos indios y ellos me llevaron en canoa hasta Canaima. Allí tomé el primer avión a Caracas...
PERIODISTA	Una última pregunta: ¿Piensa usted regresar algún día al Amazonas?
ALICIA	Sí, pero primero quiero olvidar esta aventura.

I suffered from hunger
single

a short variety of banana

Comprensión

Indicate whether the following statements are true (**cierto**) or false (**falso**).
If a statement is false, reword it to make it true.

1. Alicia se sintió contenta cuando se encontró sola.
2. Alicia pensó— Va a ser fácil salir de aquí.
3. Los otros miembros de la expedición no le respondieron.
4. Alicia se respondió— No pierdas la cabeza.
5. Alicia durmió muy bien todas las noches.
6. Ella siguió siempre el sol.
7. Alicia no encontró el río.
8. Los indios la ayudaron.
9. Alicia piensa volver al Amazonas.

ASÍ SE DICE

The following activities may appeal to your spirit of adventure.

cruzar los Estados Unidos
en bicicleta

ir a un safari en África

dar la vuelta al mundo

pilotear un avión

hacer un viaje al espacio

explorar la selva amazónica

participar en una carrera
de automóviles

saltar en paracaídas

explorar el mundo submarino

bajar un río en canoa

escalar una montaña

pasear en velero

A. ¡Qué mezcla!   A journalist has interviewed several people but has gotten his notes mixed up. He is now trying to figure out whose statements still make sense. Read the sentences, and indicate whether each sentence is logical or ridiculous by writing **lógico** or **ridículo**.

1. Me interesan los animales y las plantas del océano. Por eso, quiero explorar el mundo submarino.
2. No me gustan nada las aventuras peligrosas. Me fascina saltar en paracaídas y bajar ríos en canoa.
3. Me encanta conducir y para mí es muy divertido ir muy rápido. Prefiero pasear en velero y divertirme en el sol y en el mar.
4. Este año, pienso cruzar los Estados Unidos en bicicleta. Pienso explorar la selva amazónica este verano.
5. Me interesa la naturaleza de Sudamérica. Participo mucho en las carreras de automóviles.
6. Me gusta mucho viajar. Algún día quiero dar la vuelta al mundo.
7. Para mí, la vida tiene que ser emocionante. Es divertido no viajar tan rápidamente para conocer a más gente y admirar la naturaleza.
8. Me fascinan los animales grandes. Algún día quiero ir a un safari en África.

B. ¡Vivan las aventuras!   Diana and Marcos are reading a feature article in the Sunday entertainment section on forms of adventure. Listen to the excerpts, and match them with one of the activities you have learned in this chapter.

MODELO   Los astronautas hacen esta actividad.
hacer un viaje al espacio

COMUNICACIÓN

A. ¿Y tú?   Write five sentences about the forms of adventure and exploration that interest you, those that do not, and why.

B. Aventuras personales.   Working in pairs, ask each other the following questions.

1. ¿Te gustaría explorar la selva amazónica? ¿Por qué (no)?
2. ¿Conoces a alguien que pilotea un avión? ¿Cómo es esta persona?
3. ¿Te gustaría saltar en paracaídas? ¿Por qué (no)?
4. ¿Ves con frecuencia las carreras de automóviles?
5. ¿Te fascinan las personas que hacen viajes al espacio? ¿Por qué (no)?
6. ¿Exploraste una vez el mundo submarino? ¿Dónde?
7. ¿Bajaron tus amigos y tú una vez un río en canoa? ¿Dónde? ¿Les gustó?
8. ¿Te gustaría cruzar los Estados Unidos en bicicleta? ¿Por qué (no)?
9. ¿Qué tipo de aventura te interesa más? ¿Por qué?

EXPLORACIÓN 1

Function: *Talking about the past*
Structure: *Irregular preterites: **ir, ser, dar,** and **ver***

PRESENTACIÓN

A. In the preterite, the forms of **ir** and **ser** are identical.

ir	
fui	fuimos
fuiste	fuisteis
fue	fueron

ser	
fui	fuimos
fuiste	fuisteis
fue	fueron

The meaning of each verb is made clear by the context of the sentence. In addition, **ir** is often followed by **a**.

Fueron a Venezuela, ¿verdad? *You went to Venezuela, didn't you?*

¿Cómo fue el viaje? *How was the trip?*

Fuimos a explorar el río. *We went to explore the river.*

Su padre fue nuestro guía. *Her father was our guide.*

B. **Dar** is irregular in that it takes the same preterite endings that **-er** and **-ir** verbs take in the preterite. Notice the similarity between **dar** and the regular **-er** verb **ver**.

dar	
di	dimos
diste	disteis
dio	dieron

ver	
vi	vimos
viste	visteis
vio	vieron

Dieron la vuelta al mundo.   ¿Quién vio al hombre?

No les di las noticias.   Vi unos veleros en la playa.

PREPARACIÓN

A. ¿Ya están listos?   Before their last canoe trip, several friends went off to get things ready. Tell what the various members of the group went to do.

> MODELO Alfredo / buscar un mapa
> **Alfredo fue a buscar un mapa.**

1. Constanza y Anita / comprar un transistor
2. nosotros / comprar la comida
3. tú / buscar una cámara
4. Lorenzo / escuchar el pronóstico del tiempo
5. ustedes / preparar las mochilas
6. los chicos / arreglar las canoas

B. Fiesta de graduación.   At the Colegio Simón Bolívar graduation party, everyone is talking about how the school year was. What do they say?

> MODELO la comida / no / malo
> **La comida no fue mala.**

1. el señor Velásquez / el mejor profesor
2. nosotros / responsables
3. la clase de química / no / fácil
4. los profesores / simpático
5. yo / el mejor jugador de fútbol
6. tú / el mejor estudiante
7. los bailes / divertido
8. los partidos de fútbol / formidable

C. Programa de intercambio.   Some Latin American exchange students gave gifts to their American host families. Tell what they gave them.

> MODELO yo / un disco del grupo Mecano
> **Yo les di un disco del grupo Mecano.**

1. Laura / unas camisas de México
2. nosotros / unas monedas antiguas de Chile
3. tú / un poncho de Colombia
4. Estela y Pablo / una bolsa de Argentina
5. los hermanos Aguilar / unos carteles del viejo San Juan
6. yo / artesanía de Santiago

D. Una noche de sueños. After a boring day, Joaquín goes to bed thinking about how life would be if he and his family did things that were more exciting. That night, he dreams that he and his family are adventurers and explorers. What does he dream that they see on their exploits?

> MODELO **Mi hermano <u>vio</u> pájaros de colores fantásticos en la selva amazónica.**

1. Cuando paseé en velero en el Atlántico, ===== a muchas chicas guapas.
2. Mis dos hermanas ===== carros rapidísimos en una carrera de automóviles en Francia.
3. Mi prima Angélica escaló las montañas en Chile y ===== nieve muy blanca.
4. Mi familia y yo ===== animales exóticos en un safari en África.
5. Mi tío dio la vuelta al mundo y ===== los siete mares.
6. Cuando mis abuelos cruzaron los Estados Unidos en bicicleta ===== muchas personas y ciudades interesantes.
7. Yo, en mi viaje al espacio ===== unas estrellas fabulosas.

E. Una experiencia inolvidable. Estela and her brother Daniel are exceptional students. Listen to the description that follows, and fill in the missing words for each numbered blank.

Mi hermano y yo __1__ a Washington, D.C. el año pasado para recibir un premio del presidente de los Estados Unidos. El presidente __2__ muy simpático. Después de que nos __3__ el premio, yo __4__ contenta y emocionada. __5__ una ocasión para nosotros. ¡Y esa noche Papá y Mamá nos __6__ en la televisión!

Mi hermano y yo __7__ dos días más en Washington. __8__ museos, parques, monumentos y otros lugares interesantes. __9__ una experiencia inolvidable.

F. El cumpleaños. Alicia celebrated her birthday yesterday. Listen to the description, then complete the sentences.

1. Para Alicia fue un día especial porque ═══ .
2. Por la mañana, Alicia y su amiga ═══ .
3. Por la tarde, la mamá de Alicia ═══ .
4. Alicia se sintió contenta porque su hermana y sus padres ═══ .
5. Empezó a llorar de alegría cuando ═══ .

COMUNICACIÓN

A. ¿Adónde fueron? Try to remember where and when your friends and family went during the past week and why they went to these places.

EJEMPLO   **Mi hermano fue al supermercado el martes para comprar comida.**
Yo fui al estadio el viernes para asistir al partido de fútbol.

aeropuerto	cine	piscina
agencia de viajes	club	supermercado
baile	colegio	teatro
tienda	partido	¿ . . . ?

B. Personas famosas. Using the following questions as a guide, describe a famous person of the past.

1. ¿Cuándo y dónde vivió?
2. ¿Cuál fue su profesión?
3. ¿Qué estudió?
4. ¿Cómo fue?
5. ¿Por qué fue famoso?
6. ¿Fue popular?

C. Entrevista. Answer the following questions, or use them to interview another student about what he or she did last week.

1. ¿Fuiste al cine la semana pasada? ¿Con quién? ¿Qué viste?
2. ¿Fuiste de compras con tus amigos? ¿Qué compraste?
3. ¿Cómo fueron tus clases durante la semana pasada?
4. ¿Alguien te dio dinero la semana pasada? ¿Por qué (no)?
5. ¿Uno de tus profesores te dio un examen esta semana? ¿Cómo fue?
6. ¿Viste algo bueno en la televisión? ¿Qué programa viste?
7. ¿Diste una fiesta en tu casa la semana pasada? ¿Por qué (no)?

RINCÓN
CULTURAL

Mucha gente cree que en las costas del Caribe todavía existen grandes tesoros (*treasures*). Muchos galeones españoles se hundieron (*sank*) entre los siglos XVI y XVIII, y también un gran número de piratas navegó por toda esa región.

En 1961 Kip Wagner descubrió los restos de un galeón español que se hundió durante un huracán cerca de Florida en 1715. En ese galeón encontró un tesoro fabuloso de monedas de oro y plata.

¿Te gustaría encontrar un tesoro? Aquí tienes un mapa de piratas. Síguelo y vamos a ver si encuentras el tesoro.

1. Entra por la Bahía del Esqueleto hasta la Playa Blanca en la Caleta Calavera.
2. Camina 1 km al NE, hasta llegar a la Laguna del Muerto.
3. Sigue la orilla (*shoreline*) hasta encontrar la roca negra.
4. Escala la roca.
5. Ahora baja y camina hasta el primer árbol (*tree*).
6. Ahora cuenta cinco pasos al segundo árbol. ¡Ahí está el tesoro!

Function: *Comparing things or people*
Structure: *(más / menos, mayor / menor, mejor / peor) que*

PRESENTACIÓN

In order to compare people or things, you need to know the comparative forms in Spanish.

A. To make comparisons of more or less, use one of the following formulas.

más	+	(adjective / adverb)	+	**que**	*more...than*
menos	+	(adjective / adverb)	+	**que**	*less...than*

La selva es **más peligrosa que** el bosque.	*The jungle is **more dangerous than** the woods.*
Ecuador y Perú son **menos grandes que** Brasil.	*Ecuador and Peru are **smaller than** Brazil.*
Las hermanas Sosa corren **más rápido que** ella.	*The Sosa sisters run **faster than** she does.*

B. The adjectives **bueno** and **malo** and the adverbs **bien** and **mal** share the same irregular comparative forms: **mejor** (*better*) and **peor** (*worse*). When used as adjectives, these superlatives form the regular plurals **mejores** and **peores**. **Mejor / peor** when followed by **que** means better / worse than.

La comida de aquí es **mala**. Es **peor que** la comida de allá.

Estas canoas son **buenas**, pero las otras son **mejores**.

Yo salí **bien** en el examen, pero tú saliste **mejor que** yo.

Cantaron **mal** ayer, pero nosotros cantamos **peor que** ellos.

C. To make comparisons of age, use **mayor(es)** **(que)** and **menor(es)** **(que)**.

Tengo un hermano **menor** y una hermana **mayor**.	*I have a **younger** brother and an **older** sister.*
Mi mamá es **mayor que** mi papá.	*My mother is **older than** my dad.*
Todos mis primos son **mayores que** yo.	*All my cousins are **older than** me.*

PREPARACIÓN

A. Sixto Bocagrande. Rogelio is thinking up a satirical novel called **Sueños de amor**. In it the hero, Sixto Bocagrande, tells the heroine, Merlinda, why she should marry him and not his rival, Virgilio Pepino. What does Sixto say each time Merlinda mentions a reason she likes Virgilio?

> MODELO Él es muy guapo. (Soy... él.)
> **Soy más guapo que él.**

1. Él es muy simpático. (Soy... él.)
2. Él es muy alto. (Soy... él.)
3. Sus padres tienen mucho dinero. (Mis padres tienen... sus padres.)
4. Su casa es muy bonita. (Mi casa... su casa.)
5. Él es muy paciente. (Soy... él.)
6. Sus tierras son muy grandes. (Mis tierras... sus tierras.)
7. Su amor es sincero. (Mi amor... su amor.)

B. Todo es mejor aquí. Señor Ruiz, the director of the Campamento Benito Juárez, is explaining why his summer camp is better than others. Tell what he says.

> MODELO la naturaleza / peligrosa
> **La naturaleza es menos peligrosa aquí.**

1. el campamento / viejo
2. los acampadores / desagradables
3. los bosques / feos
4. los juegos / aburridos
5. la piscina / vieja
6. las caminatas / largas
7. las reglas / exigentes
8. las tareas / difíciles

C. ¡Evidentemente! Teresa is imitating her brother, who she thinks is always saying self-evident things. Write out the statements she makes, using expressions with **más** or **menos**.

> MODELO el mundo / grande / tu cuarto
> **El mundo es más grande que tu cuarto.**
>
> ayudar en casa / divertido / asistir a una fiesta
> **Ayudar en casa es menos divertido que asistir a una fiesta.**

1. dar la vuelta al mundo / interesante / coleccionar insectos
2. el desierto / tropical / la selva amazónica
3. dar un paseo / exigente / escalar una montaña
4. bajar un río en canoa / emocionante / descansar en una hamaca
5. cruzar los Estados Unidos en bicicleta / exigente / ver televisión
6. sacar la basura / divertido / asistir a una fiesta
7. los mares / grande / los ríos
8. ir a un safari / aburrido / arreglar el cuarto

D. Los primos. Mr. Borges is showing a friend a picture of his nieces and nephews. Look at the picture, and tell whom he describes as younger or older.

> MODELO **Sergio es mayor que Antonio.**

1. Beatriz / Amalia
2. Amalia / Antonio y Fernando
3. Fernando / Sergio
4. Antonio / Fernando
5. Fernando / Beatriz
6. Sergio / todos

E. Todo es peor en la selva.   After many weeks in the jungle, Ángel Bordas becomes discouraged and starts to write in his journal about all the difficulties of his experience. Each time he thinks of something bad, he immediately thinks of something even worse. What does he say?

MODELO   El ruido es malo. (el calor)
Y el calor es peor.

1. El aire es malo. (el sol)
2. Los días son malos. (noches)
3. La comida es mala. (el agua)
4. Los animales son malos. (los insectos)
5. Las plantas son malas. (los caminos)
6. Mi cuarto es malo. (mi cama)

F. La competencia.   Silvia is a top contender in every event of an inter-scholastic sports competition. Alicia is the only competitor who has beaten Silvia in the past. Listen to Silvia's comments, and write the name of the person who probably won each event.

MODELO   Yo jugué volibol mejor que Alicia.

G. El baile del año.   The students at Madero High School are having their school prom. Using words you have learned, write five comparisons based upon what you see.

MODELO   **La señora Pérez es mayor que Anita.**

Alfredo

María

Anita

Víctor

Señora Pérez

COMUNICACIÓN

A. Tú y los otros jóvenes. Are you like others your age, or are you different? Use the suggestions below or your own words to state your opinions.

> EJEMPLO   **Yo soy más / menos _____ que mi(s) amigo(s)...**

alegre   exagerado(a)   serio(a)
atlético(a)   interesante(a)   simpático(a)
divertido(a)   responsable   ¿...?

B. ¡Fabuloso! Compare some of the following adventures by telling which is more or less interesting, exciting, dangerous, and so on. Explain your statement.

> EJEMPLO   **Pasear en velero es menos emocionante que escalar una montaña porque escalar una montaña es más peligroso.**

cruzar los Estados Unidos   hacer un viaje al extranjero
pilotear un avión   participar en una carrera de
explorar el mundo submarino   automóviles
dar la vuelta al mundo   hacer un viaje al espacio
ir a un safari en África   explorar la selva amazónica
bajar un río en canoa   saltar en paracaídas
acampar en las montañas   ¿...?

C. ¿Verdad o prejuicio? Do you agree or disagree with the following statements? If you disagree, change the sentences to reflect your opinions. Be prepared to defend your statements.

> EJEMPLO   Las chicas son menos atléticas que los chicos.
> **No, las chicas son más atléticas que los chicos.**
> **Hay muchas jugadoras famosas de tenis, de golf . . .**

1. Las chicas cocinan mejor que los chicos.
2. Los chicos trabajan menos en la escuela que las chicas.
3. Las chicas son más exageradas que los chicos.
4. Los chicos son menos pacientes que las chicas.
5. Las chicas aprenden más rápido que los chicos.
6. Los chicos son más tacaños que las chicas.
7. Las chicas ayudan más a sus padres en casa.

RINCÓN CULTURAL

Usa el mapa para hablar de las atracciones turísticas de Venezuela. En tu opinión, ¿cuáles son mejores? ¿Más emocionantes? ¿Por qué?

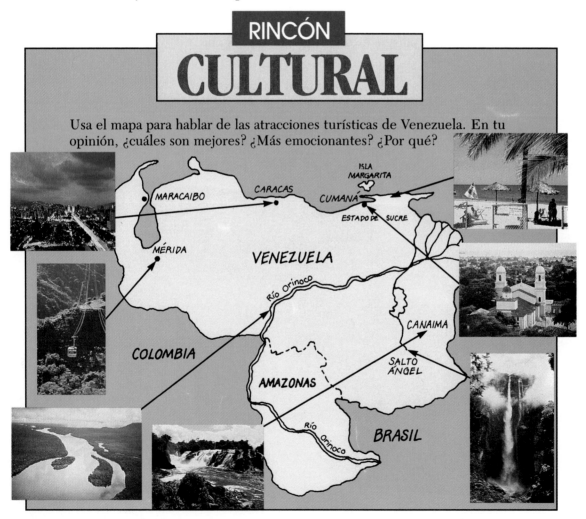

EXPLORACIÓN 3

Function: *Talking about things we did*
Structure: *Preterites: i-stem and u-stem*

PRESENTACIÓN

A. As you have seen, some commonly used verbs have irregular preterite forms. So far, most of these verbs have been irregular only in the stem (**pedir**–**pidió**). Now you will learn some verbs that have irregular stems and endings in the preterite. These verbs are referred to as **i**-stem and **u**-stem preterites. Both take the same irregular endings: **-e, -iste, -o, -imos, -ieron**. There are no written accents on these forms. In the verb **hacer,** the **c** changes to **z** before **-o** (**hizo**) to maintain the original sound.

B. Here are some common **i**-stem preterites.

hacer → hic-

hice	hicimos
hiciste	hicisteis
hizo	hicieron

querer → quis-

quise	quisimos
quisiste	quisisteis
quiso	quisieron

venir → vin-

vine	vinimos
viniste	vinisteis
vino	vinieron

C. Here are some **u**-stem preterites.

estar → estuv-

estuve	estuvimos
estuviste	estuvisteis
estuvo	estuvieron

poder → pud-

pude	pudimos
pudiste	pudisteis
pudo	pudieron

poner → pus-			saber → sup-			tener → tuv-	
puse	pusimos		supe	supimos		tuve	tuvimos
pusiste	pusisteis		supiste	supisteis		tuviste	tuvisteis
puso	pusieron		supo	supieron		tuvo	tuvieron

¿Qué hiciste anoche?	*What did you do last night?*
Vino al concierto tarde.	*He came to the concert late.*
Tuvieron que volver a casa.	*They had to return home.*
Mariela no estuvo en casa esta mañana.	*Mariela wasn't at home this morning.*

D. Some verbs may have a different English equivalent in the preterite than they do in the infinitive.

Quise abrirlo tres veces.	*I **tried** to open it three times.*
Ella **no quiso** hacer el trabajo.	*She **refused** to do the work.*
Pudo prepararlo temprano.	*He **managed** to prepare it early.*
No pudo escribir la carta.	*He **was not able to** (**and did not**) write the letter.*
Supieron las malas noticias ayer.	*They **found out** the bad news yesterday.*

PREPARACIÓN

A. La Bajada de la Sella. Delia, Daniel, and Roberto participated in the kayak race on the Sella River in northern Spain. Delia is reading the official times of different participants to Daniel. Read the following chart, and tell what she reports to him.

MODELO   Alberto / 9 horas
Alberto la hizo en nueve horas.

7	Mario
7	Javier
8	Delia
8	Roberto
9	Alberto
9	Pablo
10	Pilar
13	Daniel

1. yo
2. Mario y Javier
3. Pilar

4. tú
5. Alberto y Pablo
6. Roberto y yo

B. Excursión al Orinoco. Some tourists have arrived in Caracas to begin a trip to the Orinoco River. Where did they come from, and how did they travel?

MODELO   los Meléndez / Isla Margarita / bote
Los Meléndez vinieron de la Isla Margarita en bote.

1. Luis / Maracaibo / carro
2. los hermanos Díaz / Quito / tren
3. Catalina / Puerto La Cruz / autobús

4. tú / Cumaná / taxi
5. yo / Mérida / avión
6. ustedes / Macuto / carro

C. En busca de la aventura. Rubén Montes is the head of a crew of photographers who are working on a television adventure series. He writes a report to the producer of the show, telling where each of the crew members has been shooting pictures during the last year. Using his chart, write the information Rubén sends to his producer.

MODELO

Yo estuve en África en junio.

Mes	Fotógrafo	Lugar
enero	Sr. Perea	Hawaii
abril	Los Echeverría	Sudamérica
mayo	Marisol y yo	Europa
junio	Yo	África
agosto	Tú	Caracas
octubre	Marta y Julio Vargas	Australia
diciembre	Juan Manuel	Puerto Rico

D. ¿Por qué?   Pedro has been neglecting his friends. His best friend, Carlos, is trying to figure out what is happening. What does he ask?

MODELO   hacer gimnasia esta mañana
¿Por qué no hiciste gimnasia esta mañana?

1. venir al partido de volibol hoy
2. hacer tu tarea anoche
3. querer dar un paseo en bicicleta
4. venir a buscarme anoche
5. querer salir con nosotros
6. hacer tus ejercicios hoy

E. ¿Dónde pusieron sus cosas?   The girls in the dorm have played a trick on Laura by hiding her belongings in different places. She demands to know where her things are. When her roommate tells her where different people have put her belongings, Laura cannot believe it. What does she say?

MODELO   Yo puse el suéter en el refrigerador.

¡No me digas! ¿Dónde lo pusiste?

F. **La carrera del año.** Everyone in town is talking about the annual car rally. What have these people found out about it?

> MODELO   Nosotros <u>supimos</u> que las reglas son nuevas.

1. Yo ===== que los carros son ultramodernos.
2. Los chicos ===== que los premios son fabulosos.
3. Tú ===== que los participantes son fantásticos este año.
4. Adela ===== que los hoteles son muy caros.
5. Ustedes ===== que los reportajes deportivos son excelentes.

G. **Las notas de entrevista.** A reporter is interviewing a famous astronaut. She organizes her notes under the questions *when, why, how, how long,* and *what.* Look at her notes, and tell what she asks.

> MODELO   ¿Cuándo?—venir a los Estados Unidos
> **¿Cuándo vino usted a los Estados Unidos?**

¿Por qué?	—hacerse astronauta
	—poder trabajar como astronauta
¿Cuándo?	—hacer el último viaje al espacio
¿Cuánto tiempo?	—estar en el espacio
¿Qué?	—tener que aprender antes del viaje
	—aprender en este viaje
	—cosas nuevas querer hacer en el espacio

H. **¿Quién fue?** Listen to the passage. Then read the statements, and
L. indicate whether they are true (**verdadero**) or false (**falso**).

1. Eduardo estuvo en la casa de un amigo.
2. Oyó algo que vino del cuarto.
3. Vio a un hombre salir en el carro.
4. No pudo correr.
5. Llamó a la policía.

COMUNICACIÓN

A. **Un pretexto perfecto.** Imagine that you have gotten yourself into the following situations. Using the suggestions below, give an excuse that will save you in each case.

> MODELO   Me acosté tarde porque...
> **Me acosté tarde porque tuve que estudiar.**

1. No pude ir a tu fiesta porque...
2. No hice la tarea porque...
3. No supe que llamaste porque...
4. No estuve en casa porque...
5. No vine a clase porque...
6. No te escribí porque...
7. No fui a visitarte porque...
8. No lavé los platos porque...

B. ¿Qué hiciste?   Working with another student, ask questions to find out if your partner did the following things recently, and if so, why or how. Be prepared to report your findings to the class.

EJEMPLO   poder sacar una "A" en...
             ¿Pudiste sacar una "A" en contabilidad? ¿Cómo?
             Sí, estudié cuatro horas anoche.

1. hacer un viaje en...
2. dar la vuelta a...
3. ponerte un...ayer
4. ir de vacaciones a...
5. venir a clase...tarde

6. querer llamar a...anoche
7. estar en...
8. ir de compras a...
9. tener miedo de...
10. ver a un(a)...famoso(a)

C. Extraterrestre.   Work with a partner. One of you is an extraterrestrial whose spaceship broke down on the way to Venus and has landed on Earth. The other is the lucky reporter who has an interview with the "Martian." Use these questions to conduct an interview. Take notes and report your findings to the class.

1. ¿Cuándo vino usted a nuestro planeta?
2. ¿Quiso usted ir a otro planeta antes de llegar aquí? ¿Cuál?
3. ¿Pudo usted ir al otro planeta?
4. ¿Cuál fue la primera cosa que usted hizo cuando llegó a nuestro planeta? ¿Qué pasó?
5. ¿Tuvo usted unas experiencias interesantes?
6. ¿Estuvo usted en nuestro planeta antes de este viaje?
7. ¿Dónde puso su nave espacial (*spaceship*)?
8. ¿Qué cosas supo usted de los humanos cuando llegó aquí?

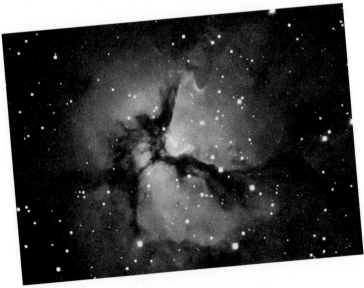

Mira las fotos, lee las descripciones y adivina (*guess*) quién es quién. Explica por qué hiciste tu selección.

Nació en Venezuela; fue militar y político; hizo sus estudios en Europa. Cuando volvió a su país comenzó a luchar por la independencia, la que consiguió en 1821. Fue el primer presidente de Venezuela. Después liberó a cuatro países más en Latinoamérica.

Fue poeta, educadora y diplomática. Durante muchos años se dedicó a la enseñanza de niños en su país, Chile, y colaboró en la reforma de la educación mexicana. En 1945, recibió el Premio Nobel de Literatura, la primera vez que se dio este premio a un escritor latinoamericano.

JUAN PONCE DE LEÓN (1460–1521)

SIMÓN BOLÍVAR (1783–1830)

SOR JUANA INÉS DE LA CRUZ (1651–1695)

GABRIELA MISTRAL (1889–1957)

Fue español y vino con Colón en su segundo viaje. Exploró Puerto Rico, fue el primer gobernador de la isla y fundó la universidad de San Juan. Descubrió Florida en 1512 en un viaje para buscar la "fuente de la juventud". Murió en Cuba.

Nació en México. A los ocho años quería asistir a la universidad vestida de (*dressed as*) muchacho. Nunca fue estudiante, pero más tarde entró en un convento y allí escribió poemas, ensayos (*essays*) y obras (*works*) de teatro. Muchos la consideran una de las primeras feministas de América por su defensa de la mujer en toda su obra.

EXPLORACIÓN 4

Function: *Expressing negative ideas*
Structure: *Negative and affirmative words*

PRESENTACIÓN

A. You have already used some negative words in Spanish, such as **no** and **nada.** Here are additional negative words and their opposites.

NEGATIVO		AFIRMATIVO	
nada	*nothing*	algo	*something*
nadie	*nobody*	alguien	*someone*
ningún lado	*nowhere*	algún lado	*somewhere*
ninguno	*none*	alguno	*some*
ni...ni	*neither...nor*	o...o	*either...or*
nunca	*never*	siempre	*always*
tampoco	*either, neither*	también	*also*

¿**Siempre** lo hace?   No, **nunca** lo hace.

¿Le dio dinero a **alguien**?   No, no le di dinero a **nadie**.

¿**Algo** te pareció interesante?   No, no me pareció interesante **nada**.

¿Te gusta **o** bailar **o** cantar?   No, no me gusta **ni** bailar **ni** cantar.

¿Fuiste a **algún lado** este verano?   No, no fui a **ningún lado**.

B. **Ninguno** and **alguno** change to **ningún** and **algún** before a singular masculine noun. **Ninguno** is usually used in the singular form, though it may refer to a group of people or things. It is always followed by a singular verb.

Algún día voy a dar la vuelta al mundo.   *Someday I am going to travel around the world.*

No vi **ningún** carro.   *I did not see **any** cars.*

Ninguno de los chicos tiene dinero.   *None of the boys has money.*

C. Sentences using a negative word can be formed in two ways: by placing the negative word before the verb or by placing **no** before the verb and the negative word after the verb.

Nadie llamó.	**No** llamó **nadie**.	*No one called.*
Nada me gustó.	**No** me gustó **nada**.	*I did not like anything.*
Nunca lo vimos.	**No** lo vimos **nunca**.	*We never saw it.*
Tampoco fue.	**No** fue **tampoco**.	*He didn't go either.*
Ni tú **ni** yo vamos.	**No** vamos **ni** tú **ni** yo.	*Neither you nor I are going.*

D. Spanish, unlike English, uses double negatives.

No le di **nada**.	*I didn't give him anything.*
Nunca le escribo a **nadie**.	*I never write to anyone.*

E. Sometimes a negative word may be used by itself in response to a question.

¿Quién te despertó esta mañana?	Nadie.
¿Qué compraron ustedes?	Nada.
Yo no fui. ¿Y tú?	Tampoco.

PREPARACIÓN

A. ¡No hiciste nada!   Verónica and her brother never agree on what he did or did not do. What replies does Verónica make to Roberto's comments about what he did yesterday?

> MODELO   Aprendí a hacer paella.
> **No aprendiste nada.**

1. Oí una canción de Mecano.
2. Estudié la lección de inglés.
3. Vi un programa fantástico en la televisión.
4. Escribí unas cartas.
5. Encontré diez dólares en la calle.
6. Hice muchas cosas.

B. ¡Qué vida más cruel!   Rodrigo is feeling down in the dumps today.
How does he answer his friend's questions?

> MODELO   ¿Quién te llamó por teléfono?
> **Nadie me llamó por teléfono.**

1. ¿Quién fue al cine contigo?
2. ¿Quién te esperó después de clase?
3. ¿Quién te vino a ver?
4. ¿Quién te ayudó a arreglar la casa?
5. ¿Quién dio un paseo contigo?
6. ¿Quién te hizo favores?
7. ¿Quién fue a jugar contigo?

C. Nada en común.   Carlos, a friendly guy, is trying to get
to know Diana, but she is brushing him off. How does she
answer his questions?

> MODELO   ¿Sabes andar en bicicleta o nadar?
> **No, no sé ni andar en bicicleta ni nadar.**

1. ¿Sabes jugar fútbol o tenis?
2. ¿Tomas café o té?
3. ¿Te interesa ver una película o un drama?
4. ¿Comes carne o pescado?
5. ¿Te gustaría jugar boliche o bailar?
6. ¿Lees periódicos o revistas?
7. ¿Juegas damas o dominó?

D. Posibilidades.   The Estévez family has enrolled in a possibilities
W seminar to help them lead lives that are more exciting. The leader
of the seminar asks them to write on a sheet of paper things they or
other members of their family have never done. Write the two ways
the family members could have written each of the following notes.

> MODELO   yo / hacer un viaje en moto
> **Nunca hice un viaje en moto.**
> **No hice nunca un viaje en moto.**

1. Ricardo / nadar en un río
2. mamá / practicar el esquí acuático
3. mi familia / pasear en velero
4. Silvia / participar en una carrera de automóviles
5. yo / viajar a otro país
6. mis hermanos / cruzar los Estados Unidos en bicicleta
7. nosotros / pilotear un avión

E. Yo también.   Susana idolizes her older sister. Whenever Isabel says something, Susana agrees with her. Write what Susana says in response to each of Isabel's statements.

> MODELO   No me gustan las montañas
> **Tampoco me gustan las montañas.**
>
> Me gusta jugar boliche.
> **Me gusta jugar boliche también.**

1. Me interesa este artículo en el periódico.
2. Quiero asistir al concierto de Los Flamencos.
3. No necesito un abrigo.
4. Voy a pedir dinero para mi cumpleaños.
5. No tengo ganas de lavarme el pelo.
6. No voy a hacer mi tarea ahora.

F. Club de andinismo.   A reporter is interviewing two famous mountain climbers who have just come back from an extensive excursion that was sadly disappointing. How do they answer his questions?

> MODELO   ¿Encontraron ustedes ruinas en
> la montaña? (no... nada)
> **No, no encontramos nada.**

1. ¿Con quién fueron ustedes a la montaña?
   (no... con nadie)
2. ¿Vieron pájaros o animales? (no... ni... ni)
3. ¿Vieron plantas interesantes? (no... tampoco)
4. ¿Escalaron la montaña de noche? (no... nunca)
5. ¿Sacaron fotos de algo? (no... nada)
6. ¿Trajeron ustedes algo de la montaña? (no... nada)
7. ¿Vieron ustedes nieve? (no... nunca)

G. ¡Qué cobarde!   Linda is always afraid when she is swimming in the ocean; she imagines all sorts of things that might happen to her. Pamela tries to convince her not to worry so much. Listen to their conversation, and decide if the following statements are true (**verdadero**) or false (**falso**).

1. Linda está segura que algo la tocó.
2. Nada la tocó a Linda.
3. Pamela no cree nada de lo que dice Linda.
4. Linda volvió rápidamente a la playa cuando algo la tocó.
5. Algún animal la tocó a Linda.
6. Linda y Pamela piensan ir a otra parte de la playa.

COMUNICACIÓN

A. Las cosas que nadie hace. In every school, there are things that no one does. Write a list of five things that no one does in your school.

EJEMPLO

> Nadie se pone corbata para ir a un partido de fútbol.
> Nadie come las hamburguesas de la escuela.

B. La diplomacia. Sometimes it is more polite to be negative. What would be the polite reply to the following questions if you were a guest at someone's house and did not want your host to go to any more trouble?

EJEMPLO   Desayunamos a las ocho. ¿Desayunas antes de las ocho?
No, nunca desayuno temprano.
No gracias, nunca tengo hambre antes de las ocho.

1. Recuerda que nuestra casa es tu casa. ¿Necesitas algo antes de acostarte?
2. Tenemos varias cosas en el refrigerador. ¿Quieres flan o helado?
3. ¿O qué más hay? ¿Te gustaría un poco de esta tarta de manzana?
4. ¿Algunas veces duermes por la tarde? Puedes dormir en la cama de mi hijo, Luis.
5. ¿Siempre tomas refrescos con tu almuerzo? Puedo comprar algunos en el supermercado esta tarde.
6. ¿A veces prefieres comer algo durante la noche? Te puedo llevar algo.
7. El teléfono está en el cuarto de Jaime. ¿Necesitas llamar a alguien?
8. Creo que vas a estar aburrido. ¿Quieres algunos libros para leer?

C. Un sueño de aventuras. Listen to a description of the dream Rogelio had last night. Then read the statements that follow, and determine whether each is true (**cierto**) or false (**falso**). Give explanations for the statements that are false.

1. En el sueño de Rogelio, él hizo un viaje al espacio.
2. Rogelio también dio la vuelta al mundo.
3. Vio a muchas personas.
4. El hombre en el velero no le dijo nada a Rogelio.
5. A Rogelio, la selva de la isla le pareció desagradable.
6. Rogelio salió de la isla con el hombre en el velero.
7. La mamá oyó gritar a Rogelio y fue a su cuarto.
8. Rogelio pensó que todo el sueño fue divertido y agradable.

PERSPECTIVAS

LECTURA

El diario de Cristóbal Colón

Para el Día de la Raza las clases de español tuvieron que leer el diario del primer viaje de Cristóbal Colón en el año 1492.

3 de agosto
Nuestro viaje para buscar un nuevo camino a las Indias comenzó hoy. Salimos de Palos con tres carabelas: la Niña, la Pinta y la Santa María. Navegamos con viento fuerte hacia el sur.

6 de agosto
La Pinta empezó a hacer agua y tuvimos que quedarnos en la isla de Tenerife casi un mes. De una montaña muy alta de esa isla vimos un gran fuego.

9 de septiembre
Hoy por primera vez no pudimos ver tierra.

17 de septiembre
Los hombres comenzaron a quejarse del largo viaje. Tuve que darles esperanzas y recordarles la promesa que hicimos de no abandonar nuestros planes.

6 de octubre
Los marineros de la Niña vieron unos pájaros y vimos una maravillosa lluvia de fuego en el cielo.

7 *de octubre*
Nos ayudó la corriente y encontramos mucha hierba muy verde en el agua. Esto nos hizo pensar que estamos cerca de tierra.

8 *de octubre*
Tuvimos fuertes lluvias. Siguen las señales de tierra. Debemos estar cerca de alguna isla. No quise detenerme pues mi fin es llegar a las Indias.

9 *de octubre*
Cambió el viento. Toda la noche oímos pasar pájaros.

11 *de octubre*
Sacamos del agua una hierba que crece en tierra. Con esta señal todos se sintieron muy alegres.

12 *de octubre*
Dos horas después de medianoche los marineros de la Pinta gritaron—¡Tierra! ¡Tierra! cuando vieron por fin una isla. Di gracias a Dios y todos hicieron lo mismo. Luego fuimos hasta la playa. Allí puse la bandera real en tierra y tomé posesión de la isla en nombre del rey y la reina de España.

Expansión de vocabulario

la bandera real royal flag	**hacer agua** to take on water
cambiar to change	**hacia** toward
la carabela caravel (an ancient ship)	**la hierba** plant(s), grass
	la lluvia rain
el cielo sky	**el marinero** sailor
la corriente current	**quedarse** to remain
crecer to grow	**quejarse** to complain
detenerse to stop, to pause	**la reina** queen
el Día de la Raza Columbus Day	**el rey** king
la esperanza hope	**la señal** sign
el fin end, purpose	**el sur** (the) south
fuerte strong	**la tierra** land

Comprensión

Answer these questions based on **El diario de Cristóbal Colón**.

1. ¿Cuándo comenzó la aventura de Colón?
2. ¿De dónde salieron y cómo viajaron los marineros?
3. ¿Qué le pasó a la *Pinta*?
4. ¿De qué se quejaron los marineros?
5. ¿Qué vieron los marineros de la *Niña*? ¿Cuándo?
6. ¿Qué señales de tierra vieron?
7. ¿Qué tiempo hizo el ocho de octubre?
8. ¿Adónde llegaron y cuándo?
9. ¿Qué hizo Colón cuando llegó?
10. ¿Cuánto tiempo estuvo Colón en el mar?

COMUNICACIÓN

A. Candidato(a) para la exploración. Would you be a good candidate for a trip similar to the one taken by Colombus? To find out, take the following test, then check the **interpretación** at the end.

1. ¿Te gusta la aventura?
2. ¿Te interesa la navegación?
3. ¿Te sientes contento(a) cuando estás lejos de tu familia?
4. ¿Puedes vivir sin televisión ni radio ni cine?
5. ¿Insistes en seguir cuando las cosas son difíciles?
6. ¿Puedes pasar horas y horas sin dormir ni comer?
7. ¿Te gusta estar solo(a)?
8. En general, ¿eres una persona independiente?
9. ¿Estás siempre listo(a) para algo nuevo?
10. ¿Te fascinan las cosas peligrosas?

Interpretación: Una respuesta afirmativa recibe un punto. Suma (*add*) los puntos para ver cuánto te gusta la aventura.

9–10 puntos — Te encanta vivir aventuras. Pero ten cuidado. Eres bastante impulsivo(a) y esto puede ser peligroso.

6–8 puntos — Estás listo(a) para la aventura y eres responsable, pero no sirves para las expediciones más peligrosas.

3–5 puntos — No eres muy valiente. La aventura y la exploración te interesan un poco, pero prefieres quedarte con tu familia y tus amigos.

0–2 puntos — La aventura no es para ti. En tu caso, es mejor ver las aventuras de los otros en la televisión o en el cine.

B. Algún día. Tell which of these adventurous activities you have already done. Then tell which you have never done and which you think you will do some day.

EJEMPLO **Ya piloteé un avión.**
Nunca escalé una montaña.
Algún día voy a bajar el río Colorado en canoa.

1. cruzar el océano Atlántico en barco
2. hacer un viaje de 3.000 kilómetros o más
3. escalar una montaña
4. participar en un safari
5. explorar una selva o un bosque
6. hacer un viaje al extranjero
7. bajar un río en canoa
8. caminar durante horas por la playa
9. participar en una carrera
10. acampar durante el invierno
11. esquiar en las montañas o practicar el esquí acuático
12. explorar el mundo submarino
13. saltar de un avión en paracaídas
14. pasear en el mar en velero
15. pilotear un avión o un barco

C. El explorador eres tú.   Imagine that you took part in an exciting or dangerous adventure. Write a short description of what happened.

> El verano pasado, crucé los Estados
> Unidos en bicicleta. Fui con mi
> hermana. Vimos...

D. ¿Cómo es ella?   Listen to the following passage about Elena, a woman from Miami. Based on what you hear, indicate whether these statements are true or false by writing either **sí** or **no**.

1. Elena sabe nadar bastante bien.
2. Sabe pasear en velero.
3. En esta aventura, Elena estuvo sola.
4. Los piratas le robaron todo.
5. Es fuerte.
6. Volvió a los Estados Unidos en el velero.
7. Es independiente.

PRONUNCIACIÓN

When a weak vowel (**i**, **u**) without an accent occurs next to a strong vowel (**a**, **e**, **o**), a diphthong is produced, and the two vowels are pronounced as one sound. Listen, and repeat these words:

b**ue**no	**ai**re	s**ue**ño	t**ie**nda
t**ie**rra	**au**tobús	g**ua**nte	h**ue**vo

When two strong vowels occur together, they are pronounced as two distinct sounds.

Rafa**e**l	recr**eo**	t**ea**tro	Bilb**ao**
p**eo**r	est**éreo**	nor**oe**ste	cumpl**ea**ños

Now repeat these sentences.

Rafael tiene miedo porque tiene fiebre. Toma el autobús para la ciudad de Montevideo. Quiere ver al médico. Pero Rafael tiene muy mala suerte. El autobús choca con una ambulancia. Decide ir en avión y sale para el aeropuerto.

INTEGRACIÓN

Here is an opportunity to test yourself to see what you can do. If you have trouble with any of these items, study the topic and practice the activities again, or ask your teacher for help.

Vamos a escuchar

A. Vacaciones exóticas. Julio is writing a novel that takes place on an imaginary island. The novel is part fantasy and part reality. As you listen to excerpts from the book, refer to the map, and tell which statements are clearly fantasy by writing **sueño** and which are reality by writing **realidad**.

> EJEMPLO   Paseé en velero en la Selva Jícama.
> **sueño**

B. Diferencias. Isabel and Susana are very different from each other. Listen as Melisa talks about them, then write a statement that compares Susana and Isabel, based on what you have heard. Use **ser** or **estar** with the adjectives listed or think of your own.

EJEMPLO   Cuando Isabel hace una fiesta siempre hace sus planes una semana antes. Susana siempre espera hasta el último momento para ir de compras.

> *Isabel siempre está mejor preparada que Susana.*

pobre	inteligente	antipática	fuerte
popular	aburrida	delgada	simpática
generosa	gorda	tacaña	preparada

Vamos a leer

A. La vuelta al mundo. Noemí describes an incredible summer she spent with her brother and her uncle. Read her story, and answer the questions that follow.

Mi tío Alfonso es una persona fascinante. Nunca le pregunté, pero creo que es millonario. Tiene un avión personal y licencia de piloto. Todos los veranos él hace algo muy emocionante, como escalar los Pirineos en España o explorar el mundo submarino en el puerto de Marruecos. El verano pasado, mi hermano y yo dimos la vuelta al mundo con tío Alfonso en su avión personal.

Fue una experiencia rara y muy bonita porque no fuimos a los lugares bien conocidos. Visitamos sitios que todavía no tienen mucha civilización y en los que no existe el turismo. En las alturas de los Andes, fuimos a pueblos de muy poca gente, donde conocimos a unos indígenas muy generosos y amables. En India recuerdo bien una noche que dormimos en un campo de hierbas. Fuimos a unos safaris en regiones muy primitivas de Australia y vimos criaturas bien exóticas en la Antártica. Para mí, esta vuelta al mundo fue más que un viaje emocionante. Descubrí que los lugares más famosos no siempre son los más interesantes y que las personas más impresionantes a veces son las menos sofisticadas.

1. ¿Cómo es el tío Alfonso?
2. ¿En qué aventuras ya participó tío Alfonso?
3. En esta vuelta al mundo, ¿cómo viajaron los tres?
4. ¿A quiénes conocieron ellos durante el viaje?
5. ¿Estuvieron siempre en hoteles durante las noches?
6. ¿A qué lugares fueron?
7. ¿Qué cosas impresionantes vieron?
8. ¿Qué aprendió Noemí de esta experiencia?

B. Querida Antonia. Poor David! Everything is going wrong in his life, and he has decided as a last resort to write "Querida Antonia" for advice. Read the following passage, and indicate whether the statements that follow are true or false by writing **verdadero** or **falso**.

Querida Antonia,

Mi situación es desesperada. Mi novia me abandonó el mes pasado. No me quejé. El fin de semana pasado escalé una montaña y no pude llegar al punto más alto. Pero no me quejé de eso tampoco. Alguien tomó mi carro la semana pasada, y ahora no puedo ir a ningún lado. Pero no quise quejarme de eso tampoco. Ayer perdí las llaves y quise entrar a mi casa por la ventana. Me vio un policía y me arrestó. Yo no hice ni dije nada. Pero hoy mi perro cruzó el río, y el río lo llevó a otro lugar. ¡Eso fue demasiado! ¡No puedo más!

Desesperado en Guadalajara

1. David nunca tuvo novia.
2. David entró a su casa con la ayuda de un policía.
3. A David le gusta quejarse.
4. David ya no tiene carro.
5. Por lo menos todavía tiene su casa.
6. Perdió su perro.

Vamos a escribir

A. ¿Qué premio es mejor? Your friend has won a national essay-writing contest and has a problem. He cannot choose between the two prizes—a trip around the world in which he would stop in 15 of the most beautiful cities of the world or a package that includes two safaris, a jungle expedition, and three diving trips from different exotic islands. Write a letter to your friend in which you try to convince him to accept the trip you would choose. Include comparisons with **más**, **menos**, **mejor(es)**, and **peor(es)**. Use the words listed as a guide, or think of your own.

MODELO

> *No participes en un safari; ve a las ciudades internacionales. Son más interesantes que unos animales aburridos. Vas a estar menos contento en...*

peligroso(a)	exigente	enojado(a)
interesante	nervioso(a)	preocupado(a)
contento(a)	cansado(a)	libre
deprimido(a)	divertido(a)	agitado(a)
emocionante	aburrido(a)	desilusionado(a)

B. Una vuelta al mundo.   Imagine that you have just taken a trip around the world. Where did you go? What did you do? What were the places and people you became acquainted with like? How much time did you spend in each place? Write a paragraph about your trip. Be sure to include the verbs listed below.

ir	ver	estar	tener
saber	hacer	poder	ser

Vamos a hablar

Situaciones

A. Las vacaciones.   With another student, talk about what you did on your last vacation. Be specific. Talk about the preparations you made, the trip itself, the mode of transportation, what you did, what you saw, and some details about the trip home.

B. ¡Qué aventura!   Imagine that you just completed one of these adventures. Tell another student what you did to prepare, what you did on the trip, and if all went well. Be prepared to tell the class what you learn about your partner.

¡Hice un viaje al espacio!
¡Crucé Europa en bicicleta!
¡Escalé una montaña altísima!
¡Exploré la selva amazónica!
¡Fui a un safari en África!

VOCABULARIO

NOUNS
la aventura adventure
la bandera flag
la canoa canoe
la carrera de automóviles
     car race
el cielo sky
la corriente current
el diario diary
la dificultad difficulty
     Dios God
la entrevista interview
la esperanza hope
el fin goal, end
la hierba plants, grass
el indio Indian
el kilómetro kilometer
la lluvia rain
el mapa map
el marinero sailor
el mundo world
el paracaídas parachute
la pregunta question
la promesa promise
la reina queen
el rey king
el río river
la selva jungle
la señal sign
el sur south
la tierra land
el velero sailboat

ADJECTIVES
amazónico Amazon
desesperado hopeless
fuerte strong
maravilloso wonderful
peligroso dangerous
real royal
solo alone, by oneself, single
submarino underwater

VERBS AND
VERB PHRASES
abandonar to abandon
aparecer to appear
bajar to go down, to descend
cambiar to change
crecer to grow
cruzar to cross
dar la vuelta al mundo to travel
     around the world
detenerse to stop, to pause
escalar to climb
explorar to explore
gritar to shout
hacer agua to take on water
hacer un viaje al espacio to take
     a trip to outer space
llorar to cry
navegar to sail, to navigate
pasar to pass, to go by
pasar mucha hambre to suffer
     greatly from hunger

pasear to go for a ride
pasear en velero to go sailing
pilotear un avión to fly a plane
quedarse to remain
quejarse to complain
saltar to jump
saltar en paracaídas to parachute
separarse to get separated

ADVERBS
accidentalmente accidentally
inmediatamente immediately

NEGATIVES AND
AFFIRMATIVES
algún lado somewhere
nadie nobody
ningún lado nowhere
ninguno none
o...o either...or
tampoco neither, (not) either

OTHER WORDS AND
EXPRESSIONS
Día de la Raza Columbus Day
en nombre de in the name of
hacia toward
luego then
más...que more...than
mejor...que better...than
menos...que less...than
peor...que worse...than

GACETA

Nº 4

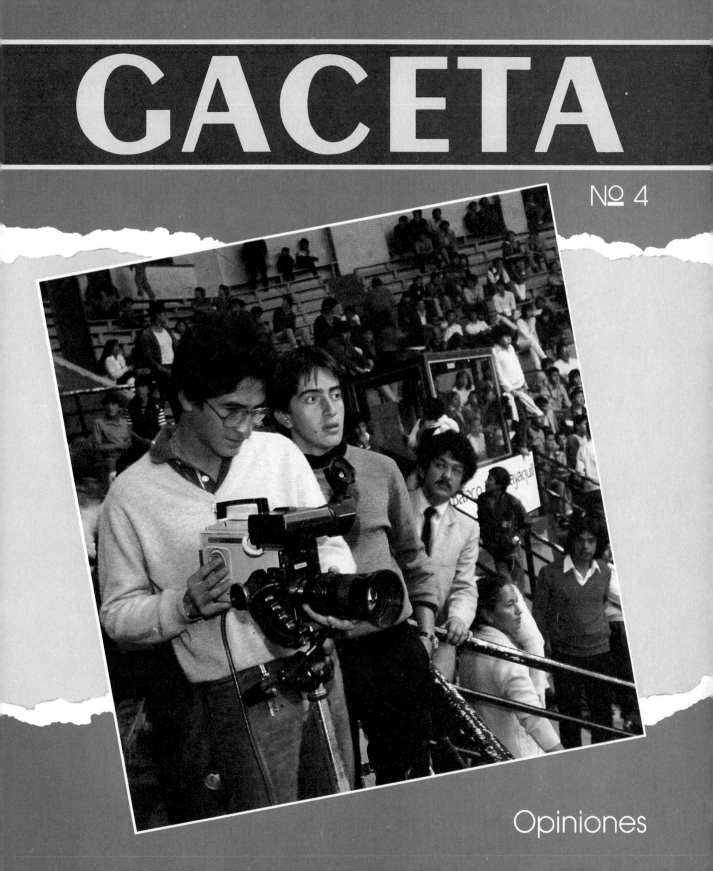

Opiniones

Set Reading Goals

When you are reading for information, it is a good idea to decide what kind of information you want before you start to read. Do you simply want an overall view? If so, a general reading will be enough. Do you need specific details? In that case, a close reading will be required.

Una famosa doble británica que no se conforma con correr autos

Jacquie De Creed no solamente es una de las "dobles" más solicitadas dentro del cine sino también una bellísima modelo, cantante y actriz de televisión. La polifacética joven inglesa estableció un record mundial al "volar" con el auto en que viajaba a 240 kilómetros por hora a una altura de 70.71 m. A lo largo de su excitante carrera Jacquie ha sido bastante afortunada... "solamente en una ocasión tuve un accidente que por poco me cuesta la pierna", dice, "y se debió a que no tuvimos tiempo de preparar lo suficiente la pista ni los autos".

La popular Jacquie es una de las estrellas de los shows más populares de la televisión inglesa y ha ocupado los primeros lugares con un par de canciones "pop" que han vendido una cifra record en los establecimientos de discos. "No niego que soy atractiva y que exploto esa cualidad", nos dice. "Antes de saltar de un automóvil en llamas o dar un giro en el aire no me ocupo del peligro. ¡Estoy demasiado ocupada con la vida para pensar en la muerte!".

A. **Courage, talent, beauty.** Skim and scan the human interest story on Jacquie De Creed several times. List on paper all cognates (there are more than 20) and other words that you recognize. Set as your goal to find out specific information about what Jacquie does. Then answer the following questions on paper.

1. In her various professional roles, which of the following does Jacquie work for?
   a. the automobile industry, the insurance business, and the media
   b. the film, TV, music, and fashion industries
   c. insurance-underwriting companies, publishing houses, and television studios
2. The article focuses especially on Jacquie's
   a. talent as a singer and model.
   b. accomplishments as a model and an actress.
   c. career as a stunt actress.

B. **Doubles.** Decide whether the following statements about the article are true or false, and rewrite the false ones to make them correct. Before you reread to find each answer, decide whether your reading goal is to skim for general information or to scan for specific details.

1. Jacquie does not like her profession because it is too dangerous.
2. Jacquie is successful in several areas of show business.
3. Jacquie holds the world record for car "flying."
4. Most movie doubles are former models, TV stars, and singers.
5. Jacquie almost lost her leg in an accident.
6. The best car for "flying" is 70.71 meters long.
7. A couple of Jacquie's pop songs have reached Number 1 on the charts.

C. Stunts. Scan the article on Jacquie again for the specific details needed to complete each sentence. For each number, write the corresponding letter on a piece of paper.

1. Jacquie is not only a movie double
2. One of Jacquie's claims to fame is
3. The reason for the accident that almost cost her a leg is
4. Jacquie says that her beauty
5. Concerning fear of danger, Jacquie says that

    a. that she is 70.71 meters tall and drives 240 kilometers per hour.
    b. is something she never thinks about.
    c. she does not worry because she does not take chances.
    d. sing, act, and model.
    e. that there was not sufficient preparation.
    f. but also an actress, a singer, and a model.
    g. she is too busy to worry about death.
    h. is something that she uses to her advantage.
    i. that she holds the world record for car "flying."
    j. because her car broke down and the road was slick.
    k. but also a car test driver, a singer, an actress, and a model.
    l. makes her popular.

Combine Reading Strategies with Note-Taking Skills

After you have set your reading goal for a particular selection, you can decide what kinds of notes to take and how extensive they should be. Whenever possible, attach a mental image to the Spanish word or phrase you jot down.

La Primera Luna de Verano

Silvia trabaja en una oficina y vive sin mucho dinero con su madre, su hermano Jonás y su hermana Magda. Silvia y Luciano se quieren, pero Luciano es el novio de Sibila. Sibila es actriz e hija de Alberto Mander. El señor Mander es un hombre muy rico y es violento y autoritario con sus hijos. Además, no le gusta nada Luciano y no quiere ver más a su hija con él. Silvia se refugia en Max, segundo hijo de Alberto, quien la quiere mucho. El señor Mander no sabe que Max quiere a Silvia. Un día Magda visita al señor Mander y le dice que quiere decirle algo sobre Max y Silvia.

A

BAJO LA MIRADA DE ALBERT MANDER, MAGDA SE RÍE.

Sí, podría revelarle un pequeño secreto que afecta a mi hermana Silvia y a su hijo Max.

¿Cuál?

B

Una vez leí en una revista que el gran productor Alberto Mander exige para sus hijos bodas con gente de su mismo rango.

¿Sí?

C

Mi hermana y yo somos hijas de una modestísima portera de un edificio popular. Silvia tiene una miserable plaza de empleada, y es una chica sin ambición.

D

Sí, un marido como Max, lleno de dinero, le apetece. Pero puede que usted, señor Mander, no esté de acuerdo en que su hijo se case con...

Basta. No necesito más.

A. Fotonovela. Preview the selection from the photo soap opera entitled **La primera luna de verano** by reading the introductory plot summary on p. 467. Your goal is to understand the relationships among the characters. First, write the names of all the characters on a piece of paper. Using diagrams or notes, show the relationships among them. Finally, scan the text several times, and fill in the missing information in the text below.

Silvia vive con __1__, __2__ y __3__. Ella y Luciano se __4__ mucho, pero Luciano ya es __5__ de Sibila. Ella es __6__ e __7__ de Alberto Mander. Silvia se refugia en una relación con __8__, segundo __9__ del __10__. Max no le dice a su __11__ que quiere a Silvia. Con sus hijos Alberto Mander es __12__ y __13__. Magda, hermana de __14__, quiere decirle algo al __15__ sobre __16__ y __17__.

E

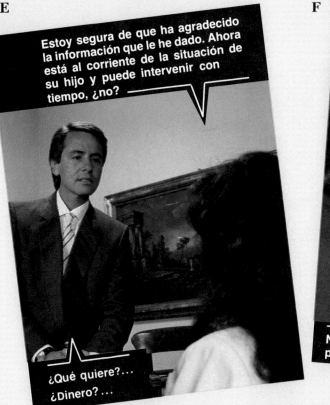

Estoy segura de que ha agradecido la información que le he dado. Ahora está al corriente de la situación de su hijo y puede intervenir con tiempo, ¿no?

¿Qué quiere?...
¿Dinero?...

F

No, señor. Nada de dinero. Quiero ser actriz. Sé que busca caras nuevas y...

Ni hablar. Eres guapa y vistosa, pero no basta para ser actriz.

B. Intrigues. Keeping in mind your notes on the plot summary, skim the six frames of the latest episode of **La primera luna de verano**. Your goal is to understand the meaning of the conversation between Magda and Alberto. Look at the following statements, and eliminate those that do not apply to the dialogue you have read.

1. Magda says she read in a magazine that Alberto Mander does not want his children to marry below his social position.
2. Alberto tells Magda that being pretty is not enough to become an actress.
3. Magda says that her sister Silvia works in a menial job and has no ambition.
4. Alberto asks Magda to marry him.
5. Magda tells Alberto that she has come to reveal a secret about Silvia and Max.
6. Alberto says that he refuses to be blackmailed.
7. Magda says she wants to become an actress.

C. The End. Does Magda get what she wants? Create your own ending to **La primera luna de verano**.

Cuadro de verbos

REGULAR VERBS

Infinitive	Present		Preterite		Commands Formal	Familiar
tomar	tomo	tomamos	tomé	tomamos	tome(n)	toma
	tomas	tomáis	tomaste	tomasteis	no tome(n)	no tomes
	toma	toman	tomó	tomaron		
comer	como	comemos	comí	comimos	coma(n)	come
	comes	coméis	comiste	comisteis	no coma(n)	no comas
	come	comen	comió	comieron		
vivir	vivo	vivimos	viví	vivimos	viva(n)	vive
	vives	vivís	viviste	vivisteis	no viva(n)	no vivas
	vive	viven	vivió	vivieron		

STEM-CHANGING VERBS

pensar	**pienso**	pensamos	pensé	pensamos	piense(n)	piensa
(e → ie)	**piensas**	pensáis	pensaste	pensasteis	no piense(n)	no pienses
	piensa	**piensan**	pensó	pensaron		

like pensar: cerrar, comenzar, despertarse, empezar, nevar (*only* **nieva** *used*) recomendar

perder	**pierdo**	perdemos	perdí	perdimos	pierda(n)	pierde
(e → ie)	**pierdes**	perdéis	perdiste	perdisteis	no pierda(n)	no pierdas
	pierde	**pierden**	perdió	perdieron		

like perder: entender

volver	**vuelvo**	volvemos	volví	volvimos	vuelva(n)	vuelve
(o → ue)	**vuelves**	volvéis	volviste	volvisteis	no vuelva(n)	no vuelvas
	vuelve	**vuelven**	volvió	volvieron		

like volver: doler, llover (*only* **llueve** *used*)

mostrar	**muestro**	mostramos	mostré	mostramos	muestre(n)	muestra
(o → ue)	**muestras**	mostráis	mostraste	mostrasteis	no muestre(n)	no muestres
	muestra	**muestran**	mostró	mostraron		

like mostrar: acostarse, almorzar, contar, costar, encontrar(se), probarse, recordar

STEM-CHANGING VERBS (continued)

Infinitive	Present		Preterite		Commands Formal	Commands Familiar
jugar (u → ue)	juego juegas juega	jugamos jugáis juegan	jugué jugaste jugó	jugamos jugasteis jugaron	juegue(n) no juegue(n)	juega no juegues
sentir (e → ie, i)	siento sientes siente	sentimos sentís sienten	sentí sentiste sintió	sentimos sentisteis sintieron	sienta(n) no sienta(n)	siente no sientas
like sentir: divertirse, preferir, sentirse						
dormir (o → ue, u)	duermo duermes duerme	dormimos dormís duermen	dormí dormiste durmió	dormimos dormisteis durmieron	duerma(n) no duerma(n)	duerme no duermas
like dormir: dormirse, morir						
pedir (e → i, i)	pido pides pide	pedimos pedís piden	pedí pediste pidió	pedimos pedisteis pidieron	pida(n) no pida(n)	pide no pidas
like pedir: conseguir, repetir, seguir, servir, vestirse						

IRREGULAR VERBS

dar	doy das da	damos dais dan	di diste dio	dimos disteis dieron	dé / den no de(n)	da no des
decir	digo dices dice	decimos decís dicen	dije dijiste dijo	dijimos dijisteis dijeron	diga(n) no diga(n)	di no digas
estar	estoy estás está	estamos estáis están	estuve estuviste estuvo	estuvimos estuvisteis estuvieron	esté(n) no esté(n)	está no estés
hacer	hago haces hace	hacemos hacéis hacen	hice hiciste hizo	hicimos hicisteis hicieron	haga(n) no haga(n)	haz no hagas

Infinitive	Present		Preterite		Commands Formal	Familiar
ir	voy	vamos	fui	fuimos	vaya(n)	ve
	vas	vais	fuiste	fuisteis	no vaya(n)	no vayas
	va	van	fue	fueron		
oír	oigo	oímos	oí	oímos	oiga(n)	oye
	oyes	oís	oíste	oísteis	no oiga(n)	no oigas
	oye	oyen	oyó	oyeron		

like oír (**y** *between vowels*): creer, leer

poder	puedo	podemos	pude	pudimos		
	puedes	podéis	pudiste	pudisteis		
	puede	pueden	pudo	pudieron		
poner	pongo	ponemos	puse	pusimos	ponga(n)	pon
	pones	ponéis	pusiste	pusisteis	no ponga(n)	no pongas
	pone	ponen	puso	pusieron		
querer	quiero	queremos	quise	quisimos	quiera(n)	quiere
	quieres	queréis	quisiste	quisisteis	no quiera(n)	no quieras
	quiere	quieren	quiso	quisieron		
saber	sé	sabemos	supe	supimos	sepa(n)	sabe
	sabes	sabéis	supiste	supisteis	no sepa(n)	no sepas
	sabe	saben	supo	supieron		
salir	salgo	salimos	salí	salimos	salga(n)	sal
	sales	salís	saliste	salisteis	no salga(n)	no salgas
	sale	salen	salió	salieron		
ser	soy	somos	fui	fuimos	sea(n)	sé
	eres	sois	fuiste	fuisteis	no sea(n)	no seas
	es	son	fue	fueron		
tener	tengo	tenemos	tuve	tuvimos	tenga(n)	ten
	tienes	tenéis	tuviste	tuvisteis	no tenga(n)	no tengas
	tiene	tienen	tuvo	tuvieron		

like tener: detenerse

traer	traigo	traemos	traje	trajimos	traiga(n)	trae
	traes	traéis	trajiste	trajisteis	no traiga(n)	no traigas
	trae	traen	trajo	trajeron		
venir	vengo	venimos	vine	vinimos	venga(n)	ven
	vienes	venís	viniste	vinisteis	no venga(n)	no vengas
	viene	vienen	vino	vinieron		

IRREGULAR VERBS (continued)

Infinitive	Present		Preterite		Commands Formal	Familiar
ver	veo	vemos	vi	vimos	vea(n)	ve
	ves	veis	viste	visteis	no vea(n)	no veas
	ve	ven	vio	vieron		

VERBS WITH SPELLING CHANGES

conocer	conozco	conocemos	conocí	conocimos	conozca(n)	conoce
	conoces	conocéis	conociste	conocisteis	no conozca(n)	no conozcas
	conoce	conocen	conoció	conocieron		

like conocer (c → zc before o or a): conducir, crecer, desaparecer, parecer

llegar	llego	llegamos	llegué	llegamos	llegue(n)	llega
	llegas	llegáis	llegaste	llegasteis	no llegue(n)	no llegues
	llega	llegan	llegó	llegaron		

like llegar (g → gu before e): jugar (u → ue), navegar, pagar

buscar	busco	buscamos	busqué	buscamos	busque(n)	busca
	buscas	buscáis	buscaste	buscasteis	no busque(n)	no busques
	busca	buscan	buscó	buscaron		

like buscar (c → qu before e): practicar, sacar, tocar

empezar	empiezo	empezamos	empecé	empezamos	empiece(n)	empieza
(e → ie)	empiezas	empezáis	empezaste	empezasteis	no empiece(n)	no empieces
	empieza	empiezan	empezó	empezaron		

REFLEXIVE VERBS

lavarse	me lavo	nos lavamos	me lavé	nos lavamos	láve(n)se	lávate
	te lavas	os laváis	te lavaste	os lavasteis	no se lave(n)	no te laves
	se lava	se lavan	se lavó	se lavaron		

Some reflexive verbs are also stem changing. See the Stem-Changing Verbs chart for a partial list.

Vocabulary Topics

Vocabulario adicional

This appendix contains words that are related to the vocabulary topics introduced in **¿Y tú?** but which are more specific or extended in scope. For a topic list of vocabulary taught in **¿Y tú?** see p. 474.

La ropa
button el botón (*pl.* botones)
collar el cuello
cotton el algodón
cuff el puño
embroidered bordado,-a
evening gown el vestido de noche
heel (*of shoe*) el tacón (*pl.* tacones); **high-heeled** de tacón alto
hose las medias
lace el encaje
lapel la solapa
leather el cuero
loafers las pantuflas
nightgown el camisón (*pl.* camisones)
outfit el traje
patent leather el charol
plaid a cuadros
pocket el bolsillo
robe la bata
sandals las sandalias, los huaraches
shoestring el cordón (*pl.* cordones) del zapato, la agujeta
silk la seda
sleeve (**short, long**) la manga (corta, larga)
sole (*of shoe*) la suela
solid (*unpatterned*) liso,-a
stripes a rayas, rayado,-a
tennis shoe el zapato tenis, la zapatilla
undershirt la camiseta
underwear la ropa interior
velvet el terciopelo
vest el chaleco
wool la lana
zipper el cierre, la cremallera

Los accesorios
barrette la peineta
belt el cinturón (*pl.* cinturones)
bracelet la pulsera
diamond el diamante
earring el arete
emerald la esmeralda
gold el oro
handkerchief el pañuelo
jewelry la joyería; **costume jewelry** joyería de fantasía
necklace el collar
pearl la perla
ring el anillo; **engagement ring** anillo de compromiso; **wedding ring** anillo de boda
ruby el rubí
sapphire el zafiro
scarf la bufanda, la pañoleta
shawl el chal, el rebozo
silver la plata
top hat el sombrero de copa

Las partes del cuerpo
ankle el tobillo
bruise el moretón (*pl.* moretones)
chest el pecho
cramp el calambre
curly hair el pelo rizado, pelo chino
elbow el codo
eyebrow la ceja
eyelash la pestaña
freckle la peca
heel (*of foot*) el talón (*pl.* talones)
nail la uña
hip la cadera
itch la comezón, la picazón
knee la rodilla
moustache el bigote
pimple el barro
straight hair el pelo lacio (liso)
thigh el muslo
thumb el pulgar
waist la cintura
wrist la muñeca

Los órganos humanos
blood la sangre
bone el hueso
brain el cerebro
inner ear el oído
lung el pulmón (*pl.* pulmones)
liver el hígado
muscle el músculo
nerve el nervio
skin la piel
tongue la lengua

Los colores
beige (**colored**) (de color) beige (*pronounced as in English*)
blackish negruzco,-a
bluish azulado,-a
bright brillante
coffee (**colored**) (de color) café
dark oscuro,-a
faded desteñido-a, descolorido-a
gold dorado,-a, de color del oro
greenish verdoso,-a
ivory marfil
light claro,-a
lilac lila
lime green verde limón
navy blue azul marino
olive green verde oliva
rose-colored rosáceo,-a
royal blue cobalto
reddish rojizo,-a
scarlet escarlata
silver plateado,-a
sky blue celeste
slate blue azul pizarra
turquoise (de color) turquesa
yellowish amarillento,-a

Las nacionalidades y orígenes
African africano,-a
Arab árabe
Argentine argentino,-a

Asian asiático,-a
Australian australiano,-a
Bolivian boliviano,-a
Brazilian brasileño,-a
Canadian canadiense
Chilean chileno,-a
Chinese chino,-a
Colombian colombiano,-a
Costa Rican costarricense
Cuban cubano,-a
Dominican dominicano,-a
Ecuadorian ecuatoriano,-a
Egyptian egipcio,-a
Eskimo esquimal
Greek griego,-a
Guatemalan guatemalteco,-a
Honduran hondureño,-a
Indian (of India) indio,-a
Iranian iraní
Japanese japonés, japonesa
Jewish judío,-a
Nicaraguan nicaragüense
Panamanian panameño,-a
Paraguayan paraguayo,-a
Peruvian peruano,-a
Polish polaco,-a
Portuguese portugués, portuguesa
Puerto Rican puertorriqueño,-a
Russian ruso,-a
Salvadoran salvadoreño,-a
Scandinavian escandinavo,-a
Uruguayan uruguayo,-a
Venezuelan venezolano,-a

La familia
adopted daughter la hija adoptiva
adopted son el hijo adoptivo
adoptive father el padre adoptivo
adoptive mother la madre
    adoptiva
brother-in-law el cuñado
couple la pareja
daughter-in-law la nuera
divorced divorciado,-a
engaged comprometido,-a
father-in-law el suegro
godfather el padrino
godmother la madrina
granddaughter la nieta
grandson el nieto
great-granddaughter la bisnieta

great-grandfather el bisabuelo
great-grandmother la bisabuela
great-grandson el bisnieto
great-great-grandfather el
    tatarabuelo
great-great-grandmother la
    tatarabuela
legal custody la custodia legal
married casado,-a
mother-in-law la suegra
single soltero,-a
sister-in-law la cuñada
son-in-law el yerno
step-brother el hermanastro, el
    medio hermano
step-daughter la hijastra
step-father el padrastro
step-mother la madrastra
step-sister la hermanastra, la
    media hermana
step-son el hijastro
widow la viuda
widower el viudo

Los saludos informales
Note that the translations for the
    greetings and leave-takings are
    approximations.
How did it go? ¿Cómo te fue?
How is it going? ¿Cómo te va?,
    ¿Cómo andas?
What happened? ¿Qué pasó?
What's going on? ¿Qué hubo?
What's happening? ¿Qué pasa?
What's new? ¿Qué cuentas?, ¿Qué
    me cuentas?, ¿Qué hay de
    nuevo?

Las despedidas informales
bye bye, chao
God be with you. Que dios te
    acompañe.
I hope all goes well with you. Que
    te vaya bien., Que estés bien.
Take care of yourself. Cuídate.
until later hasta más tarde
until we meet again hasta la vista

La televisión y el cine
amplifier el amplificador
antenna la antena

cable el cable
channel el canal
commercial el anuncio, el
    comercial
to film filmar
movie industry la industria del
    cine
off apagado,-a
on prendido,-a
projector proyector
role (acting) el papel
screen la pantalla
too loud demasiado fuerte
too soft (volume) demasiado bajo
to turn down the volume bajar el
    volumen
to turn off apagar
to turn on prender
to turn up the volume subir el
    volumen
video el vídeo
video cassette recorder (VCR) la
    videocasetera, el aparato de
    vídeo

La escuela y los objetos escolares
chalk la tiza, el gis
compass el compás, la brújula
eraser (chalk) el borrador; eraser
    (pencil) la goma de borrar
glue la goma de pegar, el
    pegamento
pencil sharpener el sacapuntas
ring binder la carpeta de argollas
rubber band la liga (de goma), el
    elástico
ruler la regla
scissors las tijeras
staple la grapa
stapler la engrapadora

La comida
baked horneado,-a
bowl el plato hondo
cinnamon la canela
cookie la galleta
cracker la galleta (salada)
cup la taza
donut la dona, la rosca
dressing el aderezo

egg el huevo; **fried egg** el huevo frito; **hard-boiled** duro; **scrambled** revuelto; **soft-boiled** tibio

fast food la comida rápida

to freeze congelar

garlic el ajo

gum el chicle, la goma de mascar

hamburger la hamburguesa

honey la miel

hot dog el perro caliente, el hot dog

ice el hielo

malt la leche malteada, la malteada

medium (*meat*) (la carne) medio cocida

milkshake el batido de leche

mug el tazón, el tarro

onion la cebolla

pepper la pimienta

place mat el mantelito

popcorn las palomitas de maíz

potato la papa; **mashed potatoes** el puré de papas; **potato chips** papas fritas

raisin la pasa, la pasita

rare (*meat*) (la carne) poco cocida

salt la sal

sandwich el emparedado, el sándwich

sausage el chorizo, el embutido, la salchicha, el salchichón

shellfish los mariscos

sherbet la nieve, el sorbete

silverware los cubiertos

steamed cocido,-a al vapor

sugar el azúcar (*f*)

syrup la miel, el jarabe, el almíbar

tablecloth el mantel

to thaw descongelar

toast el pan tostado

tray la bandeja, la charola

well done (*meat*) (la carne) bien cocida

wineglass la copa

yogurt el yogur

Las ocupaciones

accountant el contador, la contadora

announcer el locutor, la locutora

architect el arquitecto, la arquitecta

athlete el (la) atleta, el (la) deportista

bartender el cantinero, la cantinera

butler el mayordomo

carpenter el carpintero, la carpintera

construction worker el albañil, la mujer albañil

designer el (la) dibujante

driver el chófer, la mujer chófer

employee el empleado, la empleada

guide el (la) guía

homemaker el ama de casa (*f*)

maid la sirvienta, la criada

manager el (la) gerente

mechanic el mecánico, la mecánica

painter el pintor, la pintora

plumber el plomero, la mujer plomero

poet el (la) poeta

preacher el predicador, la predicadora

priest el sacerdote

publisher el editor, la editora

singer el (la) cantante

supervisor el supervisor, la supervisora

Los adjetivos descriptivos

absurd absurdo,-a

agile ágil

awesome deslumbrante

bubbly chispeante, vivaz

chilling escalofriante, horroroso,-a

colorful pintoresco,-a

delicious rico,-a, delicioso,-a

despicable despreciable, abyecto,-a

divine divino,-a

dull insípido,-a

dumb tonto,-a

eccentric excéntrico,-a

funny chistoso,-a, gracioso,-a

hateful odioso,-a

horrible horrible

horrifying horripilante

hot (*food*) picante, picosa,-a

incredible increíble

indescribable indescriptible

mediocre mediocre

overwhelming abrumador,-a

phenomenal fenomenal

scandalous escandaloso,-a

sensational sensacional

slow lento,-a, lerdo,-a, torpe

spicy condimentado,-a

stupendous estupendo,-a

stupid estúpido,-a

tasteless (*flavor*) insípido,-a; (*someone or something*) de mal gusto, vulgar

tasty sabroso,-a, rico,-a

terrible terrible

terrifying aterrador,-a

threatening amenazador,-a

tremendous tremendo,-a

unbearable intolerable, inaguantable

unforgettable inolvidable

unique único,-a

Vocabulario español-inglés

The **Vocabulario español-inglés** includes all vocabulary except obvious cognates from the **Capítulo preliminar (0)** through **Capítulo 12**. Vocabulary from the **Rincones culturales** and the optional **Gacetas** is not included. The number following each entry indicates the chapter in which the word or expression is first introduced. A chapter reference in parentheses indicates the word was not required. Required words in this list are taken from the sections titled **En contexto, Así se dice, Presentación,** and **Expansión de vocabulario**.

Adjectives are given in the masculine, with the feminine endings noted. In the case of irregular adjectives and professions, the feminine form is given in full. Idiomatic expressions are listed under the first word, as well as the main words, in each idiom. Verbs marked * are irregular in some forms and may be found in the verb charts.

Parts of speech are included when necessary to avoid confusion. The following abbreviations are used:

abbrev. abbreviation, *adj.* adjective, *adv.* adverb, *art.* article, *d.o.* direct object, *fam.* familiar, *f* feminine, *inf.* infinitive, *i.o.* indirect object, *lit.* literally, *m* masculine, *obj.* object, *pl.* plural, *poss.* possessive, *prep.* preposition, *pron.* pronoun, *sing.* singular, *subj.* subject

A

a to **1**; **al** to the **2**; **¡A la cama!** To bed **7**; **al aire libre** outdoors **9**; **al lado de** next to, beside **8**; **a lo mejor** maybe **2**; **a pie** on foot **8**; **¿A qué hora...?** At what time...? **5**; **a través de** through **10**; **a veces** sometimes **4**; **A ver...** Let's see.... **4**
abandonar to abandon **12**
el abogado, la abogada lawyer **11**
Abran el libro. Open your book. (*pl.*) **0**
abrazar to embrace, to hug **10**
el abrazo hug **8**
el abrigo coat **10**
abril (*m*) April **8**
abrir to open **6**; **Abran el libro.** Open your book. (*pl.*) **0**
la abuela grandmother **4**

el abuelo grandfather **4**
los abuelos grandparents **4**
aburrido,-a boring **1**; bored **3**
acabar to finish **11**; **acabar de + *inf.*** to have just **9**
el acampador, la acampadora camper **9**
acampar to camp **9**
accidentalmente accidentally **12**
aconsejar to advise **11**
acostarse (**o → ue**)* to go to bed **10**
el actor actor **11**
la actriz (*pl.* **actrices**) actress **11**
acuático,-a water, aquatic **8**; **el esquí acuático** water skiing **9**
además in addition, besides **4**
adiós good-bye **0**
admirar to admire **8**
¿adónde? where...(to)? **2**
el aeropuerto airport **2**

afectar to affect (**3**)
aficionado,-a amateur (**2**)
la agencia agency **11**
el agente, la agente agent; **agente de viajes,** travel agent **11**
agitado,-a hectic, agitated **8**
agosto (*m*) August **8**
agradable pleasant, likable, nice **1**
el agua (*f*) water **6**; **hacer agua** to take on water **12**
ahí there **7**
ahora now **2**
el aire air **12**; **al aire libre** outdoors **9**
el ajedrez chess **9**
el álbum album **4**
alegrarse to be glad; **¡Cuánto me alegro!** I'm so glad! **3**
alegre cheerful, lively (**1**); **alegremente** happily, cheerfully **7**

la **alegría** happiness, contentment (**12**)

alemán, alemana German (**11**)

el **alemán** German (language) **8**

Alemania (*f*) Germany **8**

el **álgebra** (*f*) algebra **3**

algo something **3**

alguien somebody **10**

algún, alguna some (*adj.*) **12**; **algún día** some day **2**; **algún lado** somewhere **12**

alguno some (*pron.*) **8, 12**

almorzar (o → ue)* to have lunch **9**

el **almuerzo** lunch **6**

alto,-a tall **1**

la **altura** altitude, height (**12**)

allá over there **7**

allí there **8**

amable kind, courteous, amiable (**12**)

amarillo,-a yellow **10**

amazónico,-a Amazon **12**

americano,-a (North, Central, South) American; el **fútbol americano** football **0**

el **amigo,** la **amiga** friend **1**

el **amor** love **7**

anaranjado,-a orange **10**

andar to ride **2; andar en bicicleta** to ride a bike, to go bike riding **2**

el **andinismo** mountaineering (in the Andes) (**12**)

el **anillo** ring **4**

animado,-a animated; el **dibujo animado** cartoon **7**

el **animal** animal **1; animal doméstico** pet **11**

anoche last night **10**

la **ansiedad** anxiety (**11**)

anteayer the day before yesterday **10**

los **anteojos** (eye)glasses **4; anteojos de sol** sunglasses **10**

antes (de) before **5**

antiguo,-a ancient, old **10**

antipático,-a unpleasant **1**

el **anuario** yearbook **9**

el **anuncio** commercial, advertisement **7**

el **año** year **2; ¿Cuántos años tiene?** How old is he / she? **2; tener** _____ **años** to be _____ years old **4**

aparecer to appear **12**

el **apartamento** apartment **4**

el **apodo** nickname (**0**)

aprender (a) to learn (to) **5**

aquel, aquella that (*over there*) (*adj.*) **7**

aquél, aquélla that one (*over there*) (*pron.*) **7**

aquello that (*over there*) (*pron.*) **7**

aquellos, aquellas those (*over there*) (*adj.*) **7**

aquéllos, aquéllas those (*over there*) (*pron.*) **7**

aquí here **2**

el **árabe** Arab (language) **8**

Arabia Saudita (*f*) Saudi Arabia **8**

arreglar to arrange; **arreglar el cuarto** to straighten up one's room **2**

el **arroz** rice **6**

el **arte** art **5**

las **artes** the arts (**9**)

la **artesanía** handcrafts **10**

el **artista,** la **artista** entertainer **11**

asado,-a roasted; la **carne asada** roast beef **6**

así so, (in) that way (**10**); **Así, así.** So-so. **0**

asistir a to attend **6**

asociado,-a associated; la **palabra asociada** associated word (**9**)

el **astronauta,** la **astronauta** astronaut (**12**)

a través de through **10**

los **audífonos** headphones (**4**)

aumentar to increase; **aumentar de peso** to gain weight **6**

el **autobús** (*pl.* **autobuses**) bus **8**; la **parada del autobús** bus stop (**8**); la **terminal de autobuses** bus terminal **2**

el **automóvil** automobile, car; la **carrera de automóviles** car race **12**

la **avenida** avenue **4**

la **aventura** adventure **12**

la **aviación** aviation **11**

el **avión** (*pl.* **aviones**) plane **8; pilotear un avión** to fly a plane **12**

¡Ay, no! Oh, no! **1**

ayer yesterday **10**

ayudar to help; **ayudar en casa** to help at home **2**

azul blue **10**

B

bailar to dance **1**

el **baile** dance **3; baile de disfraces** costume ball **7**

bajar to descend, to go down **12**; to lower **7; bajar de peso** to lose weight **6; bajar la voz** to lower one's voice **7**

bajo,-a short **1**; low (**10**)

el **baloncesto** basketball **0**

el **banco** bank **2**

la **bandera** flag **12**

bañarse to take a bath **10**

el **baño** bath; el **traje de baño** swimsuit **10**

barato,-a cheap **4**

el **barco** boat, ship **8**

el **barómetro** barometer (**3**)

el **barrio** neighborhood (**7**)

bastante quite, fairly, rather **1; Pues, bastante bien.** Oh, pretty well. **0**

la **basura** garbage **9; sacar la basura** to take out the garbage **10**

la **bebida** drink **6**

el **béisbol** baseball **0**; el **guante de béisbol** baseball glove **5**

besar to kiss **10**

la **biblioteca** library **2**

el **bibliotecario,** la **bibliotecaria** librarian (**7**)

la **bicicleta** bicycle; **andar en bicicleta** to ride a bike, to go bike riding **2**

bien fine, well; **Bien, gracias.** Fine, thank you. **0; Está bien.** OK. Fine. **2; Muy bien, gracias.** Very well, thank you. **0; Pues, bastante bien.** Oh, pretty well. **0**
la **billetera** billfold **4**
la **biología** biology **5**
el **bistec** steak **6**
blanco,-a white **10**
la **blusa** blouse **4**
la **boca** mouth **10**
el **boletín** (*pl.* **boletines**) bulletin **(5)**
el **boliche** bowling **2; jugar boliche** to bowl, to go bowling **2**
el **bolígrafo** ball-point pen **1**
la **bolsa** purse **4**
bonito,-a pretty, nice **1**
el **bosque** woods, forest **9**
las **botas** boots **10**
el **bote** boat **3**
Brasil (*m*) Brazil **8**
el **brazo** arm **10**
la **brisa** breeze **8**
buen, bueno,-a good **1; Buenas noches.** Good evening. Good night. **0; ¡Buena suerte!** Good luck! **3; Buenas tardes.** Good afternoon. **0; Bueno,...** OK, well,.... **2; Buenos días.** Good morning. **0; estar en buena forma** to be in good shape **9; Hace buen tiempo.** It's good weather. **3; ¡Qué bueno!** Good! **3**
buscar* to look for **5**

C

la **cabeza** head **10; tener dolor de cabeza** to have a headache **3**
cada each **(11)**
el **café** café **2;** coffee **6**
los **calcetines** socks **10**
la **calculadora** calculator **4**

el **calor** heat; **Hace calor.** It's hot. **3; tener calor** to be (feel) warm, hot **6**
la **calle** street **4**
la **cama** bed **9; ¡A la cama!** To bed! **7**
la **cámara** camera **3**
la **camarera** waitress **(10)**
el **camarero** waiter **(10)**
el **camarón** (*pl.* **camarones**) shrimp **6**
cambiar to change **12**
caminar to walk **9**
la **caminata** hike, walk **9; dar caminatas** to go for hikes **9**
el **camino** way, path **9**
la **camisa** shirt **4**
la **camiseta** T-shirt **4**
el **campamento** camp **8; campamento de verano** summer camp **8**
el **campo** country, countryside, field **8**
Canadá (*m*) Canada **8**
la **canción** (*pl.* **canciones**) song **7**
la **cancha** court, playing field **(6)**
la **canoa** canoe **12**
cansado,-a tired **3**
cantar to sing **1**
la **cara** face **10**
la **carabela** ship, caravel (*an ancient ship*) **12**
¡Caramba! Wow!, Shoot! **7**
la **carne** meat **6; carne asada** roast beef, barbecued beef **6**
la **carnicería** butcher shop **11**
caro,-a expensive **4**
la **carrera** race **12; carrera de automóviles** car race **12**
el **carro** car **1**
la **carta** letter **5**
el **cartel** poster **4**
la **casa** house, home **2; ayudar en casa** to help at home **2; en casa** at home **2; regresar a (la) casa** to return home **4**
casi almost **4**
castaño,-a brown (*hair, eyes*) **10**
el **catarro** head cold **3; tener**

catarro to have a cold **3**
la **catedral** cathedral **8**
catorce fourteen **0**
celoso,-a jealous **3**
la **cena** dinner **6**
el **centro** downtown, center of town **2**
cerca de near, close to **8**
el **cerdo** pork **6; la chuleta de cerdo** pork chop **6**
cero zero **0**
cerrar (e → ie)* to close; **Cierren el libro.** Close your book. (*pl.*) **0**
el **cielo** sky **12**
cien one hundred **1; ciento** one hundred (*used in counting:* **ciento uno** *and above*) **4**
la **ciencia-ficción** science fiction; **la película de ciencia-ficción** science fiction film **7**
las **ciencias** science, the sciences **5**
el **científico,** la **científica** scientist **5**
ciento one hundred (*used in counting:* **ciento uno** *and above*) **4**
Cierren el libro. Close your book. (*pl.*) **0**
cierto true **(4); por cierto** as a matter of fact **2**
cinco five **0**
cincuenta fifty **1**
el **cine** movies, movie theater **2**
la **cinta** cassette tape **4**
la **cita** appointment **(10)**
la **ciudad** city **8**
la **clase** class **1**
el **cliente,** la **cliente** customer, client **6**
el **clima** climate **(8)**
el **cobarde,** la **cobarde** coward **(12)**
la **cocina** cooking, cuisine **9**
cocinar to cook **2**
el **cocinero,** la **cocinera** cook **6**
colaborar to collaborate **9**
coleccionar to collect **9**
el **coleccionista,** la **coleccionista** collector **9**
el **colegio** (private) school **5**

el color color **10**
la comedia comedy **7**
comentar to comment **(4)**
los comentarios comments **(4)**
comenzar (e → ie)* (a) to
begin (to), to start (to) **7**
comer to eat **5; llevar a comer**
to take out to eat **4**
cómico,-a comical **7**
la comida food, meal **6**
el comilón, la comilona glutton **7**
como like, such as **2;**
since, as **8**
¿cómo? what? **0; ¿Cómo es?**
What is he / she like? **1;**
¿Cómo está(s)? How are you?
(*formal sing., fam. sing.*) **0;**
¿Cómo se dice...? How do
you say...? **0; ¿Cómo se (te)
llama(s)?** What's your name?
(*formal sing., fam. sing.*) **0**
el compañero, la compañera
classmate **(2)**
la competencia competition **(11)**
el competidor, la competidora
competitor **(2)**
comprar to buy **3**
las compras shopping (*lit.*
purchases) **2; ir de compras**
to go shopping **2**
comprender to understand **5**
la computadora computer;
**programación de
computadoras** computer
programming **5; el
programador (la
programadora) de
computadoras** computer
programmer **11; trabajar en
la computadora** to work at
the computer **2**
común common **(12)**
con with **2; con cuidado**
carefully **10; conmigo** with
me **8; con mucho gusto**
with pleasure **6; ¿Con qué
frecuencia?** How often? **4;
contigo** with you (*fam.
sing.*) **8**
el concierto concert **1**
el concurso quiz show, contest **7**

la condición (*pl.* condiciones)
condition; **condición física**
physical condition **11**
conducir* to drive **6**
conmigo with me **8;**
conocer* to know, to be
acquainted with, to be
familiar with **6**
conseguir (e → i, i)* to get, to
obtain **11**
el consejero, la consejera
advisor **(11)**
el consejo advice **(6)**
conservar to conserve, to
preserve **9**
considerado,-a considerate,
thoughtful **(4)**
consistir en to consist of **11**
la consulta appointment; **consulta
médica** doctor's
appointment **(11)**
la contabilidad bookkeeping,
accounting **5**
contento,-a happy **3**
contestar to answer;
Contesten. Answer. 0
contigo with you (*fam. sing.*) **8**
contra against **2**
conversar to talk **(2)**
la copa cup; **Copa Mundial**
World Cup (*soccer*) **(3)**
el corazón (*pl.* corazones)
heart **10**
la corbata necktie **10**
el coro choir, chorus **9**
el correo post office **2**
correr to run, to jog **9**
la corrida de toros bullfight **8**
la corriente current **12**
corto,-a short **8**
la cosa thing; **tantas cosas que
hacer** so many things to do **5**
costar (o → ue)* to cost **9;**
¿Cuánto cuesta(n)? How
much does it (do they)
cost? **4**
crecer* to grow **12**
creer* to think, to believe **5;**
Creo que no. I don't think
(believe) so. **5;**

Creo que sí.
I think (believe) so. **5; ¡No lo
creo!** I don't believe it! **5**
la crema cream **(6)**
Creo que no. I don't think
(believe) so. **5; Creo que sí.**
I think (believe) so. **5**
la criatura creature **(12)**
cruzar to cross **12**
el cuaderno notebook **1**
¿cuál? what?, which? **2; ¿Cuál
es la fecha de hoy?** What is
today's date? **8; ¿Cuál es tu
dirección?** What is your
address? **4**
cuando when **(3)**
¿cuándo? when? **2**
¿cuánto,-a? how much? how
many? **1; ¿Cuánto cuesta(n)?**
How much does it (do they)
cost? **4; ¡Cuánto lo siento!**
I'm so sorry! **3; ¡Cuánto me
alegro!** I'm so glad! **3;
¿Cuántos años tiene?** How
old is he / she? **2; ¿Cuántos
(cuántas) hay?** How many
are there? **1**
cuarenta forty **1**
el cuarto room; **arreglar el
cuarto** to straighten up one's
room **2;** quarter (hour) **5**
cuatro four **0**
cuatrocientos,-as four
hundred **4**
el cuello neck **10**
la cuenta bill (in a restaurant) **6**
el cuerpo body **10**
el cuidado care; **con cuidado** with
care, carefully **(10);
¡Cuidado!** Be careful! **(6);
tener cuidado (de)** to be
careful (to) **9**
cuidar to take care of **4**
la cultura culture **11**
el cumpleaños birthday **4; ¡Feliz
cumpleaños!** Happy
birthday! **4**
el curso course, class;
seguir un curso to take
a course **11**

Ch

la **chaqueta** jacket **10**
el **cheque** check (**11**)
la **chica** girl **1**
el **chico** boy **1**
   China (*f*) China **8**
el **chino** Chinese (language) **8**
el **chocolate** chocolate, hot
   chocolate **6**
la **chuleta de cerdo** pork chop **6**

D

las **damas** checkers **9**
el **daño** harm; **hacer daño** to do
   harm **9**
   dar* to give **8; dar caminatas**
   to go for hikes **9; dar la**
   vuelta al mundo to travel
   around the world **12; dar un**
   paseo to take a walk **2**
  de from, of, about **1; ¿De**
   dónde eres? Where are you
   (*fam. sing.*) from? **1; del** of
   the, from the (**4**); **de la**
   mañana in the morning,
   A.M. **5; de la noche** at night,
   P.M. **5; de la tarde** in the
   afternoon, in the evening, P.M.
   5; de memoria by heart (**2**);
   De nada. You're welcome. **0;**
   ¿De quién(es)...?
   Whose...? **4; ¿De quién**
   es / son? Whose is it / are
   they? **4; de regreso** back
   home (**8**); **de repente**
   suddenly **7; ¿De veras?**
   Really? **3; de verdad** really,
   truly **8**
  debajo de under, beneath **8**
 el **debate** debate **9**
  deber to have to, should,
   must **5**
  decidir to decide **11**
  decir* to say, to tell **7; ¿Cómo**
   se dice...? How do you
   say...? **0; decir que no (sí)**
   to say no (yes) **7; es decir**

that is to say **11; ¡No me**
  digas! Don't tell me! (*fam.
  sing.*) **3; ¿Qué quiere decir**
  ...? What does... mean? **0**
el **dedo** finger **10; dedo** (**del pie**)
  toe **10**
  dejar to leave (behind) **9**
  del of the, from the (**4**)
  delgado,-a thin, slender **4**
  demasiado too much **9**
el **dentista,** la **dentista** dentist **11**
  dentro de inside of **7**
el **deporte** sport **1**
  deportivo,-a sports (*adj.*) **7;** el
   reportaje deportivo sports
   report **7**
  deprimido,-a depressed **3**
la **derecha** right; **Doble a la**
  derecha. Turn right. (*formal
  sing.*) **8**
  derecho,-a straight **8; Siga**
  derecho. Go straight ahead.
  (*formal sing.*) **8**
  desagradable disagreeable,
   unpleasant **1**
  desaparecer to disappear **7**
  desayunar to have breakfast **6**
el **desayuno** breakfast **6**
  descansar to rest **2**
  descubrir to discover, to find
   out (**12**)
  desde from **8**
  desear (**de**) to want, to wish
   (for) **5**
  desesperado,-a hopeless,
   desperate **12**
el **desierto** desert (**12**)
  desilusionado,-a
   disappointed **3**
el **desorden** (*pl.* **desórdenes**)
   disorder; **¡Qué desorden!**
   What a mess! (**7**)
  despertarse (e → ie)* to wake
   up **10**
  después afterward, after **3;**
   después (**de**) after **5**
  detenerse (e → ie)* to stop, to
   pause **12**
  detrás de behind **8**
el **día** day **3; algún día** someday **2;**

Buenos días. Good morning.
  0; Día de la Raza Columbus
  Day **12; día tras día** day
  after day (**10**); **¿Qué día es**
  hoy? What (day of the week)
  is today? **5; todos los días**
  every day **4**
el **diario** diary, journal **12**
  dibujar to draw **9**
el **dibujo** drawing **7; dibujo**
  animado cartoon **7**
el **diccionario** dictionary **4**
  diciembre (*m*) December **8**
  diecinueve nineteen **1**
  dieciocho eighteen **1**
  dieciséis sixteen **1**
  diecisiete seventeen **1**
el **diente** tooth **10**
  diez ten **0**
  difícil difficult **1**
la **dificultad** difficulty **12**
  digas: ¡No me digas! Don't tell
  me! (*fam. sing.*) **3**
el **dinero** money **1**
  Dios God; **¡Dios mío!** My
  goodness! **5**
la **dirección** (*pl.* **direcciones**)
  address; **¿Cuál es tu**
  dirección? What is your
  address? **4**
el **director,** la **directora**
  director **11**
el **disco** record **1**
el **disfraz** (*pl.* **disfraces**) costume
  7; el **baile de disfraces**
  costume ball **7**
  divertido,-a fun, amusing **1**
  divertirse (e → ie, i)* to have
  fun **11**
  doblar to turn; **Doble a la**
  derecha. Turn right. (*formal
  sing.*) **8; Doble a la**
  izquierda. Turn left. (*formal
  sing.*) **8**
  doce twelve **0**
el **documental** documentary **7**
  doler (o → ue)* to hurt **10**
el **dolor** pain, ache **3; dolor de**
  cabeza headache **3; dolor de**
  espalda backache **3; dolor de**
  estómago stomachache **3;**

dolor de garganta sore throat 3; **dolor de muelas** toothache 3; **¡Qué dolor!** How painful! (3)

doméstico domestic; **el animal doméstico** pet 11

domingo Sunday 5; **el domingo** (on) Sunday 5

el dominó domino, dominoes 9

donde where (6)

¿dónde? where (6); **¿De dónde eres?** Where are you (*fam. sing.*) from? 1; **¿Dónde está?** Where is he / she / it? 3

el dormilón, la dormilona sleepyhead (9)

dormir (o → ue, u)* to sleep 6; **el saco de dormir** sleeping bag 9

dormirse (o → ue, u)* to fall asleep 10

dos two 0; **los (las) dos** both (2)

doscientos,-as two hundred 4

dulce sweet (*adj.*) 10

los dulces sweets 6

durante during 5

E

e and (*before* **i** *and* **hi**) 5

el edificio building 10

la educación física physical education 5

EE.UU. U.S., United States

el ejemplo example; **por ejemplo** for example (5)

el ejercicio exercise 11

el, los the 1

él he 1; him (*after prep.*) 8

eléctrico,-a electric 11

ella she, 1; her (*after prep.*) 8

ellos, ellas they 1; them (*after prep.*) 8

emocionado,-a excited 3

emocionante exciting 1

empezar (e → ie)* (a) to begin (to), to start (to) 7

en in, on, at 1; **en casa** at home 2; **en fin** all in all 8; **en**

nombre de in the name of 12; **en punto** sharp 5; **en serio** seriously 11; **en venta** on sale 10

encantado,-a delighted 3

encantar to be delightful, to delight 6; **me encanta(n)** I love, I like a lot 6

encima de on top of, above 8

encontrar (o → ue)* to find 9

encontrarse (o → ue)* to meet 9

la encuesta survey (1)

enero (*m*) January 8

la enfermedad sickness, disease (3)

el enfermero, la enfermera nurse 11

enfermo,-a sick 3

enfrente de in front of 8

enojado,-a angry 3

la ensalada salad 6

enseñar to teach 7

entender (e → ie)* to understand 7; **No entiendo.** I don't understand. 0

entonces then 2

la entrada appetizer 6

entrar (en, a) to enter 7

entre between, among 8

la entrevista interview 12

el equipo team 2; equipment 9

eres: ¿De dónde eres? Where are you (*fam. sing.*) from? 1

esa that (*nearby*) (*adj.*) 7

ésa that one (*nearby*) (*pron.*) 7

escalar to climb 12

escribir to write 6; **la máquina de escribir** typewriter 3

el escritor, la escritora writer 11

escuchar to listen (to) 1; **escuchar la radio** to listen to the radio 1; **Escuchen.** Listen. (*pl.*) 0

la escuela school 1; **escuela primaria** elementary school (10); **escuela secundaria** high school 11

es decir that is to say 11

ese, esa that (*nearby*) (*adj.*) 7

ése, ésa that one (*nearby*) (*pron.*) 7

Es hora de... It's time to.... 7

eso that (*pron.*) 7; **por eso** that's why, therefore 4; **¿Qué es eso?** What is that? 3

espacial space (*adj.*); **la nave espacial** spaceship (12)

el espacio space; **hacer un viaje al espacio** to take a trip to outer space 12

la espalda back; **tener dolor de espalda** to have a backache 3

español, española Spanish (11)

el español Spanish (language) 1

la esperanza hope 12

esperar to wait (for) 5

las espinacas spinach 6

el esquí acuático water skiing 8

esquiar to ski 1

esta this (*adj.*) 7; **esta noche** tonight 2

ésta this one (*pron.*) 7

la estación season 8

el estadio stadium 2

los Estados Unidos (*abbrev.* **EE.UU.**) United States 8

la estampilla stamp 9

estar* to be 3; **¿Cómo está(s)?** How are you (*formal sing., fam. sing.*)? 0; **Está bien.** OK. fine. 2; **Está lloviendo.** It's raining. 3; **Está nevando.** It's snowing. 3; **Está nublado.** It's cloudy. 3; **estar a la moda** to be in style 10; **estar en buena forma** to be in good shape 9

este, esta this (*adj.*) 7; **esta noche** tonight 2; **este fin de semana** this weekend 2

éste, ésta this one (*pron.*) 7

esto this (*pron.*) 7; **¿Qué es esto?** What is this? 3

el estómago stomach; **tener dolor de estómago** to have a stomachache 3

la estrella star 1; movie star (1); **mirar las estrellas** to stargaze 1

el estudiante, la estudiante
student 1
estudiantil student (*adj.*) 9
estudiar to study 1
los estudios studies 11
europeo,-a European 10
evitar to avoid 6
exagerado,-a theatrical,
exaggerated 3
el examen (*pl.* exámenes) exam 1
excelente excellent 1
excepcional exceptional 11
exigente demanding 9
exigir to demand, to require 11
el éxito hit, success 3
la experiencia experience 11
la explicación explanation 5
explicar to explain 9
el explorador, la exploradora
explorer; el muchacho
explorador Boy Scout 9
explorar to explore 12
extranjero,-a foreign 11
el extranjero abroad, foreign
countries; ir al extranjero to
go abroad 8

F _____

fabuloso,-a fabulous 8
fácil easy 1
la falda skirt 10
la familia family 4
el familiar relative 4
famoso,-a famous 8
fanático,-a fanatical; ser
fanático de to be a fan of 2
¡Fantástico! Great! 3
el farmacéutico, la farmacéutica
pharmacist 11
fascinar to fascinate 9
favor favor; por favor please 0
favorito,-a favorite 7
febrero (*m*) February 8
la fecha date 8; ¿Cuál es la fecha
de hoy? What is today's
date? 8; ¿Qué fecha es hoy?
What is today's date? 8
feliz happy; ¡Feliz cumpleaños!

Happy birthday! (4); ¡Feliz
Navidad! Merry
Christmas! (3)
feo,-a ugly 1
la feria fair (4)
la fiebre fever; tener fiebre to
have a fever 3
la fiesta party 1; fiesta de sorpresa
surprise party (11)
la figura figure 7
el fin goal, end 12; en fin all in all
8; este fin de semana this
weekend 2; los fines de
semana (on) weekends 2;
por fin finally 8
finalmente finally 5
la física physics 5
físico,-a physical; la condición
física physical condition 11;
la educación física physical
education 5
el flan baked custard, flan 6
la fogata campfire 9
la forma form, shape; estar en
buena forma to be in good
shape 9
formidable great, wonderful 1
la foto photo 2; sacar fotos to
take pictures 2
el fotógrafo, la fotógrafo
photographer 2
francés, francesa French (11)
el francés French (language) 5
Francia (*f*) France 8
la frecuencia frequency;
¿Con qué frecuencia?
How often? 4
frente a facing, opposite 8
la fresa strawberry 6
fresco cool; Hace fresco. It's
cool. 3
los frijoles beans 6
frío cold; Hace frío. It's cold.
3; tener frío to be cold 6
frito,-a fried 6; papas fritas
french fries (6)
la fruta fruit 6
el fuego fire 9
fuerte strong 12
el fútbol soccer 0; fútbol

americano football 0
el futuro future 11

G _____

la gana want, wish; tener ganas
de to feel like 3
ganar to earn 2; to win 7
la garganta throat 10; tener dolor
de garganta to have a sore
throat 3
gastar to spend (*money*) 4
el gato cat 3
el genio, la genio genius 4
la gente (*sing.*) people 7
la geografía geography 5
la geometría geometry 5
el gerente, la gerente manager 11
la gimnasia gymnastics 1
gordo,-a fat 4
el gorila, la gorila gorilla 11
la grabadora tape recorder 3
gracias thank you 0; Bien,
gracias. Fine, thank you. 0;
Muy bien, gracias. Very
well, thank you. 0
graduarse to graduate 11
gran, grande big, large 4
la gripe flu; tener gripe to have
the flu 3
gris gray 10
gritar to shout 12
el grupo group 9
los guantes gloves 10; guante de
béisbol baseball glove 5
guapo,-a good-looking 1
el guía, la guía guide; la muchacha
guía Girl Scout 9
el guineo banana
(*short variety*) 12
la guitarra guitar 1; tocar la
guitarra to play the guitar 2
gustar to be pleasing, to please
6; Me gusta(n)... I like....
0, 1; Me gustaría... I would
like.... 4; No me gusta...
I don't like.... 0; ¿Te
gusta(n)...? Do you (*fam.
sing.*) like...? 1

el gusto taste, liking (**1**); **con mucho gusto** with pleasure (**6**); **Mucho gusto.** Pleased to meet you. **0**

H

hablar to speak **1**; **hablar por teléfono** to talk on the telephone **2**

hacer* to do, to make **2**; **Hace buen (mal) tiempo.** It's good (bad) weather. **3**; **Hace calor.** It's hot. **3**; **Hace fresco.** It's cool. **3**; **Hace frío.** It's cold. **3**; **hacer agua** to take on water **12**; **hacer daño** to do harm **9**; **hacer un viaje** to take a trip **8**; **hacer un viaje al espacio** to take a trip to outer space **12**; **Hace sol.** It's sunny. **3**; **Hace viento.** It's windy. **3**; **¿Qué tiempo hace?** How is the weather? **3**; **tantas cosas que hacer** so many things to do **5**

hacerse to become **11**

hacia toward **12**

la hamaca hammock **2**

el hambre (*f*) hunger; **pasar hambre** to suffer from hunger **12**; **tener hambre** to be hungry **6**

hasta until **8**; **Hasta luego.** See you later. **0**; **Hasta mañana.** See you tomorrow. **0**; **Hasta pronto.** See you soon. (**1**)

Hay... There is..., There are.... **1**; **¿Cuántos (cuántas) hay?** How many are there? **1**; **hay que** one should, it is necessary to **11**

el helado ice cream **6**

la hermana sister **4**

el hermano brother **4**

los hermanos brother(s) and sister(s) **4**

la hierba plants, grass **12**

la hija daughter **4**

el hijo son **4**

los hijos children, son(s) and daughter(s) **4**

hispánico,-a Hispanic **8**

hispano,-a Hispanic (**3**)

la historia history **5**

la historieta comic book (comic strip) **4**

¡Hola! Hi! **0**

el hombre man **10**

el hombre (la mujer) de negocios businessperson **11**

la hora time, hour **5**; **¿A qué hora...?** At what time...? **5**; **Es hora de...** It's time to.... **7**; **¿Qué hora es?** What time is it? **5**

el horario schedule, itinerary (**5**)

el hospital hospital **3**

el hotel hotel **2**

hoy today **2**; **¿Cuál es la fecha de hoy?** What is today's date? **8**; **Hoy es...** Today is.... **5**; **¿Qué día es hoy?** What is today? **5**; **¿Qué fecha es hoy?** What is today's date? **8**

el hueso bone (**6**)

el huevo egg **6**; **la tortilla de huevo** omelet **6**

I

la idea idea **3**

el idioma (*m*) language **8**

la iglesia church **2**

Igualmente. Likewise. **0**

impaciente impatient **1**

el impermeable raincoat **10**

importante important **1**

importar to matter; **¡Qué importa!** Who cares! **3**

imposible impossible **5**

impresionante impressive (**12**)

incluido,-a included **6**

independiente independent **1**

el indígena, la indígena Indian, native American (**12**)

el indio, la india Indian,

native American **12**

la ingeniería engineering **11**

el ingeniero electricista, la ingeniera electricista electrical engineer **11**

Inglaterra (*f*) England **8**

inglés, inglesa English (**11**)

el inglés English (language) **1**

inmediatamente immediately **12**

inolvidable unforgettable (**12**)

el insecto insect **9**

insistir (en) to insist (on) **6**

el instituto institute **5**

el instrumento instrument **9**

inteligente intelligent **1**

el intercambio exchange (**5**)

interesante interesting **1**

interesar to interest **9**; **me interesa(n)** I am interested in **9**; **no me interesa(n)** I am not interested in **9**

el invierno winter **8**

el invitado, la invitada guest (**6**)

invitar to invite **5**

ir* to go **2**; **ir al extranjero** to go abroad **8**; **ir de compras** to go shopping **2**; **ir de vacaciones** to go on vacation **3**; **Vayan al pizarrón.** Go to the chalkboard. (*pl.*) **0**

irresponsable irresponsible **1**

la isla island **8**

Italia (*f*) Italy **8**

italiano,-a Italian (**11**)

el italiano Italian (language) **8**

la izquierda left; **Doble a la izquierda.** Turn left. (*formal sing.*) **8**

J

el jamón ham **6**

Japón (*m*) Japan **8**

el japonés Japanese (language) **8**

el jardín garden, yard **2**

el jefe, la jefa boss **11**

joven (*pl.* **jóvenes**) young **1**

el joven, la joven (*pl.* **jóvenes**) youth, youngster (**12**)

el juego electrónico video game **1**

jueves Thursday **5**; **el jueves** (on) Thursday **5**

el jugador, la jugadora player **2**

jugar (u → ue)* to play **1**; **jugar boliche** to bowl, to go bowling **2**

el jugo juice **6**

julio (*m*) July **8**

junio (*m*) June **8**

K _____

el kilómetro kilometer **12**

L _____

la the **1**; her, it, you (*formal*) (*d.o.*) **7**

el laboratorio laboratory **5**

lado side; **algún lado** somewhere **12**; **al lado de** next to, beside **8**; **ningún lado** nowhere **12**

el lápiz (*pl.* **lápices**) pencil(s) **1**; **Saquen papel y lápiz.** Take out paper and pencil. (*pl.*) **0**

largo,-a long **10**

las the **1**; them, you (*pl.*) (*d.o.*) **7**

lástima pity, shame; **¡Qué lástima!** What a shame! **3**

lavar to wash **2**

lavarse to wash, to get washed **10**

le (to, for) him / her / you (*formal*) (*i.o.*) **9**

le gusta(n) he / she / you (*formal*) likes **2**

la lección (*pl.* **lecciones**) lesson **5**

la lectura reading (**1**)

la leche milk **6**

leer* to read **5**

lejos de far from **8**

les (to, for) them / you (*pl.*) (*i.o.*) **9**

levantar to lift; **levantar pesas** to lift weights; **9**; **levantar una tienda** to pitch a tent **9**

levantarse to get up **10**; to stand up **0**; **Levántense.** Stand up. (*pl.*) **0**

libre free **8**; **al aire libre** outdoors **9**; **la lucha libre** wrestling **0**; **los ratos libres** free time **9**

el libro book **1**; **Abran (Cierren) el libro.** Open (Close) your book. (*pl.*) **0**

la licencia license, permit **11**

limpio,-a clean **9**

la limusina limousine (**4**)

la lista list (**1**)

listo,-a ready **5**

lo him, it, you (*formal*) (*d.o.*) **7**; **¡Cuánto lo siento!** I'm so sorry! **3**; **lo más posible** as much as possible **11**; **lo siento** I'm sorry (**5**)

loco,-a crazy **5**

los, las the **1**; them, you (*pl.*) (*d.o.*) **7**; **los (las) dos** both, the two (of them) (**2**); **los fines de semana** (on) weekends **2**

la lucha struggle, fight; **lucha libre** wrestling **0**

luego then **12**; **Hasta luego.** See you later. **0**

el lugar place **8**

lunes Monday **5**; **el lunes** (on) Monday **5**

LL _____

llamar to call **5**; **llamar por teléfono** to call on the telephone (**3**)

llamarse to be called; **¿Cómo se (te) llama(s)?** What's your name? (*formal sing., fam. sing.*) **0**; **Me llamo** _____. My name is _____. **0**

la llave key **4**

llegar* to arrive **8**

llevar to take (along) **8**; to take, to wear **10**; **llevar a comer** to take out to eat **4**

llorar to cry **12**

llover to rain **10**; **Está lloviendo.** It's raining. **3**

la lluvia rain **12**

M _____

la madre (**mamá**) mother (mom) **4**

el maíz corn; **la tortilla de maíz** corn tortilla **6**

mal badly, poorly **4**; **salir mal** to do poorly (**11**); **sentirse mal** to feel bad (sick) (**11**)

mal (*m*), **malo,-a** bad **1**; **Hace mal tiempo.** It's bad weather. **3**

mamá mom **4**

el mandato command (**0**)

el maniquí mannequin (**10**)

la mano hand **10**

la mantequilla butter **6**

la manzana apple **6**

mañana tomorrow **2**; **Hasta mañana.** See you tomorrow. **0**; **pasado mañana** day after tomorrow **4**

la mañana morning **5**; **de la mañana** in the morning, A.M. **5**; **por la mañana** in the morning **5**

el mapa map **12**

la máquina machine; **máquina de escribir** typewriter **3**

el mar sea **8**

maravilloso,-a wonderful **12**

el marciano, la marciana Martian **7**

el marinero, la marinera sailor **12**

marrón brown **10**

martes Tuesday **5**; **el martes** (on) Tuesday **5**

marzo (*m*) March **8**

más more 2; lo más posible as much as possible 11; más o menos more or less 9; más...que more...than 12; más tarde later 2; No puedo más. I can't take any more. 8

las matemáticas mathematics 3

maya Mayan (*adj.*) 8

mayo (*m*) May 8

mayor older 4; mayor que older than 12

me me (*d.o.*) 8; (to, for) me (*i.o.*) 8; me encanta(n) I love, I like a lot 6; Me gusta(n)... I like.... 0, 1; Me gustaría... I would like.... 4; Me llamo _____. My name is _____. 0

la mecanografía typing 5

media half (past the hour) 5

la medianoche midnight 5

el médico, la médica doctor 11

el mediodía noon 5

el medio means; medio de transporte means of transportation (8)

mejor better; a lo mejor maybe 2; el (la) mejor the best 8; Mejor no. Better not. 7; mejor...que better...than 12

el melón cantaloupe 6

la memoria memory; de memoria by heart (2)

menor younger 4; menor que younger than 12

menos less (6); before the hour 5; más o menos more or less 9; menos...que less...than 12; por lo menos at least 11

mental mental 11

la mentira lie 7

el menú menu 6

el mercado market (1); el supermercado supermarket 2

la mermelada jam 6

el mes month 8

la mesa table 6

la mesera waitress 6

el mesero waiter 6

mexicano,-a Mexican 8

la mezcla mixture 10

mí me (*after prep.*) 6; para mí as far as I am concerned, to me 4

mi, mis my 4

el miedo fear; tener miedo (de) to be afraid (of) 6

el miembro, la miembro member 9

miércoles Wednesday 5; el miércoles (on) Wednesday 5

mil one thousand 4

un millón (de) one million 4

el minuto minute 7

mirar to watch; mirar las estrellas to stargaze 1

mis *See* mi.

mismo: lo mismo the same 6

la mochila backpack 4

la moda style, fashion 10; estar a la moda to be in style 10

moderno,-a modern 11

la moneda coin 9

la montaña mountain 8

el monumento monument 8

morado,-a purple 10

mostrar (o → ue)* to show 9

la moto (*f*) motorcycle 3

la muchacha girl 10; muchacha guía Girl Scout 9

el muchacho boy 10; muchacho explorador Boy Scout 9

mucho a lot, much (*adv.*) 1

mucho,-a much, a lot, (*sing.*), many (*pl.*) (*adj.*) 1; con mucho gusto with pleasure 6; muchas veces often 4; Mucho gusto. Pleased to meet you. 0

la muela tooth; sacar una muela to pull a tooth 11; tener dolor de muelas to have a toothache 3

la mujer woman 10

mundial world (*adj.*); la Copa Mundial World Cup (*soccer*) (3)

el mundo world (0); dar la vuelta al mundo to travel around the world 12; todo el mundo everyone, everybody 8

la muñeca doll 9

el músculo muscle 9

el museo museum 2

la música music 3; música rock rock music 3

muy very 1; Muy bien, gracias. Very well, thank you. 0

N

nada not at all, nothing 1; De nada. You're welcome. 0

nadar to swim 1

nadie nobody 12

la naranja orange 6

la nariz nose 10

la natación swimming 8

natural natural; el recurso natural natural resource 9

la naturaleza nature 8

la nave espacial spaceship (12)

navegar* to sail, to navigate 12

la Navidad Christmas; ¡Feliz Navidad! Merry Christmas! (3)

necesitar to need 5

el negocio business; el hombre (la mujer) de negocios businessperson 11

negro,-a black 10

nervioso,-a nervous 3

nevar (e → ie)* to snow; Está nevando. It's snowing. 3

ni neither, nor; ni...ni neither...nor 6

la nieve snow 8

ningún, ninguna none (*adj.*) 12; ningún lado nowhere 12

ninguno none (*pron.*) 12

el niño, la niña child 4

no no, doesn't, don't 0; ¡Ay, no! Oh, no! 1; Creo que no. I don't think (believe) so. 5; decir que no to say no 7; Mejor no. Better not. 7; ¿no? right?, isn't it?, don't you? 2; No entiendo. I don't understand. 0; No es para

tanto. Big deal. **7; ¡No lo creo!** I don't believe it! **5; ¡No me digas!** Don't tell me! **3; No me gusta...** I don't like.... **0; ¡No puede ser!** It can't be! **3; No puedo más.** I can't take any more. **8; No sé.** I don't know. **0; ¿No te parece?** Don't you (*fam. sing.*) think so? **(4)**

la noche night, evening; **anoche** last night **10; Buenas noches.** Good evening. Good night. **0; de la noche** at night, P.M. **5; esta noche** tonight **2; por la noche** at night **5**

el nombre name; **en nombre de** in the name of **12**

norteamericano,-a American (U.S.) **(11)**

nos (to, for) us (*i.o.*) **6;** us (*d.o.*) **8**

nosotros, nosotras we **1;** us (*after prep.*) **3**

las notas grades; **sacar buenas (malas) notas** to get good (bad) grades **4**

la noticia news item **3**

las noticias news **3**

novecientos,-as nine hundred **4**

la novela novel **5**

noventa ninety **1**

la novia girlfriend **2**

noviembre (*m*) November **8**

el novio boyfriend **2**

nublado cloudy; **Está nublado.** It's cloudy. **3**

nuestro,-a our **4**

nueve nine **0**

nuevo,-a new **1**

el número number **1**

nunca never **4**

O

o or **2; o...o** either...or **12**

observar to observe **9**

octubre (*m*) October **8**

el oculista, la oculista eye doctor **(0)**

ocupado,-a busy **5**

ochenta eighty **1**

ocho eight **0**

ochocientos,-as eight hundred **4**

la oficina office **2**

oír* to hear **7**

el ojo eye **7**

olvidar to forget **8**

once eleven **0**

operar to operate **11**

la opinión opinion **7**

el opuesto opposite **(12)**

la orden (*pl. órdenes*) order **(10)**

la oreja ear (*outer*) **10**

oscuro,-a dark **10**

el oso bear **(7); osito de peluche** teddy bear **4**

la ostra oyster **(6)**

el otoño autumn **8**

otro,-a other, another **2; otra vez** again **3**

¡Oye! Hey!, Listen! (*fam. sing.*) **0**

P

el paciente, la paciente patient **1**

el pacto pact **(6)**

el padre (**papá**) father (dad) **4**

los padres parents **4**

la paella (**valenciana**) (Valencian) paella (*a typical Spanish dish*) **(6)**

pagar* to pay **10**

la página page **(11)**

el país country **4**

el pájaro bird **7**

la palabra word; **palabra asociada** associated word **(9)**

el pan bread **6**

los pantalones pants **10**

papá dad **4**

la papa potato **6; papas fritas** french fries **(6)**

el papel paper; **Saquen papel y lápiz.** Take out paper and pencil. (*pl.*) **0**

el paquete package **(6)**

para to, in order to, for **2; No es para tanto.** Big deal. **7; para mí** as far as I am concerned, to me **4; servir para** to be good for, to be useful for **10**

el paracaídas parachute **12; saltar en paracaídas** to parachute **12**

la parada stopping place; **parada del autobús** bus stop **(8)**

el parasol parasol, sunshade **(0)**

parecer* to seem **6; ¿No te parece?** Don't you (*fam. sing.*) think so? **(4); ¿Qué te parece?** What do you (*fam. sing.*) think? **4**

el parque park **2**

participar (**en**) to participate (in) **9**

el partido game, match **2**

pasado,-a last, past **10; pasado mañana** day after tomorrow **4**

el pasajero, la pasajera passenger **11**

pasar to pass, to go by **12;** to spend (*time*) **4; pasar hambre** to suffer from hunger **12; ¿Qué les pasa?** What's wrong with you (*pl.*)? **(2); ¿Qué pasa?** What's going on? **(4)**

el pasatiempo pastime, hobby **9**

pasear to go for a ride **12; pasear en velero** to go sailing **12**

el paseo excursion **11; dar un paseo** to take a walk **2**

el pastel pastry, cake **6**

patinar to skate **9**

pedir (**e → i, i**)* to ask for, to order **6**

peinarse to comb one's hair **10**

la película movie **2; película de ciencia-ficción** science fiction film **7; película policíaca** detective film **7**

peligroso,-a dangerous **12**

pelirrojo,-a redheaded **10**

el pelo hair 10; **tomar el pelo** to kid 11

el peluche plush; **el osito de peluche** teddy bear 4

la pena pity, shame; **¡Qué pena!** What a shame! 3

pensar (e → ie)* (en) to think (about) 7; **pensar + inf.** to plan on, to intend to 7

peor worse; **peor...que** worse...than 12

pequeño,-a small 4

la pera pear 6

perder (e → ie)* to lose, to miss (*fail to attend*), to waste (*time*) 7

la pérdida loss, waste; **una pérdida de tiempo** a waste of time 7

perdido,-a lost (10)

perfecto,-a perfect 8

el perfil profile (9)

el perfume perfume 4

el periódico newspaper 5

el periodista, la periodista journalist 11

permitir to permit, to allow 6

pero but 1

el perro dog 3

la persona person 3

pesado boring (*lit.* heavy); **pesadísimo** very hectic, terrible 5; **¡Qué pesado!** How boring!, What a nuisance! 3

las pesas weights; **levantar pesas** to lift weights 9

el pescado fish 6

la peseta peseta (*unit of currency, Spain*) (0)

el peso peso (*unit of currency, several Latin American countries*) (0)

el peso weight; **aumentar de peso** to gain weight 6; **bajar de peso** to lose weight 6

el pianista, la pianista pianist 11

el piano piano; **tocar el piano** to play the piano 2

el pie foot 10; **a pie** on foot 8

la pierna leg 10

la pieza piece 4

pilotear to pilot; **pilotear un avión** to fly a plane 12

el piloto, la mujer piloto pilot 11

la piscina swimming pool 2

el piso floor 4

el piyama pajamas 10

el pizarrón chalkboard; **Vayan al pizarrón.** Go to the chalkboard. (*pl.*) 0

los planes plans 5

el plátano banana, plantain 6

el plato plate, dish 2

la playa beach 2

la plaza plaza, square 2

pobre poor 8; **pobrecito** poor thing 5

poco a little; **pocas veces** rarely 4; **un poco** a little (bit) 3

poder* to be able (to), can, may 9; **¡No puede ser!** It can't be! 3; **No puedo más.** I can't take any more. 8

la poesía poetry 5

la policía police (force) (11)

el policía, la mujer policía police officer 11

policíaco,-a police (*adj.*); **la película policíaca** detective film 7

el pollo chicken 6

poner to put, to place, to set 6

ponerse to put on 10

popular popular 1

por about, by, for, through; **hablar por teléfono** to talk on the telephone 2; **por cierto** as a matter of fact 2; **por ejemplo** for example 5; **por eso** that's why, therefore 4; **Por favor.** Please. 0; **por fin** finally 8; **por la mañana** in the morning 5; **por la noche** at night 5; **por la tarde** in the afternoon / evening 5; **por lo menos** at least 11; **¿por qué?** why? 2; **por supuesto** of course 2

porque because 2

Portugal (*m*) Portugal 8

el portugués Portuguese (language) 8

posible possible; **lo más posible** as much as possible 11

postal post, postal; **la tarjeta postal** postcard (1)

el postre dessert 6

practicar* to practice, to play 1

el precio price 6

preferido,-a preferred (8)

preferir (e → ie, i)* to prefer 1, 7

la pregunta question 12

preguntar to ask (*a question*) 7

el preguntón, la preguntona very inquisitive person, busybody (2)

el premio prize 9

preocupado,-a worried 3

la preparación preparation 11

preparar to prepare 6

prepararse to prepare oneself, to study 11

primario,-a primary; **la escuela primaria** elementary school (10)

la primavera spring 8

primero,-a first 2

el primo, la prima cousin 4

la prisa haste; **tener prisa** to be in a hurry 6

probablemente probably 9

probarse (o → ue)* to try on 10

el problema (*m*) problem 6

la profesión profession 11

el profesor, la profesora teacher 1

el programa (*m*) program 7

la programación de computadoras computer programming 5

el programador (la programadora) de computadoras computer progammer 11

programar to program 9

la promesa promise 12

prometer to promise 5

el pronóstico del tiempo weather forecast 7

pronto soon 2; **Hasta pronto.** See you soon. (1)

la propina tip (*in a restaurant*) 6

propio,-a (one's) own (5)

próximo,-a next 4

prueba quiz, trial (11)

el pueblo town (12)

la puerta door (0)

el puerto port (12)

pues oh, well; **Pues, bastante bien.** Oh, pretty well. 0

el puesto job, position 11

el pulpo octopus (6)

la pulsera bracelet 4

el punto point 7; **en punto** sharp (*time*) 5; **punto de vista** point of view (9)

Q

que that, who 2; than; **decir que no (sí)** to say no (yes) 7; **hay que** one should, it is necessary to 11; **más...que** more...than 12; **mayor que** older than 12; **mejor...que** better...than 12; **menor que** younger than 12; **menos...que** less...than 12; **peor...que** worse... than 12; **tener que** to have to 3

¿qué? what? which (one)? 1; **¿A qué hora...?** At what time...? 5; **¿Con qué frecuencia?** How often? 4; **¿por qué?** why? 2; **¡Qué bueno!** Good! 3; **¡Qué desorden!** What a mess! (7); **¿Qué día es hoy?** What day is today? 5; **¡Qué dolor!** How painful! (3); **¿Qué es eso/esto?** What is that/this? 3; **¿Qué fecha es hoy?** What is today's date? 8; **¿Qué hora es?** What time is it? 5; **¡Qué importa!** Who cares! 3; **¡Qué lástima!** What a shame! 3; **¿Qué les pasa?** What's wrong

with you? (*pl.*) (2); **¿Qué pasa?** What's going on? (4); **¡Qué pena!** What a shame! 3; **¡Qué pesado!** How boring!, What a nuisance! 3; **¿Qué quiere decir...?** What does...mean? 0; **¿Qué tal?** How are you?, How's it going? 0; **¿Qué tal...?** What about...? (4); **¿Qué te parece?** What do you (*fam. sing.*) think? 4; **¿Qué tiempo hace?** How is the weather? 3; **¡Qué tontería!** How stupid!, How ridiculous! 3

quedar to be located 8; to fit (*clothing*) 10

quedarse to remain 12

la queja complaint (11)

quejarse (de) to complain (about) 12

querer to want, to wish 2; **¿Qué quiere decir...?** What does... mean? 0

querer to love 7

querido,-a dear 1

el queso cheese 6

¿quién? who? 2; **¿De quién(es)...?** Whose...? (*sing., pl.*) 4; **¿De quién es/son?** Whose is it/are they? 4; **¿Quién es?** Who is it? 1; **¿Quiénes son?** Who are they? 1

la química chemistry 5

quince fifteen 0

quinientos,-as five hundred 4

quitarse to take off 10

quizás maybe 8

R

el radio radio (set) 3

la radio radio (*broadcast, programming*) 1; **escuchar la radio** to listen to the radio 1

rápido,-a fast, quick 5

raro,-a strange 3

el rato while 7; **ratos libres** free time 9

la raza race; **el Día de la Raza** Columbus Day 12

la razón (*pl.* **razones**) reason (6); **tener razón** to be right 6

real royal 12

recibir to receive 6

la recomendación recommendation (6)

recomendar (e → ie)* to recommend (6)

recordar (o → ue)* to remember 9

el recreo recess 5

el recuerdo souvenir 8

el recurso natural natural resource 9

el refresco soft drink 6

el regalo gift 4

la regla rule 9

regresar to return 3; **regresar a (la) casa** to return to the house (home) 3

el regreso return; **de regreso** back home (8)

Regular. OK. 0

la reina queen 12

el reloj watch, clock 3

repente: de repente suddenly 7

repetir (e → i, i)* to repeat 9; **Repitan, por favor.** Repeat, please. (*pl.*) 0

el reportaje report; **reportaje deportivo** sports report 7

representar to represent (10)

respetar to respect 9

responder to answer 7

la responsabilidad responsibility 11

responsable responsible 1

la respuesta answer (12)

el restaurante restaurant 2

la revista magazine 4

el rey king 12

ridículo,-a ridiculous, absurd 7

el rincón (*pl.* **rincones**) corner (1)

el río river 12

rojo,-a red 10

el rompecabezas (jigsaw) puzzle 4

la ropa clothes, clothing 2

rosado,-a pink **10**
rubio,-a blond **10**
el ruido noise **7**
las ruinas ruins **8**
Rusia (*f*) Russia **8**
el ruso Russian (language) **8**
la rutina routine (**4**)

S

sábado (*m*) Saturday **5**; **el sábado** (on) Saturday **5**
el sabelotodo, la sabelotodo know-it-all **6**
saber* to know (*a fact, information*), to know how (*to do something*) **6**; **No sé.** I don't know. **0**
sacar* to take out; **sacar buenas (malas) notas** to get good (bad) grades **4**; **sacar fotos** to take pictures **2**; **sacar la basura** to take out the garbage **10**; **sacar una muela** to pull a tooth **11**; **Saquen la tarea.** Take out your homework. (*pl.*) **0**; **Saquen papel y lápiz.** Take out paper and pencil. (*pl.*) **0**
el saco de dormir sleeping bag **9**
la sal salt (**6**)
salir* to go out **2, 6**; to leave **6**; **salir mal** to do poorly (**11**)
la salsa salsa music (**2**); sauce, gravy (**6**)
saltar to jump **12**; **saltar en paracaídas** to parachute **12**
la salud health **9**
los saludos regards, greetings **8**
sano,-a healthy, wholesome **6**
el santo saint; (**día del**) **santo** saint's day (**8**)
Saquen la tarea. Take out your homework. (*pl.*) **0**
Saquen papel y lápiz. Take out paper and pencil. (*pl.*) **0**
sé: No sé. I don't know. **0**
el secretario, la secretaria secretary **11**

secundario,-a secondary; **la escuela secundaria** high school **11**
la sed thirst; **tener sed** to be thirsty **6**
seguir (e → i, i)* to follow, to continue **10**; **seguir un curso** to take a course **11**; **Siga derecho.** Go straight ahead. (*formal sing.*) **8**
seguro,-a sure **11**
seis six **0**
seiscientos,-as six hundred **4**
la selva jungle **12**
la semana week **3**; **este fin de semana** this weekend **2**; **los fines de semana** (on) weekends **2**
sentarse to sit down; **Siéntense, por favor.** Please sit down. (*pl.*) **0**
el sentimiento feeling (**3**)
sentir(se) e → ie, i)* to feel **11**; **¡Cuánto lo siento!** I'm so sorry! **3**; **lo siento** I'm sorry (**5**)
la señal sign **12**
el señor (*abbrev.* **Sr.**) Mr. **0**
la señora (*abbrev.* **Sra.**) Mrs. **0**
la señorita (*abbrev.* **Srta.**) Miss **0**
separarse to get separated **12**
septiembre (*m*) September **8**
ser* to be **1**; **¡No puede ser!** It can't be! **3**; **ser fanático de** to be a fan of **2**
serio,-a serious **3**; **en serio** seriously **11**
la serpiente snake **11**
servir (e → i, i)* to serve **10**; **servir para** to be good for, to be useful for **10**
sesenta sixty **1**
setecientos,-as seven hundred **4**
setenta seventy **1**
si if **3**
sí yes **0**; **Creo que sí.** I think (believe) so. **5**; **decir que sí** to say yes **7**
siempre always **4**

Siéntense, por favor. Please sit down. (*pl.*) **0**
siete seven **0**
el siglo century **10**
siguiente next, following **5**
simpático,-a friendly, nice, likable **1**
sin without **8**
el síntoma symptom (**3**)
el sirviente, la sirviente servant (**4**)
el sitio place, site (**12**)
sobre about **2**; **sobre todo** above all **1**
la sobrina niece; **los sobrinos** niece(s) and nephew(s) (**10**)
el sobrino nephew; **los sobrinos** niece(s) and nephew(s) (**10**)
el sol sun; **los anteojos de sol** sunglasses **10**; **Hace sol.** It's sunny. **3**; **tomar el sol** to sunbathe **8**
solo alone (*adv.*) **9**
solo,-a alone, by oneself, single (*adj.*) **12**
sólo only **4**
solucionar to solve (**4**)
el sombrero hat **10**
el sonido sound **7**
la sopa soup **6**
sorprendido,-a surprised **3**
la sorpresa surprise (**3**); **la fiesta de sorpresa** surprise party (**11**)
su, sus her, his, its, their, your (*formal*) **4**
submarino,-a underwater **12**
el sueño dream **7**; sleep; **tener sueño** to be sleepy **6**
la suerte luck; **¡Buena suerte!** Good luck! **3**
el suéter sweater **4**
sufrir to suffer (**6**)
la sugerencia suggestion (**2**)
el supermercado supermarket **2**
supuesto supposed; **por supuesto** of course **2**
el sur (the) south **12**
sus *See* su.

T

tacaño,-a stingy 4
tal thus, so, such ¿Qué tal? How are you? 0; ¿Qué tal...? What about...? (4)
talla size (*clothing*) 10
también also, too 1
tampoco neither, (not) either 12
tan such a, so 2
tanto so much (*adv.*) 11
tanto,-a so much (*sing.*), so many (*pl.*) (*adj.*) 11; No es para tanto. Big deal. 7; tantas cosas que hacer so many things to do 5
tarde late 5; más tarde later 2
la tarde afternoon, evening; Buenas tardes. Good afternoon. 0; de la tarde in the afternoon, evening, P.M. 5; por la tarde in the afternoon, evening 5
la tarea homework 0; Saquen la tarea. Take out your homework. (*pl.*) 0
la tarjeta card 3; tarjeta postal postcard (1)
la tarta tart, pie 6
te you (*fam.*) (*d.o.*) 8; (to, for) you (*fam.*) (*i.o.*) 8
el té tea 6
el teatro theater 2
¿Te gusta(n)...? Do you (*fam. sing.*) like...? 1
el teléfono telephone 1; hablar por teléfono to talk on the telephone 2; llamar por teléfono to call on the telephone (3)
la telenovela soap opera 1
la televisión television (*broadcast, programming*) 0; ver televisión to watch television 1
el televisor television (set) 1
temprano early 8

tener* to have 3; ¿Cuántos años tiene? How old is he / she? 2; tener calor to be hot 6; tener catarro to have a cold 3; tener cuidado (de) to be careful (to) 9; tener dolor de cabeza to have a headache 3; tener dolor de espalda to have a backache 3; tener dolor de estómago to have a stomachache 3; tener dolor de garganta to have a sore throat 3; tener dolor de muelas to have a toothache 3; tener fiebre to have a fever 3; tener frío to be cold 6; tener ganas de to feel like 3; tener gripe to have the flu 3; tener hambre to be hungry 6; tener miedo to be afraid 6; tener prisa to be in a hurry 6; tener que to have to 3; tener razón to be right 6; tener sed to be thirsty 6; tener sueño to be sleepy 6; tener tos to have a cough 3
el tenis tennis 0
la tensión tension, stress 8
la terminal de autobuses bus terminal 2
ti you (*fam. sing., after prep.*) 6
la tía aunt 4
el tiempo time 6; una pérdida de tiempo a waste of time 7
el tiempo weather; Hace buen (mal) tiempo. It's good (bad) weather. 7; el pronóstico del tiempo weather forecast 7; ¿Qué tiempo hace? How is the weather? 3
la tienda store 2; tent 9; levantar una tienda to pitch a tent 9
la tierra land 12
el tigre tiger 11
el tío uncle 4
los tíos aunt(s) and uncle(s) 4
típico,-a typical, characteristic 8
el tipo kind, type 10
el tocadiscos record player 3

tocar* to touch 12; to play 2; tocar el piano to play the piano 2; tocar la guitarra to play the guitar 2
el tocino bacon 6
todavía still 3
todo,-a all 1; sobre todo above all 1; todo el mundo everyone, everybody 8; todos everyone, everybody 3; todos los días every day 4
tomar to drink, to have (to eat) 6; to take 4; tomar el pelo to kid 11; tomar el sol to sunbathe 8
el tomate tomato 6
la tontería silliness; ¡Qué tontería! What nonsense! 3
el toro bull; la corrida de toros bullfight 8
la tortilla de huevo omelet 6; tortilla de maíz corn tortilla 6
la tos cough; tener tos to have a cough 3
el total total 7
trabajar to work 1; trabajar en la computadora to work at the computer 2
el trabajo work 8; job 11
traer* to bring 6
el traje suit 10
el traje de baño swimsuit 10
el transporte transportation; el medio de transporte means of transportation (8)
tras after; día tras día day after day (10)
través: a través de through 10
trece thirteen 0
treinta thirty 1
el tren train 8
tres three 0
trescientos,-as three hundred 4
tropical tropical 8
tu, tus your (*fam. sing.*) 4
tú you (*fam. sing., subj.*) 1
turístico,-a tourist (*adj.*) 8
tus *See* tu.

U

u or (*before o or ho*) **(6)**
último,-a last **4**
un, una a, an **1; una pérdida de tiempo** a waste of time **7; un poco** a little (bit) **3**
unas some, any, a few **3**
la Unión Soviética (Rusia) Soviet Union (Russia) **8**
uno one **0**
unos, unas some, any, a few **3**
usar to use, to wear **10**
usted you (*formal sing., subj.*) **1**
ustedes you (*pl.*) **1**
la uva grape **6**

V

las vacaciones vacation **1; ir de vacaciones** to go on vacation **3**
la vainilla vanilla **(0)**
valiente brave **(12)**
las variedades variety shows **7**
varios,-as several **9**
el vaso glass **(9)**
Vayan al pizarrón. Go to the chalkboard. (*pl.*) **0**
veinte twenty **1**
el velero sailboat **12; pasear en velero** to go sailing **12**
el vendedor, la vendedora salesclerk **7**

venezolano,-a Venezuelan **(11)**
venir* to come **7**
la venta sale; **en venta** on sale **10**
la ventana window **11**
ver* to see **1, 5; A ver...** Let's see.... **4; ver televisión** to watch television **1**
el verano summer **8; el campamento de verano** summer camp **8**
veras: ¿De veras? Really? **3**
la verdad truth **5; de verdad** really, truly **8; ¿verdad?** right?, isn't it?, don't you? **2**
verde green **10**
la verdura vegetable **6**
el vestido dress **10**
vestirse (e → i, i)* to get dressed **10**
el veterinario, la veterinaria veterinarian **11**
la vez (*pl.* **veces**) time, instance **4; a veces** sometimes **4; muchas veces** often **4; otra vez** again **3; pocas veces** rarely **4**
viajar to travel **2**
el viaje trip; **agente de viajes** travel agent **11; hacer un viaje** to take a trip **8; hacer un viaje al espacio** to take a trip to outer space **12**
la vida life **8**
viejo,-a old **1**
el viento wind; **Hace viento.** It's windy. **3**
viernes Friday **5; el viernes** (on) Friday **5**

el visado visa **(0)**
la visita visit **3**
visitar to visit **2**
la vista view; **el punto de vista** point of view **(9)**
vivir to live **6**
el volibol volleyball **0**
volver (o → ue)* to return **9**
vosotros, vosotras you (*fam. pl., Spain*) **(1)**
votar to vote **(11)**
la voz (*pl.* **voces**) voice **7; bajar la voz** to lower one's voice **7**
la vuelta a turn around; **dar la vuelta al mundo** to travel around the world **12**
vuestro, vuestra your (*fam. pl., Spain*) **(4)**

Y

y and **1; ¿Y tú?** And you (*fam. sing.*)? **0; ¿Y usted?** And you (*formal sing.*)? **0**
ya already **4**
yo I, me (*subj.*) **1**
el yoga yoga **9**
¿Y tú? And you (*fam. sing.*)? **0**
¿Y usted? And you (*formal sing.*)? **0**

Z

la zanahoria carrot **6**
los zapatos shoes **10**
el zoológico zoo **11**

English-Spanish Vocabulary

This vocabulary includes items in the **Vocabularios de capítulo** as well as in the **Introducciones, Exploraciones,** and **Perspectivas.**

A

a un, una 1
to **abandon** abandonar 12
a bit un poco 3
able capaz; **to be able (to)** poder* 9
about de 1, por, sobre 2
above encima de 8; **above all** sobre todo 1
abroad el extranjero; **to go abroad** ir al extranjero 8
absurd ridículo,-a 7
accounting la contabilidad 5
ache el dolor 3
acquainted: to be acquainted with conocer 6
across from frente a 8
actor el actor 11
actress la actriz (*pl.* actrices) 11
address la dirección (*pl.* direcciones); **What is your address?** ¿Cuál es tu dirección? 4
to **admire** admirar 8
adventure la aventura 12
advertisement el anuncio 7
advice el consejo (6)
to **advise** aconsejar 11
advisor el consejero, la consejera (11)
a few unos, unas 3
to **affect** afectar (3)
afraid: to be afraid (of) tener miedo (de) 6
after después (de) 3; **afterward** después 5
afternoon la tarde; **Good afternoon.** Buenas tardes. 0; **in the afternoon** de la tarde 5; por la tarde 5
again otra vez 3

against contra 2
agency la agencia 11
agent el (la) agente; **travel agent** agente de viajes 11
agitated agitado,-a 8
agreement el pacto (6)
air el aire 12
airplane el avión (*pl.* aviones) 8; **to fly an airplane** pilotear un avión 12
airport el aeropuerto 2
album el disco 1, el álbum 4
algebra el álgebra (*f*) 3
a little un poco 3
all todo,-a 1; **above all** sobre todo 1; **all in all** en fin 8
to **allow** permitir 6
almost casi 4
alone solo,-a 9
a lot (of) mucho,-a (*adj.*) 1
already ya 4
also también 1
altitude la altura (12)
always siempre 4
A.M. de la mañana 5
amateur aficionado,-a (2)
Amazon amazónico,-a 12
American: North, South, Central American americano,-a (1); **American (U.S.), North American** norteamericano,-a (11)
among entre 8
amusing divertido,-a 1
an un, una 1
ancient antiguo,-a 10
and y 1; (*before* i *and* hi) e 5
angry enojado,-a 3
animal el animal 1
announcement el boletín (*pl.* boletines) (5)
another otro,-a 2
answer la respuesta (12)

to **answer** responder 7; **Answer** (*pl.*) Contesten. 0
anxiety la ansiedad (11)
any unos, unas 3
apartment el apartamento 4
to **appear** aparecer 12
appetizer la entrada 6
apple la manzana 6
appointment la cita, la consulta (10); **doctor's appointment** consulta médica (11)
April abril (*m*) 8
aquatic acuático,-a 8
Arab (language) el árabe 8
arm el brazo 10
around alrededor; **to travel around the world** dar la vuelta al mundo 12
to **arrive** llegar* 8
art el arte 5
as como 8; **as a matter of fact** por cierto 2; **as far as I am concerned** para mí 4; **as much as possible** lo más posible 11
to **ask** (*a question*) preguntar 7
to **ask for** pedir 6
asleep dormido,-a; **to fall asleep** dormirse (o → ue, u)* 10
associated aosciado,-a; **associated word** la palabra asociada (9)
astronaut el (la) astronauta (12)
at en 1; **at home** en casa 2; **at least** por lo menos 11; **at night** de la noche 5
at what time…? ¿a qué hora…? 5
to **attend** asistir a 6
August agosto (*m*) 8
aunt la tía 4; **aunt(s) and uncle(s)** los tíos 4

automobile el automóvil (**12**), el carro **1**; **automobile race** la carrera de automóviles **12**

autumn el otoño **8**

avenue la avenida **4**

aviation la aviación **11**

to avoid evitar **6**

to awake despertarse (e → ie)* **10**

award el premio **9**

B

back la espalda **3**

backache dolor de espalda **3**; **to have a backache** tener dolor de espalda **3**

back home de regreso (**8**)

backpack la mochila **4**

bacon el tocino **6**

bad mal (*m*), malo,-a **1**; **It's bad weather.** Hace mal tiempo. **3**

badly mal **4**

ball (*dance*) el baile; **costume ball** baile de disfraces **7**

ball-point pen el bolígrafo **1**

banana el plátano **6**; el guineo **12**

bank el banco **2**

barbecued asado,-a; **barbecued beef** la carne asada **6**

barometer el barómetro (**3**)

baseball el béisbol **0**; **baseball glove** el guante de béisbol **5**

basketball el baloncesto **0**

bath el baño; **to take a bath** bañarse **10**

to be estar* **3**; ser* **1**; **Be careful!** ¡Cuidado! (**6**); **to be able to** poder **9**; **to be a fan of** ser fanático de **2**; **to be afraid (of)** tener miedo (de) **6**; **to be careful (to)** tener cuidado (de) **9**; **to be cold** tener frío **6**; **to be delightful** (*to someone*) encantar **6**; **to be good (useful) for** servir para **10**; **to be hot** tener calor **6**; **to be hungry** tener hambre **6**; **to be in a hurry** tener prisa **6**; **to be in good shape** estar en buena forma **9**; **to be in style** estar a la moda **10**; **to be located** quedar **8**; **to be pleasing** (*to someone*) gustar **6**; **to be right** tener razón **6**; **to be sleepy** tener sueño **6**; **to be thirsty** tener sed **6**; **to be warm** tener calor **6**; **to be ____ years old** tener ____ años **4**

beach la playa **2**

beans los frijoles **6**

bear el oso (**7**); **teddy bear** osito de peluche **4**

because porque **2**

to become hacerse **11**

bed la cama **9**; **To bed!** ¡A la cama! **7**; **to go to bed** acostarse (o → ue)* **10**

beef la carne de res; **roast beef** carne asada **6**

before antes (de) **5**; **before the hour** menos **5**; **the day before yesterday** anteayer **10**

to begin (to) comenzar (e → ie)* (a) **7**; empezar (e → ie)* (a) **7**

behind detrás de **8**; **to leave behind** dejar **9**

to believe creer* **5**; **I believe so.** Creo que sí. **5**; **I don't believe it!** ¡No lo creo! **5**; **I don't believe so.** Creo que no. **5**

beneath debajo de **8**

beside al lado de **8**

besides además **4**

best superior, mejor; **the best** el (la) mejor, los (las) mejores **8**

better mejor; **Better not.** Mejor no. **7**; **better...than** mejor...que **12**

between entre **8**

bicycle la bicicleta; **to ride a bicycle** andar en bicicleta **2**

big grande **4**; **Big deal.** No es para tanto. **7**

bike *See* **bicycle.**

bill (*in a restaurant*) la cuenta **6**

billfold la billetera **4**

biology la biología **5**

bird el pájaro **7**

birthday el cumpleaños **4**; **Happy birthday!** ¡Feliz cumpleaños! **4**

bit: a bit un poco **3**

black negro,-a **10**

blond rubio,-a **10**

blouse la blusa **4**

blue azul **10**

boat el barco **8**; el bote **3**

body el cuerpo **10**

bone el hueso (**6**)

bonfire la fogata **9**

book el libro **1**; **Close your book.** (*pl.*) Cierren el libro. **0**; **comic book** la historieta **4**; **Open your book.** (*pl.*) Abran el libro. **0**

bookkeeping la contabilidad **5**

boots las botas **10**

bored aburrido,-a **3**

boring aburrido,-a **1**; **How boring!** ¡Qué pesado! **3**

boss el jefe, la jefa **11**

both los (las) dos (**2**)

bowling el boliche **2**; **to go bowling** jugar boliche **2**

boy el chico **1**, el muchacho **10**; **Boy Scout** muchacho explorador **9**

boyfriend el novio **2**

bracelet la pulsera **4**

brave valiente (**12**)

Brazil Brasil (*m*) **8**

bread el pan **6**

breakfast el desayuno **6**; **to have breakfast** desayunar **6**

breeze la brisa **8**

to bring traer* **6**

broadcast: news broadcast la información **5**

brother el hermano **4**; **brother(s) and sister(s)** los hermanos **4**

brown marrón **10**; **brown** (*hair, eyes*) castaño,-a **10**

bug el insecto **9**

building el edificio **10**

bull el toro **0**

bulletin el boletín (*pl.* boletines) **(5)**

bullfight la corrida de toros **8**

bus el autobús (*pl.* autobuses) **8**; **bus stop** la parada del autobús **(8)**; **bus terminal** la terminal de autobuses **2**

businessperson el hombre (la mujer) de negocios **11**

busy ocupado,-a **5**

busybody el preguntón, la preguntona **(2)**

but pero **1**

butcher shop la carnicería **11**

butter la mantequilla **6**

to buy comprar **3**

by por; **by heart** de memoria **(2)**; **by oneself** solo,-a **12**

bye adiós **0**

C _____

café el café, el restaurante **2**

cake el pastel **6**

calculator la calculadora **4**

to call llamar **5**; **to call on the telephone** llamar por teléfono **(3)**

camera la cámara **3**

camp el campamento **8**; **summer camp** campamento de verano **8**

to camp acampar **9**

camper el acampador, la acampadora **9**

campfire la fogata **9**

can poder* **9**; **I can't take any more.** No puedo más. **8**; **It can't be!** ¡No puede ser! **3**

Canada Canadá (*m*) **8**

candy los dulces **6**

canoe la canoa **12**

cantaloupe el melón **6**

car el automóvil **(12)**, el carro **1**; **car race** la carrera de automóviles **12**

caravel (*an ancient ship*) la carabela **12**

card la tarjeta **3**

care el cuidado; **to take care of** cuidar **4**; **Who cares!** ¡Qué importa! **3**

careful cuidadoso,-a; **Be careful!** ¡Cuidado! **(6)**; **to be careful (to)** tener cuidado (de) **9**

carefully con cuidado **(10)**

carrot la zanahoria **6**

cartoon el dibujo animado **7**

cassette player la grabadora **3**

cassette tape la cinta **4**

cat el gato **3**

cathedral la catedral **8**

center (of town) el centro **2**

century el siglo **10**

chalkboard el pizarrón; **Go to the chalkboard.** (*pl.*) Vayan al pizarrón. **0**

to change cambiar **12**

characteristic típico,-a **8**

to chat conversar **(2)**

cheap barato,-a **4**

check el cheque **(11)**; (*in a restaurant*) la cuenta **6**

checkers las damas **9**

cheerful alegre **(1)**; **cheerfully** alegremente **7**

cheese el queso **6**

chef el cocinero, la cocinera **6**

chemistry la química **5**

chess el ajedrez **9**

chicken el pollo **6**

child el niño, la niña **4**

children los niños, los hijos **4**

China China (*f*) **8**

Chinese (language) el chino **8**

chocolate: hot chocolate el chocolate **6**

choir, chorus el coro **9**

Christmas la Navidad; **Merry Christmas!** ¡Feliz Navidad! **(3)**

church la iglesia **2**

city la ciudad **8**

class la clase **1**; **to go to a class** asistir a una clase **6**; **to take a class** seguir un curso **11**

classmate el compañero, la compañera **(2)**

clean limpio,-a **9**

to clean up one's room arreglar el cuarto **2**

client el (la) cliente **6**

climate el clima **(8)**

to climb escalar **12**

clock el reloj **3**

to close cerrar (e → ie)*; **Close your book.** (*pl.*) Cierren el libro. **0**

close (to) cerca (de) **8**

clothes, clothing la ropa **2**

cloudy nublado; **It's cloudy.** Está nublado. **3**

coat el abrigo **10**

coffee el café **6**

coin la moneda **9**

cold frío; **head cold** el catarro **3**; **It's cold.** Hace frío. **3**; **to be cold** tener frío **6**; **to have a cold** tener catarro **3**

to collaborate colaborar **9**

to collect coleccionar **9**

collector el (la) coleccionista **9**

color el color **10**

Columbus Day el Día de la Raza **12**

to comb one's hair peinarse **10**

to come venir (e → ie)* **7**

comedy la comedia **7**

comical cómico,-a **7**

comic book la historieta **4**

command el mandato **(0)**

to comment comentar **(4)**

comments los comentarios **(4)**

commercial el anuncio **7**

common común **(12)**

competition la competencia **(11)**

competitor el competidor, la competidora **(2)**

to complain (about) quejarse (de) **12**

complaint la queja **(11)**

computer la computadora; **computer programmer** el programador (la programadora) de computadoras **11**; **computer**

programming la programación de computadoras **5; to work at the computer** trabajar en la computadora **2**

concerned preocupado,-a; **as far as I am concerned** para mí **4**

concert el concierto **1**

condition la condición (*pl.* condiciones); **physical condition** condición física **11**

to conserve conservar **9**

considerate considerado,-a (**4**)

to consist of consistir en **11**

content contento,-a **3**

contentment la alegría (**12**)

contest el concurso **7**

to continue seguir (e → i, i)* **10**

cook el cocinero, la cocinera **6**

to cook cocinar **2**

cooking la cocina **9**

cool fresco; **It's cool.** Hace fresco. **3**

corn el maíz; **corn tortilla** la tortilla de maíz **6**

corner el rincón (*pl.* rincones) (**1**)

to cost costar (o → ue)* **9; How much does it (do they) cost?** ¿Cuánto cuesta(n)? **4**

costume el disfraz (*pl.* disfraces) **7; costume ball** el baile de disfraces **7**

cough la tos; **to have a cough** tener tos **3**

country (side) el campo **8;** (*nation*) el país **4**

course el curso **11; of course** por supuesto **2; to take a course** seguir un curso **11**

court (*sports*) la cancha (**6**)

courteous amable (**12**)

cousin el primo, la prima **4**

coward el (la) cobarde (**12**)

crazy loco,-a **5**

cream la crema (**6**)

creature la criatura (**12**)

to cross cruzar **12**

to cry llorar **12**

cuisine la cocina **9**

culture la cultura **11**

currency el dinero **1**

current la corriente **12**

custard: baked custard el flan **6**

customer el (la) cliente **6**

D _____

dad papá **4**

dance el baile **3**

to dance bailar **1**

dangerous peligroso,-a **12**

dark oscuro,-a **10**

date la fecha **8; What is today's date?** ¿Cuál es la fecha de hoy?, ¿Qué fecha es hoy? **8**

daughter la hija **4; son(s) and daughter(s)** los hijos **4**

day el día **3; day after day** día tras día (**10**); **day after tomorrow** pasado mañana **4; day before yesterday** anteayer **10; every day** todos los días **4; saint's day** (día del) santo (**8**); **What (day of the week) is today?** ¿Qué día es hoy? **5**

deal: Big deal. No es para tanto. **7**

dear querido,-a **1**

debate el debate **9**

December diciembre (*m*) **8**

to decide decidir **11**

to delight encantar **6**

delighted encantado,-a **3**

delightful: to be delightful encantar **6**

to demand exigir **11**

demanding exigente **9**

dentist el (la) dentista **11**

depressed deprimido,-a **3**

to descend bajar **12**

desert el desierto (**12**)

desperate desesperado,-a **12**

dessert el postre **6**

detective film la película policíaca **7**

diary el diario **12**

dictionary el diccionario **4**

difficult difícil **1**

difficulty la dificultad **12**

dinner la cena **6**, la comida (**6**)

director el director, la directora **11**

disagreeable desagradable **1**

to disappear desaparecer* **7**

disappointed desilusionado,-a **3**

to discover descubrir (**12**)

disease la enfermedad (**3**)

dish el plato **2**

disillusioned desilusionado,-a **3**

to do hacer* **2; Do you** (*fam. sing.*) **like...?** ¿Te gusta(n)...? **1; so many things to do** tantas cosas que hacer **5; to do harm** hacer daño **9; to do poorly** salir mal (**11**). *See also* **don't.**

doctor el médico, la médica **11; doctor's appointment** la consulta médica (**11**); **eye doctor** el (la) oculista (**0**)

documentary el documental **7**

doesn't no (**0**)

dog el perro **3**

doll la muñeca **9**

domino, dominoes el dominó **9**

don't no **0; Don't tell me!** (*fam. sing.*) ¡No me digas! **3; don't you** (**I, they, we**)? ¿no?, ¿verdad? **2; Don't you** (*fam. sing.*) **think so?** ¿No te parece? (**4**); **I don't like...** No me gusta... **0**

door la puerta (**0**)

down abajo; **to go down** bajar **12**

downtown el centro **2**

to draw dibujar **9**

drawing el dibujo **7**

dream el sueño **7**

dress el vestido **10**

dressed: to get dressed vestirse (e → i, i)* **10**

drink la bebida **6**

to drink tomar **6**

to drive conducir* **6**

during durante **5**

E

each cada (11)
ear (outer) la oreja 10
early temprano 8
to earn ganar 2
earphones los audífonos (4)
easy fácil 1
to eat comer 5; to eat breakfast
desayunar 6; to eat lunch
almorzar (o → ue)* 9; to
take out to eat llevar a
comer 4
education la educación;
physical education
educación física 5
egg el huevo 6
eight ocho 0
eighteen dieciocho 1
eight hundred ochocientos,-as 4
eighty ochenta 1
either o; either...or o...o 12;
not either tampoco 12
electric eléctrico,-a 11
electrical engineer el ingeniero
(la ingeniera) electricista 11
elementary elemental;
elementary school la escuela
primaria (10)
eleven once 0
to embrace abrazar 10
to empty the trash sacar
la basura 10
to encounter encontrarse
(o → ue)* 9
end el fin 12
engineer el ingeniero, la
ingeniera; electrical
engineer el ingeniero (la
ingeniera) electricista 11
engineering la ingeniería 11
England Inglaterra (f) 8
English inglés, inglesa (11)
English (language) el inglés 1
to enter entrar (en, a) 7
entertainer el (la) artista 11
equipment el equipo 9
especially sobre todo 1
European europeo,-a 10

evening la noche, la tarde;
Good evening. Buenas
noches. 0, Buenas tardes. 0;
in the evening por la tarde,
por la noche; (time) de la
tarde, de la noche 5
everybody todo el mundo 8;
todos 3
every day todos los días 4
everyone todo el mundo 8;
todos 3
exaggerated exagerado,-a 3
exam el examen (pl. exámenes) 1
example el ejemplo (0); for
example por ejemplo 5
excellent excelente 1
exceptional excepcional 11
exchange el intercambio (5)
excited emocionado,-a 3
exciting emocionante 1
excursion el paseo 11
exercise el ejercicio 11
expensive caro,-a 4
experience la experiencia 11
to explain explicar 9
explanation la explicación 5
to explore explorar 12
eye el ojo 7; eye doctor el (la)
oculista (0)
eyeglasses los anteojos 4

F

fabulous fabuloso,-a 8
face la cara 10
facing frente a 8
fact: as a matter of fact por
cierto 2
fair la feria (4)
fairly bastante 1
fall el otoño 8
to fall asleep dormirse
(o → ue, u)* 10
familiar: to be familiar with
conocer 6
family la familia 4
famous famoso,-a 8
fan (sports) fanático,-a; to be a
fan of ser fanático de 2

fanatical fanático,-a
far (from) lejos (de) 8; as far as
I am concerned para mí 4
to fascinate fascinar 9
fashion la moda 10; to be in
fashion estar a la moda 10
fast rápido,-a 5
fat gordo,-a 4
father (dad) el padre (papá) 4
favorite favorito,-a 7
February febrero (m) 8
to feel sentir(se) (e → ie, i)* 11; to
feel bad (sick) sentirse mal
(11); to feel like tener ganas
de 3; to feel warm (hot)
tener calor 6
feeling el sentimiento (3)
fever la fiebre; to have a fever
tener fiebre 3
few: a few unos, unas 3
fiction la ficción; science fiction
film la película de ciencia-
ficción 7
field el campo 8; playing field la
cancha (6)
fifteen quince 0
fifty cincuenta 1
figure la figura 7
film la película 2; detective film
película policíaca 7; science
fiction film película de
ciencia-ficción 7
finally finalmente 5; por fin 8
to find encontrar (o → ue)* 9; to
find out descubrir (12)
fine bien; Fine, thank you.
Bien, gracias. 0; OK, fine.
Está bien. 2
finger el dedo 10
to finish acabar 11
fire el fuego 9; bonfire,
campfire la fogata 9
first primero,-a 2
fish el pescado 6
fit (clothing) quedar 10
five cinco 0
five hundred quinientos,-as 4
flag la bandera 12
flan el flan 6
floor el piso 4

flu la gripe; **to have the flu** tener gripe **3**
to fly a plane pilotear un avión **12**
to follow seguir (e → i, i)* **10**
  following siguiente **5**
  food la comida **6**
  foot el pie **10**; **on foot** a pie **8**
  football el fútbol americano **0**
  for para **2**; por; **for example** por ejemplo **5**
  forecast el pronóstico; **weather forecast** pronóstico del tiempo **7**
  foreign extranjero,-a **11**
  forest el bosque **9**; la selva **12**
to forget olvidar **8**
  forty cuarenta **1**
  four cuatro **0**
  four hundred cuatrocientos,-as **4**
  fourteen catorce **0**
  France Francia (f) **8**
  free libre **8**; **free time** los ratos libres **9**
  French francés, francesa (**11**); **french fries** las papas fritas (**6**)
  French (language) el francés **5**
  frequently muchas veces **4**; con frecuencia (**12**)
  Friday viernes **5**; **(on) Friday** el viernes **5**
  fried frito,-a **6**; **fried potatoes** las papas fritas (**6**)
  friend el amigo, la amiga **1**; el compañero, la compañera (**2**)
  friendly simpático,-a **1**;amable (**12**)
  from de **1**; desde **8**; **Where are you** (fam. sing.) **from?** ¿De dónde eres? **1**
  front el frente; **in front of** enfrente de **8**
  fruit la fruta **6**
  fun divertido,-a **1**; **to have fun** divertirse (e → ie, i)* **11**
  funny cómico,-a **7**
  future el futuro **11**

G

to gain weight aumentar de peso **6**

game el juego (**7**); (sports) el partido **2**; **game show** el concurso **7**; **video game** el juego electrónico **1**
garbage la basura **9**; **to take out the garbage** sacar la basura **10**
garden el jardín **2**
genius el (la) genio **4**
geography la geografía **5**
geometry la geometría **5**
German alemán, alemana (**11**)
German (language) el alemán **8**
Germany Alemania (f) **8**
to get conseguir (e → i, i)* **11**; recibir **6**; **Get up.** (pl.) Levántense. **0**; **to get back home** regresar a (la) casa **4**; **to get dressed** vestirse (e → i, i)* **10**; **to get good (bad) grades** sacar buenas (malas) notas **4**; **to get separated** separarse **12**; **to get up** levantarse **10**; **to get washed** lavarse **103**
gift el regalo **4**
girl la chica **1**; la muchacha **10**; **Girl Scout** muchacha guía **9**
girlfriend la novia **2**
to give dar* **8**
glad alegre; **Gladly.** Con mucho gusto. (**6**); **I'm so glad!** ¡Cuánto me alegro! **3**
glass el vaso (**9**)
glasses: eyeglasses los anteojos **4**; **sunglasses** anteojos de sol **10**
gloves los guantes **10**; **baseball glove** guante de béisbol **5**
glutton el comilón, la comilona **7**
to go ir* **2**; **Go straight ahead.** (formal sing.) Siga derecho. **8**; **Go to the chalkboard.** (pl.) Vayan al pizarrón. **0**; **How's it going?** ¿Qué tal? **0**; **to go abroad** ir al extranjero **8**; **to go across** cruzar **12**; **to go back home** regresar a (la) casa **4**; **to go bike riding** andar en bicicleta **2**; **to go bowling** jugar boliche **2**; **to**

go by pasar **12**; **to go down** bajar **12**; **to go for a ride** pasear **12**; **to go for hikes** dar caminatas **9**; **to go on vacation** ir de vacaciones **3**; **to go out** salir* **2, 6**; **to go sailing** pasear en velero **12**; **to go shopping** ir de compras **2**; **to go to (a class)** asistir a (una clase) **6**; **to go to bed** acostarse (o → ue)* **10**; **What's going on?** ¿Qué pasa? (**4**)
goal el fin **12**
good bueno,-a **1**; **Good!** ¡Qué bueno! **3**; **Good afternoon.** Buenas tardes. **0**; **Good evening.** Buenas noches/ tardes **0**; **Good luck!** ¡Buena suerte! **3**; **Good morning.** Buenos días. **0**; **Good night.** Buenas noches. **0**; **It's good weather.** Hace buen tiempo. **3**; **to be good for** servir para **10**; **to be in good shape** estar en buena forma **9**
good-bye adiós **0**
good-looking guapo,-a **1**
goodness: My goodness! ¡Dios mío! **5**
gorilla el (la) gorila **11**
grades las notas; **to get good (bad) grades** sacar buenas (malas) notas **4**
to graduate graduarse **11**
grandfather el abuelo **4**
grandmother la abuela **4**
grandparents los abuelos **4**
grape la uva **6**
grass la hierba **12**
gray gris **10**
great formidable **1**; **Great!** ¡Fantástico! **3**
green verde **10**
greetings los saludos **8**
group el grupo **9**
to grow crecer* **12**
guest el invitado, la invitada (**6**)
guitar la guitarra **1**; **to play the guitar** tocar la guitarra **2**
gymnastics la gimnasia **1**

H

hair el pelo **10; to comb one's hair** peinarse **10**
half **(past the hour)** media **5**
ham el jamón **6**
hammock la hamaca **2**
hand la mano (*f*) **10**
handcrafts la artesanía **10**
handsome guapo,-a **1**
to happen pasar **4**
happily alegremente **7**
happiness la alegría (**12**)
happy alegre (**1**), contento,-a **3;** **Happy birthday!** ¡Feliz cumpleaños! (**4**)
hard difícil **1**
to harm hacer daño **9**
hat el sombrero **10**
to have tener* **3; to have** (*to eat or drink*) tomar **6; to have a backache** tener dolor de espalda **3; to have a cold** tener catarro **3; to have a cough** tener tos **3; to have a fever** tener fiebre **3; to have a headache** tener dolor de cabeza **3; to have a sore throat** tener dolor de garganta **3; to have a stomachache** tener dolor de estómago **3; to have a toothache** tener dolor de muelas **3; to have breakfast** desayunar **6; to have fun** divertirse (e → ie, i)* **11; to have just** acabar de + *inf.* **9; to have lunch** almorzar (o → ue)* **9; to have the flu** tener gripe **3; to have to** tener que **3,** deber **5**
he él **1**
head la cabeza **10; head cold** el catarro **3**
headache dolor de cabeza **3; to have a headache** tener dolor de cabeza **3**
headphones los audífonos (**4**)
health la salud **9**

healthy sano,-a **6**
to hear oír* **7**
heart el corazón (*pl.* corazones) **10; by heart** de memoria (**2**)
hectic agitado,-a **8**
height la altura (**12**)
to help ayudar; **to help at home** ayudar en casa **2**
her ella (*after prep.*) **8;** la (*d.o.*) **7;** (**to, for**) **her** le (*i.o.*) **9;** su, sus (*poss. adj.*) **4**
here aquí **2**
Hey! (*fam. sing.*) ¡Oye! **0**
Hi! Hola! **0**
high school la escuela secundaria **11**
hike la caminata **9; to go for hikes** dar caminatas **9**
him él (*after prep.*) **8;** lo (*d.o.*) **7;** (**to, for**) **him** le (*i.o.*) **9**
his su, sus **4**
Hispanic hispano,-a (**3**); hispánico,-a **8**
history la historia **5**
hit (*movie, song, etc.*) el éxito **3**
hobby el pasatiempo **9**
home la casa **2; at home** en casa **2; back home** de regreso (**8**); **to help at home** ayudar en casa **2; to return home** regresar a (la) casa **4**
homework la tarea **0; Take out your homework.** (*pl.*) Saquen la tarea. **0**
hope la esperanza **12**
hopeless desesperado,-a **12**
hospital el hospital **3**
hot caliente; **hot chocolate** el chocolate **6; It's hot** (**weather**). Hace calor. **3; to be** (**feel**) **hot** tener calor **6**
hotel el hotel **2**
hour la hora **5**
house la casa **2.** *See also* **home**
how? ¿cómo?; **How are you?** ¿Cómo está(s)? (*formal sing., fam. sing.*) **0; How are you?** ¿Qué tal? **0; How boring!** ¡Qué pesado! **3; How do you say...?** ¿Cómo se dice...?

0; How is the weather? ¿Qué tiempo hace? **3; how many?** ¿cuántos,-as? **1; How many are there?** ¿Cuántos, -as hay? **1; how much?** ¿cuánto,-a? **1; How much does it** (**do they**) **cost?** ¿Cuánto cuesta(n)? **4; How often?** ¿Con qué frecuencia? **4; How old is he/she?** ¿Cuántos años tiene? **2; How painful!** ¡Qué dolor! (**3**); **How's it going?** ¿Qué tal? **0**
hug el abrazo **8**
to hug abrazar **10**
hundred: **one hundred** cien **1; ciento** (*used in counting:* ciento uno *and above*) **4**
hunger el hambre (*f*); **to suffer from hunger** pasar hambre **12**
hungry: **to be hungry** tener hambre **6**
hurry la prisa; **to be in a hurry** tener prisa **6**
to hurt doler (o → ue)* **10**

I

I yo **1; I can't take any more.** No puedo más. **8; I don't like....** No me gusta(n)... **0; I'm so glad!** ¡Cuánto me alegro! **3; I'm (so) sorry!** ¡(Cuánto) lo siento! **3; I would like....** Me gustaría... **4**
ice cream el helado **6**
idea la idea **3**
if si **3**
ill enfermo,-a **3**
illness la enfermedad (**3**)
immediately inmediatamente **12**
impatient impaciente **1**
important importante **1**
impossible imposible **5**
impressive impresionante (**12**)

in en **1**; **in addition** además **4**; **in front of** enfrente de **8**; **in order to** para **2**; **in that way** así (**10**); **in the afternoon** por la tarde, (*time*) de la tarde **5**; **in the evening** por la tarde, por la noche; (*time*) de la tarde, de la noche **5**; **in the morning** de la mañana, por la mañana **5**; **in the name of** en nombre de **12**

included incluido,-a **6**

to increase aumentar **1**

independent independiente **1**

Indian el (la) indígena (**12**); el indio, la india **12**

information la información **5**

insect el insecto **9**

inside of dentro de **7**

to insist (on) insistir (en) **6**

institute el instituto **5**

instrument el instrumento **9**

intelligent inteligente **1**

to intend to pensar + *inf.* **7**

to interest interesar **9**; **I am interested in** me interesa(n) (**9**)

interesting interesante **1**

interview la entrevista **12**

to invite invitar **5**

irresponsible irresponsable **1**

island la isla **8**

isn't it? ¿no?, ¿verdad? **2**

it él, ella (**1**); lo, la (*d.o.*) **7**; **(to, for) it** le (*i.o.*) **9**; **It can't be!** ¡No puede ser! **3**; **It's cloudy.** Está nublado. **3**; **It's cool.** Hace fresco. **3**; **It's good (bad) weather.** Hace buen (mal) tiempo. **3**; **It's hot.** Hace calor. **3**; **it is necessary to** hay que **11**; **It's raining.** Está lloviendo. **3**; **It's snowing.** Está nevando. **3**; **It's sunny.** Hace sol. **3**; **It's time to....** Es hora de... **7**; **It's windy.** Hace viento. **3**;

Italian italiano,-a (**11**)

Italian (language) el italiano **8**

Italy Italia (*f*) **8**

its su, sus **4**

J

jacket la chaqueta **10**

jam la mermelada **6**

January enero (*m*) **8**

Japan Japón (*m*) **8**

Japanese (language) el japonés **8**

jealous celoso,-a **3**

jelly la mermelada **6**

jigsaw puzzle el rompecabezas **4**

job el trabajo **8**; el puesto **11**

to jog correr **9**

journalist el (la) periodista **11**

journal el diario **12**

juice el jugo **6**

July julio (*m*) **8**

to jump saltar **12**

June junio (*m*) **8**

jungle la selva **12**

K

key la llave **4**

to kid tomar el pelo **11**

kilometer el kilómetro **12**

kind amable (**12**)

kind el tipo **10**

king el rey **12**

to kiss besar **10**

to know (to be acquainted with, familiar with) conocer **6**; to know (*a fact, information*), to know how (*to do something*) saber* **6**; **I don't know.** No sé. **0**

know-it-all el (la) sabelotodo **6**

L

laboratory el laboratorio **5**

land la tierra **12**

language el idioma (*m*) **8**

large grande **4**

last (*week, month, etc.*) pasado,-a **10**, último,-a **4**; **last night** anoche **10**

late tarde **5**

later más tarde **2**; **See you later.** Hasta luego. **0**

lawyer el abogado, la abogada **11**

to learn (to) aprender (a) **5**

least: at least por lo menos **11**

to leave salir **6**; **to leave (behind)** dejar **9**

left la izquierda; **Turn left.** (*formal sing.*) Doble a la izquierda. **8**

leg la pierna **10**; **to pull someone's leg** tomar(le) el pelo a uno **11**

less menos (**6**); **less... than** menos... que **12**; **more or less** más o menos **9**

lesson la lección (*pl.* lecciones) **5**

Let's see.... A ver... **4**

letter la carta **5**

librarian el bibliotecario, la bibliotecaria (**7**)

library la biblioteca **2**

license la licencia **11**

lie la mentira **7**

life la vida **8**

to lift weights levantar pesas **9**

likable agradable **1**, simpático,-a **1**

like como **2**

to like (to be pleasing [*to someone*]) gustar **6**; **Do you (*fam. sing.*) like...?** ¿Te gusta(n)...? **1**; **I don't like....** No me gusta... **0**; **I would like....** Me gustaría... **4**; **he/she/you (*formal sing.*) like(s)** le gusta(n) **2**

Likewise. Igualmente. **0**

limousine la limusina (**4**)

list la lista (**1**)

to listen (to) escuchar 1; Listen.
(*pl.*) Escuchen. 0; Listen!
(*fam. sing.*) ¡Oye! 0; to
listen to the radio escuchar
la radio 1

little pequeño,-a 4; a little un
poco 3

lively alegre (1)

to live vivir 6

located: to be located quedar 8

location el sitio (12)

long largo,-a 10

to look (at) mirar 1; to look for
buscar* 5; to look up
buscar* 5

to lose perder (e → ie)* 7; to lose
weight bajar de peso 6

loss la pérdida 0

lost perdido,-a (10)

lot: a lot mucho (*adv.*), a lot
of mucho,-a (*adj.*) 1

love el amor 7

to love querer 7; I love me
encanta(n) 6

low bajo,-a (10)

to lower bajar; to lower one's
voice bajar la voz 7

luck la suerte; Good luck!
¡Buena suerte! 3

lunch el almuerzo 6; to have
lunch almorzar (o → ue)* 9

M

mad (angry) enojado,-a 3

magazine la revista 4

to make hacer* 2

mom mamá 4

man el hombre 10

manager el (la) gerente 11

mannequin el maniquí (10)

many muchos,-as 1; How
many? ¿Cuántos,-as? 1; so
many tantos,-as 11

map el mapa 12

March marzo (*m*) 8

market el mercado (1)

Martian el marciano, la
marciana 7

marvelous maravilloso,-a 12

masquerade ball el baile de
disfraces 7

match (*sports*) el partido 2

mathematics las matemáticas 3

matter: as a matter of fact por
cierto 2

may poder* 9

May mayo (*m*) 8

Mayan maya (*adj.*) 8

maybe a lo mejor 2; quizás 8

me me (*d.o.*) 7; mí (*after prep.*)
6; (to, for) me me (*i.o.*) 9; to
me para mí 4

meal la comida 6

mean antipático,-a 1

to mean querer decir; What
does...mean? ¿Qué quiere
decir...? 0

means of transportation el
medio de transporte (8)

meat la carne 6

to meet (to encounter) encontrarse
(o → ue)* 9; Pleased to
meet you. Mucho gusto. 0

melon el melón 6

member el (la) miembro 9

mental mental 11

menu el menú 6

Merry Christmas!
¡Feliz Navidad! (3)

mess el desorden; What a mess!
¡Qué desorden! (7)

Mexican mexicano,-a 8

midnight la medianoche 5

milk la leche 6

million millón 4; one million
un millón (de) 4

minute el minuto 7

Miss (la) señorita (*abbrev.*
Srta.) 0

to miss (to fail to attend) perder 7

mixture la mezcla 10

modern moderno,-a 11

mom mamá 4

Monday lunes 5; (on) Monday
el lunes 5

money el dinero 1

month el mes 8

monument el monumento 8

more más 2; I can't take any
more. No puedo más. 8;
more or less más o menos 9;
more...than más...que 12

morning la mañana 5; Good
morning. Buenos días. 0;
in the morning (*time*) de
la mañana 5; during the
morning por la mañana 5

mother (mom) la madre
(mamá) 4

motorcycle la moto (*f*) 3

mountain la montaña 8

mountaineering (in the Andes)
el andinismo (12)

mouth la boca 10

movie la película 2; movies,
movie theater el cine 2;
movie star la estrella (1)

Mr. (el) señor (*abbrev.* Sr.) 0

Mrs. (la) señora (*abbrev.* Sra.) 0

much mucho (*adv.*), mucho,-a
(*adj.*) 1; as much as possible
lo más posible 11; How
much? ¿Cuánto? 1; so much
tanto (*adv.*), tanto,-a (*adj.*)
11; too much demasiado 9

muscle el músculo 9

museum el museo 2

music la música 3; rock music
música rock 3; salsa music la
salsa (2)

must deber (5)

my mi, mis 4; My goodness!
¡Dios mío! 5

N

name el nombre; in the name
of en nombre de 12; My
name is ___. Me llamo
___. 0; What's your name?
¿Cómo se (te) llama(s)?
(*formal sing., fam. sing.*) 0

native nativo,-a; native
(American) el (la) indígena
(12); el indio, la india 12

natural resource el recurso
natural 9

nature la naturaleza **8**

to **navigate** navegar* **12**

near cerca (de) **8**

necessary necesario,-a; **it is necessary to** hay que **11**

neck el cuello **10**

necktie la corbata **10**

to **need** necesitar **5**

neighborhood el barrio **(7)**

neither ni **9**; tampoco **12**; **neither... nor** ni... ni **6**

nephew el sobrino; **nieces(s) and nephew(s)** los sobrinos **(10)**

nervous nervioso,-a **3**

nervousness la ansiedad **(11)**

never nunca **4**

new nuevo,-a **1**

news la información **5**, las noticias **3**; **news item** la noticia **3**

newspaper el periódico **5**

next próximo,-a **4**; siguiente **5**; **next to** al lado de **8**

nice agradable **1**, amable **(12)**, bonito,-a **1**, simpático,-a **1**

nickname el apodo **(0)**

niece la sobrina; **niece(s) and nephew(s)** los sobrinos **10**

niece(s) and nephew(s) los sobrinos **(10)**

night la noche; **at night** de la noche **5**; por la noche **5**; **Good night.** Buenas noches. **0**; **last night** anoche **10**

nine nueve **0**

nine hundred novecientos,-as **4**

nineteen diecinueve **1**

ninety noventa **1**

no no **(0)**; **Oh, no!** ¡Ay, no! **1**; to **say no** decir que no **7**

nobody nadie **12**

noise el ruido **7**

none ningún, ninguna (*adj.*) **12**; **none** ninguno (*pron.*) **12**

nonsense la tontería; **What nonsense!** ¡Qué tontería! **3**

noon el mediodía **5**

nor ni **6**

North American norteamericano,-a **(8)**

nose la nariz **10**

not no **0**; **Better not.** Mejor no. **7**; **not at all** nada **1**

notebook el cuaderno **1**

nothing nada **1**

novel la novela **5**

November noviembre (*m*) **8**

now ahora **2**

nowhere ningún lado **12**

nuisance la molestia **What a nuisance!** ¡Qué pesado! **3**

number el número **1**

nurse el enfermero, la enfermera **11**

O

to **observe** observar **9**

to **obtain** conseguir (e → i, i)* **11**

ocean el mar **8**

October octubre (*m*) **8**

octopus el pulpo **(6)**

of de **1**; **of course** por supuesto **2**

office la oficina **2**

officer: police officer el (la) policía **11**

often muchas veces **4**; **How often?** ¿Con qué frecuencia? **4**

Oh pues; **Oh, no!** ¡Ay, no! **1**; **Oh, pretty well.** Pues, bastante bien. **0**

OK. Regular. **0**; **OK, fine.** Está bien. **2**; **OK, well,....** Bueno,... **2**

old (*people or things*) viejo,-a **1**; (*things*) antiguo,-a **10**; **How old is he/she?** ¿Cuántos años tiene? **2**; **older** mayor **4**; **older than** mayor que **12**; to **be ___ years old** tener ___ años **4**

omelet la tortilla de huevo **6**

on en **1**; **on foot** a pie **8**; **on sale** en venta **10**; **on top of** encima de **8**

one uno **0**; **one hundred** cien **1**; ciento (*used in counting: ciento uno and above*) **4**

one hundred one ciento uno **4**; **one million** un millón **4**; **one thousand** mil **4**

only sólo **4**

to **open** abrir **6**; **Open your book.** (*pl.*) Abran el libro. **0**

to **operate** operar **11**

opinion la opinión **7**

opposite enfrente de **8**; frente a **8**; el opuesto **(12)**

or o **2**, (*before o or ho*) u **(6)**

orange (*color*) anaranjado,-a **10**; (*fruit*) la naranja **6**

order (*in a restaurant*) la orden (*pl.* órdenes) **(10)**; **in order to** para **2**

to **order** pedir (e → i, i)* **6**

other otro,-a **2**

our nuestro,-a **4**

outdoors al aire libre **9**

outer exterior; **outer space** el espacio; **to take a trip to outer space** hacer un viaje al espacio **12**

over there allá **7**

to **own** poseer; **(one's) own** propio,-a **(5)**

oyster la ostra **(6)**

P

package el paquete **6**

pact el pacto **(6)**

paella (Valencian) la paella (valenciana) **(6)**

page la página **(11)**

pain el dolor **3**; **How painful!** ¡Qué dolor! **(3)**

pajamas el piyama **10**

pal el compañero, la compañera **(2)**

pants los pantalones **10**

paper el papel; **Take out paper and pencil.** (*pl.*) Saquen papel y lápiz. **0**

parachute el paracaídas **12**

to **parachute** saltar en paracaídas **12**

parasol el parasol **(0)**

parents los padres 4
park el parque 2
to participate (in) participar (en) 9
party la fiesta 1; surprise party fiesta de sorpresa (11)
to pass pasar 12
passenger el pasajero, la pasajera 11
past pasado,-a 10
pastime el pasatiempo 9
pastry el pastel 6
path el camino 9
patient el (la) paciente 1
to pause detenerse* 12
to pay pagar* 10
pear la pera 6
pen el bolígrafo 1
pencil el lápiz (*pl.* lápices) 1; **Take out paper and pencil.** (*pl.*) Saquen papel y lápiz. 0
people la gente 7
perfect perfecto,-a 8
perfume el perfume 4
perhaps quizás 8
permit la licencia 11
to permit permitir 6
person la persona 3
peseta (*unit of currency, Spain*) la peseta (0)
peso (*unit of currency, several Latin American countries*) el peso (0)
pet el animal doméstico 11
pharmacist el farmacéutico, la farmacéutica 11
to phone *See* telephone
photo la foto 2; to take photos sacar fotos 2
photographer el (la) fotógrafo 2
physical físico,-a; physical condition la condición física 11; physical education la educación física 5
physics la física 5
pianist el (la) pianista 11
piano el piano; to play the piano tocar el piano 2
to pick up one's room arreglar el cuarto 2
picture la foto; to take pictures sacar fotos 2

pie la tarta 6
piece la pieza 4
pig (glutton) el comilón, la comilona 7
pilot el piloto, la mujer piloto 11
pink rosado,-a 10
to pitch a tent levantar una tienda 9
pity la lástima, la pena; What a pity! ¡Qué lástima!, ¡Qué pena! 3
place el lugar 8; el sitio (12)
to place poner 6
to plan: to plan on pensar + *inf.* 7
plane el avión (*pl.* aviones) 8; to fly a plane pilotear un avión 12
plans los planes 5
plantain el plátano 6
plants la hierba 12
plate el plato 2
to play (sports, games, etc.) jugar (u → ue)*, practicar* 1, (an instrument) tocar* 2; to play the piano tocar* el piano 2
player el jugador, la jugadora 2; cassette player la grabadora 3; tape player la grabadora 3
playing field la cancha (6)
plaza la plaza 2
pleasant agradable 1
please por favor 0; Pleased to meet you. Mucho gusto. 0; Please sit down. (*pl.*) Siéntense, por favor. 0; Repeat, please. (*pl.*) Repitan, por favor. 0
to please gustar 6
pleasing: to be pleasing gustar 6. *See also* to like
pleasure gusto; with pleasure con mucho gusto 6
P.M. de la noche, de la tarde 5
poetry la poesía 5
point el punto 7; point of view el punto de vista (9)
police (force) la policía (11); police officer el policía, la mujer policía 11
pool: swimming pool la piscina 2

poor pobre 8; poor thing pobrecito,-a 5
poorly mal 4; to do poorly salir mal (11)
pop (*drink*) el refresco 6
popular popular 1
pork el cerdo 6; pork chop la chuleta de cerdo 6
port el puerto (12)
Portugal Portugal (*m*) 8
Portuguese (language) el portugués 8
position (job) el puesto 11
possible posible; as much as possible lo más posible 11
postal postal 0
postcard la tarjeta postal (1)
poster el cartel 4
post office el correo 2
potato la papa 6
to practice practicar* 1
to prefer preferir (e → ie, i)* 1, 7
preferred preferido,-a (8)
preparation la preparación 11
to prepare preparar 6; to prepare oneself prepararse 11
present el regalo 4
to preserve conservar 9
pressure la tensión 8
pretty bonito,-a (*adj.*) 1; bastante (*adv.*) 1; Oh, pretty well. Pues, bastante bien. 0
price el precio 6
primary primario,-a; primary school la escuela primaria (10)
private school el colegio 5
prize el premio 9
probably probablemente 9
problem el problema (*m*) 6
profession la profesión 11
professor el profesor, la profesora 1
profile el perfil (9)
program el programa (*m*) 7
to program programar 9
programmer: computer programmer el programador (la programadora) de computadoras 11

programming: computer programming la programación de computadoras **5**
promise la promesa **12**
to promise prometer **5**
to pull a tooth sacar una muela **11; to pull someone's leg** tomar(le) el pelo a uno **11**
purchases las compras **2**
purple morado,-a **10**
purse la bolsa **4**
to put poner **6; to put on** ponerse **10; to put on weight** aumentar de peso **6**
puzzle el rompecabezas **4**

Q _____

quarter (hour) cuarto **5**
queen la reina **12**
question la pregunta **12; to ask (a question)** preguntar **7**
quick rápido,-a **5**
quite bastante **1**
quiz la prueba **(11); quiz show** el concurso **7**

R _____

race la carrera **12; car race** la carrera de automóviles **12**
radio (*broadcast, programming*) la radio **1; radio (set)** el radio **3; to listen to the radio** escuchar la radio **1**
rain la lluvia **12**
to rain llover (o → ue)* **10; It's raining.** Está lloviendo. **3**
raincoat el impermeable **10**
rarely pocas veces **4**
rather bastante **1**
to read leer* **5**
reading la lectura **(1)**
ready listo,-a **5**
really de verdad **8; Really?** ¿De veras? **3**
to receive recibir **6**
recess el recreo **5**

to recommend recomendar **(6)**
recommendation la recomendación **(6)**
record el disco **1; record player** el tocadiscos **3**
recorder: tape recorder la grabadora **3**
red rojo,-a **10**
redheaded pelirrojo,-a **10**
regards los saludos **8**
relative el familiar **4**
to remain quedarse **12**
to remember recordar (o → ue)* **9**
to repeat repetir (e → i, i)* **9; Repeat, please.** (*pl.*) Repitan, por favor. **0**
report el reportaje; **news report** las noticias **3; sports report** el reportaje deportivo **7; weather report** el pronóstico del tiempo **7**
reporter el (la) periodista **11**
to represent representar **(10)**
to request pedir (e → i, i)* **6**
to require exigir **11**
resource: natural resource el recurso natural **9**
to respect respetar **9**
to respond responder **7**
responsibility la responsabilidad **11**
responsible responsable **1**
to rest descansar **2**
restaurant el restaurante **2;** el café **2**
to return regresar, volver (o → ue)* **9; to return home** regresar a (la) casa **3**
rice el arroz **6**
to ride a bike andar en bicicleta **2; to go for a ride** pasear **12**
rider el pasajero, la pasajera **11**
ridiculous ridículo,-a **7; How ridiculous!** ¡Qué tontería! **3**
right? ¿no? **2;** ¿verdad? **2; to be right** tener razón **6**
right (*direction*) la derecha; **Turn right.** (*formal sing.*) Doble a la derecha. **8**
ring el anillo **4**
river el río **12**

roast beef la carne asada **6**
rock music la música rock **3**
room el cuarto; **to straighten up one's room** arreglar el cuarto **2**
routine la rutina **(4)**
royal real **12**
ruins las ruinas **8**
rule la regla **9**
run correr **9**
Russia Rusia (*f*) **8**
Russian (language) el ruso **8**

S _____

to sail navegar* **12; to go sailing** pasear en velero **12**
sailboat el velero **12**
sailor el marinero, la marinera **12**
saint el santo; **saint's day** (día del) santo **(8)**
salad la ensalada **6**
sale la venta; **on sale** en venta **10**
salesclerk el vendedor, la vendedora **7**
salsa music la salsa **(2)**
salt la sal **(6)**
same: the same lo mismo (*pron.*) **6**
Saturday sábado **5; (on) Saturday** el sábado **5**
sauce la salsa **(6)**
Saudi Arabia Arabia Saudita (*f*) **8**
to say decir* **7; How do you say...?** ¿Cómo se dice...? **0; that is to say** es decir **11; to say no (yes)** decir que no (sí) **7**
scared: to be scared tener miedo **6**
schedule el horario **(5)**
school la escuela **1; elementary school** escuela primaria **(10); high school** escuela secundaria **1; (private) school** el colegio **5**

science las ciencias 5; science fiction film la película de ciencia-ficción 7

scientist el científico, la científica 5

scout el explorador, la exploradora; Boy Scout el muchacho explorador 9; Girl Scout la muchacha guía 9

to scream gritar 12

sea el mar 8

to search (for) buscar 5

season (of the year) la estación 8

seat: Please be seated. (pl.) Siéntense, por favor. 0

secretary el secretario, la secretaria 11

to see ver 1, 5; Let's see.... A ver... 4; See you later (soon, tomorrow). Hasta luego (pronto, mañana). 0

to seem parecer* 6

separated separado,-a; to get separated separarse 12

September septiembre (m) 8

serious serio,-a 3

seriously en serio 11

servant el (la) sirviente (4)

to serve servir (e → i, i)* 10

to set (a table) poner 6

seven siete 0

seven hundred setecientos,-as 4

seventeen diecisiete 1

seventy setenta 1

several varios,-as 9

shame la lástima, la pena; What a shame! ¡Qué lástima! 3, ¡Qué pena! 3

shape la forma; to be in good shape estar en buena forma 9

sharp (time) en punto 5

she ella 1

ship el barco 8

shirt la camisa 4

shoes los zapatos 10

Shoot! ¡Caramba! 7

shopping: to go shopping ir de compras 2

short (height) bajo,-a 1, (length) corto,-a 8

should deber 5; one should hay que 11

to shout gritar 12

show el espectáculo; game (quiz) show el concurso 7; variety shows las variedades 7

to show mostrar (o → ue)* 9

shrimp el camarón (pl. camarones) 6

siblings los hermanos 4

sick enfermo,-a 3; to feel sick sentirse mal (11)

sickness la enfermedad (3)

sign la señal 12

since (as) como 8; (because) porque 2

to sing cantar 1

single solo,-a 12

sister la hermana 4; brother(s) and sister(s) los hermanos 4

to sit down sentarse; Please sit down. (pl.) Siéntense, por favor. 0

site el sitio (12)

six seis 0

six hundred seiscientos,-as 4

sixteen dieciséis 1

sixty sesenta 1

size (clothing) la talla 10

to skate patinar 9

to ski esquiar 1

skiing: water skiing el esquí acuático 9

skinny delgado,-a 4

skirt la falda 10

sky el cielo 12

to sleep dormir (o → ue, u)* 6;

sleeping bag el saco de dormir 9

sleepy: to be sleepy tener sueño 6

sleepyhead el dormilón, la dormilona (9)

slender delgado,-a 4

small pequeño,-a 4

smart inteligente 1

snake la serpiente 11

snow la nieve 8; It's snowing. Está nevando. 3

to snow nevar (e → ie)*; It's snowing. Está nevando. 3

so tan 2; so many tantos,-as 11; so many things to do tantas cosas que hacer 5; so much tanto,-a 11

soap el jabón; soap opera la telenovela 1

soccer el fútbol 0

socks los calcetines 10

soda (drink) el refresco 6

soft drink el refresco 6

to solve solucionar (4)

some algún, alguna (adj.) 12; alguno (pron.) 8, 12; unos, unas 3; some day algún día 2

somebody alguien 10

someplace algún lado 12

something algo 3

sometimes a veces 4

somewhere algún lado 12

son el hijo 4; son(s) and daughter(s) los hijos 4

song la canción (pl. canciones) 7

soon pronto 2; See you soon. Hasta pronto. (1)

sore: to have a sore throat tener dolor de garganta 3

sorry: I'm sorry lo siento (5); I'm so sorry! ¡Cuánto lo siento! 3

So-so. Así, así. 0; Regular. 0

sound el sonido 7

soup la sopa 6

south, (the) south el sur 12

souvenir el recuerdo 8

Soviet Union (Russia) la Unión Soviética (Rusia) 8

space el espacio; to take a trip to outer space hacer un viaje al espacio 12

spaceship la nave espacial (12)

Spanish español, española (11)

Spanish (language) el español 1

to speak hablar 1

to spend (money) gastar 4; (time) pasar 4

spinach las espinacas 6

sport el deporte 1

sports deportivo (adj.) 7; sports report el reportaje deportivo 7 spring la primavera 8

square (*of a town*) la plaza 2

stadium el estadio 2

stamp la estampilla 9

to stand up levantarse 0, 10; **Stand up.** (*pl.*) Levántense. 0

star la estrella 1

to stargaze mirar las estrellas 1

to start (**to**) comenzar (e → ie)* (a) 7; empezar (e → ie)* (a) 7

to stay quedarse 12

steak el bistec 6

still todavía 3

stingy tacaño,-a 4

stomach el estómago; **to have a stomachache** tener dolor de estómago 3

stop (**stopping place**) la parada; **bus stop** la parada del autobús (8)

to stop detenerse* 12

store la tienda 2

straight derecho 8; **Go straight ahead.** (*formal sing.*) Siga derecho. 8

to straighten up (**one's room**) arreglar (el cuarto) 2

strange raro,-a 3

strawberry la fresa 6

street la calle 4

stress la tensión 8

strong fuerte 12

student el (la) estudiante 1; estudiantil (*adj.*) 9

studies los estudios 11

to study estudiar 1; prepararse 11

stupid: **How stupid!** ¡Qué tontería! 3

style la moda 10; **to be in style** estar a la moda 10

success el éxito 3

such: **such a** tan 2; **such as** como 2

suddenly de repente 7

to suffer sufrir (6); **to suffer from hunger** pasar hambre 12

suggestion la sugerencia (2)

suit el traje 10; **swimsuit** el traje de baño 10

summer el verano 8; **summer**

camp el campamento de verano 8

sun el sol; **It's sunny.** Hace sol. 3

to sunbathe tomar el sol 8

Sunday domingo 5; (**on**) **Sunday** el domingo 5

sunglasses los anteojos de sol 10

sunny soleado,-a; **It's sunny.** Hace sol. 3

sunshade el parasol (0)

supermarket el supermercado 2

supper la cena 6

sure seguro,-a 11

surprise la sorpresa (3); **surprise party** la fiesta de sorpresa (11)

surprised sorprendido,-a 3

survey la encuesta (1)

sweater el suéter 4

sweet dulce (*adj.*) 10; **sweets** los dulces 6

to swim nadar 1

swimming la natación 8; **swimming pool** la piscina 2

swimsuit el traje de baño 10

symptom el síntoma (*m*) (3)

T

tab (*in a restaurant*) la cuenta 6

table la mesa 6

to take llevar 10, tomar 6; **I can't take any more.** No puedo más. 8; **Take out paper and pencil.** (*pl.*) Saquen papel y lápiz. 0; **Take out your homework.** (*pl.*) Saquen la tarea. 0; **to take a bath** bañarse 10; **to take a course** seguir un curso 11; **to take along** llevar 8; **to take a trip** hacer un viaje 8; **take a trip to outer space** hacer un viaje al espacio 12; **to take a vacation** ir de vacaciones 3; **to take a walk** dar un paseo 2; **to take care of** cuidar 4; **to take off** quitarse

10; **to take on water** hacer agua 12; **to take out the garbage** sacar la basura 10; **to take out to eat** llevar a comer 4; **to take pictures** sacar fotos 2; **to take walks** dar caminatas 9;

to talk conversar (2); hablar 1; **to talk on the telephone** hablar por teléfono 2

tall alto,-a 1

tape cinta; **cassette tape** la cinta 4; **tape player (recorder)** la grabadora 3

tart la tarta 6

taste el gusto (1)

tea el té 6

to teach enseñar 7

teacher el profesor, la profesora 1

team el equipo 2

teddy bear el osito de peluche 4

telephone el teléfono 1; **to call on the telephone** llamar por teléfono (3); **to talk on the telephone** hablar por teléfono 2

television (*broadcast, programming*) la televisión 0; **television (set)** el televisor 1; **to watch television** ver televisión 1

to tell decir 7; **Don't tell me!** (*fam. sing.*) ¡No me digas! 3

ten diez 0

tennis el tenis 0

tension la tensión 8

tent: **to pitch a tent** levantar una tienda 9

terminal la terminal; **bus terminal** la terminal de autobuses 2

terrible pesadísimo 5

test el examen (*pl.* exámenes) 1

than que; **better...than** mejor...que 12; **less...than** menos...que 12; **more...than** más...que 12; **worse...than** peor...que 12

thank you gracias **0; Fine, thank you.** Bien, gracias. **0; Very well, thank you.** Muy bien, gracias. **0**

that que **2**

that (*nearby*) ese, esa (*adj.*), eso (*pron.*) **7; that** (*over there*) aquel, aquella (*adj.*), aquello (*pron.*) **7; that is to say** es decir **11; that one** (*nearby*) ése, ésa **7; that one** (*over there*) aquél, aquélla (*pron.*) **7; that's why** por eso **4; that way** así (**10**); **What is that?** ¿Qué es eso? **3**

the el, la, los, las **1**

theater el teatro **2; movie theater** el cine **2**

theatrical exagerado,-a **3**

their su, sus **4**

them ellos, ellas (*after prep.*) **8,** los, las (*d.o.*) **7; (to, for) them** les (*i.o*) **9**

then entonces **2;** luego **12**

there ahí **7;** allí **8; There are....** Hay... **1; There is.... ** Hay... **1**

therefore por eso **4**

these estos, estas (*adj.*) **7;** éstos, éstas (*pron.*) **7**

they ellos, ellas **1**

thin delgado,-a **4**

thing la cosa; **poor thing** pobrecito,-a **5; so many things to do** tantas cosas que hacer **5**

to think (about) pensar (e → ie)* (en) **7;** creer* **5; Don't you** (*fam. sing.*) **think so?** ¿No te parece? (**4**); **I (don't) think so.** Creo que sí (no). **5; What do you** (*fam. sing.*) **think?** ¿Qué te parece? **4**

thirsty: to be thirsty tener sed **6**

thirteen trece **0**

thirty treinta **1**

this este, esta (*adj.*), esto (*pron.*) **7; this one** éste, ésta (*pron.*) **7; this weekend** este fin de

semana **2; What is this?** ¿Qué es esto? **3**

those (*nearby*) esos, esas (*adj.*), ésos (*pron.*) **7; those** (*over there*) aquellos, aquellas (*adj.*), aquéllos, aquéllas (*pron.*) **7**

thoughtful considerado,-a (**4**)

thousand: one thousand mil **4**

three tres **0**

three hundred trescientos,-as **4**

throat la garganta **10; to have a sore throat** tener dolor de garganta **3**

through a través de **10;** por

Thursday jueves **5; (on) Thursday** el jueves **5**

thus así (**10**)

tie la corbata **10**

tiger el tigre **11**

time (of day) la hora **5;** (*in general*) el tiempo **6;** (*occasion*) la vez (*pl.* veces) **4; At what time...?** ¿A qué hora...? **5; a waste of time** una pérdida de tiempo **7; free time** los ratos libres **9; It's time to....** Es hora de... **7; time off** los ratos libres **9; What time is it?** ¿Qué hora es? **5**

tip (*in a restaurant*) la propina **6**

tired cansado,-a **3**

to a **1,** para **2; To bed!** ¡A la cama! **7; to have to** tener que **3; to me** para mí **4; to the** al **2**

today hoy **2; Today is....** Hoy es... **5; What day is today?, What (day of the week) is today?** ¿Qué día es hoy? **5; What is today's date?** ¿Cuál es la fecha de hoy? **8,** ¿Qué fecha es hoy? **8**

toe el dedo (del pie) **10**

together: to work together colaborar **9**

tomato el tomate **6**

tomorrow mañana **2; day after tomorrow** pasado mañana **4;**

See you tomorrow. Hasta mañana. **0**

tonight esta noche **2**

too (also) también **1; too many** demasiados,-as (*adj.*); **too much** demasiado (*adv.*) **9**

tooth el diente **10; to pull a tooth** sacar una muela **11**

toothache dolor de muelas; **to have a toothache** tener dolor de muelas **3**

tortilla la tortilla; **corn tortilla** tortilla de maíz **6**

total el total **7**

to touch tocar* **12**

tourist turístico,-a (*adj.*) **8**

toward hacia **12**

town el pueblo (**12**); **downtown** el centro **2; town square** la plaza **2**

train el tren **8**

transportation el transporte; **means of transportation** el medio de transporte (**8**)

trash la basura **9; to take out the trash** sacar la basura **10**

to travel viajar **2; to travel around the world** dar la vuelta al mundo **12**

travel agent el (la) agente de viajes **11**

trial la prueba (**11**)

trip el viaje; **to take a trip** hacer un viaje **8; to take a trip to outer space** hacer un viaje al espacio **12**

tropical tropical **8**

trouble la dificultad **12**

true cierto,-a (**4**)

truly de verdad **8**

truth la verdad **5**

to try tratar; **to try on** probarse (o → ue)* **10**

T-shirt la camiseta **4**

Tuesday martes **5; (on) Tuesday** el martes **5**

to turn doblar; **Turn left (right).** (*formal sing.*) Doble a la izquierda (derecha). **8**

twelve doce **0**

twenty veinte **1**

two dos **0**; **the two (of them)** los (las) dos (**Z**)
two hundred doscientos,-as **4**
type el tipo **10**
typewriter la máquina de escribir **3**
typical típico,-a **8**
typing la mecanografía **5**

U _____

ugly feo,-a **1**
uncle el tío **4**; **aunt(s) and uncle(s)** los tíos **4**
under debajo de **8**
to understand comprender **5**; entender (e → ie)* **7**; **I don't understand.** No entiendo. **0**
underwater submarino,-a **12**
unforgettable inolvidable (**12**)
United States los Estados Unidos **8** (*abbrev.* EE.UU.)
unpleasant antipático,-a **1**; desagradable **1**
until hasta **8**
us nos (*d.o.*) **8**, nosotros, nosotras (*after prep.*) **3**; (**to, for) us** nos (*i.o.*) **8**
U.S. EE.UU., Estados Unidos
to use usar **10**
useful útil; **to be useful for** servir para **10**

V _____

vacation las vacaciones **1**; **to take a vacation** ir de vacaciones **3**
Valencian valenciano,-a; **Valencian paella** la paella valenciana (**6**)
vanilla la vainilla (**0**)
variety shows las variedades **7**
vegetable la verdura **6**
Venezuelan venezolano,-a (**11**)

very muy **1**; **very hectic** pesadísimo,-a **5**; **Very well, thank you.** Muy bien, gracias. **0**
veterinarian el veterinario, la veterinaria **11**
video game el juego electrónico **1**
view la vista; **point of view** el punto de vista (**9**)
visa el visado (**0**)
visit la visita **3**
to visit visitar **2**
voice la voz (*pl.* voces) **7**; **to lower one's voice** bajar la voz **7**
volleyball el volibol **0**
to vote votar (**11**)

W _____

to wait (for) esperar **5**
waiter el camarero (**10**); el mesero **6**
waitress la camarera (**10**); la mesera **6**
to wake up despertarse (e → ie)* **10**
walk la caminata **9**; el paseo **11**; **to take a walk** dar un paseo **2**; **to take walks** dar caminatas **9**
to walk caminar **9**
wallet la billetera **4**
to want desear (de) **5**; querer **2**; tener ganas de **3**
warm: to be (feel) warm tener calor **6**
to wash lavar **2**; **to get washed** lavarse **10**
waste la pérdida; **a waste of time** una pérdida de tiempo **7**
to waste (time) perder (el tiempo) **7**
watch el reloj **3**
to watch mirar, ver **1**; **to watch television** ver televisión **1**

water acuático,-a (*adj.*) **8**; **water** el agua (*f*) **6**; **to take on water** hacer agua **12**; **water skiing** el esquí acuático **8**
way el camino **9**; **(in) that way** así (**10**)
we nosotros, nosotras **1**
wear llevar **10**; usar **10**
weather el tiempo; **How is the weather?** ¿Qué tiempo hace? **3**; **It's good (bad) weather.** Hace buen (mal) tiempo **3**; **weather forecast** el pronóstico del tiempo **7**
Wednesday miércoles **5**; **(on) Wednesday** el miércoles **5**
week la semana **3**
weekend el fin de semana; **(on) weekends** los fines de semana **2**; **this weekend** este fin de semana **2**
weight el peso; **to gain (lose) weight** aumentar (bajar) de peso **6**
weights las pesas; **to lift weights** levantar pesas **9**
weird raro,-a **3**
welcome: You're welcome. De nada. **0**
well bien **0**; pues **0**; **Oh, pretty well.** Pues, bastante bien. **0**; **Okay, well,....** Bueno,... **2**; **Very well, thank you.** Muy bien, gracias. **0**
what? ¿cómo? **0**; ¿qué? **1**; ¿cuál? **2**; **What about...?** ¿Qué tal...? (**4**); **What a mess!** ¡Qué desorden! (**7**); **What a nuisance!** ¡Qué pesado! **3**; **What a shame!** ¡Qué lástima!, ¡Qué pena! **3**; **What (day of the week) is today?** ¿Qué día es hoy? **5**; **What does... mean?** ¿Qué quiere decir...? **0**; **What do you (*fam. sing.*) think?** ¿Qué te parece? **4**; **What is he/she like?** ¿Cómo es? **1**;

What is that (this)? ¿Qué es eso (esto)? 3; **What is today's date?** ¿Cuál es la fecha de hoy?, ¿Qué fecha es hoy? 8; **What is your** (*fam. sing.*) **address?** ¿Cuál es tu dirección? 4; **What nonsense!** ¡Qué tontería! 3; **What's going on?** ¿Qué pasa? (4); **What's wrong with you** (*pl.*)? ¿Qué les pasa? (2); **What's your name?** (*formal sing., fam. sing.*) ¿Cómo se (te) llama(s)? 0; **What time is it?** ¿Qué hora es? 5

when cuando (3)

when? ¿cuándo? 2

where donde 6

where? ¿dónde?; **where... (to)?** ¿adónde? 2; **Where are you** (*fam. sing.*) **from?** ¿De dónde eres? 1; **Where is he/she/it?** ¿Dónde está? 3

which que 2

which? ¿cuál? 2; ¿qué? 1

while el rato 7

white blanco,-a 10

who que 2

who? ¿quién? 2; **Who are they?** ¿Quiénes son? 1; **Who cares!** ¡Qué importa! 3; **Who is it?** ¿Quién es? 1

wholesome sano,-a 6

Whose...? (*sing., pl.*) ¿De quién(es)...? 4

why: that's why por eso 4

why? ¿por qué? 2

to win ganar 7

window la ventana 11

windy: It's windy. Hace viento. 3

winter el invierno 8

to wish querer 2; tener ganas de 3; **to wish (for)** desear (de) 5

with con 2; **with care** con cuidado (10); **with me** conmigo 8; **with pleasure** con mucho gusto 6; **with you** (*fam. sing.*) contigo 8

without sin 8

woman la mujer 10

wonderful formidable 1; maravilloso,-a 12

woods el bosque 9

word la palabra; **associated word** la palabra asociada (9)

work el trabajo 8

to work trabajar 1; **to work at the computer** trabajar en la computadora 2; **to work together** colaborar 9

world el mundo (0); **to travel around the world** dar la vuelta al mundo 12

world mundial (*adj.*); **World Cup** (*soccer*) la Copa Mundial (3)

worried preocupado,-a 3

worse peor; **worse... than** peor... que 12

would: I would like me gustaría 0

Wow! ¡Caramba! 7

wrestling la lucha libre 0

to write escribir 6

writer el escritor, la escritora 11

wrong incorrecto; **What's wrong with you** (*pl.*)? ¿Qué les pasa? (2)

Y

yard el jardín 2

year el año 2; **to be ___ years old** tener ___ años 4

yearbook el anuario 9

to yell gritar 12

yellow amarillo,-a 10

yes sí 0; **to say yes** decir que sí 7

yesterday ayer 10; **day before yesterday** anteayer 10

yoga el yoga 9

you (*fam. sing.*) tú (*subj.*) (1); te (*d.o.*) 8; **(to, for) you** te (*i.o.*) 8; ti (*after prep.*) 6

you (*formal*) usted (*sing. subj.*) 1; ustedes (*pl. subj.*) 1; lo, la (*sing, d.o.*) 7; los, las (*pl., d.o.*) 7; **(to, for) you** le (*sing., i.o.*) 9; **(to, for) you** (*pl., i.o.*) les 9

you (*fam. pl., Spain*) vosotros, vosotras (1)3

young joven (*pl.* jóvenes) 1

younger menor 4; **younger than** menor que 12

youngster el (la) joven (*pl.* jóvenes) (12)

your tu, tus (*fam. sing.*) (4); su, sus (*formal sing.*) 4; vuestro, vuestra (*fam. pl., Spain*) 4

You're welcome. De nada. 0

youth el (la) joven (*pl.* jóvenes) (12)

Z

zero cero 0

zoo el zoológico 11

Index

For a topic list of vocabulary taught in *¿Y tú?* see page 474. For a topic list of
Rincones culturales, see page viii.

A

a + *infinitive*
  ir a + *infinitive* 67, 72, 332
  volver a + *infinitive* 322
a, personal. *See* personal **a**
a (*prep.*) *See also* **al**
  in expressions of time 184
  with indirect object pronouns
    328
  with pronouns 232–233
abbreviations
  of **señor, señora**, and **señorita** 2
  of **usted** and **ustedes** 39
acabar de + *infinitive*
  to express the immediate past
    332
accents and special marks 19
acostarse 470
  present tense of 373
  preterite of 379
adjectives
  agreement of with noun 45, 106,
    152
  comparative 435–436
  de phrases as 147
  demonstrative 268, 269
  descriptive 45
  for expressing feelings 107
  gender of 45, 106
  as nouns 254 (note)
  with parts of the body 369
  plural of 46
  position of, in sentence 46
  possessive 152, 369
adverbs 46
  comparative 435
  of direction 268

of frequency 159
of location 299
of time 68
age, comparisons of 436
agreement
  of adjectives 45, 106
  of definite articles 33
  of demonstrative adjectives 268,
    269
  of demonstrative pronouns 269
  of direct object pronouns 262
  of numbers 51
  of possessive adjectives 152
ahí 268
al, contraction of **a** + **el** 72, 189
allá, correspondence with **aquel**
  268
almorzar 470, 473
  present tense of 322
alphabet 10–11
aquel (*adj.*) 268
aquél (*pron.*) 269
aquello 269
aquí 268
-ar verbs. *See also* preterite,
    irregular; *specific* **-ar** *verb*
    entries
  present tense of 159. *See also*
    stem-changing verbs
  preterite of 379
articles. *See* definite articles;
    indefinite articles

B

body, parts of 368–369
  definite articles with 369
  possessive adjectives with 369

buscar 473
  command forms of. *See* familiar
    commands; formal
    commands
  preterite of, 380

C

calendar 290
classroom expressions 13–14
clothing 361
cognates 17–18, 119, 138–139
colors 362
comenzar 470, 473
  command forms of.
    See familiar
    commands; formal
    commands
  present tense of 257
  preterite of 379
comparative, of adjectives and
    adverbs 435–436
conducir 473
  present tense of 219
conocer 473
  present tense of 228
  preterite of 402
  vs. **saber** 228
conseguir 471
  present tense of 363
  preterite of 407
contractions
  al 72, 189
  del 147
counting 50–52. *See also* numbers
countries 293
crecer 473

I

i-stem preterites 441
illnesses, expressed with **tener** 113
immediate past events, expressed with **acabar de** + *infinitive* 332
imperative mood. *See* familiar commands; formal commands
indefinite articles, gender and number of 101
indirect object pronouns 304, 327–328
   with **a** + *prepositional pronoun* 328
   expressed twice in sentences 328
   with infinitive 304
informal commands. *See* familiar commands
interrogatives. *See* questions
inversion in questions 84
ir 472
   ir a + *infinitive* 67, 72, 332
   present tense of 67
   preterite of 430
-ir verbs. *See also* preterite, irregular; *specific* **-ir** *verb entries*
   present tense of. *See also* stem-changing verbs
      irregular 218–219
      regular 218
      stem-changing. *See* stem-changing verbs, present
   preterite of
      regular 402
      stem-changing 407–408
irregular commands. *See* familiar commands; formal commands
irregular verbs 471–473
   See also present tense, irregular; preterite, irregular; *specific verb entries*
irregular present tense **yo** forms 192, 218–219, 258, 272
-ísimo 180 (note)

J

jugar 471, 473
   present tense of 323
   preterite of 379

L

la (*d.o. pron.*) 262. *See also* definite articles
languages 293–294
las (*d.o. pron.*) 262. *See also* definite articles
lavarse
   present tense of 373
   preterite of 379
le (*i.o. pron.*) 328
leave-takings 5
leer 192
   words commonly used with 192
les (*i.o. pron.*) 328
likes and dislikes, expressing 9, 29–30, 33–34, 232–233
lo (*d.o. pron.*) 262
location, adverbs of 299
los (*d.o. pron.*) 262–263. *See also* definite articles

Ll

llegar, 473
   command forms of. *See* familiar commands; formal commands
   preterite of 380

M

maps 44, 440
   Madrid 303
   Mexico, Central America, Caribbean 23
   Puerto Rico 78
   South America 24
   Southern United States 44
   Spain 22, 126–127
   Venezuela 440
   weather of Spain 126–127
meals 227
money 12
months of the year 289
mood, imperative. *See* familiar commands; formal commands
mostrar 470
   present tense of 322
   preterite of 379

N

names of people
   gender of 6–7
   in Spanish 6–7
names of places in southern United States 44
nationalities 397
navegar 473
negation
   vs. affirmative words 448–449
   and double negatives 449
   of familiar commands 337–338
   of formal commands 411
   of questions 39
   with **ninguno** and **alguno** 448
negative sentence formation 449
neuter pronouns 269
nicknames 7
nouns
   gender of 33
   number of 33
   plural of 34
number (singular/plural). *See* adjectives; agreement; definite articles; direct object pronouns; indefinite articles; indirect object pronouns; prepositional pronouns; reflexive pronouns
numbers
   agreement of, with nouns 51, 164

counting 50–52
one hundred to one
  thousand 164
ordinal 165
sixteen to ninety-nine 50–51
words commonly used
  with 165
zero to fifteen 11–13

O

object pronouns. *See* direct object
  pronouns; indirect object
  pronouns; neuter pronouns;
  prepositional pronouns;
  reflexive pronouns
oír 472
  present tense of 272
  words used with 272
ordinal numbers. *See* numbers

P

pagar 473
  command forms of. *See* familiar
    commands; formal
    commands
      preterite of 380
parecer 473
parts of the body. *See* body, parts
  of
past events, immediate, expressed
  with acabar de + *infinitive*
  332. *See also* preterite
pedir 471
  present tense of 363
  preterite of 407
pensar 470
  present tense of 257
  preterite of 379
perder 470
  present tense of 257
  preterite of 403
personal a 189
  contraction of a + el 72, 189
  with prepositional pronouns
    232–233

with quién 189
verbs used with 189
poder 472
  present tense of 322
  preterite of 441
poner 472
  present tense of 219
  preterite of 442
por in expressions of time 184
possession, indicated with
  de 147, 152
possessive adjectives 152
  with parts of the body 369
practicar 473
  preterite of 380
preferir 471
  present tense of 257
  preterite of 407
prepositional pronouns 298
prepositions 147, 298
present tense
  regular
    of -ar verbs 159
    of -er verbs 192–193
    of -ir verbs 218–219
  irregular
    of -er verbs 218
    of -ir verbs 218
preterite
  different English equivalents for
    442
  expressions used with 380
  irregular 430
  -ir stem changing verbs
    407–408
  i-stem verbs 441
  u-stem verbs 441–442
  of reflexive verbs 407–408
  regular
    of -ar verbs 379
    of -er and -ir verbs 402–403
    of verbs with spelling changes
      380
pronouns
  a with 232–233
  demonstrative 269
  direct object 189, 262–263, 304
  with gustar 232–233
  indirect object 304, 327–328
  interrogative 39

neuter 269
prepositional 298
reflexive 373, 374
subject 38–39
tú vs. usted 38–39
pronunciation
  of b 278
  of c 172, 386
  of ch 386
  of d 127
  of diphthongs 457
  of g 204
  of h 90
  of j 204
  of l 310
  of ll 310
  of p 172
  of qu 90, 172
  of r 345
  of rr 345
  of s 419
  of strong vowels occurring
    together 457
  of Spanish sounds 19
  and stressed syllables 238
  of t 172
  of v 278
  of vowel sounds 56
  of weak and strong vowels 457
  of z 419
punctuation marks 18

Q

querer 472
  present tense of 78,
    257, 258
  preterite of 441
questions
  form of 39, 78
  with indefinite articles 101
  interrogative words in 39, 51,
    72, 84
  inverted word order in 84
  negative questions 39
  tag word in 84
  yes-or-no questions
    39, 84

R